2022개정
교육과정

동아출판

올바른 역사 개념은 옳소, 완벽한 내신 대비서 올쏘!

올쏘

중학

역사 ①-1

개념 학습 정리책

내용 정리

꼼꼼하고 자세한
내용 정리와
핵심 자료 분석

단계별 문제

STEP 1. 개념 확인
STEP 2. 대표 문제
STEP 3. 주관식·서술형

대단원 마무리

핵심을 한눈에
파악하고
문제로 최종 점검

· 빠른 정답 확인
· 요점 노트
· 확인 테스트
· 무료 동영상 강의

동아출판

올쏘 중학 **역사** ①-1

무료 동영상 강의는 이렇게 ~

PC에서

인터넷 검색창에서 '**동아출판**'을 검색하거나
주소창에 동아출판 누리집 주소(http://www.bookdonga.com)를 직접 입력합니다.
▶ **중학 → 중학 스마트러닝 → 올쏘**를 클릭하면
무료 동영상 강의를 볼 수 있습니다.

모바일에서 표지의 QR 코드를 찍습니다.

- **무료 동영상 강의** 선생님의 든든한 단원별 강의

- **요점 노트** 틈틈이 열어 보는 내 손안의 요점 정리

- **확인 테스트** 게임하듯 재미있게! 필수 개념 확인 퀴즈

- **빠른 정답 확인** 손쉬운 채점 도우미

중학 **역사** ① -1

▌이 책을 쓰신 선생님들

곽주현(엠베스트), 정선희(곽주현사회탐구연구소), 장지은(신암중학교), 정희연(휘경중학교), 최재영(양화중학교), 한세웅(숙지중학교)

개념 학습 정리책

중학 역사 ①-1

구성과 특징

 동아출판 홈페이지에서 **무료 동영상 강의**를 이용해 보세요!

 **무료 동영상 강의**로 핵심 내용을 한 번 더 학습하고
모르는 문제는 완벽하게 이해하기

동아출판 홈페이지 바로가기
www.bookdonga.com

개념 학습 정리책

단원별 내용 학습으로 필수 개념 마스터하기

STEP 1-2-3의 단계별 문제로 실력 쌓기

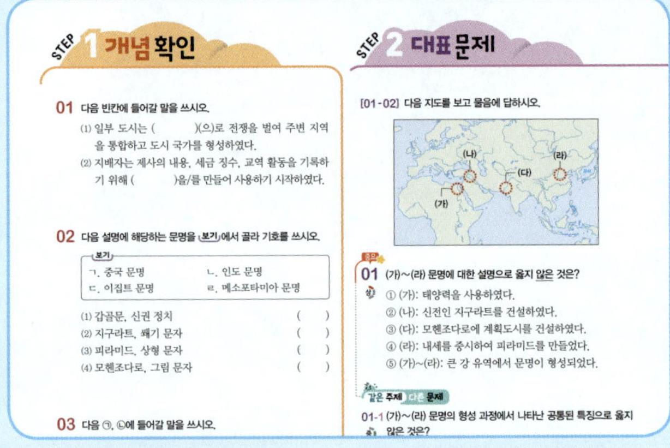

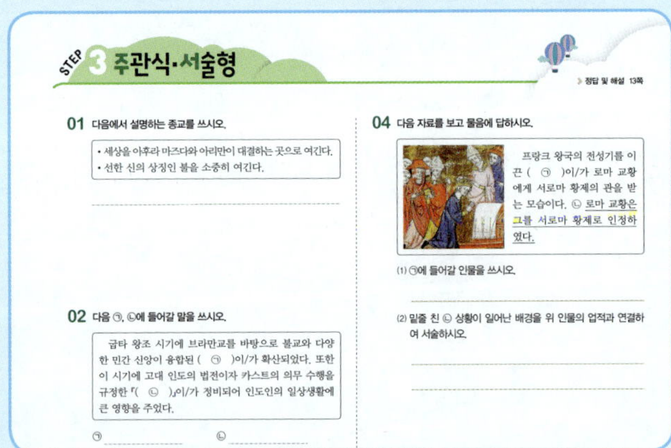

❶ 내용 정리
교과서의 핵심 개념을 꽉 채웠어요. 이것만은 꼭 알아 두세요.

❷ 핵심 자료와 개념
시험에 자주 출제되는 중요 자료만 모두 모았어요. 반드시 확인하세요.

❸ 용어 해설
교과서의 주요 용어를 이해하기 쉽게 풀이하였어요. 무조건 암기하지 말고 쉽게 이해하세요.

❶ 개념 확인
빈칸 채우기, 선 잇기 등 간단한 문제를 풀며 주요 개념을 내 것으로 만들어 보세요.

❷ 대표 문제
시험에 꼭 나오는 핵심 문제만을 엄선하였어요. 다양한 유형의 문제를 풀며 실력을 키워 보세요.

❸ 주관식 · 서술형
시험에 자주 출제되는 주관식 · 서술형 문제를 풀며 서술형 평가에도 대비해 보세요.

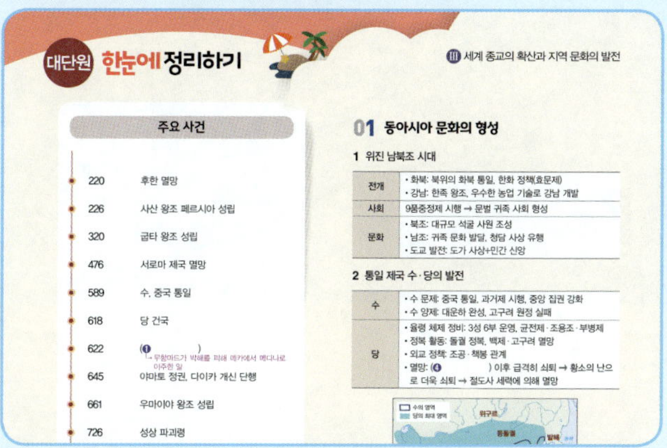

❶ 대단원 한눈에 정리하기

대단원 내용을 한눈에 파악할 수 있도록 연표, 도표, 자료 등을 구성하였어요. 꼭 확인하고 넘어가세요.

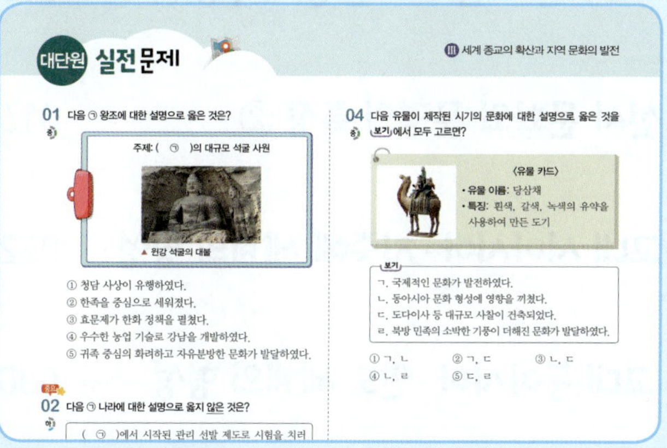

❷ 대단원 실전 문제

대단원을 정리할 수 있는 다양한 유형의 단원 통합형 문제로 구성하였어요. 문제를 풀며 실력을 점검해 보세요.

특별 자료

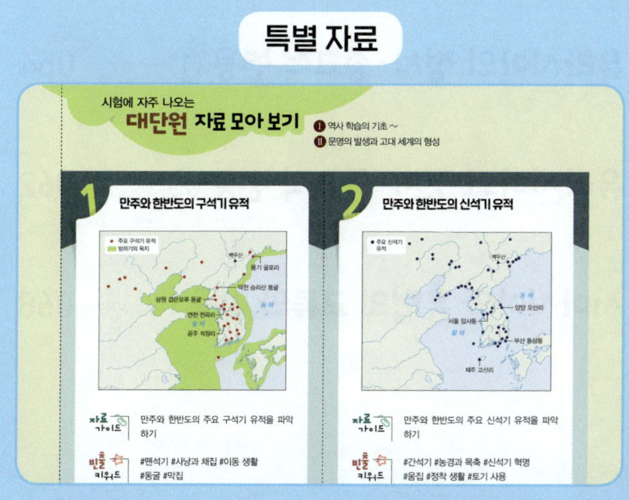

- 대단원별로 시험에 자주 나오는 핵심 자료들만 모아 구성하였어요. 자료로 간편하게 시험 대비를 완성해 보세요.

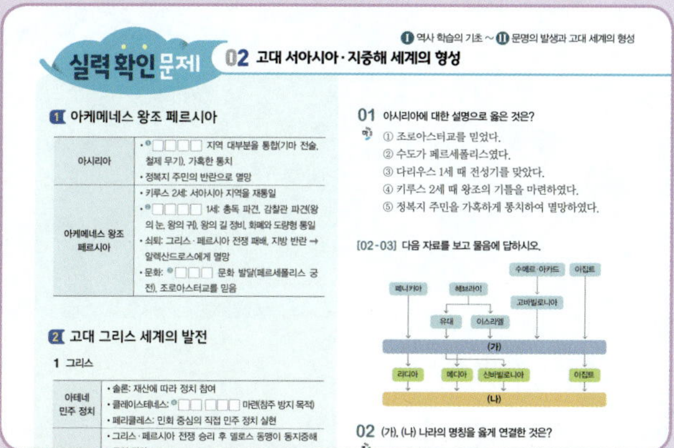

❶ 실력 확인 문제

문제를 풀며 정리책에서 학습한 내용을 복습해 보세요. 문제를 많이 틀렸거나, 개념이 명확하게 정립되지 않은 느낌이라면 정리책으로 돌아가 다시 한 번 학습하세요.

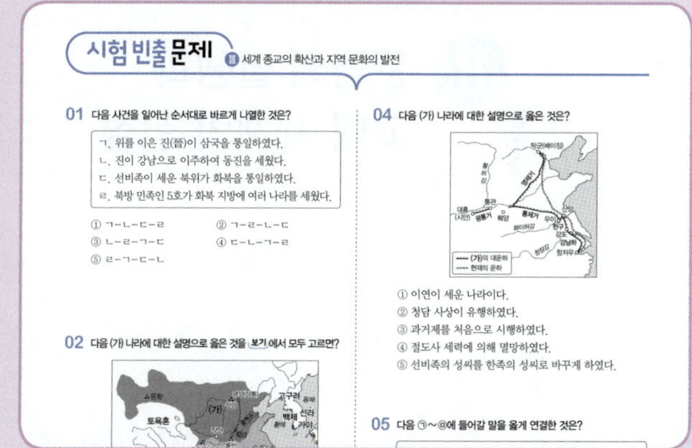

❷ 시험 빈출 문제

시험에 자주 출제되는 문제들만 뽑아 구성하였어요. 문제를 풀며 실전 경험을 쌓아 보세요.

정답 및 해설

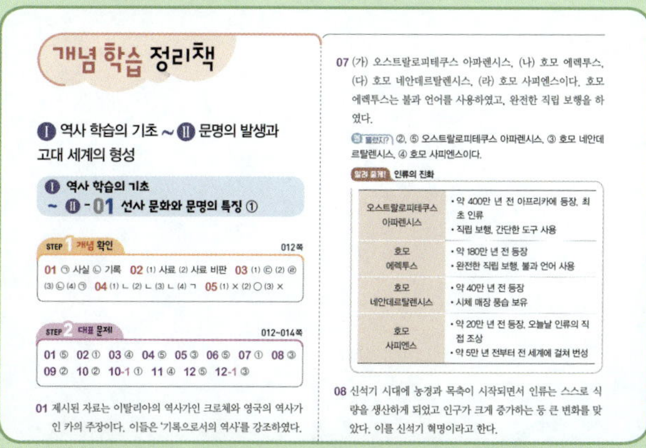

- 상세한 해설로 자료를 분석하고 정답을 찾는 방법을 익히도록 하였어요. 왜 틀렸지? 로 오답을 상세하게 설명하여 답이 아닌 까닭을 파악할 수 있고, 알려 줄게! 로 문제 풀이에 필요한 보충 자료를 제시하였어요.

특별 자료 / 110

단원 찾기

미래엔	비상	지학사	천재교과서	해냄에듀
010~015 018~022	009~021 027~031	008~015 019~022	008~013 017~020	008~017 022~027
023~028	032~038	024~031	021~029	028~033
030~042	041~051	033~045	031~043	034~043
044~052	053~059	047~055	045~054	046~055
058~068	067~075	061~069	061~069	060~069
070~074 081~084	077~081 086~088	071~077	071~075 080~085	070~074 078~081
075~080	082~085	078~081	076~079	075~077 082~085
086~094	091~103	083~091	087~095	086~095
100~108	109~115	097~107	101~109	102~109
110~120	117~123	109~119	113~123	110~119
122~132	127~139	121~131	125~139	120~135

I 역사 학습의 기초

~ II 문명의 발생과 고대 세계의 형성

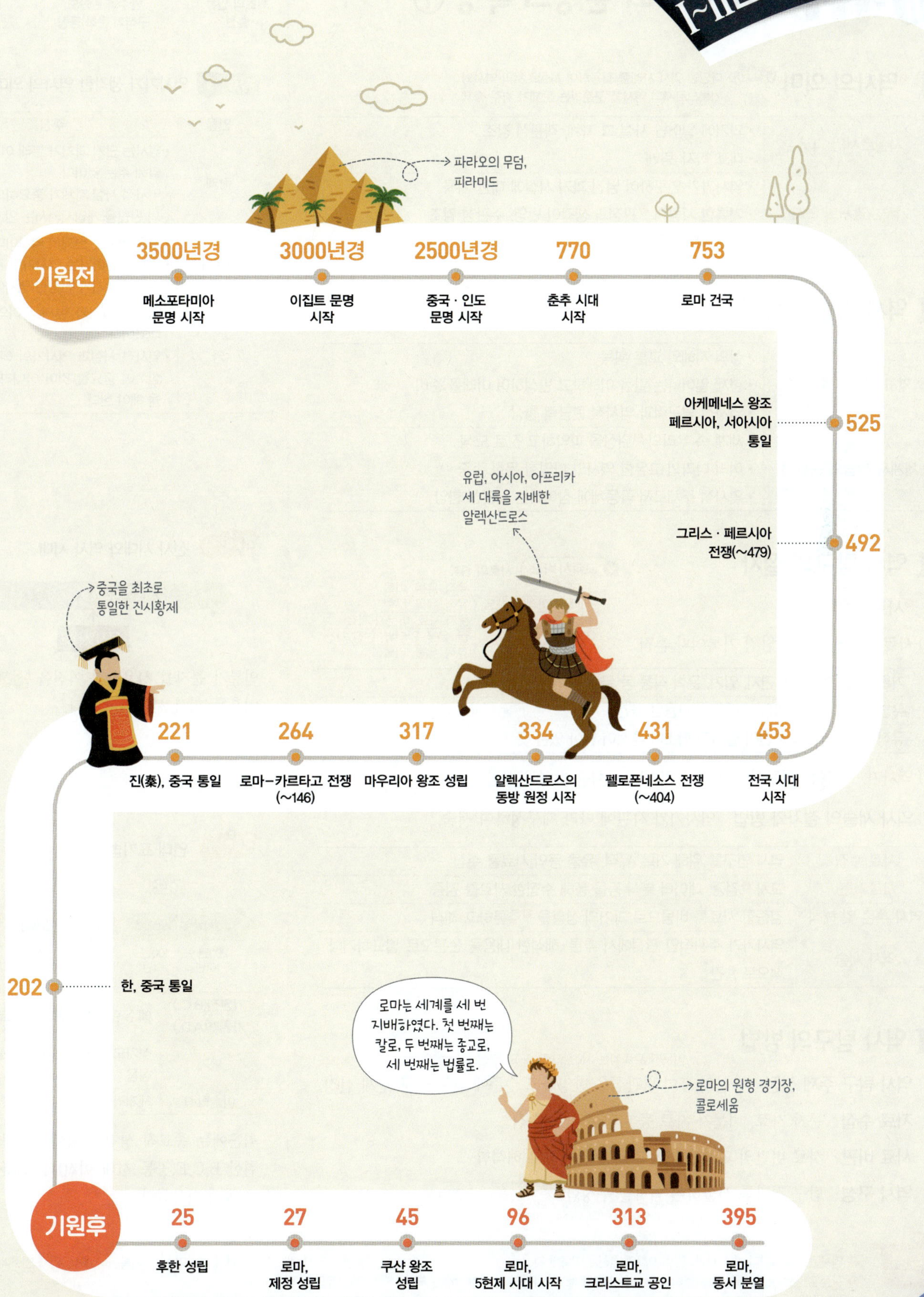

파라오의 무덤, 피라미드

기원전

3500년경
메소포타미아 문명 시작

3000년경
이집트 문명 시작

2500년경
중국·인도 문명 시작

770
춘추 시대 시작

753
로마 건국

525
아케메네스 왕조 페르시아, 서아시아 통일

492
그리스·페르시아 전쟁(~479)

유럽, 아시아, 아프리카 세 대륙을 지배한 알렉산드로스

중국을 최초로 통일한 진시황제

221
진(秦), 중국 통일

264
로마-카르타고 전쟁 (~146)

317
마우리아 왕조 성립

334
알렉산드로스의 동방 원정 시작

431
펠로폰네소스 전쟁 (~404)

453
전국 시대 시작

202
한, 중국 통일

로마는 세계를 세 번 지배하였다. 첫 번째는 칼로, 두 번째는 종교로, 세 번째는 법률로.

로마의 원형 경기장, 콜로세움

기원후

25
후한 성립

27
로마, 제정 성립

45
쿠샨 왕조 성립

96
로마, 5현제 시대 시작

313
로마, 크리스트교 공인

395
로마, 동서 분열

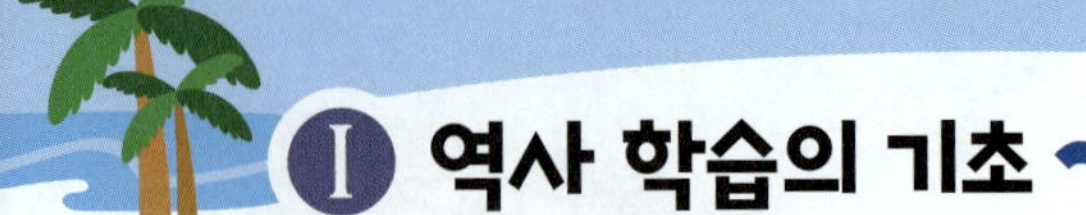

Ⅰ 역사 학습의 기초 ～
Ⅱ-01 선사 문화와 문명의 특징 ①

기원전 약 400만 년 전	기원전 약 70만 년 전	기원전 약 1만 년 전
최초의 인류 출현	만주와 한반도, 구석기 문화 등장	만주와 한반도, 신석기 문화 등장

1 ❶역사의 의미

출제tip 다양한 역사 사례를 활용하여 사실로서의 역사와 기록으로서의 역사를 구분하는 문제가 자주 출제

사실로서의 역사	• 과거에 일어난 사실 그 자체, 객관성 강조 • 대표 학자: 랑케
기록으로서의 역사	• 역사가가 연구하여 남긴 과거 사실에 대한 기록 • 기록한 사람의 ❷관점과 생각이 반영, 주관성 강조 • 대표 학자: 크로체, 카

2 역사 학습의 목적

역사 학습의 중요성	• 삶의 지혜와 교훈 획득 • 현재 일어나는 일을 이해하고 반성하여 미래를 준비 • 역사적 탐구력과 역사적 판단력 향상
세계사 학습의 중요성	• 세계 속 우리의 ❸위상을 파악하고 진로 모색 • 여러 나라의 고유한 역사와 다양한 문화 존중 • 역사적 주체로서 공동체에 참여하는 시민성 함양

3 역사 탐구의 절차

1 ❹사료와 역사가

교과서비교 | 사료의 종류

동아	유적, 유물, 기록
리베르, 미래엔, 해냄	유적, 유물, 문헌
비상	문자 자료, 비문자 자료
지학	글, 유물, 인터뷰, 현장 사진
천재	유적, 유물, 기록물

(1) **사료** 과거 인류가 남긴 기록이나 흔적

기록	책, 문서, 편지, 일기, 문학 작품 등 글로 적어 남긴 것
유물	과거 사람들이 만들고 사용한 물건
유적	역사적 사건이 벌어진 장소나 흔적이 남아 있는 곳

(2) **역사가** 사료를 연구하여 과거에 일어난 사실을 밝히는 사람

2 역사 서술의 절차와 방법 역사가가 사관에 따라 재구성하여 서술

사료 수집	역사 연구를 위해 기록, 유적, 유물 등의 사료를 수집
사료 비판	교차 ❺검증, 데이터 분석 등을 통해 수집한 사료를 검증
역사 추론 및 해석	검증한 사료를 바탕으로 과거의 상황을 ❻추론하고 해석
역사 서술	역사가가 주관적인 관점에서 추론·해석한 내용을 논문으로 발표하거나 책으로 출간

4 역사 탐구의 방법

비문자 자료에는 사진, 그림, 도표, 영상 등이 해당돼.

1 역사 탐구 주제 선정 자신의 흥미와 관심을 반영하고 수준에 맞는 탐구 주제 선정

2 자료 수집 문자 자료, 비문자 자료 등 다양한 자료 수집

3 사료 비판 사료 비판의 과정을 거쳐 자료를 분석하고 해석함

4 역사 구성 탐구 결과를 서술하여 역사를 구성함

자료 1 역사가가 생각한 역사의 의미

인물	주장
랑케	• 역사는 단지 과거가 본래 어떠했는지를 말해 주는 것이다. • 역사적 사실 자체가 중요하므로 역사가의 판단을 개입시켜서는 안 된다.
크로체	• 모든 역사는 현재의 역사이다. • 현재를 살아가는 역사가의 관점에서 재구성된 역사가 진정한 역사이다.
카	• 역사는 과거와 현재 사이의 끊임없는 대화이다. • 역사적 사실과 역사가의 해석 중 어느 한쪽이 중요한 것이 아니라 상호 작용을 해야 한다.

더알기 선사 시대와 역사 시대

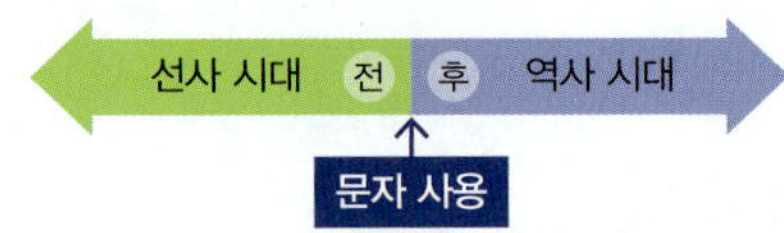

인류가 문자를 사용하기 이전을 '선사 시대', 그 이후를 '역사 시대'라고 한다.

더알기 연대 표기법

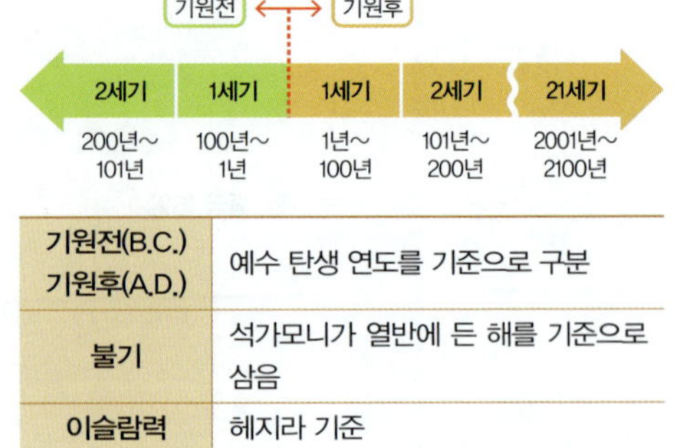

기원전(B.C.) 기원후(A.D.)	예수 탄생 연도를 기준으로 구분
불기	석가모니가 열반에 든 해를 기준으로 삼음
이슬람력	헤지라 기준

최근에는 종교적 성격을 없애고 중립적 입장을 취한 B.C.E(공통 시대 이전)와 C.E(공통 시대)로 많이 사용한다.

용어풀이

❶ 역사(歷 – 지나가다, 史 – 사관): 인류 사회의 변천을 기록한 것

❷ 관점(觀 – 보다, 點 – 측면): 사물이나 현상을 관찰할 때 그 사람이 보고 생각하는 태도나 방향

❸ 위상(位 – 자리, 相 – 서로): 어떤 사물이 다른 사물과의 관계 속에서 가지는 위치나 상태

❹ 사료(史 – 역사, 料 – 재료): 과거 사람이 남긴 기록이나 흔적, 역사 연구에 필요한 문헌이나 유물

❺ 검증(檢 – 검사하다, 證 – 증명하다): 검사하여 증명함

❻ 추론(推 – 옮기다, 論 – 논의하다): 어떠한 판단을 근거로 삼아 다른 판단을 이끌어 냄

5 인류의 출현과 선사 문화

1 인류의 출현과 진화

약 4만 5천 년 전에 출현한 크로마뇽인이 대표적이야.

오스트랄로피테쿠스 아파렌시스	호모 에렉투스	호모 네안데르탈렌시스	호모 사피엔스
• 약 400만 년 전 아프리카에 등장, 최초 인류 • ❶직립 보행, 간단한 도구 사용	• 약 180만 년 전 등장 • 완전한 직립 보행, 불과 언어 사용	• 약 40만 년 전 등장 • 시체 ❷매장 풍습 보유	• 약 20만 년 전 등장, 오늘날 인류의 직접 조상 • 약 5만 년 전부터 전 세계에 걸쳐 번성

자료 2 · 2 구석기 시대

출제tip 구석기와 신석기 시대를 비교하는 문제가 자주 출제

도구	뗀석기: 돌을 떼어 만든 도구(주먹 도끼, 찍개, 찌르개 등)
생활	• 채집, 사냥과 고기잡이로 식량을 구함 • 주거: 바위 그늘, 동굴에 살거나 강가에 막집을 지음 • 사회: 이동 생활, 평등 사회
문화	• 시체 매장 풍습과 장례 의식 보유 • 동굴 벽화: 사냥의 성공 기원(라스코 동굴 벽화, 알타미라 동굴 벽화) • 조각상: ❸다산과 ❹풍요를 기원(빌렌도르프의 비너스)

▲ 라스코 동굴 벽화

▲ 알타미라 동굴 벽화

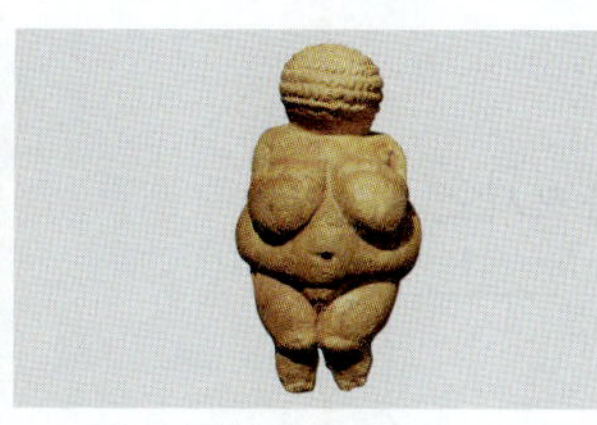

▲ 빌렌도르프의 비너스

자료 3 · 3 신석기 시대

배경	약 1만 년 전 기온이 상승하면서 작고 날쌘 동물 번성 ➡ 이전보다 ❺정교한 사냥 도구 필요
도구	• 간석기(돌을 갈아 만든 도구), 토기(음식 조리, 식량 저장) • 가락바퀴, 뼈바늘: 옷과 그물 제작
생활	• 신석기 혁명: 농경과 목축 시작 ➡ 생활 모습 변화(식량 직접 생산, 인구 증가 등) • 사회: ❻정착 생활(움집 제작), 부족 사회, 평등 사회
문화	• 원시 신앙 발생: ❼애니미즘, ❽토테미즘 등 ┐ 경험이 많고 지혜로운 사람이 부족을 이끌었고, 재산을 공동으로 소유하였어. • 동물의 뼈, 조개껍데기 등으로 장신구 제작

▲ 만주와 한반도의 구석기 유적

▲ 주먹 도끼

▲ 찍개

신석기 시대 사람들은 주로 강가나 바닷가 주변에 거주하였어.

자료 3 만주와 한반도의 신석기 문화

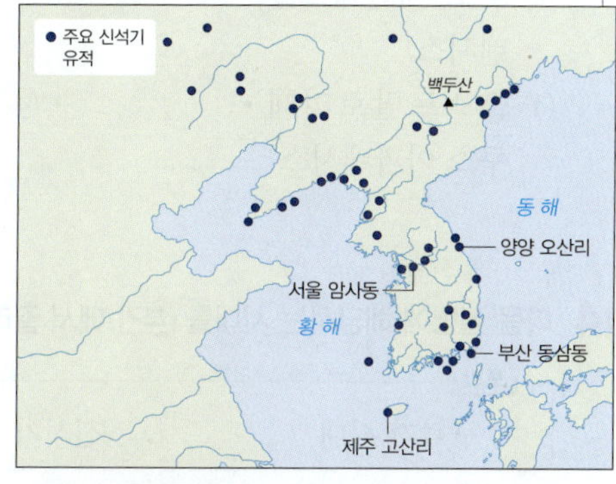

▲ 만주와 한반도의 신석기 유적

▲ 빗살무늬 토기

▲ 가락바퀴

▲ 조개껍데기 가면

▲ 갈돌과 갈판

용어 풀이

❶ 직립 보행(直 – 곧다, 立 – 서다, 步 – 건너다, 行 – 다니다): 두 발로 똑바로 서서 걸음
❷ 매장(埋 – 묻다, 葬 – 장사 지내다): 유골이나 시체를 땅속에 묻음
❸ 다산(多 – 많다, 産 – 낳다): 아이를 많이 낳음
❹ 풍요(豊 – 풍년, 饒 – 넉넉하다): 넘치고 넉넉함
❺ 정교(精 – 정성스럽다, 巧 – 깨끗하다): 기술이나 솜씨가 정확하고 치밀함
❻ 정착(定 – 정하다, 着 – 붙다): 일정한 곳에 자리를 잡아 머물러 삶
❼ 애니미즘: 해, 구름, 비 등의 자연물에 영혼이 있다고 믿고 숭배하는 신앙
❽ 토테미즘: 특정 동물을 부족의 수호신으로 숭배하는 신앙

01 다음 ㉠, ㉡에 들어갈 말을 쓰시오.

구분	(㉠)(으)로서의 역사	(㉡)(으)로서의 역사
역사의 의미	과거에 일어난 사실 그 자체, 객관성 강조	역사가가 연구하여 남긴 과거 사실에 대한 기록, 주관성 강조
대표 학자	랑케	크로체, 카

㉠ ___________ ㉡ ___________

02 다음 빈칸에 들어갈 말을 쓰시오.

(1) (   )은/는 과거의 사람들이 남긴 흔적으로 기록물, 유적, 유물 등이 속한다.
(2) 역사가가 수집한 사료를 검증하는 과정을 (   )(이)라고 한다.

03 서로 관련 있는 것끼리 연결하시오.

(1) 호모 에렉투스 •　　　• ㉠ 최초의 인류
(2) 호모 사피엔스 •　　　• ㉡ 시체 매장 풍습 보유
(3) 호모 네안데르탈렌시스 •　　　• ㉢ 불과 언어 사용 시작
(4) 오스트랄로피테쿠스 아파렌시스 •　　　• ㉣ 오늘날 인류의 직접 조상

04 다음 설명에 해당하는 시대를 보기 에서 골라 기호를 쓰시오.

> **보기**
> ㄱ. 구석기 시대　　　　ㄴ. 신석기 시대

(1) 토기의 사용 　　　　　　　　　　　(　　)
(2) 가락바퀴의 사용 　　　　　　　　　(　　)
(3) 농경과 목축의 시작 　　　　　　　　(　　)
(4) 주로 동굴이나 막집에서 생활 　　　　(　　)

05 다음 설명이 맞으면 ○표, 틀리면 ×표 하시오.

(1) 구석기 시대에는 특정 자연물이나 동물을 숭배하였다. 　　　　　　　　　　　　　(　　)
(2) 신석기 시대에는 움집을 지어 주거지를 마련하고 점차 부족 사회를 형성하였다. 　　(　　)
(3) 신석기 시대에는 청동기를 사용하기 시작하였고 문명을 이루었다. 　　　　　　　(　　)

01 다음 주장에 나타난 역사의 의미에 대한 설명으로 옳은 것을 보기 에서 모두 고르면?

> • 모든 역사는 현재의 역사이다.
> • 역사는 과거와 현재 사이의 끊임없는 대화이다.

> **보기**
> ㄱ. '사실로서의 역사'와 관련 있다.
> ㄴ. 역사는 과거에 일어난 사실 그 자체이다.
> ㄷ. 역사적 사실과 역사가의 해석은 상호 작용을 해야 한다.
> ㄹ. 역사가의 생각이나 관점에 따라 역사 서술이 달라질 수 있다.

① ㄱ, ㄴ　　　② ㄱ, ㄷ　　　③ ㄴ, ㄷ
④ ㄴ, ㄹ　　　⑤ ㄷ, ㄹ

02 다음과 관련된 역사의 의미에 해당하는 역사 서술로 옳지 <u>않은</u> 것은?

> 역사는 현재를 살아가는 역사가의 관점에서 재구성된 것이다.

① 제1차 세계 대전은 1914년에 발발하였다.
② 칭기즈 칸은 뛰어난 지도력으로 몽골 부족을 통일하였다.
③ 산업 혁명 이후 인류는 물질적 풍요와 생활의 편의를 누렸다.
④ 나폴레옹은 탁월한 리더십으로 프랑스의 여러 제도를 정비하였다.
⑤ 진시황제는 법가 사상을 통치의 기본 원리로 삼고 반대 세력을 억누르는 등 가혹하게 통치하였다.

03 다음 자료를 통해 추론할 수 있는 역사 학습의 목적으로 가장 적절한 것은?
중

▲ 『자치통감』

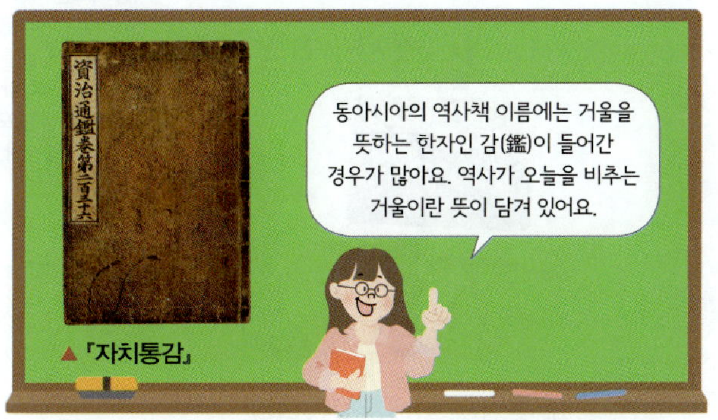

① 우리의 정체성을 파악할 수 있다.
② 역사적 탐구력, 판단력을 기를 수 있다.
③ 역사적 주체로서 공동체에 참여하는 시민성을 함양할 수 있다.
④ 역사적 사실을 통해 교훈을 얻어 현재와 미래를 대비할 수 있다.
⑤ 세계 여러 나라의 고유한 역사를 존중하는 포용적 태도를 기를 수 있다.

04 다음 중 사료에 해당하지 않는 것은?
하

① 유적　② 유물　③ 인터뷰
④ 현장 사진　⑤ 자연 현상

05 다음 (가)에 들어갈 내용으로 옳은 것은?
중

〈역사 서술의 절차〉

사료 수집 → (가) → 역사 추론 및 해석 → 역사 서술

① 역사 탐구 주제를 선정한다.
② 역사 연구를 위해 기록, 유적 등의 사료를 수집한다.
③ 교차 검증, 데이터 분석 등을 통해 수집한 사료를 검증한다.
④ 검증한 사료를 바탕으로 과거의 상황을 추론하고 해석한다.
⑤ 역사가의 관점을 담아 추론·해석한 내용을 바탕으로 논문을 작성한다.

06 다음 인류의 진화 과정을 순서대로 바르게 나열한 것은?
중

ㄱ. 호모 에렉투스
ㄴ. 호모 사피엔스
ㄷ. 호모 네안데르탈렌시스
ㄹ. 오스트랄로피테쿠스 아파렌시스

① ㄱ－ㄴ－ㄷ－ㄹ　② ㄴ－ㄱ－ㄷ－ㄹ
③ ㄴ－ㄷ－ㄹ－ㄱ　④ ㄷ－ㄹ－ㄱ－ㄴ
⑤ ㄹ－ㄱ－ㄷ－ㄴ

07 다음 (가) 인류에 대한 설명으로 옳은 것은?
중

오스트랄로피테쿠스 아파렌시스	(가)	호모 네안데르탈렌시스	호모 사피엔스
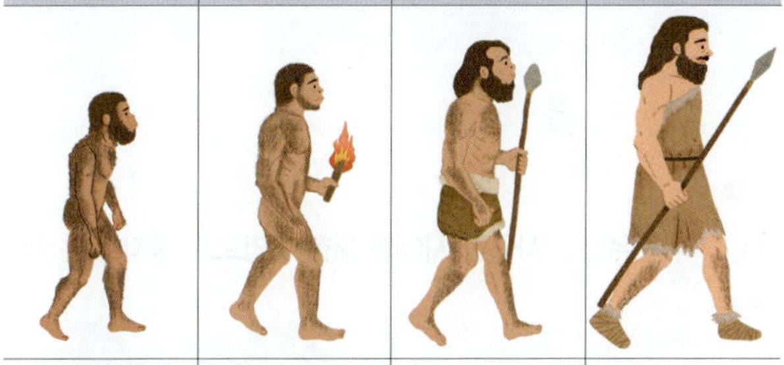			
약 400만 년 전	약 180만 년 전	약 40만 년 전	약 20만 년 전

① 불과 언어를 사용하였다.
② 최초로 직립 보행을 하였다.
③ 시체 매장 풍습을 보유하였다.
④ 오늘날 인류의 직접적인 조상이다.
⑤ 아프리카에 등장한 최초의 인류이다.

08 다음 ㉠에 들어갈 말로 옳은 것은?
하

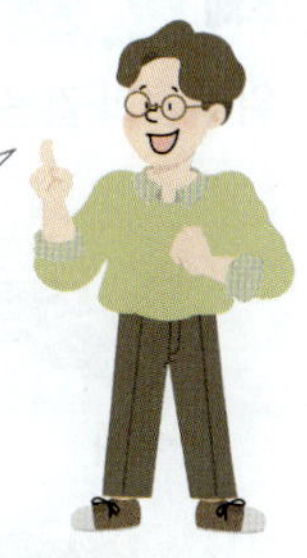

① 문자 사용　② 문명의 발생
③ 신석기 혁명　④ 도시 국가의 형성
⑤ 관개 농업의 실시

09 다음 밑줄 친 ㉠~㉤ 중 옳은 것은?

상

> 신석기 시대에는 자연환경의 변화로 정교한 사냥 도구가 필요해지면서 ㉠ <u>뗀석기를 사용하기 시작하였다.</u> 가장 큰 변화는 ㉡ <u>농사를 짓고 가축을 기르게 되면서,</u> 스스로 식량을 생산하게 된 점이다. 그 결과 이들은 ㉢ <u>이동하며 생활하였고,</u> ㉣ <u>계급에 따라 차별적으로 재산을 소유하기 시작하였다.</u> 한편 이 시기에 ㉤ <u>문자도 함께 사용하였다.</u>

① ㉠　　② ㉡　　③ ㉢　　④ ㉣　　⑤ ㉤

중요

10 다음 유물을 사용한 시대에 대한 설명으로 옳지 <u>않은</u> 것은?

중

〈유물 카드〉

• **유물 이름**: 주먹 도끼
• **특징**: 한 손에 쥐고 다양한 용도로 사용 가능

① 채집과 사냥을 하여 식량을 구하였다.
② 씨족을 중심으로 마을을 이루며 살았다.
③ 바위 그늘이나 동굴에서 주로 거주하였다.
④ 사람이 죽으면 매장을 하고 장례 의식을 치렀다.
⑤ 돌을 깨뜨리거나 떼어 내 만든 도구를 사용하였다.

같은 주제 다른 문제

10-1 위 유물과 같은 시기에 사용한 도구로 옳은 것은?

하

① 
▲ 찍개

② 
▲ 가락바퀴

③ 
▲ 갈돌과 갈판

④ 
▲ 빗살무늬 토기

⑤ 
▲ 조개껍데기 가면

---

11 다음 선생님의 질문에 대한 학생의 대답으로 옳은 것은?

하

① 관개 농업을 시행하였습니다.
② 목축을 하기 시작하였습니다.
③ 계급 분화가 촉진되었습니다.
④ 강가에 막집을 짓고 살았습니다.
⑤ 청동기로 전쟁을 벌여 주변 지역을 통합하였습니다.

중요

12 다음 유물이 제작된 시대의 생활 모습으로 옳은 것을 **보기** 에서 모두 고르면?

상

▲ 빌렌도르프의 비너스

보기

ㄱ. 토기를 사용하였다.
ㄴ. 움집에서 거주하였다.
ㄷ. 뗀석기를 사용하였다.
ㄹ. 사람이 죽으면 매장을 하고 장례 의식을 치렀다.

① ㄱ, ㄴ　　② ㄱ, ㄹ　　③ ㄴ, ㄷ
④ ㄴ, ㄹ　　⑤ ㄷ, ㄹ

같은 주제 다른 문제

12-1 위 유물에 대한 설명으로 옳은 것은?

하

① 사냥할 때 사용한 도구이다.
② 애니미즘을 보여 주는 유물이다.
③ 다산과 풍요를 기원하며 만든 조각품이다.
④ 특정 동식물을 숭배하며 만든 조각품이다.
⑤ 곡식을 저장하거나 음식을 조리하기 위해 만든 도구이다.

01 다음에서 설명하는 용어를 쓰시오.

> • 과거 인류가 남긴 흔적으로, 역사가가 역사 연구를 위해 수집하는 것이다.
> • 기록뿐만 아니라 유물, 유적 등도 포함된다.

02 다음 조건 에 맞게 역사의 의미를 **두 가지** 서술하시오.

> ─ 조건 ─
> '사실', '기록' 용어를 포함할 것

03 다음 ㉠에 들어갈 말을 쓰시오.

> 오늘날 우리의 직접적인 조상으로 여겨지는 (㉠)은/는 약 20만 년 전 아프리카에 처음 나타났다. 이들은 앞서 나타난 인류보다 뛰어난 도구 제작 기술과 언어 능력을 갖추었고, 점차 이동하여 약 5만 년 전부터 전 세계에 걸쳐 번성하였다.

04 다음 글을 읽고 물음에 답하시오.

> 신석기 시대의 큰 변화는 농사를 짓고 가축을 기르게 된 것이다. 이에 따라 인류는 큰 변화를 맞이하게 되었는데, 이를 (㉠)(이)라고 한다.

⑴ ㉠에 들어갈 말을 쓰시오.

⑵ 밑줄 친 '변화'에 해당하는 내용을 식량 생산 방식 측면에서 서술하시오.

05 다음 자료를 보고 물음에 답하시오.

(가) 시대의 도구	(나) 시대의 도구

⑴ (가), (나)에 들어갈 시대를 쓰시오.

(가) ______________ (나) ______________

⑵ (가), (나) 시대의 도구 제작 방식을 비교하여 서술하시오.

01 선사 문화와 문명의 특징 ②

기원전 3500년경 | 기원전 3000년경 | 기원전 2500년경
메소포타미아 문명 시작 | 이집트 문명 시작 | 인도·중국 문명 시작

1 문명의 형성

자료 1 **1 대표적 문명** ❷메소포타미아 문명, 이집트 문명, 인도 문명, 중국 문명

2 문명의 형성 조건 출제tip 문명의 형성 조건을 묻는 문제가 자주 출제

주로 지배 계급의 무기나 제사 도구로 사용되었어.

큰 강 유역	• 땅이 비옥하여 농사가 잘되는 큰 강 유역에 인구가 모임 • 홍수를 막기 위해 관개 농업 시행
청동기 사용	청동기로 정복 전쟁을 벌여 주변 지역 통합
도시 국가 형성	전쟁 등으로 지역이 통합되면서 도시 국가 형성
계급 발생	• 농업 생산량 향상, 정복 활동 등으로 계급 분화 촉진 • 지배 계급: 정치와 제사 담당
문자 사용	제사 내용, 세금 징수, 교역 활동 기록을 위해 문자 사용

농업 생산력이 증가하면서 사유 재산이 생겨났어.
이에 빈부 격차가 커지면서 계급이 발생하였어.

2 메소포타미아 문명과 이집트 문명

출제tip 메소포타미아 문명과 이집트 문명을 비교하여 묻는 문제가 자주 출제

1 메소포타미아 문명

(1) **위치** 기원전 3500년경 티그리스강과 유프라테스강 유역에 문명 형성

(2) **특징** 개방적 지형 ➡ 이민족의 침입으로 잦은 왕조 교체

자료 2 수메르인	• 기원전 3500년경 우르, 라가시 등 도시 국가 건설 • 정치: 지구라트 건설, ❸신권 정치 • 문화: 길가메시 서사시(현세 중시), 다신교, 쐐기 문자 사용, 점성술 발달, 태음력, 60진법 사용
자료 3 바빌로니아 왕국	• 기원전 1800년경 아무르인이 건설 • 함무라비왕: 메소포타미아 지역 통일, 함무라비 법전 편찬 • 기원전 16세기경 철제 무기를 앞세운 히타이트인에 의해 멸망

친구의 죽음에 절망하여 불멸을 찾아 나선 길가메시가 인간은 현재를 사는 지금을 즐겨야 한다는 것을 깨닫는 내용이야.

2 이집트 문명

(1) **위치** 기원전 3000년경 나일강 유역에 여러 도시 국가를 통합한 통일 왕국 등장

(2) **특징** 폐쇄적 지형 ➡ 이민족의 침입을 거의 받지 않아 통일 왕국 유지

정치	왕을 파라오(태양신의 아들)라 부르며 숭배 ➡ 정치·종교 장악, 절대 권력 행사
자료 4 문화	• 사후 세계 중시: 영혼 불멸 사상, 미라 제작, 피라미드 건축, 「사자의 서」 • 천문학·기하학·측량술 발달, 태양력, 10진법 사용, ❹상형 문자 사용

▲ 메소포타미아 문명의 지구라트

▲ 메소포타미아 문명과 이집트 문명

▲ 이집트 문명의 피라미드와 스핑크스

자료 1 문명의 발상지

자료 2 쐐기 문자

수메르인들은 진흙판에 쐐기 문자를 새겨 제사 의식이나 왕의 업적 등을 기록하였다.

자료 3 함무라비 법전

• 만약 귀족이 다른 귀족의 눈을 멀게 하면, 그의 눈도 멀게 한다.
• 만약 귀족이 평민의 눈을 멀게 하거나 뼈를 부러뜨리면, 그는 은 1마나를 지불해야 한다.
• 만약 귀족이 다른 귀족의 노예 눈을 멀게 하거나 뼈를 부러뜨리면, 그는 노예 값의 반을 지불해야 한다.

함무라비 법전은 돌기둥에 총 282개 조문이 쐐기 문자로 새겨 있다. 조문을 통해 복수주의를 원칙으로 하였으나, 신분에 따라 처벌을 다르게 하였고, 화폐(은)가 사용되었음을 알 수 있다.

자료 4 「사자의 서」

사후 세계의 안내서로 죽은 자가 받는 심판 과정을 그림과 상형 문자로 기록하였다.

용어 풀이

❶ 문명: 인류가 이룩한 물질적·기술적·사회 구조적인 발전을 말함. '도시'(civitas)라는 말에서 유래함

❷ 메소포타미아: 메소(meso)는 중간, 포타미아(potamia)는 강이라는 의미로 '두 강 사이'를 뜻함. 유프라테스강과 티그리스강 유역을 말함

❸ 신권(神-신, 權-권세) 정치: 통치자가 신 또는 신의 대리자로 여겨져 절대적 권력으로 사람들을 지배하는 정치 형태

❹ 상형(象-모양, 形-모양) 문자: 사물의 모양을 본떠 만든 글자. 초기의 한자나 고대 이집트 문자 등이 해당함

자료 5 **1** 인도 문명

(1) **위치** 기원전 2500년경 인더스강 유역에서 문명 형성

(2) **특징**

① 하라파, 모헨조다로 등에 도로, 공
   공시설, ❶하수 시설 등을 질서 있
   게 배치한 계획도시 건설
② 밀·보리·목화 등 재배, 청동기와
   그림 문자 사용, 바닷길을 통해 메
   소포타미아 지역과 교류

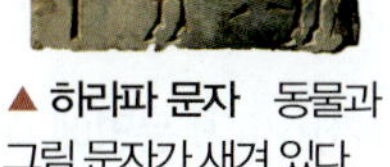
▲ **하라파 문자** 동물과 그림 문자가 새겨 있다.

▲ **모헨조다로 유적** 하수 구도 갖춘 계획도시였다.

(3) ❷**아리아인의 이동** 출제tip 아리아인의 이동 이후 사회적 변화를 묻는 문제가 자주 출제

이동	기원전 1500년경 아리아인이 이동 → 기원전 1000년경 갠지스강 유역까지 진출
자료 6 영향	• 철기 사용: 농업 발전, 활발한 정복 활동 전개 • 카스트제(바르나) 성립: 원주민을 정복하고 지배하는 과정에서 엄격한 신분 제도 성립 ─ 현재 카스트제로 인한 차별을 법으로 금지하였으나, 여전히 일상생활에 영향을 미치고 있어. • 브라만교 성립: 아리아인의 자연 숭배 사상이 발전하여 성립, 엄격한 제사 의식 강조, ❸『베다』를 경전으로 삼음

2 중국 문명

(1) **위치** 기원전 2500년경 중국의 여러 지역에서 문명 발생 → 황허강 유역에서 청동기 사용, 도시 국가 형성

(2) **상**

성립	기원전 1600년경 성립, 황허강 중·하류 중심으로 번성
정치	왕이 정치와 제사 담당(신권 정치)
문화	• 청동으로 만든 무기와 제사용 도구 사용, 달력 사용 • 갑골문: 나라의 중요한 일을 점친 내용을 거북의 배딱지나 동물 뼈에 기록한 문자(오늘날 한자의 기원)

(3) **주** 이후 주 왕실과 제후 간의 혈연관계가 느슨해지면서 왕의 권위가 약해지고 제후들이 독자적인 세력으로 성장하였어.

성립	기원전 1100년경 상을 무너뜨리고 성립 → 창장강 유역까지 세력 확대
자료 7 정치	봉건제: 왕이 수도와 주변 지역을 직접 통치, 왕족이나 ❹공신을 ❺제후로 삼아 지방을 다스리게 함(혈연 의식을 바탕으로 운영)

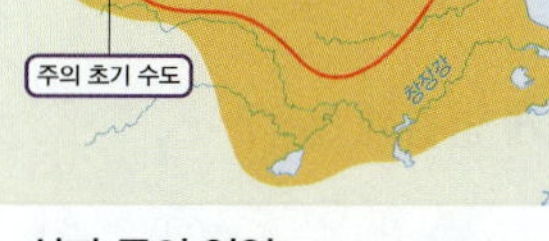

▲ 상과 주의 영역

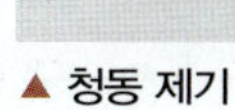
▲ 청동 제기

▲ 갑골문

자료 5 인도 문명과 아리아인의 이주

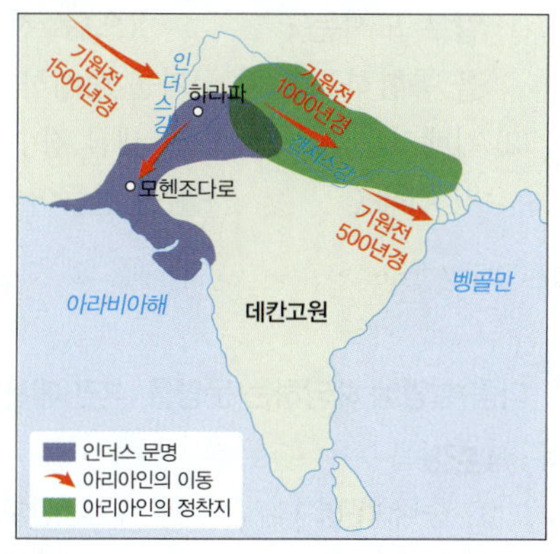

자료 6 카스트제

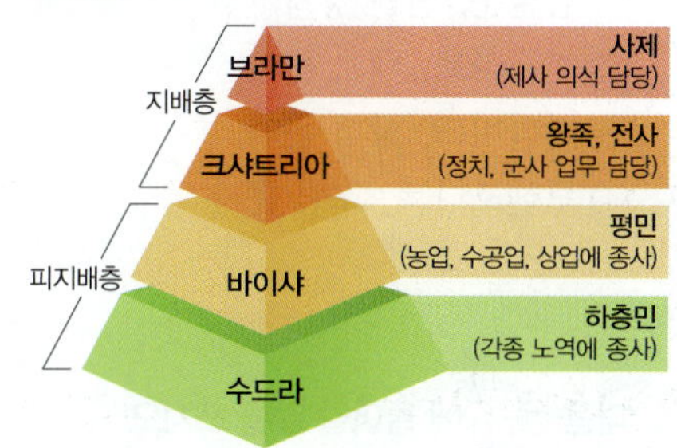

카스트에 따라 사회적 지위와 직업 등이 정해졌다.

자료 7 봉건제

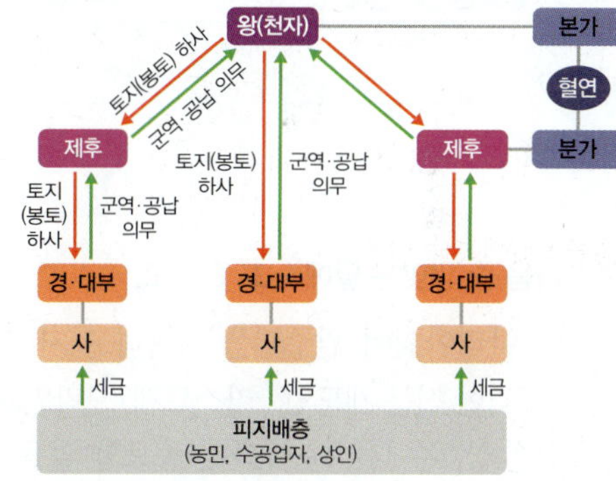

주는 넓어진 영토를 효과적으로 다스리기 위해 봉건제를 실시하였다.

♥ **교과서 비교** 페니키아와 헤브라이
동아, 천재만 다룸

더알기 페니키아와 헤브라이

페니키아	헤브라이
• 해상 무역 주도 • 식민 도시 건설 • 표음 문자 사용(알파벳의 기원)	• 이스라엘 왕국 건설 • 유대교 발전(크리스트교, 이슬람교 성립에 영향)

용어 풀이

❶ 하수(下-아래, 水-물) 시설: 빗물이나 오염된 물을 모으고, 유해 물질을 제거한 후 하천이나 바다에 보내는 시설
❷ 아리아인: 중앙아시아에서 유목 생활을 하다 인더스강 유역으로 이동한 민족으로, 철기를 사용함
❸ 베다: 브라만교의 경전으로, 고대 인도의 종교 지식과 제례 의식을 담고 있음. 인도의 종교와 철학, 문학의 근원을 이룸
❹ 공신(功-공, 臣-신하): 나라를 위해 특별한 공을 세운 신하
❺ 제후: 일정한 영토를 가지고 영토 내에 백성을 지배하는 권력을 가진 사람

01 다음 빈칸에 들어갈 말을 쓰시오.

(1) 일부 도시는 (　　　　)(으)로 전쟁을 벌여 주변 지역을 통합하고 도시 국가를 형성하였다.

(2) 지배자는 제사의 내용, 세금 징수, 교역 활동을 기록하기 위해 (　　　　)을/를 만들어 사용하기 시작하였다.

02 다음 설명에 해당하는 문명을 보기 에서 골라 기호를 쓰시오.

보기
ㄱ. 중국 문명　　　　　ㄴ. 인도 문명
ㄷ. 이집트 문명　　　　ㄹ. 메소포타미아 문명

(1) 갑골문, 신권 정치　　　　　　　　　(　　　)
(2) 지구라트, 쐐기 문자　　　　　　　　(　　　)
(3) 피라미드, 상형 문자　　　　　　　　(　　　)
(4) 모헨조다로, 그림 문자　　　　　　　(　　　)

03 다음 ㉠, ㉡에 들어갈 말을 쓰시오.

구분	메소포타미아 문명	이집트 문명
지리적 특성	(　㉠　) 지형 ➡ 잦은 왕조 교체	폐쇄적 지형 ➡ 통일 왕국 유지
종교관	현세적	(　㉡　)

㉠ _____________　　　　㉡ _____________

04 다음 중 알맞은 말에 ○표 하시오.

(1) 아리아인이 원주민을 정복하고 지배하는 과정에서 엄격한 신분 제도인 (카스트제, 브라만교)가 성립되었다.

(2) (상, 주)은/는 나라의 중요한 일을 점을 쳐서 결정하고 그 내용을 배딱지나 동물의 뼈에 기록하였는데 이를 갑골문이라고 한다.

05 다음 설명이 맞으면 ○표, 틀리면 ×표 하시오.

(1) 이집트인들은 사후 세계가 있다고 믿어 시체를 미라로 만들어 보존하였다.　　　　　　　　　　　(　　　)

(2) 바빌로니아 왕국의 함무라비왕은 복수주의를 원칙으로 하는 함무라비 법전을 편찬하였다.　　　　(　　　)

(3) 주는 지방에 제후를 파견하여 그 지역을 다스리게 하는 군현제를 운영하였다.　　　　　　　　　（　　　)

[01 - 02] 다음 지도를 보고 물음에 답하시오.

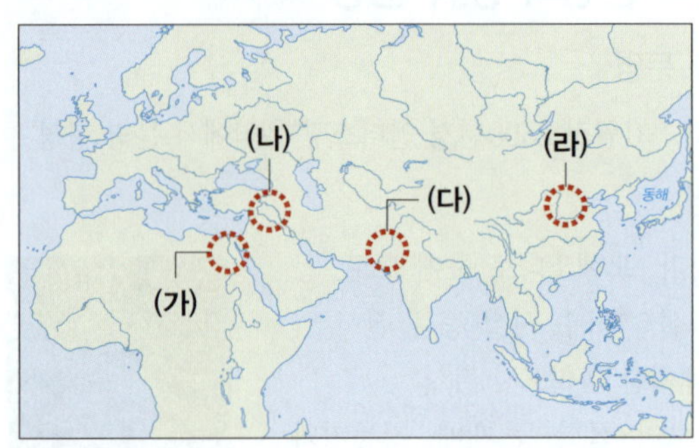

중요
01 (가)~(라) 문명에 대한 설명으로 옳지 **않은** 것은?
상

① (가): 태양력을 사용하였다.
② (나): 신전인 지구라트를 건설하였다.
③ (다): 모헨조다로에 계획도시를 건설하였다.
④ (라): 내세를 중시하여 피라미드를 만들었다.
⑤ (가)~(라): 큰 강 유역에서 문명이 형성되었다.

같은 주제 다른 문제

01-1 (가)~(라) 문명의 형성 과정에서 나타난 공통된 특징으로 옳지
중 **않은** 것은?

① 청동기를 사용하였다.
② 도시 국가가 형성되었다.
③ 큰 강 유역에서 발생하였다.
④ 빈부 격차가 없는 평등 사회였다.
⑤ 통치와 교역 활동 기록을 위해 문자를 사용하였다.

02 (가), (나) 문명에 대한 내용을 옳게 연결한 것은?
중

구분	(가)	(나)
① 지형	개방적	폐쇄적
② 문자	쐐기 문자	상형 문자
③ 수학	60진법	10진법
④ 건축물	피라미드	지구라트
⑤ 종교관	현세적	내세적

03 다음 ㉠ 문명에 대한 설명으로 옳은 것은?

① 인더스강 유역에서 발달하였다.
② 태음력과 60진법을 사용하였다.
③ 하라파와 모헨조다로에 도시를 건설하였다.
④ 엄격한 제사 의식을 강조하는 브라만교를 성립하였다.
⑤ 폐쇄적 지형의 영향으로 통일 왕국을 오랫동안 유지하였다.

04 다음 법전에 대한 설명으로 옳은 것을 보기 에서 모두 고르면?

• 만약 귀족이 다른 귀족의 눈을 멀게 하면, 그의 눈도 멀게 한다.
• 만약 귀족이 평민의 눈을 멀게 하거나 뼈를 부러뜨리면, 그는 은 1마나를 지불해야 한다.
• 만약 귀족이 다른 귀족의 노예 눈을 멀게 하거나 뼈를 부러뜨리면, 그는 노예 값의 반을 지불해야 한다.

> 보기
> ㄱ. 함무라비 법전이다.
> ㄴ. 복수주의가 담겨 있다.
> ㄷ. 조문이 돌기둥에 갑골문으로 새겨져 있다.
> ㄹ. 계급이 없는 평등 사회였음을 알 수 있다.

① ㄱ, ㄴ   ② ㄱ, ㄷ   ③ ㄴ, ㄷ
④ ㄴ, ㄹ   ⑤ ㄷ, ㄹ

05 다음 (가) 나라에 대한 설명으로 옳지 않은 것은?

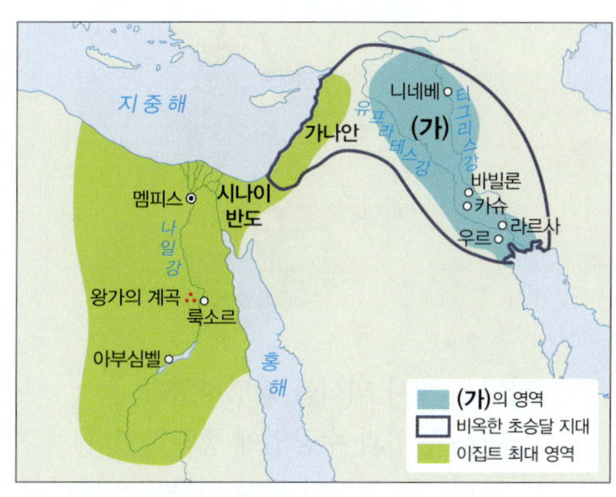

① (가)는 바빌로니아 왕국이다.
② 함무라비 법전이 편찬되었다.
③ 히타이트인에 의해 멸망하였다.
④ 함무라비왕이 메소포타미아 지역을 통일하였다.
⑤ 파라오가 정치와 종교를 장악하고 절대적인 권력을 행사하였다.

06 다음 지도에 나타난 (가)와 관련된 설명으로 옳은 것은?

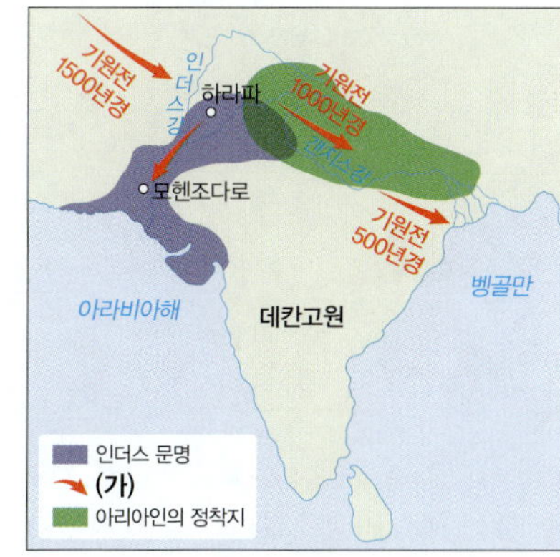

① 피라미드를 건설하였다.
② 태음력과 60진법을 사용하였다.
③ 하라파, 모헨조다로에 계획도시를 건설하였다.
④ 넓어진 영토를 효과적으로 다스리기 위해 봉건제를 실시하였다.
⑤ 원주민을 정복하고 지배하는 과정에서 카스트제가 성립되었다.

07 다음 제도에 대한 설명으로 옳지 <u>않은</u> 것은? (중요)

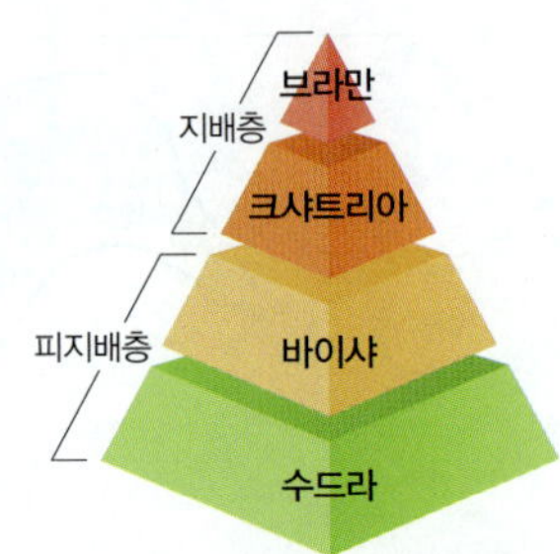

① 브라만은 제사 의식을 담당하였다.
② 수드라는 농업과 수공업에 종사하였다.
③ 크샤트리아는 정치와 군사 업무를 담당하였다.
④ 제도에 따라 사회적 지위와 직업 등이 정해졌다.
⑤ 아리아인의 이동 과정에서 성립된 엄격한 신분 제도이다.

같은 주제 다른 문제

07-1 위 제도가 성립된 문명에 대한 설명으로 옳은 것은?

① 황허강 유역에서 발달하였다.
② 진흙판에 쐐기 문자를 새겼다.
③ 우르, 라가시 등에 도시 국가를 세웠다.
④ 사후 세계의 안내서인 『사자의 서』를 제작하였다.
⑤ 엄격한 제사 의식을 강조하는 브라만교가 성립하였다.

08 중국 문명과 관련된 것으로 옳은 것을 보기 에서 모두 고르면?

보기
ㄱ. 봉건제	ㄴ. 갑골문
ㄷ. 파라오	ㄹ. 모헨조다로

① ㄱ, ㄴ 　② ㄱ, ㄷ 　③ ㄴ, ㄷ
④ ㄴ, ㄹ 　⑤ ㄷ, ㄹ

09 다음 (가), (나) 나라에 대한 설명으로 옳지 <u>않은</u> 것은? (중)

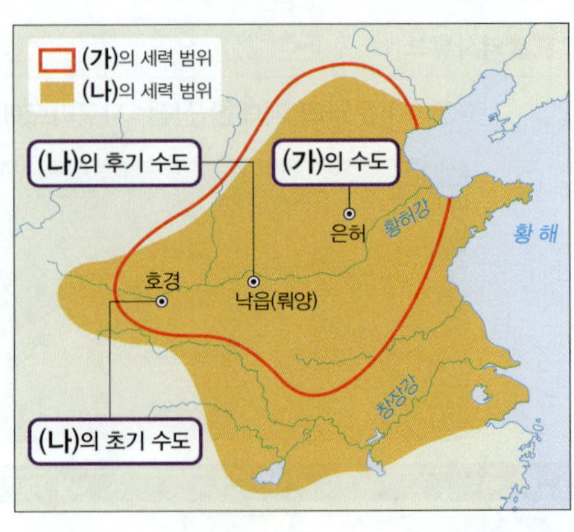

① (가): 달력을 만들었다.
② (가): 나라의 중요한 일은 점을 쳐서 결정하였다.
③ (가): 청동으로 만든 무기와 제사용 도구를 사용하였다.
④ (나): 상을 정복하였다.
⑤ (나): 경전인 『베다』를 만들었다.

10 다음 제도에 대한 설명으로 옳은 것을 보기 에서 모두 고르면? (중)

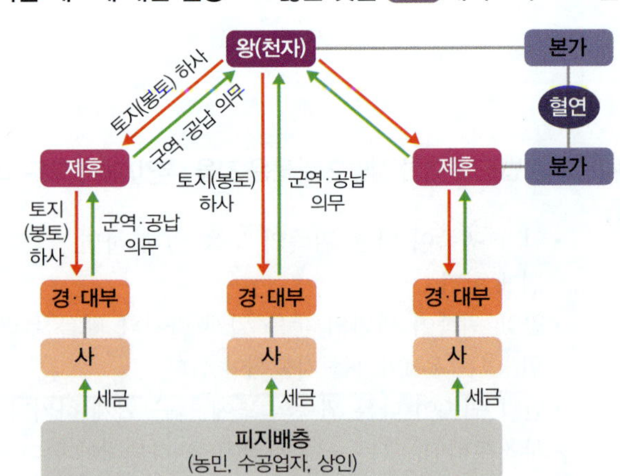

보기
ㄱ. 혈연 의식을 바탕으로 운영되었다.
ㄴ. 왕은 태양신의 아들로 숭배되었다.
ㄷ. 왕이 수도와 주변 지역을 직접 통치하였다.
ㄹ. 왕족이나 공신을 제후로 삼아 지방을 다스리게 하였다.

① ㄱ, ㄴ 　② ㄱ, ㄷ 　③ ㄴ, ㄷ
④ ㄱ, ㄴ, ㄹ 　⑤ ㄱ, ㄷ, ㄹ

01 다음에서 설명하는 용어를 쓰시오.

> 인류가 이룬 물질적, 기술적, 사회적인 발전을 일컫는 말로, 기원전 3500년경 티그리스강과 유프라테스강 유역에서 최초로 형성되었다.

02 다음 지도를 참고하여 문명이 형성된 지역의 지리적 공통점을 서술하시오.

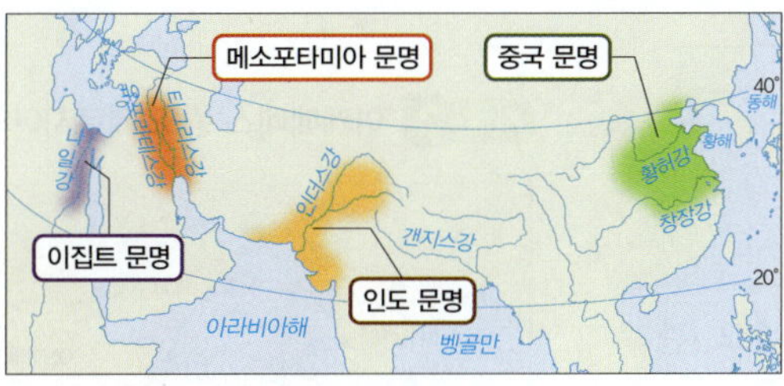

03 다음 글을 읽고 물음에 답하시오.

> • 만약 귀족이 다른 귀족의 눈을 멀게 하면, 그의 눈도 멀게 한다.
> • 만약 귀족이 평민의 눈을 멀게 하거나 뼈를 부러뜨리면, 그는 은 1마나를 지불해야 한다.
> • 만약 귀족이 다른 귀족의 노예 눈을 멀게 하거나 뼈를 부러뜨리면, 그는 노예 값의 반을 지불해야 한다.

(1) 자료에 제시된 법전과 법전을 만든 나라를 각각 쓰시오.

(2) 법전을 통해 알 수 있는 당시의 사회 모습을 두 가지 서술하시오.

04 다음 글을 읽고 물음에 답하시오.

> 기원전 1500년경 중앙아시아에서 유목 생활을 하던 (　㉠　)이/가 인더스강 유역으로 이동하였고, 이후 갠지스강 유역으로 진출하였다. 이들이 원주민을 정복하고 지배하는 과정에서 <u>변화</u>가 나타났다.

(1) ㉠에 들어갈 말을 쓰시오.

(2) 밑줄 친 '변화'에 대한 내용을 제도적 측면에서 서술하시오.

05 다음 자료를 보고 물음에 답하시오.

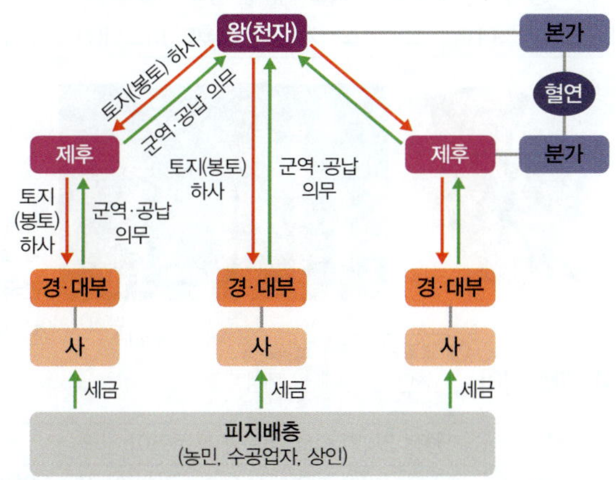

(1) 제도의 명칭과 제도를 시행한 나라를 각각 쓰시오.

(2) 제도를 실시한 배경을 서술하시오.

02 고대 서아시아·지중해 세계의 형성

기원전 753년	기원전 525년	기원전 492년	기원후 313년
로마 건국	아케메네스 왕조 페르시아, 서아시아 통일	그리스·페르시아 전쟁 시작	밀라노 칙령

자료 1 | 1 아케메네스 왕조 페르시아

1 아시리아 출제tip 아시리아와 아케메네스 왕조 페르시아의 정책을 비교하는 문제가 자주 출제

성장	우수한 기마 전술과 철제 무기 사용 → 기원전 7세기경 서아시아 지역 최초 통일, 이집트 지배
통치	• 중앙 집권 체제 강화: 정복지에 총독 파견, 도로 정비 • 정복지에 대한 가혹한 통치: 정복지 주민 강제 이주, 무거운 세금 부과
멸망	정복지 주민의 반란으로 멸망, 여러 나라로 분열

자료 2 | 2 아케메네스 왕조 페르시아의 발전과 쇠퇴 출제tip 다리우스 1세와 왕의 길을 묻는 문제가 자주 출제

(1) **재통일** 키루스 2세 때 서아시아 지역 재통일

(2) **다리우스 1세** 전성기 주도 ─ 다리우스 1세는 넓은 영토를 효율적으로 통치하기 위해 제도를 마련하여 중앙 집권 체제를 강화하였어.

정치	• 전국을 20여 개의 ❶속주로 나누고 총독 파견 • 감찰관('왕의 귀', '왕의 눈')을 보내 총독 감시 • '왕의 길' 정비: 도로 곳곳에 ❷역참 설치
경제	화폐와 ❸도량형 통일

자료 3 (3) **❹관용 정책** 정복지 주민이 지배에 복종하고 세금을 바치면 그들의 언어·종교·관습을 존중

(4) **멸망** 그리스·페르시아 전쟁 패배, 지방 반란 등으로 국력 약화 → 기원전 4세기 말 알렉산드로스에게 멸망

3 아케메네스 왕조 페르시아의 문화

특징	여러 민족의 문화가 ❺융합된 국제적 문화 발달(페르세폴리스 궁전)
공예	유리, 금속을 이용한 공예 기술 발달
❻조로아스터교	조로아스터가 창시, 아후라 마즈다(선과 빛의 신) 숭배, 불을 신성하게 여김

조로아스터교의 교리는 훗날 유대교, 크리스트교, 이슬람교에 영향을 끼쳤어.

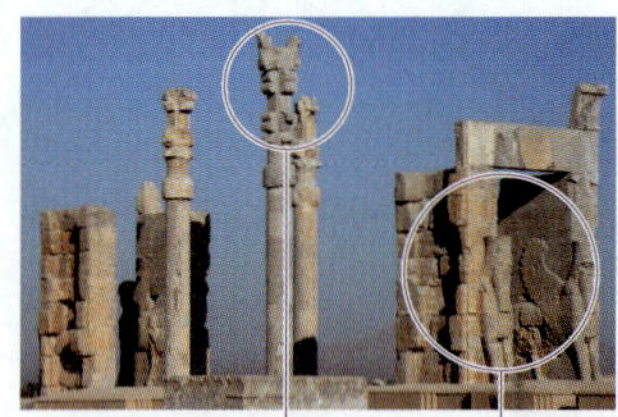

4 파르티아

▼ 교과서 비교 | 파르티아
| 동아 | III−02에서 다룸 |
| 비상, 지학 | 다루지 않음 |

건국	기원전 3세기 중엽 이란계 유목민이 건국
정치	메소포타미아 지역에서 인더스강에 이르는 지역까지 지배
경제	중국(한)과 로마를 연결하는 동서 무역로 장악 → 중계 무역으로 번영
멸망	로마, 쿠샨 왕조와의 오랜 대립으로 쇠퇴 → 사산 왕조 페르시아에 멸망(226)

자료 1 서아시아 지역 변천 과정

수메르·아카드 / 이집트
페니키아 / 헤브라이 / 고바빌로니아
유대 / 이스라엘
아시리아
리디아 / 메디아 / 신바빌로니아 / 이집트
아케메네스 왕조 페르시아

자료 2 아케메네스 왕조 페르시아의 영역

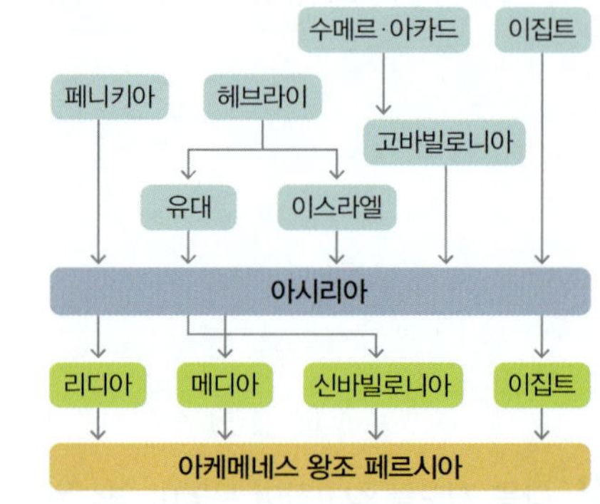

다리우스 1세는 수사에서 사르디스에 이르는 약 2,400km의 도로망을 정비하였다. 도로 곳곳에 일정한 거리마다 숙소와 말을 제공하는 역참을 설치하였다.

자료 3 아케메네스 왕조 페르시아의 관용 정책

나 키루스는 세상의 왕, 위대한 왕, 강력한 왕, 바빌론의 왕, 수메르와 아카드의 왕이며 …… 나는 바빌론성과 그 신전들을 평화롭게 보호하기 위해 많은 노력을 기울였다. 신들의 뜻에 어긋나는 방식으로 그들에게 복종하게 만든 바빌론 시민들을 그들의 피로에서 풀어 주고 그들의 짐을 덜어 주었다.
– 키루스 2세의 원통 내용

키루스 2세는 피정복민의 문화와 종교를 존중한다는 내용의 칙령을 발표하였다.

 **용어 풀이**

❶ 속주(屬 – 따르다, 州 – 나라): 어느 나라에 속해 있는 주
❷ 역참(驛 – 역, 站 – 역마을): 중앙과 지방 사이의 명령을 전달하거나 말을 바꾸어 타는 교통 통신 기관
❸ 도량형(度 – 법, 量 – 헤아리다, 衡 – 저울): 길이, 부피, 무게 등을 재는 방법
❹ 관용(寬 – 너그럽다, 容 – 얼굴): 남의 잘못을 너그럽게 받아들이거나 용서함
❺ 융합(融 – 녹다, 合 – 합하다): 서로 구별이 없게 하나로 합해지거나 그렇게 만듦
❻ 조로아스터교: 유일신인 아후라 마즈다를 섬기고 세상을 선과 악의 투쟁으로 설명하는 종교

2 고대 그리스 세계의 발전

1 폴리스의 성립 — 폴리스 형성 전인 기원전 2000년경에 크레타 문명과 미케네 문명으로 대표되는 에게 문명이 발달하였어.

(1) **형성** 기원전 8세기경 그리스 지역에 수백 개의 도시 국가 형성

(2) **특징** 정치적 독립, ❶동족 의식(같은 언어 사용, 같은 신 숭배, 올림피아 제전)

(3) **아테네와 스파르타** 대표적인 폴리스

① 아테네의 민주 정치: 왕정 ➡ 귀족정 ➡ 민주정으로 발전

배경	상공업과 무역의 발달로 부유해진 평민이 전쟁에 참여 ➡ 정치 참여
솔론	재산의 정도에 따라 일부 평민에게 ❷참정권 부여
클레이스테네스	평민의 정치 참여 확대, ❸도편 추방제 마련
페리클레스	• 민회 중심의 직접 민주 정치 실현 • 성인 남성 시민이 추첨으로 공직을 맡음, 수당 지급 • 한계: 여성 시민, 거류 외국인, 노예는 정치 참여 못함

독재자(참주)가 될 가능성이 있는 사람의 이름을 도기 조각에 적고 6000표 이상이 나온 사람을 10년간 추방하였어.

② 스파르타의 발전: 소수의 이주민이 다수 피정복민을 다스리고자 국가에 대한 절대적 충성 강조, 남성 시민에게 엄격한 집단 군사 훈련 실시 — 왕과 귀족이 나라를 다스렸지만, 국가의 중요한 일은 민회에서 결정하였어.

2 그리스 세계의 번영과 쇠퇴

아테네가 여러 폴리스와 맺은 군사 동맹체로, 전쟁 이후 지중해 무역을 장악하며 번영을 누렸어.

(1) **번영** 그리스·페르시아 전쟁 승리 ➡ 델로스 동맹을 중심으로 번영

(2) **쇠퇴** 아테네의 세력 확장에 스파르타 등 반발 ➡ 펠로폰네소스 전쟁 발발 ➡ 그리스 세계 쇠퇴

아테네에서는 오이디푸스왕, 안티고네 등의 연극이 유행하였어.

3 그리스 문화 합리적, 인간 중심적 문화 — 이들의 사상은 서양 철학의 바탕이 되었어.

철학	소피스트(진리의 상대성 강조) ➡ 소크라테스(보편적 진리 주장) ➡ 플라톤, 아리스토텔레스
문학	호메로스의 『일리아스』, 『오디세이아』
역사	헤로도토스의 『역사』, 투키디데스의 『역사』
건축	조화와 균형 강조(파르테논 신전, 아테나 여신상)

그리스·페르시아 전쟁사를 다루었어. 펠로폰네소스 전쟁사를 다루었어.

▲ 파르테논 신전

4 알렉산드로스 제국과 헬레니즘 세계의 형성

(1) **알렉산드로스 제국**

성립	마케도니아가 그리스 세계 통합 ➡ 알렉산드로스의 대제국 건설
정치	• 동방 원정: 이집트·아케메네스 왕조 페르시아 정복, 인도 서북부 진출 • 그리스 문화 전파: ❹알렉산드리아 건설, 그리스인 이주, 그리스어를 공용어로 사용 • 동서 융합: 동방의 군주정 일부 수용, 피정복민을 관리로 등용
쇠퇴	알렉산드로스 사후 마케도니아, 시리아, 이집트로 분열 ➡ 이후 로마, 파르티아에 흡수

페르시아인을 관리로 등용하고, 그리스인과 페르시아인의 결혼을 장려하는 등 동서 융합 정책을 실시하였어.

(2) **헬레니즘 문화** 그리스 문화 바탕에 동방 문화 융합 — 헬레니즘 시대에 자연 과학이 발달하여 유클리드가 기하학을 창시하였고, 아르키메데스가 부력의 원리를 발견하였어.

특징	❺세계 시민주의, 공동체보다 개인의 행복 중시(개인주의)
철학	• 스토아 학파: 욕망을 억제하고 이성적인 삶 추구 • 에피쿠로스 학파: 개인의 정신적인 즐거움 추구
예술	사실적 미를 중시(라오콘 군상, 밀로의 비너스)

❶ 동족(同 – 같다, 族 – 종족, 민족): 같은 종족, 민족
❷ 참정권(參 – 참여하다, 政 – 정치, 權 – 권리): 국민이 직접 또는 간접적으로 정치에 참여하는 권리
❸ 도편(陶 – 도자기, 片 – 조각): 도자기 조각
❹ 알렉산드리아: 알렉산드로스가 정복지 곳곳에 세운 도시. 자신의 이름을 따서 알렉산드리아라고 도시 이름을 지음
❺ 세계 시민주의: 폴리스 중심의 공동체 의식에서 벗어나 세계는 하나이기에 모든 시민이 평등하다는 사상

자료 4 폴리스의 구조

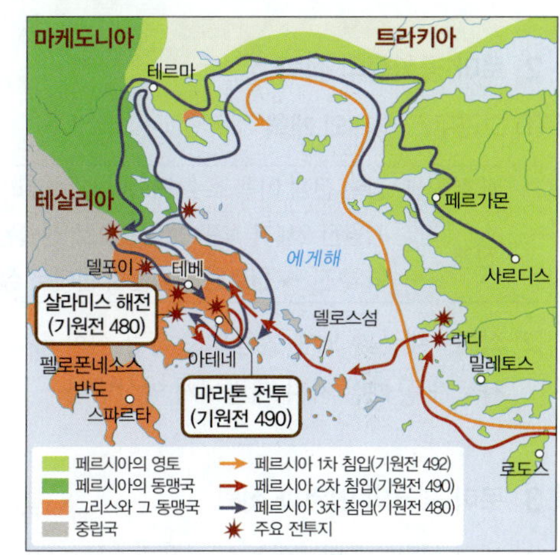

자료 5 그리스·페르시아 전쟁

아케메네스 왕조 페르시아가 지중해로 세력을 넓히면서 그리스와 충돌하였다.

자료 6 알렉산드로스 제국

자료 7 라오콘 군상

라오콘과 두 아들이 죽어 가는 모습을 묘사한 작품이다. 인체의 아름다움을 사실적이고 생동감 있게 표현하였다.

3 로마 제국의 발전

 1 로마 ❶공화정의 성립과 발전

(1) **건국**　기원전 8세기경 테베레강 유역에서 도시 국가로 출발

(2) **공화정의 성립**

초기	• 기원전 6세기경 귀족들이 왕을 몰아내고 공화정 수립
	• 집정관(행정, 군사 담당)과 원로원(자문 기관)을 귀족이 독점
참정권 확대	• 배경: 상공업의 발달로 평민의 전쟁 참여 확대 ➡ 참정권 요구
	• 결과: 평민회 구성, ❷호민관 선출

(3) **발전**　이탈리아반도 통일 ➡ 로마–카르타고 전쟁 승리 ➡ 지중해 일대 장악
└ 기원전 3세기경 로마와 카르타고가 지중해 해상권을 놓고 벌인 전쟁이야.

2 로마 공화정의 쇠퇴

(1) **그라쿠스 형제의 개혁**

배경	정복 전쟁 이후 소수 귀족이 대농장(라티푼디움) 경영, ❸자영농 몰락
전개	기원전 2세기 후반 호민관으로 선출된 그라쿠스 형제가 자영농 육성을 위한 개혁 추진 ➡ 원로원 귀족들의 반대로 실패

(2) **쇠퇴**　내분과 노예 반란으로 혼란 심화 ➡ 카이사르가 혼란 수습, 권력 장악 ➡ 카이사르가 공화정 지지 세력에게 암살당함

3 로마 제국의 번영과 쇠퇴

'존엄한 자'라는 의미로, 원로원으로부터 받은 칭호야.

(1) **제정 성립**　옥타비아누스(아우구스투스)가 로마의 권력 장악

(2) **전성기**　약 200여 년간 '로마의 평화'라 불리는 번영을 누림

(3) **쇠퇴**　✔ **교과서 비교**　디오클레티아누스
동아, 미래엔, 해냄은 다루지 않음 ┌ 게르만족 등이 침입했어.

배경	상공업과 도시의 쇠퇴, 이민족의 침입, 군대의 정치 개입으로 황제의 잦은 교체
부흥 노력	• 3세기 말: 디오클레티아누스가 제국을 4분할하여 통치
	• 콘스탄티누스 대제: 콘스탄티노폴리스(비잔티움)로 천도
멸망	4세기 말 로마 제국의 동서 분열 ➡ 서로마 제국 멸망(476)

동로마 제국(비잔티움 제국)은 이후 약 천 여 년간 지속되었어.

출제tip 로마, 그리스, 헬레니즘의 문화를 비교하는 문제가 자주 출제

✔ **교과서 비교**　로마의 법률
비상은 관습법 ➡ 시민법 ➡ 만민법

4 로마의 문화와 크리스트교의 성립

✔ **교과서 비교**　테오도시우스

동아, 비상, 천재, 해냄	다루지 않음
리베르, 미래엔	테오도시우스 1세
지학	테오도시우스

(1) **로마의 문화**　실용적 문화 발달

건축	• 제국 전역에 도로망 건설, 상하수도 시설 설치
	• 개선문, 원형 경기장(콜로세움), 공중목욕탕 등 세움
법률	12표법 ➡ 시민법 ➡ 만민법 ➡ 『유스티니아누스 법전』(비잔티움 제국)으로 ❹집대성

(2) **크리스트교의 성립과 발전**

성립	팔레스타인 지역에서 예수 등장 ➡ 제자들이 예수의 가르침을 각지로 전파하면서 크리스트교 성립
탄압	유일신을 숭배하는 크리스트교도가 황제 숭배를 거부해 ❺박해받음
발전	콘스탄티누스 대제 때 ❻공인(밀라노 칙령, 313) ➡ 테오도시우스 황제 때 국교화(392)

└ 보편적인 사랑과 평등을 주장하였다.

└ 크리스트교는 보편적인 사랑과 평등을 중시하는 교리와 헬레니즘 문화의 영향으로 퍼져 있던 세계 시민주의가 결합하면서 널리 전파될 수 있었어.

용어풀이

❶ 공화정(共–함께, 和–화합하다, 政–정치): 시민이 선출한 대표자 혹은 대표 기관이 국가를 다스리는 정치 체제

❷ 호민관(護–보호, 民–백성, 官–관리): 평민의 대표로서 평민의 권리를 보호함

❸ 자영농(自–스스로, 營–경영, 農–농업): 자기 토지에서 농사를 짓는 사람

❹ 집대성(集–모으다, 大–큰, 成–이루다): 여러 가지를 모아 하나의 체계를 이루어 완성하는 것

❺ 박해(迫–핍박하다, 害–해하다): 못살게 굴고 해를 끼침

❻ 공인(公–공적, 認–허가하다): 국가에서 행위나 물건에 대해 인정함

 로마 공화정의 구조

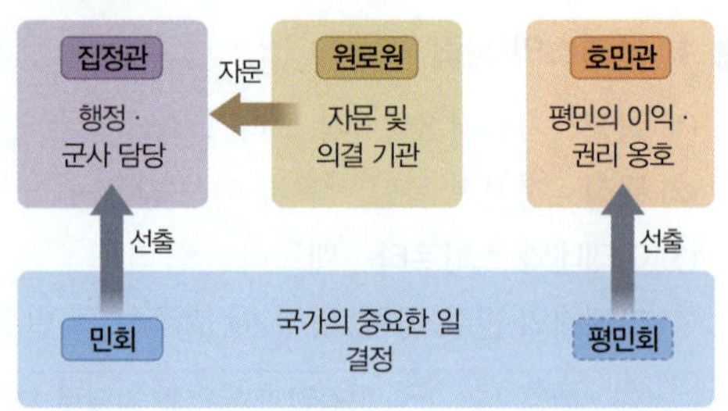

로마 공화정은 집정관, 원로원, 민회가 균형을 이루며 나라를 운영하였다.

 그라쿠스 형제의 개혁

조국을 위해 싸우고 죽어가는 로마 시민에게 남은 것은 햇볕과 공기밖에 없다. 집도 없고 땅도 없이 처자식을 데리고 떠돌고 있다. …… 한 뼘의 땅도 갖지 못하고 있다.

그라쿠스 형제는 자영농 육성을 위해 소수 유력자의 대토지 소유 제한, 빈민에게 싼값에 곡물 분배 등을 주장하였다.

 로마 제국의 영역

 로마의 문화

▲ 수도교

▲ 콜로세움

로마는 그리스와 헬레니즘 문화를 수용하는 한편, 넓은 제국을 다스리는 과정에서 실용적 문화가 발달하였다.

01 다음 빈칸에 들어갈 말을 쓰시오.

(1) (　　　　　)은/는 우수한 기마 전술과 철제 무기를 앞세워 기원전 7세기경 서아시아 지역 대부분을 통합하였다.

(2) 아케메네스 왕조 페르시아의 (　　　　)은/는 전국을 20여 개의 속주로 나누고 총독을 파견하였다.

02 다음 설명이 맞으면 ○표, 틀리면 ×표 하시오.

(1) 아케메네스 왕조 페르시아는 선과 빛의 신 아후라 마즈다를 숭배하는 크리스트교를 널리 믿었다. (　　)

(2) 파르티아는 이란계 유목민이 세운 나라로, 동서 무역로를 장악하고 중계 무역으로 번영을 누렸다. (　　)

(3) 아테네는 다수의 피정복민을 효과적으로 다스리기 위해 국가에 대한 절대적 충성을 강조하였다. (　　)

03 다음 설명에 해당하는 인물을 **보기** 에서 골라 기호를 쓰시오.

> **보기**
> ㄱ. 솔론　　　ㄴ. 페리클레스　　　ㄷ. 클레이스테네스

(1) 도편 추방제 실시 (　　)

(2) 재산에 따른 참정권 부여 (　　)

(3) 민회 중심의 직접 민주 정치 실현 (　　)

04 다음 ㉠, ㉡에 들어갈 말을 쓰시오.

구분	그리스 문화	헬레니즘 문화
특징	(　㉠　), 합리적	세계 시민주의, 개인주의
철학	• 소피스트: 진리의 상대성 강조 • 소크라테스: 보편적인 진리 주장	• 스토아 학파: 욕망 억제, 이성 중시 • (　㉡　): 정신적 즐거움 추구

㉠ ________________　　　㉡ ________________

05 다음 중 알맞은 말에 ○표 하시오.

(1) 로마의 (카이사르, 그라쿠스 형제)는 자영농 육성을 위해 개혁을 추진하였다.

(2) 로마의 옥타비아누스가 반대파를 누르고 로마의 권력을 장악하면서 실질적인 (제정, 공화정)이 시작되었다.

01 다음 글과 관련된 아케메네스 왕조 페르시아의 통치 정책에 대한 설명으로 가장 적절한 것은?

> 나 키루스는 세상의 왕, 위대한 왕, 강력한 왕, 바빌론의 왕, 수메르와 아카드의 왕이며 …… 신들의 뜻에 어긋나는 방식으로 그들에게 복종하게 만든 바빌론 시민들을 그들의 피로에서 풀어 주고 그들의 짐을 덜어 주었다.

① 화폐와 도량형을 통일하였다.

② 도로망을 정비하여 중앙 집권 체제를 강화하였다.

③ 정복지 주민의 관습을 존중하는 관용 정책을 펼쳤다.

④ 전국을 20여 개의 속주로 나누고 총독을 파견하였다.

⑤ '왕의 눈', '왕의 귀'로 불리는 감찰관을 보내 총독을 감시하였다.

02  다음 (가), (나) 나라에 대한 설명으로 옳은 것은?

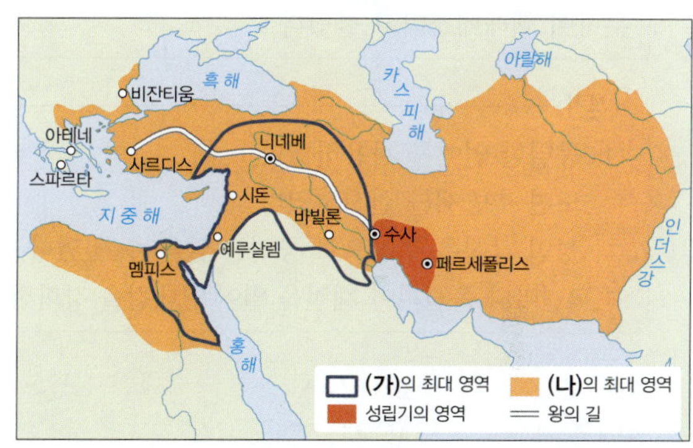

① (가): 그리스·페르시아 전쟁에서 패배하였다.

② (가): 키루스 2세가 서아시아를 다시 통일하였다.

③ (나): 인간 중심적인 문화가 발달하였다.

④ (나): 다리우스 1세 때 전성기를 맞이하였다.

⑤ (가), (나): 크리스트교를 국교로 삼았다.

같은 주제 다른 문제

02-1 (나) 나라에 대한 설명으로 옳은 것을 **보기** 에서 모두 고르면?

> **보기**
> ㄱ. 함무라비 법전을 편찬하였다.
> ㄴ. 조로아스터교를 널리 믿었다.
> ㄷ. 서아시아 세계를 최초로 통일하였다.
> ㄹ. 마케도니아, 시리아, 이집트로 분열되었다.

① ㄱ　　　② ㄴ　　　③ ㄱ, ㄷ

④ ㄴ, ㄹ　　　⑤ ㄷ, ㄹ

03 다음 유물과 관련된 나라에 대한 설명으로 옳은 것은?

▲ 날개 달린 황금 사자 뿔잔

① 실용적 문화가 발달하였다.
② 이탈리아반도를 통일하였다.
③ 정복지 주민에게 관용 정책을 펼쳤다.
④ 그리스·페르시아 전쟁에서 승리하였다.
⑤ 정복한 지역 곳곳에 알렉산드리아라는 도시를 건설하였다.

04 다음 밑줄 친 '동족 의식'과 관련된 사례로 가장 적절한 것을 보기에서 모두 고르면?

> 기원전 8세기경 그리스 지역 곳곳에서 수백 개의 폴리스가 등장하였다. 폴리스에 거주하던 사람들은 그리스인이라는 <u>동족 의식</u>이 있어 스스로를 다른 민족과 구분하여 헬레네스라고 불렀다.

보기
ㄱ. 동일한 언어를 사용하였다.
ㄴ. 도편 추방제를 실시하였다.
ㄷ. 성인 남성은 추첨으로 공직을 맡을 수 있었다.
ㄹ. 4년마다 올림피아 제전을 열어 연대감을 강화하였다.

① ㄱ, ㄴ   ② ㄱ, ㄹ   ③ ㄴ, ㄷ
④ ㄴ, ㄹ   ⑤ ㄷ, ㄹ

05 다음 ㉠, ㉡에 해당하는 폴리스에 대한 설명으로 옳은 것은?

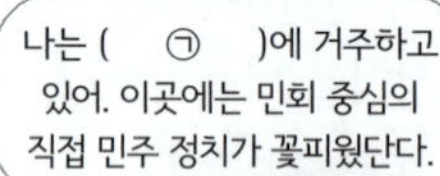
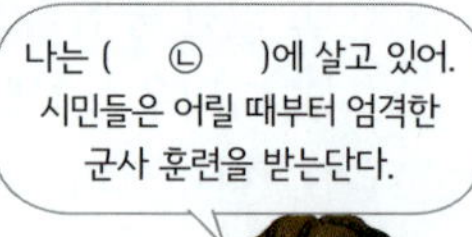

① ㉠: 스파르타이다.
② ㉠: 여성 시민도 정치에 참여하였다.
③ ㉡: 델로스 동맹을 이끌었다.
④ ㉡: 도편 추방제가 시행되었다.
⑤ ㉠, ㉡: 그리스·페르시아 전쟁에서 승리하였다.

06 다음 ㉠에 들어갈 인물로 옳은 것은?

① 솔론   ② 카이사르   ③ 페리클레스
④ 옥타비아누스   ⑤ 클레이스테네스

07 다음 지도에 나타난 전쟁에 대한 설명으로 옳은 것은?

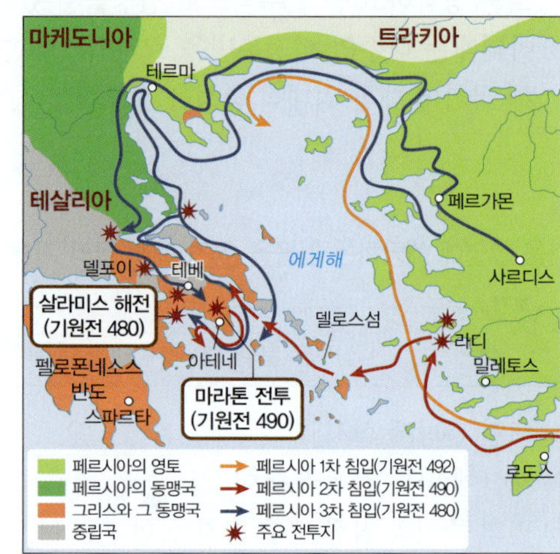

① 전쟁에서 그리스가 패배하였다.
② 전쟁 이후 스파르타에서 직접 민주 정치가 꽃피웠다.
③ 알렉산드로스 제국이 세력을 넓히면서 그리스와 충돌하였다.
④ 전쟁 이후 폴리스들은 스파르타를 중심으로 델로스 동맹을 맺었다.
⑤ 전쟁 이후 펠로폰네소스 전쟁이 일어나면서 그리스 세계는 점차 쇠퇴하였다.

08 그리스 문화에 대한 설명으로 옳지 <u>않은</u> 것은?

① 인간 중심적인 문화가 발전하였다.
② 소크라테스는 보편적인 진리가 존재한다고 주장하였다.
③ 도시 곳곳에 개선문, 원형 경기장, 공중목욕탕 등을 세웠다.
④ 플라톤과 아리스토텔레스의 사상은 서양 철학의 바탕이 되었다.
⑤ 헤로도토스는 그리스·페르시아 전쟁사를 다룬 『역사』를 저술하였다.

09 다음 (가) 나라에 대한 설명으로 옳은 것은?

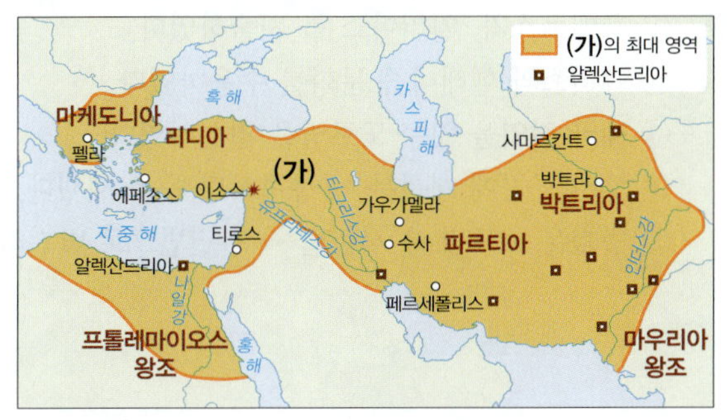

① 스파르타에서 발전한 제국이다.
② 폴리스 중심의 공동체 의식이 나타났다.
③ 카르타고를 물리치고 지중해 무역을 장악하였다.
④ 옥타비아누스 때부터 실질적인 제정이 시작되었다.
⑤ 그리스 문화 바탕에 동방의 문화를 융합한 헬레니즘 문화가 나타났다.

10 다음 (가), (나)에 대한 설명으로 옳지 않은 것은?

(가)   (나)

▲ 파르테논 신전   ▲ 라오콘 군상

① (가): 아테네의 신전이다.
② (가): 조화와 균형미를 추구하였다.
③ (나): 인간의 감정을 생생하게 표현하였다.
④ (나): 인체의 아름다움을 사실적으로 표현하였다.
⑤ (가), (나): 헬레니즘 문화의 대표적인 문화유산이다.

11 다음 (가)에 들어갈 내용으로 옳은 것을 보기 에서 모두 고르면?

로마 공화정 초기에는 2명의 집정관과 원로원을 귀족이 독점하였으나, 점차 상공업의 발달로 부유해진 평민들이 참정권을 요구하는 투쟁을 벌였다. 그 결과
________________________ (가)

보기
ㄱ. 제정이 성립되었다.
ㄴ. 평민회가 구성되었다.
ㄷ. 호민관을 선출하였다.
ㄹ. 그라쿠스 형제가 개혁을 시도하였다.

① ㄱ, ㄴ   ② ㄱ, ㄹ   ③ ㄴ, ㄷ
④ ㄴ, ㄹ   ⑤ ㄷ, ㄹ

12 다음 (가)에 들어갈 내용으로 가장 적절한 것은?

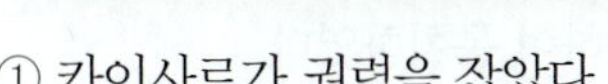

① 카이사르가 권력을 잡았다.
② 로마에 실질적인 제정이 시작되었다.
③ 소수의 귀족이 대농장을 경영하였다.
④ 콘스탄티누스 대제가 수도를 콘스탄티노폴리스로 옮겼다.
⑤ 200여 년간 로마는 영토를 크게 확장하고 정치·경제적으로 번영과 안정을 누렸다.

13 다음 밑줄 친 '이 전쟁'에 대한 설명으로 옳은 것은?

이 전쟁을 거치며 로마에서는 소수의 귀족이 넓은 토지를 차지하고 노예 노동을 이용하는 대농장을 경영하였다. 반면 자영농은 토지를 잃고 몰락하여 빈민이 되었다.

① 전쟁에서 스파르타가 승리하였다.
② 전쟁 이후 그리스 세계가 점차 쇠퇴하였다.
③ 아케메네스 왕조 페르시아와 그리스가 충돌한 전쟁이다.
④ 전쟁 이후 델로스 동맹이 동지중해 무역을 장악하였다.
⑤ 로마와 카르타고가 지중해 해상권을 놓고 벌인 전쟁이다.

같은 주제 다른 문제

13-1 위 자료에 나타난 상황을 해결하기 위한 노력으로 가장 적절한 것은?

① 평민회를 구성하였다.
② 실질적인 제정이 시작되었다.
③ 로마 제국을 4분할하여 통치하였다.
④ 카이사르가 로마의 혼란을 수습하고 권력을 잡았다.
⑤ 그라쿠스 형제가 자영농 육성을 위해 개혁을 시도하였다.

14 다음 (가)에 들어갈 내용으로 가장 적절한 것은?

(상)

| 로마에 호민관이 선출되었다. | → | (가) | → | 로마에 제정이 시작되었다. |

① 밀라노 칙령이 발표되었다.
② 로마–카르타고 전쟁이 일어났다.
③ 로마 제국을 4분할하여 통치하였다.
④ 귀족들이 왕을 몰아내고 공화정을 세웠다.
⑤ 로마에 다섯 명의 현명한 황제가 차례로 등장하였다.

15 다음 선생님의 질문에 대한 학생의 대답으로 옳은 것은?

(중)

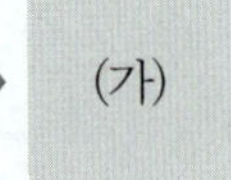

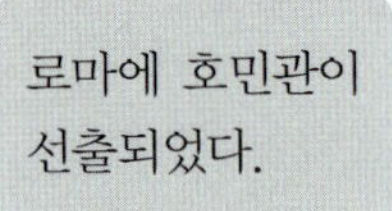

① 카이사르입니다.
② 제국을 4분할하여 통치하였습니다.
③ 크리스트교를 국교로 지정하였습니다.
④ 수도를 콘스탄티노폴리스로 옮겼습니다.
⑤ 원로원으로부터 아우구스투스라는 칭호를 받았습니다.

16 다음 유적을 남긴 나라의 문화에 대한 설명으로 가장 적절한 것은?

(중)

〈유적지 소개하기〉
• 이름: 콜로세움
• 설명: 원형 경기장으로 검투사 시합 등의 행사가 열림

① 실용적 문화가 발전하였다.
② 스토아 학파가 처음 등장하였다.
③ 헤로도토스가 『역사』를 저술하였다.
④ 소피스트는 진리의 상대성을 강조하였다.
⑤ 소크라테스는 보편적인 진리가 존재한다고 주장하였다.

17 로마의 문화에 대한 설명으로 옳지 <u>않은</u> 것은?

(중)

① 호메로스가 『일리아스』를 저술하였다.
② 그리스와 헬레니즘 문화를 수용하였다.
③ 제국 전역을 잇는 도로망을 건설하였다.
④ 도시 곳곳에 개선문, 공중목욕탕 등을 세웠다.
⑤ 법률은 12표법 ➡ 시민법 ➡ 만민법으로 발전하였다.

18 다음 ㉠에 들어갈 종교에 대한 설명으로 옳은 것은?

(중)

○○ 신문

콘스탄티누스 대제, 밀라노 칙령을 발표하다!

313년 ○월 ○일, 콘스탄티누스 대제가 (㉠)을/를 믿는 사람들과 다른 모든 사람에게 그들이 원하는 종교를 믿을 수 있는 자유를 허락하는 내용의 칙령을 공식 발표하였다.

① 로마의 국교가 되었다.
② 아후라 마즈다를 숭배하였다.
③ 유일신이 아닌 여러 명의 신을 믿는 종교였다.
④ 교리는 훗날 유대교, 이슬람교에 영향을 끼쳤다.
⑤ 아케메네스 왕조 페르시아가 널리 믿은 종교였다.

19 크리스트교가 널리 전파될 수 있었던 까닭으로 옳은 것을 보기 에서 모두 고르면?

(하)

〈보기〉
ㄱ. 황제 숭배를 받아들였다.
ㄴ. 다신교로 다양한 신이 존재하였다.
ㄷ. 세계 시민주의와 결합하면서 널리 전파되었다.
ㄹ. 사랑과 평등을 주장하며 소외된 사람들을 중심으로 교세가 확장되었다.

① ㄱ, ㄴ   ② ㄱ, ㄷ   ③ ㄱ, ㄹ
④ ㄴ, ㄹ   ⑤ ㄷ, ㄹ

01 다음 ㉠에 들어갈 종교를 쓰시오.

> 아케메네스 왕조 페르시아는 선과 빛의 신 아후라 마즈다를 숭배하는 (㉠)을/를 믿었다.

02 다음에서 설명하는 제도를 쓰시오.

> 클레이스테네스가 참주의 출현을 막는다는 명분으로 실시한 제도이다. 이 제도로 독재자가 될 가능성이 있는 사람의 이름을 도자기 조각에 적게 하여 그 수가 최다이면서 6000개 이상이면 10년간 아테네에서 추방하였다.

03 다음 조건 에 맞게 알렉산드로스가 그리스 문화를 전파하기 위해 실시한 정책을 **두 가지** 서술하시오.

> **조건**
> '알렉산드리아', '그리스어'를 포함할 것

04 다음 지도를 보고 물음에 답하시오.

(1) ㉠에 들어갈 말을 쓰시오.

(2) ㉠을 정비한 왕을 쓰고, 정비한 목적을 서술하시오.

05 다음 글을 읽고 물음에 답하시오.

> **(㉠)의 연설 내용**
> 조국을 위해 싸우고 죽어가는 로마 시민에게 남은 것은 햇볕과 공기밖에 없다. 집도 없고 땅도 없이 처자식을 데리고 떠돌고 있다. …… 한 뼘의 땅도 갖지 못하고 있다.

(1) ㉠에 들어갈 인물을 쓰시오.

(2) 위와 같이 연설한 배경을 다음 조건 에 맞게 서술하시오.

> **조건**
> '대농장(라티푼디움)', '자영농', '재정', '군사력'을 포함할 것

03 고대 동아시아·인도 세계의 형성

기원전 6세기경	기원전 317년	기원전 221년	기원전 202년
불교 성립	마우리아 왕조 성립	진, 중국 통일	한, 중국 통일

1 춘추 전국 시대와 진의 통일

자료 1 **1 춘추 전국 시대**

(1) **성립** 기원전 8세기 초 주가 유목 민족의 침입으로 낙읍 ❶천도 ➡ 왕실의 권위 하락, 각 지역의 제후 간 세력 다툼

(2) **사회·경제적 변화**

① 철제 무기 사용: 국가 간 치열한 전쟁 전개, 전쟁 규모 확대

② 철제 농기구 사용과 ❷우경 시작: 농업 생산력 증대, 상공업 발달, 다양한 화폐 사용

(3) **제자백가의 등장** 각국이 ❸부국강병을 위해 유능한 인재 등용
'제자'는 여러 학자, '백가'는 다양한 학파를 의미해.

유가	법가	묵가	도가
오직 덕으로 백성을 이끌고 예로써 따르게 해야 합니다.	엄격한 법과 상벌로 사회 질서를 바로잡아야 합니다.	서로를 차별 없이 사랑한다면 평화로운 세상이 될 것입니다.	억지로 다스리려 하지 말고 자연스러운 상태로 두어야 합니다.
• 주요 사상가: 공자, 맹자 • 인과 예를 강조한 도덕 정치 추진	• 주요 사상가: 한비자 • 엄격한 법과 제도를 통한 사회 질서 확립 주장	• 주요 사상가: 묵자 • 차별 없는 사랑(겸애)과 평화주의 주장	• 주요 사상가: 노자, 장자 • 자연의 순리에 따르는 삶 추구

출제tip 제자백가의 주장을 묻는 문제가 자주 출제

자료 2 **2 진의 중국 통일**

(1) **배경** 진이 법가 사상을 토대로 부국강병 이룩 ➡ 시황제 때 주변국을 정복하여 최초로 중국 통일(기원전 221)

(2) **시황제의 정책**

통치 정책	• '황제' 칭호를 처음으로 사용 • 군현제 실시, 도로 정비 ── 지방을 군과 그 아래 현으로 나누고 중앙에서 파견한 관리가 임기 동안 지방을 다스리는 통치 제도야. • 화폐, 문자, ❹도량형 통일 • 법가 사상을 중심으로 사상 통일 ➡ ❺분서갱유로 반대 세력 억누름
대외 정책	• 흉노 공격, 베트남 북부 인근 지역까지 영토 확장 ── 활발한 대외 정책으로 진의 이름이 널리 알려졌고, 이는 오늘날 중국을 부르는 차이나의 유래가 되었어. • 만리장성 축조

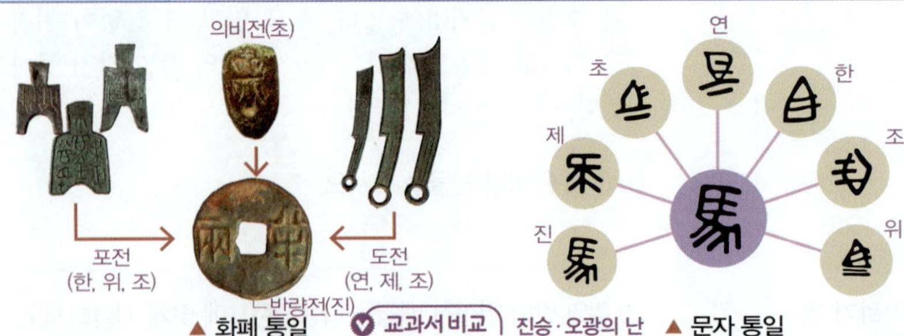

자료 3 (3) **멸망** 가혹한 통치와 대규모 토목 공사 실시 ➡ 시황제 사후 전국적인 농민 반란 발발(진승·오광의 난 등) ➡ 통일한 지 15년 만에 멸망(기원전 206)

용어풀이

❶ 천도(遷 – 옮기다, 都 – 도읍): 도읍을 옮김
❷ 우경(牛 – 소, 耕 – 밭을 갈다): 소로 밭을 가는 농업 방식
❸ 부국강병(富 – 부유하다, 國 – 나라, 强 – 강하다, 兵 – 병사): 나라를 부유하게 만들고 군대를 강하게 만듦
❹ 도량형(度 – 도구, 量 – 헤아리다, 衡 – 저울): 길이, 부피, 무게 등의 단위를 재는 법
❺ 분서갱유(焚 – 불태우다, 書 – 책, 坑 – 구덩이, 儒 – 선비): 시황제가 법가 사상이나 실용적인 서적을 제외한 많은 책을 불태우고, 학자들을 땅에 묻은 사건
❻ 아방궁: 시황제 때 건설된 진의 궁궐

자료 1 **춘추 전국 시대의 전개**

주	춘추 시대	전국 시대	진
기원전 770년		기원전 453년	기원전 221년

자료 2 **진의 영역**

진은 법가 사상을 토대로 부국강병을 이룩하여 여섯 나라를 차례로 무너뜨리고, 중국을 최초로 통일하였다.

자료 3 **시황제의 대규모 토목 공사**

▲ 만리장성   ▲ 병마용

시황제는 만리장성, ❻아방궁, 병마용 갱 등 대규모 토목 공사를 벌여 백성을 자주 동원하였다.

2 한 제국의 발전

1 한의 성립과 발전

(1) 한 고조(유방) 초의 항우를 물리치고 중국 재통일(기원전 202), ❶군국제 시행

(2) 한 무제
└ 지방에서 많이 생산되는 물품을 다른 지방에 팔아 물가를 균일하게 하거나, 물가가 쌀 때 국가가 물건을 사두었다가 물가가 올랐을 때 팔아서 이익을 거두는 정책을 시행하였어.

통치 정책	• 군현제 전국 확대 • 동중서의 건의로 유교를 통치 이념으로 채택 ➡ 태학 설립, 오경박사 설치, 유학 교육 장려
대외 정책	• 베트남 북부 점령, 고조선 멸망, 흉노 공격 • 흉노에 대항하기 위해 장건을 서역으로 파견 ➡ 비단길 개척(동서 문화 교류 활발)
국가 재정 확보	잦은 대외 전쟁으로 국가 재정 부족 ➡ 소금과 철의 ❷전매 제도 실시

자료 4
자료 5

◀ **한의 영역** 한 무제는 흉노에 대항하기 위해 장건을 대월지로 파견하였는데, 이를 계기로 비단길이 개척되었다.

♥ 교과서 비교

	전매 제도
미래엔	전매제
해냄	다루지 않음

2 한의 변천과 쇠퇴

(1) 신의 건국 무제 이후 한의 국력 쇠퇴(전한) ➡ ❸외척 왕망이 신 건국
└ 무제 이후 외척 세력이 강해져 한의 국력이 약화되었어.

(2) 후한 성립

① 건국: 광무제(유수)가 호족의 도움을 받아 건국(25)

② 경제: 철제 농기구와 가축을 이용한 농사법 널리 보급 ➡ 농업 생산력 향상, 상공업 발달

③ 호족의 성장: 향촌 사회 지배, 넓은 토지 소유, 관리로 진출

(3) 후한 멸망 ❹환관과 외척의 횡포 심화, 지방 호족의 대토지 소유 ➡ 농민 반란 발생 (황건적의 난 등) ➡ 멸망(220)
└ 후한 말 장각이 많은 농민을 모아 일으킨 농민 반란으로, 머리에 누런 두건을 써서 황건적이라 불렸어.

3 한의 문화

사상	유교	무제가 통치 이념으로 채택, ❺훈고학 발달
	불교	비단길을 따라 인도로부터 불교 전래
역사학		사마천의 『사기』, 반고의 『한서』
기술		채륜의 제지술 개량, 해시계와 지진계 등 발명

자료 6
└ 채륜이 종이 만드는 기술을 개량하면서 학문과 사상 발달에 크게 기여하였어.

자료 4 군현제 전국 확대

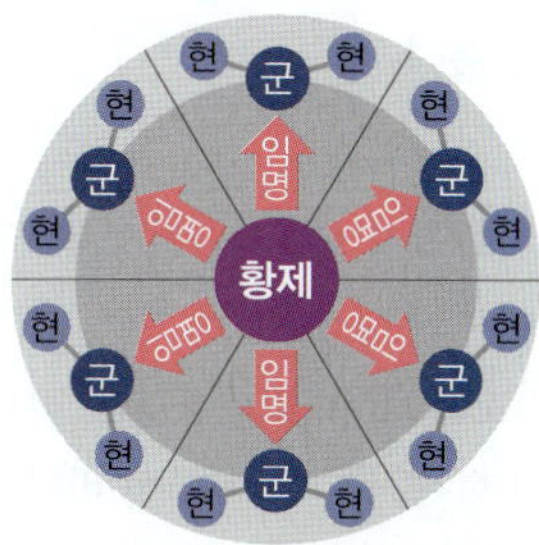

한 무제 때 군현제를 전국으로 확대하였다. 이에 제후 세력을 약화시키고 중앙 집권 체제를 강화하였다.

출제tip 봉건제, 군국제, 군현제를 비교하는 문제가 자주 출제

자료 5 유교의 통치 이념화

유교는 부모에 대한 효와 임금에 대한 충성을 중요하게 여겼다. 이 사상은 황제 중심의 국가 지배를 사상적으로 뒷받침하였고, 국가 통치 이념으로 자리 잡게 되었다.

자료 6 사마천의 『사기』

▲ 『사기』

▲ 사마천

사마천의 『사기』는 중국의 신화시대부터 한 무제 때까지의 역사를 정리한 역사서이다. 제왕의 업적을 다룬 본기, 제후에 대한 일을 다룬 세가, 주요 인물의 행적을 다룬 열전 등으로 나누어 역사를 서술하였으며, 이러한 서술 방식은 후대 중국과 동아시아 역사서 서술의 모범이 되었다.

용어 풀이

❶ 군국제(郡 – 군, 國 – 나라, 制 – 제도): 수도와 가까운 지역은 군현을 두어 황제가 직접 다스리고, 먼 지역은 제후로 봉하여 다스리게 한 제도

❷ 전매(專 – 오로지, 賣 – 팔다) 제도: 국가가 재정 이익을 얻기 위해 특정 물품에 대한 판매 및 생산의 권리를 독점하는 제도

❸ 외척(外 – 바깥, 戚 – 친척): 어머니 쪽의 친척

❹ 환관(宦 – 벼슬, 官 – 벼슬): 왕의 시중을 드는 관리

❺ 훈고학(訓 – 풀이하다, 詁 – 해석을 붙이다, 學 – 학문): 유학의 경전을 문자나 어구를 해석하는 방법으로 연구하는 학문

3 마우리아 왕조와 상좌부 불교

1 불교의 출현

(1) 배경

① 인도 사회의 변화: 기원전 7세기경 잦은 전쟁과 농업·상공업의 발달 ➡ 크샤트리아와 바이샤의 성장

② 브라만교에 대한 불만: 크샤트리아와 바이샤 중심으로 카스트제의 신분 차별과 브라만교의 형식적인 제사 의식 비판

(2) 불교의 등장 기원전 6세기경 **고타마 싯다르타**(석가모니)가 창시

특징	• 브라만교의 신분 차별과 권위주의 반대 • 자비와 평등 강조, 수행을 통해 ❶번뇌와 ❷윤회의 ❸속박에서 벗어나 ❹해탈에 이를 수 있음을 주장
전파	크샤트리아와 바이샤를 중심으로 전파 ➡ 마우리아 왕조와 쿠산 왕조의 장려 정책으로 주변국에 확산

자료7 2 마우리아 왕조의 성립과 발전

(1) 성립 기원전 4세기 알렉산드로스의 원정으로 혼란 ➡ 찬드라굽타 마우리아가 혼란을 수습, 인도 북부 지역에 건국(기원전 317)

(2) 아소카왕 출제tip 아소카왕의 불교 장려 정책을 묻는 문제가 자주 출제

영토 확장	남부 일부를 제외한 인도 전역 통일, 전성기
통치 정책	전국에 관리 파견, 도로와 관개 시설 정비
불교 장려	• 경전 정리, 불탑과 불교 사원 건립, ❺사절단 파견 • 상좌부 불교의 유행: 개인의 해탈을 강조 ➡ 동남아시아 각지로 전파

▲ 산치 대탑

(3) 멸망 아소카왕 사후 쇠퇴 ➡ 기원전 2세기경 멸망

출제tip 상좌부 불교와 대승 불교의 교리를 비교하는 문제가 자주 출제

구분	상좌부 불교	대승 불교
시기	마우리아 왕조	쿠산 왕조
교리	개인의 수행, 해탈	중생 구제
전파	동남아시아	동아시아

자료8 4 쿠산 왕조와 대승 불교

1 쿠산 왕조의 성립과 발전

(1) 성립 1세기경 중앙아시아에서 남하한 쿠산족이 건국

(2) 카니슈카왕 전성기

영토 확장	• 중앙아시아 일부와 북부 인도 차지 • 동서 교역로 장악: 중계 무역으로 번영을 누림, 바닷길을 통해 로마와 교역
불교 장려	• 사원과 탑 건립, 불경 연구 장려 • 대승 불교의 발전: ❻중생의 구제를 강조 ➡ 중앙아시아를 거쳐 동아시아에 전파

2 간다라 양식의 발달
— 불교 성립 초기에는 보리수, 부처의 발자국, 연꽃, 수레바퀴 등으로 부처를 표현하였어.

배경	알렉산드로스의 원정 이후 간다라 지방에 그리스인 정착 ➡ 헬레니즘 문화 전파
성립	• 헬레니즘 문화와 인도 불교문화가 ❼융합된 간다라 양식 등장 • 간다라 지방에서 본격적으로 불상 제작
자료9 확산	대승 불교의 확산과 함께 동아시아로 전파(동아시아의 불상 제작에 영향)

자료7 마우리아 왕조

◀ 아소카왕이 세운 돌기둥의 머리 부분

아소카왕은 칼링가 왕국을 정복하는 과정에서 전쟁의 참혹함을 느끼고 불교의 가르침에 따라 나라를 다스렸다. 그는 자신의 통치 방식을 돌기둥에 적어 전국에 세웠다. 사자는 왕의 권위를, 수레바퀴는 진리를 뜻한다.

자료8 쿠산 왕조

◀ 간다라불상

간다라 양식의 불상은 곱슬머리, 오뚝한 코, 자연스러운 옷 주름이 특징이다.

자료9 불교의 전파

상좌부 불교는 동남아시아에, 대승 불교는 중앙아시아를 거쳐 동아시아에 전파되었다.

용어풀이

❶ 번뇌(煩 – 어지럽다, 惱 – 괴로워하다): 마음이나 몸을 괴롭히는 생각

❷ 윤회(輪 – 바퀴, 廻 – 돌다): 수레바퀴가 굴러가듯 세상의 모든 존재는 태어나고 죽기를 되풀이한다는 사상

❸ 속박(束 – 묶다, 縛 – 얽다): 강압적으로 얽매이거나 제한함

❹ 해탈(解 – 풀다, 脫 – 벗어나다): 윤회의 번뇌와 고통에서 벗어나는 상태

❺ 사절(使 – 사신, 보내다, 節 – 마디): 나라를 대표해 다른 나라에 보내진 사신

❻ 중생(衆 – 무리, 生 – 태어나다): 모든 살아 있는 무리

❼ 융합(融 – 녹다, 合 – 합해지다): 다른 종류의 것이 녹아서 하나로 합쳐짐

01 다음 설명에 해당하는 사상을 보기 에서 골라 기호를 쓰시오.

> **보기**
> ㄱ. 법가   ㄴ. 도가   ㄷ. 유가   ㄹ. 묵가

(1) 엄격한 법 시행 ( )
(2) 인과 예를 강조 ( )
(3) 차별 없는 사랑 주장 ( )
(4) 자연에 따르는 삶 추구 ( )

02 다음 중 알맞은 말에 ○표 하시오.

(1) 진시황제는 (군국제, 군현제)를 실시하여 중앙 집권 체제를 강화하였다.
(2) 한 무제는 (불교, 유교)를 통치 이념으로 삼아 사회를 안정시켰다.
(3) 후한은 (황건적의 난, 진승·오광의 난)으로 쇠퇴하였다.

03 서로 관련 있는 것끼리 연결하시오.

(1) 채륜 •   • ㉠ 『사기』 저술
(2) 장건 •   • ㉡ 제지술 개량
(3) 사마천 •   • ㉢ 비단길 개척

04 다음 ㉠, ㉡에 들어갈 말을 쓰시오.

구분	상좌부 불교	대승 불교
시기	(㉠) 왕조	쿠샨 왕조
교리	개인의 해탈	중생의 구제
전파	동남아시아	(㉡)

㉠ ____________   ㉡ ____________

05 다음 설명이 맞으면 ○표, 틀리면 ×표 하시오.

(1) 카니슈카왕은 마우리아 왕조의 전성기를 이끌었다.
( )
(2) 마우리아 왕조 시기에 간다라 양식이 발달하였다.
( )

01 다음 선생님의 질문에 대한 학생의 대답으로 옳은 것은?

중

① 화폐와 도량형이 통일되었습니다.
② 봉건제를 처음으로 실시하였습니다.
③ 소금과 철의 전매 제도를 실시하였습니다.
④ 철제 농기구를 사용하고 소를 이용한 농경이 이루어졌습니다.
⑤ 가혹한 통치와 만리장성 축조 등의 대규모 토목 공사로 백성들의 불만이 커졌습니다.

02 춘추 전국 시대에 나타난 사회·경제적 변화로 옳은 것을 보기 에서 모두 고르면?

중

> **보기**
> ㄱ. 갑골문이 처음 사용되었다.
> ㄴ. 주 왕실의 권위가 높아져 영토가 확대되었다.
> ㄷ. 철제 무기의 사용으로 국가 간 전쟁의 규모가 커졌다.
> ㄹ. 철제 농기구와 우경으로 농업 생산력이 크게 높아졌다.

① ㄱ, ㄴ   ② ㄱ, ㄷ   ③ ㄴ, ㄷ
④ ㄴ, ㄹ   ⑤ ㄷ, ㄹ

03 다음 주장과 관련된 학파에 대한 설명으로 가장 적절한 것은?

하

① 평화주의를 내세웠다.
② 자연의 순리를 강조하였다.
③ 대표적인 사상가로는 공자가 있다.
④ 엄격한 법을 통해 나라를 다스릴 것을 주장하였다.
⑤ 진이 이 사상을 바탕으로 국력을 키워 중국을 최초로 통일하였다.

[04-05] 다음 자료를 보고 물음에 답하시오.

〈역사 수행 평가〉

제자백가의 사상 조사하기

(가) 자연의 순리에 따르는 삶 추구
(나) 엄격한 법을 통해 나라를 다스릴 것을 주장

04 (가), (나)와 관련된 사상가를 옳게 연결한 것은?

	(가)	(나)
①	공자	묵자
②	노자	한비자
③	묵자	노자
④	묵자	한비자
⑤	한비자	노자

05 (나)에 대한 설명으로 옳은 것을 **보기**에서 모두 고르면?

> **보기**
> ㄱ. 인과 예를 강조하였다.
> ㄴ. 차별 없는 사랑을 중시하였다.
> ㄷ. 한 무제가 통치 이념으로 삼았다.
> ㄹ. 진시황제가 통치의 기본 원리로 삼고, 자신의 정책에 반대하는 세력을 억눌렀다.

① ㄱ   ② ㄹ   ③ ㄴ, ㄷ
④ ㄴ, ㄹ   ⑤ ㄷ, ㄹ

06 다음 (가) 나라에 대한 설명으로 옳지 **않은** 것은?

① 군현제를 실시하였다.
② 중국을 최초로 통일하였다.
③ 화폐, 문자, 도량형을 통일하였다.
④ 흉노를 몰아내고 만리장성을 축조하였다.
⑤ 흉노에 대항하는 군사 동맹을 맺기 위해 장건을 서역으로 파견하였다.

07 다음 ㉠에 들어갈 왕에 대한 설명으로 옳은 것은?

① 후한을 건국하였다.
② 처음으로 '황제' 칭호를 사용하였다.
③ 소금과 철의 전매 제도를 시행하였다.
④ 군현제와 봉건제를 절충한 제도를 시행하였다.
⑤ 동중서의 건의를 받아들여 유교를 통치 이념으로 채택하였다.

08 진에 대한 설명으로 옳은 것을 **보기**에서 모두 고르면?

> **보기**
> ㄱ. 훈고학이 발달하였다.
> ㄴ. 비단길을 따라 불교가 전래되었다.
> ㄷ. 분서갱유를 단행하여 사상을 탄압하였다.
> ㄹ. 황건적의 난을 비롯한 농민 반란이 각지에 일어났다.

① ㄱ   ② ㄷ   ③ ㄴ, ㄷ
④ ㄴ, ㄹ   ⑤ ㄷ, ㄹ

09 다음 (가)에 들어갈 내용으로 옳은 것을 **보기**에서 모두 고르면?

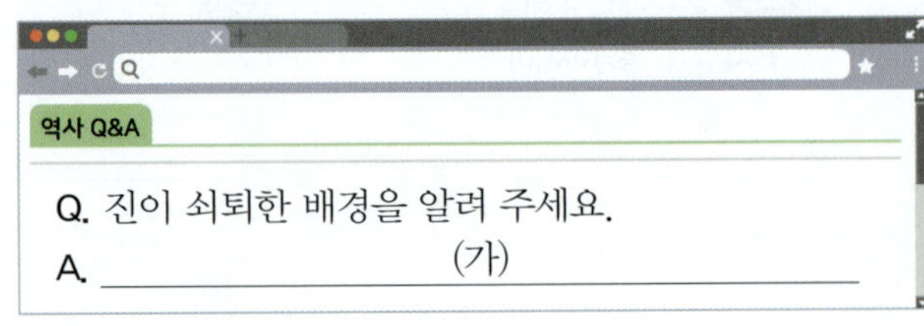

> **보기**
> ㄱ. 비단길이 개척되었다.
> ㄴ. 황건적의 난이 발생하였다.
> ㄷ. 만리장성 등 대규모 토목 공사를 벌였다.
> ㄹ. 법가 사상을 바탕으로 가혹한 통치를 하였다.

① ㄱ, ㄴ   ② ㄱ, ㄷ   ③ ㄴ, ㄷ
④ ㄴ, ㄹ   ⑤ ㄷ, ㄹ

중요
10 다음 (가)의 결과로 옳은 것은?

① 군국제가 시행되었다.
② 화폐와 도량형이 통일되었다.
③ 비단길의 개척으로 동서 교류가 활발해졌다.
④ 유교를 통치 이념으로 채택하여 황제권이 강화되었다.
⑤ 제지술이 개량되어 학문과 사상 발달에 크게 기여하였다.

같은 주제 다른 문제

10-1 위 지도의 (가)와 관련된 왕의 정책으로 옳은 것을 **보기**에서 모두 고르면?

보기
ㄱ. 황건적의 난을 진압하였다.
ㄴ. 군국제를 전국으로 확대하였다.
ㄷ. 태학을 설립하고 유학을 장려하였다.
ㄹ. 소금과 철의 전매 제도를 실시하였다.

① ㄱ, ㄴ   ② ㄱ, ㄷ   ③ ㄴ, ㄷ
④ ㄴ, ㄹ   ⑤ ㄷ, ㄹ

11 다음에서 설명하는 제도로 옳은 것은?

지방을 군과 그 아래 현으로 나누고, 중앙에서 파견한 관리가 임기 동안 다스리는 통치 제도이다.

① 군국제   ② 군현제   ③ 봉건제
④ 전매제   ⑤ 관료제

12 다음 ㉠ 세력에 대한 설명으로 옳은 것을 **보기**에서 모두 고르면?

한대에는 철제 농기구와 가축을 이용한 농사법이 널리 보급되면서 농업 생산력이 높아졌고 상공업도 발달하였다. 이 시기에는 (㉠)이/가 성장하여 향촌 사회를 지배하였다.

보기
ㄱ. 관리로 진출하여 정치를 이끌었다.
ㄴ. 지방에서 넓은 토지를 소유하고 농민을 지배하였다.
ㄷ. 황제에게 땅을 하사받은 대신 공물과 군사를 제공하였다.
ㄹ. 부국강병을 위한 개혁책을 내세워 신분과 상관없이 능력에 따라 등용되었다.

① ㄱ, ㄴ   ② ㄱ, ㄹ   ③ ㄴ, ㄷ
④ ㄴ, ㄹ   ⑤ ㄷ, ㄹ

13 다음 사건들을 일어난 순서대로 바르게 나열한 것은?

ㄱ. 왕망이 신을 건국하였다.
ㄴ. 장각이 농민을 모아 황건적의 난을 일으켰다.
ㄷ. 유수(광무제)가 호족의 도움을 받아 한을 세웠다.
ㄹ. 한의 유방이 초의 항우를 물리치고 중국을 다시 통일하였다.

① ㄱ-ㄴ-ㄷ-ㄹ   ② ㄱ-ㄹ-ㄴ-ㄷ
③ ㄴ-ㄷ-ㄱ-ㄹ   ④ ㄷ-ㄱ-ㄹ-ㄴ
⑤ ㄹ-ㄱ-ㄷ-ㄴ

14 다음 ㉠에 들어갈 종교에 대한 설명으로 옳은 것을 보기 에서 모두 고르면?

> 크샤트리아와 바이샤는 브라만을 우선하는 카스트제의 신분 차별과 브라만교의 형식적인 제사 의식을 비판하였다. 이러한 분위기 속에서 기원전 6세기경 (㉠)이/가 창시되었다.

보기
ㄱ. 인과 예를 강조하였다.
ㄴ. 자비와 평등을 강조하였다.
ㄷ. 많은 브라만의 지지를 받았다.
ㄹ. 고타마 싯다르타가 창시하였다.

① ㄱ, ㄴ ② ㄱ, ㄷ ③ ㄴ, ㄷ
④ ㄴ, ㄹ ⑤ ㄷ, ㄹ

15 다음 (가) 나라에 대한 설명으로 옳지 <u>않은</u> 것은?

① 상좌부 불교가 유행하였다.
② 찬드라굽타 마우리아가 건국하였다.
③ 카니슈카왕 때 전성기를 맞이하였다.
④ 남부 일부를 제외한 인도 전역을 통일하였다.
⑤ 아소카왕은 도로와 관개 시설을 정비하며 중앙 집권을 강화하였다.

16 다음 ㉠에 들어갈 왕에 대한 설명으로 옳지 <u>않은</u> 것은?

① 군국제를 시행하였다.
② 전국에 관리를 파견하였다.
③ 마우리아 왕조의 전성기를 이끌었다.
④ 남부 일부를 제외한 인도 전역을 통일하였다.
⑤ 주변국에 사절단을 파견하여 불교를 전하였다.

▲ (㉠)이/가 세운 돌기둥의 머리 부분

17 다음 (가), (나) 불교를 형성한 나라에 대한 설명으로 옳은 것은?

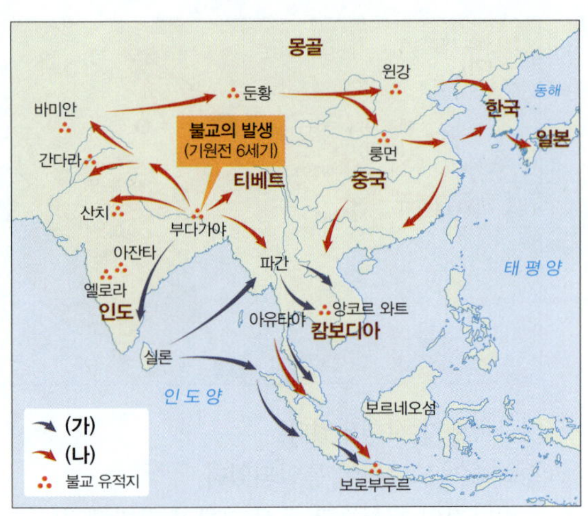

① (가): 카니슈카왕이 전성기를 이끌었다.
② (가): 중앙아시아에서 남하한 쿠샨족이 건국하였다.
③ (나): 산치 대탑을 세웠다.
④ (나): 중계 무역으로 번영을 누렸다.
⑤ (가), (나): 간다라 양식이 발달하였다.

같은 **주제** 다른 **문제**

17-1 (가) 불교에 대한 설명으로 옳은 것을 보기 에서 모두 고르면?

보기
ㄱ. 개인의 해탈을 강조하였다.
ㄴ. 동남아시아 각지로 전파되었다.
ㄷ. 많은 사람의 구제를 강조하였다.
ㄹ. 중국, 한국, 일본 등 동아시아에 전파되었다.

① ㄱ, ㄴ ② ㄱ, ㄷ ③ ㄴ, ㄷ
④ ㄴ, ㄹ ⑤ ㄷ, ㄹ

18 다음 유물과 관련된 미술 양식에 대한 설명으로 옳지 <u>않은</u> 것은?

〈유물 카드〉

• 유물 이름: 간다라 불상
• 특징: 그리스식 옷을 입은 인간의 모습으로 불상을 표현

① 쿠샨 왕조 때 발달하였다.
② 헬레니즘 문화의 영향을 받았다.
③ 상좌부 불교와 함께 주변국에 전파되었다.
④ 중국과 한국의 불상 제작에 영향을 주었다.
⑤ 오뚝한 코, 자연스러운 옷 주름이 특징이다.

01 다음 ㉠에 들어갈 용어를 쓰시오.

> 춘추 전국 시대의 여러 나라는 경쟁에서 살아남기 위해 출신 지역이나 신분과 상관없이 유능한 인재를 등용하여 부국강병을 추진하였다. 이 과정에서 여러 사상가와 다양한 학파가 나타났는데, 이를 (㉠)(이)라 한다.

02 다음에서 설명하는 역사서를 쓰시오.

> 중국의 역사가 사마천이 중국의 신화시대부터 한 무제 때까지의 중국과 그 주변 민족의 역사를 정리한 역사책이다. 제왕의 업적을 다룬 본기, 제후에 대한 일을 다룬 세가, 주요 인물들의 활동을 다룬 열전 등으로 나누어 역사를 서술하였다.

03 다음 자료를 보고 물음에 답하시오.

(가)

(나)

(1) (가), (나)에 해당하는 인물을 각각 쓰시오.

(가) ______________   (나) ______________

(2) 위 인물들이 자료에 나타난 정책을 실시한 목적을 다음 **조건** 에 맞게 서술하시오.

> **조건**
> 주변국과의 관계를 중심으로 서술할 것

04 다음 글을 읽고 물음에 답하시오.

> 기원전 7세기경 크샤트리아와 바이샤는 카스트제의 신분 차별과 브라만교의 형식적인 제사 의식을 비판하였다. 이러한 분위기 속에서 기원전 6세기경 고타마 싯다르타가 <u>이 종교</u>를 창시하였다.

(1) 밑줄 친 '이 종교'를 쓰시오.

(2) 위 종교의 주요 교리를 <u>두 가지</u> 서술하시오.

05 다음 자료를 보고 물음에 답하시오.

◀ 간다라 불상

(1) 위 유물과 관련된 미술 양식을 쓰시오.

(2) 위 미술 양식이 나타난 배경을 다음 **조건** 에 맞게 서술하시오.

> **조건**
> '헬레니즘 문화' 용어를 포함할 것

대단원 **한눈에** 정리하기

주요 사건

기원전

3500년경	메소포타미아 문명 시작
3000년경	이집트 문명 시작
2500년경	인도·중국 문명 시작
770	주의 동천, 춘추 시대 시작
525	아케메네스 왕조 페르시아, 서아시아 지역 통일
492	(❶) 전쟁(~기원전 479) └→ 그리스와 아케메네스 왕조 페르시아가 지중해를 두고 벌인 전쟁
453	중국, 전국 시대 시작
431	펠로폰네소스 전쟁(~기원전 404)
334	알렉산드로스, 동방 원정 시작
317	마우리아 왕조 성립
264	(❷) 전쟁(~기원전 146) └→ 로마와 카르타고가 지중해 해상권을 놓고 벌인 전쟁
221	진(秦), 중국 통일
202	한, 중국 통일
27	로마, 제정 시작

기원후

25	후한 성립
45	인도, 쿠샨 왕조 성립
96	로마, 5현제 시대 시작
220	후한 멸망
313	로마, (❸) 발표 └→ 콘스탄티누스 대제가 크리스트교와 종교의 자유를 공인한 칙령
395	로마 제국, 동서로 분열

Ⅰ 역사 학습의 기초 ~

Ⅱ-01 선사 문화와 문명의 특징 ①

1 역사의 의미와 역사 학습의 목적

역사의 의미	• 사실로서의 역사: 과거에 일어난 사실 그 자체 • (❹)으로서의 역사: 역사가가 연구하여 남긴 과거 사실에 대한 기록
역사 학습의 목적	• 역사 학습의 중요성: 삶의 지혜와 교훈 획득, 현재 상황 이해, 역사적 사고력과 판단력 향상 • 세계사 학습의 중요성: 여러 나라의 역사와 문화 존중, 공동체에 참여하는 시민성 함양

2 역사 탐구의 절차와 방법

사료	과거 인류가 남긴 흔적(기록물, 유물, 유적 등)
역사 서술 절차	사료 수집 → 사료 비판 → 역사 추론 및 해석 → 역사 서술
역사 탐구 방법	주제 선정 → 자료 수집 → 사료 비판 → 역사 구성

3 인류의 출현과 선사 문화

구석기 시대	• 도구: 뗀석기 사용 • 식량: 사냥과 채집 • 주거: 바위 그늘, 동굴이나 막집, 이동 생활
신석기 시대	• 도구: 간석기 사용, 토기 제작 • 식량: 농경과 목축의 시작(신석기 혁명) • 주거: 정착 생활 시작 → 움집 제작

01 선사 문화와 문명의 특징 ②

1 문명의 형성

형성 조건	• 큰 강 유역 • 계급 발생 • 청동기 사용 • 도시 국가 등장 • 문자 사용
4대 문명	메소포타미아 문명, 이집트 문명, 인도 문명, 중국 문명

2 문명의 발전

메소포타미아 문명	• 티그리스·유프라테스강 유역 • 개방적 지형 → 잦은 왕조 교체, 현세적 • 지구라트, 함무라비 법전 • 쐐기 문자, 60진법, 태음력
이집트 문명	• 나일강 유역 • 폐쇄적 지형 → 통일 왕조 유지, 내세적(피라미드, 미라, 「사자의 서」) • 파라오가 정치·종교 장악, 신권 정치 • 상형 문자, 10진법, 태양력
인도 문명	• 인더스강 유역 • 인더스 문명: 하라파, 모헨조다로에 계획도시 건설, 그림 문자 • 아리아인의 이동: 철기 보급, 카스트제 성립, 브라만교 등장(경전 「베다」)
중국 문명	• 황허강 유역 • 상: 신권 정치, 갑골문(한자의 기원) • 주: 혈연관계를 바탕으로 한 (❺) 시행

02 고대 서아시아·지중해 세계의 성장

1 아케메네스 왕조 페르시아

(1) 아시리아

성장	우수한 기마 전술과 철제 무기 사용 → 서아시아 지역 최초 통일
정치	정복지에 총독 파견, 도로 정비

(2) 아케메네스 왕조 페르시아

성립	서아시아 세계 재통일(키루스 2세)
정치	(❻　　　　　): 중앙 집권 체제 정비('왕의 눈', '왕의 귀' 등 감찰관 파견, '왕의 길' 건설)
문화	• 국제적 문화 발전(페르세폴리스 궁전) • 조로아스터교: 아후라 마즈다 숭배

(3) 파르티아

성립	이란계 유목민이 건국
정치	메소포타미아 지역~인더스강 유역까지 지배
경제	중계 무역으로 번영
멸망	사산 왕조 페르시아에 멸망

▲ 아케메네스 왕조 페르시아의 영역

2 고대 그리스 세계의 발전

(1) 그리스 세계의 번영과 쇠퇴

아테네 민주정 발달	• 솔론: 재산에 따른 참정권 부여 • 클레이스테네스: 참주의 출현을 방지할 목적으로 (❼　　　　) 실시 • 페리클레스: 직접 민주 정치 실현(성인 남성 시민만 정치 참여)
전쟁	• 그리스·페르시아 전쟁: 그리스 승리 → 델로스 동맹을 중심으로 번영 • 펠로폰네소스 전쟁 이후 그리스 세계 쇠퇴
문화	• 특징: 합리적, 인간 중심적 • 파르테논 신전, 헤로도토스의 『역사』, 소크라테스, 플라톤, 아리스토텔레스

(2) 알렉산드로스 제국

성립	유럽, 아시아, 아프리카에 걸친 대제국 건설
정치	동방 원정, 그리스 문화 전파(알렉산드리아 건설), 동서 융합
헬레니즘 문화	• 세계 시민주의, 개인주의 • 스토아 학파, 에피쿠로스 학파, 라오콘 군상, 밀로의 비너스

3 로마 제국의 발전

공화정 시기	• 이탈리아반도 통일 → 로마-카르타고 전쟁 승리로 지중해 장악 • 쇠퇴: 소수 귀족의 라티푼디움(대농장) 경영, 자영농 몰락 → (❽　　　　) 형제, 자영농 육성을 위한 개혁 시도
제정 시기	• 옥타비아누스(아우구스투스)가 제정 시작 • 전성기: 5현제 등장, 로마의 평화 • 중흥 노력: 디오클레티아누스(4분할 통치), 콘스탄티누스 대제(콘스탄티노폴리스 천도) • 쇠퇴: 로마 제국, 동서로 분열 → 서로마 제국 멸망
문화	• 크리스트교: 황제 숭배 거부로 박해 받음 → 크리스트교 공인(밀라노 칙령) → 로마 제국의 국교화 • 실용적 문화: 법률, 건축(콜로세움)

▲ 로마 제국의 영역

03 고대 동아시아·인도 세계의 성장

1 춘추 전국 시대와 진·한 제국

춘추 전국 시대	• 성립: 주의 낙읍 천도 → 주 왕실 권위 약화, 제후 간 세력 경쟁 심화 • 경제: 철제 농기구·무기 사용, 상공업 발달 • 사상: (❾　　　　) 등장(유가, 법가, 도가, 묵가)
진	• 시황제의 중국 통일(법가 채택) • 중앙 집권 강화: 화폐·도량형·문자 통일, 군현제 실시 • 대외 원정: 흉노 견제(만리장성 건축) • 멸망: 가혹한 통치와 대규모 토목 공사로 농민 반란 발발 → 멸망
한	• 한 고조: 중국 재통일, 군국제 실시 • 한 무제: 군현제 실시, 유교의 통치 이념화, 흉노 공격, 소금과 철의 전매 제도 시행 • 문화: 훈고학 발달, 제지법 개량, 사마천의 『사기』 • 멸망: 황건적의 난 이후 쇠퇴 → 멸망

2 마우리아 왕조와 쿠샨 왕조

마우리아 왕조	아소카왕: 남부 일부를 제외한 인도 대부분 통일, 불경 정리, 산치 대탑 건립, 상좌부 불교 전파
쿠샨 왕조	• 카니슈카왕: 동서 교역로 장악, 대승 불교 발전 • (❿　　　　) 양식: 헬레니즘 문화 + 불교문화

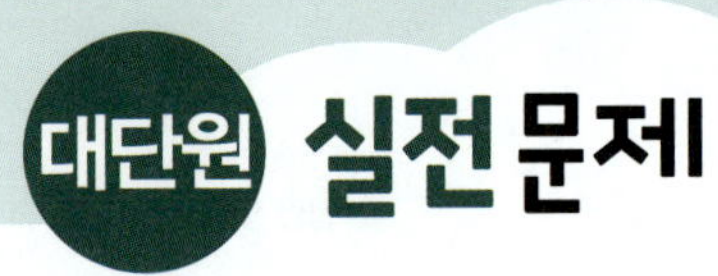

대단원 **실전 문제**

01 다음 밑줄 친 ㉠과 역사를 바라보는 입장이 같은 것으로 옳은 것은? 〔중〕

> '역사'는 한자로 '歷史'로 표기한다. 歷(역)은 세월이나 세대, 왕조가 흘러간 것을 의미한다. ㉠ 史(사)는 기록하는 일 또는 기록하는 사람을 의미한다.

① 사실로서의 역사이다.
② 역사란 객관적 사실을 의미한다.
③ 역사는 과거에 일어난 일 그 자체이다.
④ 과거에 발생한 모든 일이 역사로 기록되어 있다.
⑤ 역사에는 기록한 사람의 관점이나 생각이 담겨 있다.

02 다음 인류의 진화에 대한 설명으로 옳지 <u>않은</u> 것은? 〔하〕

① 호모 에렉투스는 불과 언어를 사용하였다.
② 호모 사피엔스는 오늘날 인류의 직접 조상이다.
③ 오스트랄로피테쿠스 아파렌시스는 직립 보행을 하였다.
④ 호모 사피엔스는 아프리카에서 등장한 최초의 인류이다.
⑤ 호모 네안데르탈렌시스는 시체 매장 풍습을 보유하였다.

03 다음 가상 일기 내용 중 신석기 시대에 대한 설명으로 옳지 <u>않</u>은 것은? 〔중〕

> 오늘 아버지에게 처음으로 농사를 배웠다. ① 농사를 짓게 되면서 우리는 직접 식량을 생산할 수 있게 되었다. ② 곡식은 새로운 도구인 청동기를 사용해 수확한다. 생산한 곡식은 ③ 흙을 빚어 만든 토기에 저장한다. 농사일을 마친 후 어머니를 도와 ④ 실을 뽑아 옷을 만들었고 ⑤ 움집에 가서 불을 피웠다.

04 다음 자료와 관련된 문명에 대한 설명으로 옳은 것은? 〔중〕

> 신들이 인류를 만들었을 때 인간을 위해 죽음을 놓았고 생명은 그들의 손에 가져갔지. 길가메시! 자네의 배를 채우게. 매일을 기쁨으로 채우게. 밤낮으로 춤추고 놀게.
> – 길가메시 서사시

① 갑골문을 사용하였다.
② 왕은 파라오라고 불렸다.
③ 사람이 죽으면 미라를 만들었다.
④ 내세적인 종교관을 가지고 있었다.
⑤ 지구라트를 세워 신에게 제사를 지냈다.

05 다음 (가), (나)를 제작한 문명에 대한 설명으로 옳지 <u>않은</u> 것은? 〔상〕

(가)	(나)

▲ 하라파 문자	▲ 갑골문

① (가): 인더스강 유역에서 문명이 형성되었다.
② (가): 하라파와 모헨조다로에 계획도시를 건설하였다.
③ (나): 왕이 정치와 제사를 담당하였다.
④ (나): 함무라비 법전을 편찬하여 통치 질서를 확립하였다.
⑤ (가), (나): 청동기를 사용하였다.

06 다음 (가) 나라에 대한 설명으로 옳은 것을 **보기**에서 모두 고르면? 〔중〕

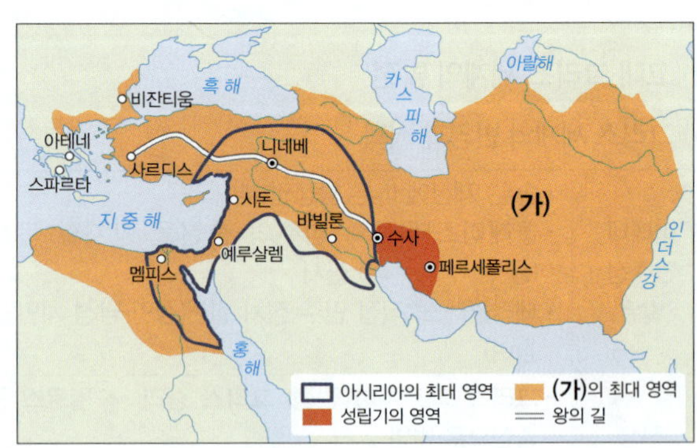

보기

ㄱ. 조로아스터교를 믿었다.
ㄴ. 화폐와 도량형을 통일하였다.
ㄷ. 전국을 20여 개의 속주로 나누고 총독을 파견하였다.
ㄹ. 정복지 주민을 강제로 이주시키고 무거운 세금을 부과하였다.

① ㄱ, ㄴ　　② ㄱ, ㄷ　　③ ㄴ, ㄷ
④ ㄱ, ㄴ, ㄷ　　⑤ ㄱ, ㄷ, ㄹ

중요★

07 다음 자료와 관련된 폴리스에 대한 설명으로 옳은 것을 **보기**에서 모두 고르면?

상

> 우리 정치 제도에 입각한 통치는 소수보다는 다수에게 유리합니다. 이것이 우리 정치 제도가 민주정으로 불리는 이유입니다. …… 공무에 진출하는 것은 능력에 대한 평판에 달려 있지, 신분이 영향을 주는 것은 아닙니다. 또한 가난도 그런 길을 막지 않으니 만약 어떤 사람이 나라에 봉직할 수 있다면 그의 조건이 불확실하다고 해서 방해 받지 않습니다.
>
> – 투키디데스, 『역사』

보기
ㄱ. 호민관을 선출하고 평민회를 구성하였다.
ㄴ. 성인 남성은 추첨으로 공직을 맡을 수 있었다.
ㄷ. 행정과 군사를 담당하는 2명의 집정관이 있었다.
ㄹ. 여성 시민, 거류 외국인, 노예에게는 참정권이 주어지지 않았다.

① ㄱ, ㄴ ② ㄱ, ㄷ ③ ㄱ, ㄹ
④ ㄴ, ㄹ ⑤ ㄷ, ㄹ

08 다음 ㉠, ㉡에 들어갈 내용을 옳게 연결한 것은?

하

〈역사 탐구 보고서〉

1. 주제: 그리스의 철학

2. 특징: 민주 정치의 발전으로 탐구 대상이 인간과 사회로 확대됨

3. 주요 철학가
• (㉠): 인간의 상대성을 강조함
• (㉡): 보편적 진리를 강조함, 그의 철학은 플라톤과 아리스토텔레스로 이어짐

	㉠	㉡
①	스토아	호메로스
②	스토아	소크라테스
③	소피스트	호메로스
④	소피스트	에피쿠로스
⑤	소피스트	소크라테스

09 다음 ㉠에 들어갈 문화에 대한 설명으로 가장 적절한 것은?

중

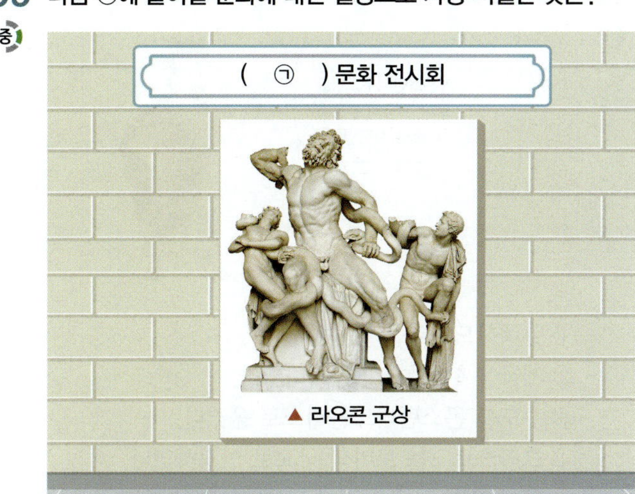

① 실용적 문화가 발달하였다.
② 헤로도토스가 『역사』를 저술하였다.
③ 인간의 감정을 생생하게 표현하였다.
④ 선과 빛의 신 아후라 마즈다를 숭배하였다.
⑤ 도시 곳곳에 개선문, 원형 경기장이 세워졌다.

중요★

10 다음 (가)에 들어갈 내용으로 옳은 것은?

중

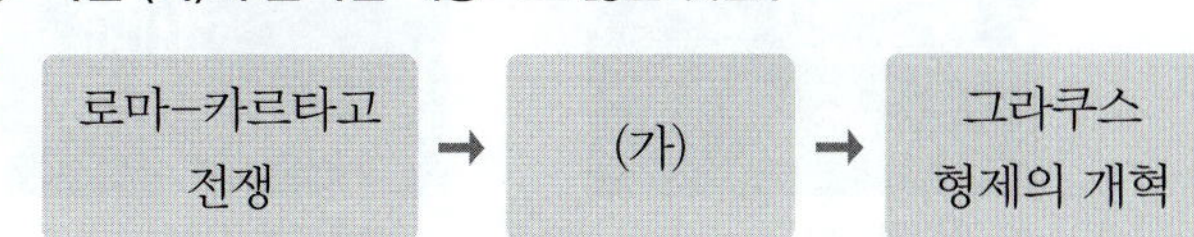

① 크리스트교가 공인되었다.
② 호민관이 처음으로 선출되었다.
③ 로마 제국을 4분할하여 통치하였다.
④ 소수 귀족이 대농장(라티푼디움)을 경영하였다.
⑤ 옥타비아누스가 '아우구스투스'라는 칭호를 받았다.

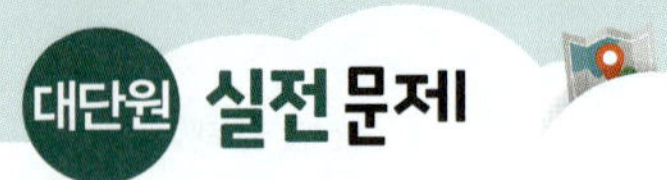

11 다음 밑줄 친 '노력'에 대한 설명으로 옳은 것은?

① 알렉산드리아를 건설하였다.
② 제국을 4분할하여 통치하였다.
③ 수도를 콘스탄티노폴리스로 옮겼다.
④ 크리스트교를 로마의 국교로 인정하였다.
⑤ 동서 융합 정책으로 페르시아인을 관리로 등용하였다.

12 다음 자료와 관련된 문화유산으로 옳지 않은 것은?

〈모둠 탐구 계획서〉

• **우리 모둠이 선택한 주제**: ○○ 제국의 문화
• **특징**: 넓은 제국을 다스리는 과정에서 실용적 문화가 발달하였다.

① 
▲ 콜로세움

② ▲ 수도교

③ 
▲ 공중목욕탕

④ 
▲ 파르테논 신전

⑤ 
▲ 아피우스 가도

13 다음 지도에 나타난 시대에 대한 설명으로 옳은 것을 보기에서 모두 고르면?

보기

ㄱ. 철기를 사용하였다.
ㄴ. 비단길이 개척되었다.
ㄷ. 만리장성을 완성하였다.
ㄹ. 제자백가가 등장하였다.

① ㄱ, ㄴ ② ㄱ, ㄷ ③ ㄱ, ㄹ
④ ㄴ, ㄹ ⑤ ㄷ, ㄹ

14 다음에서 설명하는 인물의 정책으로 옳은 것은?

• 중국을 최초로 통일하였다.
• 황제라는 칭호를 처음으로 사용하였다.

① 고조선을 정벌하였다.
② 군국제를 처음으로 시행하였다.
③ 화폐, 문자, 도량형을 통일하였다.
④ 유교를 통치 이념으로 채택하였다.
⑤ 흉노에 대항하는 군사 동맹을 맺기 위해 장건을 서역으로 파견하였다.

15 다음 밑줄 친 ㉠~㉤ 중 옳지 않은 것은?

〈역사 필기 노트〉

한 무제의 정책

1. **중앙 집권**: ㉠ 봉건제를 전국으로 확대
2. **유교 통치**: ㉡ 태학 설립, ㉢ 유학 교육 장려
3. **대외 원정**: ㉣ 흉노 공격, 베트남 북부 정벌
4. **경제 정책**: ㉤ 소금과 철의 전매 제도 실시

① ㉠ ② ㉡ ③ ㉢ ④ ㉣ ⑤ ㉤

16 다음 밑줄 친 '나'에 해당하는 인물에 대한 설명으로 옳은 것을 **보기**에서 모두 고르면?

> 즉위 후 8년이 되는 해에 <u>나</u>는 칼링가를 정복하였다. 15만 명이 추방되었고 10만 명이 죽임을 당하였다. 칼링가가 정복된 후 <u>나</u>의 다르마(행동 규범, 법) 준수, 다르마 사랑, 다르마의 전파는 더욱 열렬해졌다.

보기
ㄱ. 카니슈카왕이다.
ㄴ. 마우리아 왕조를 세웠다.
ㄷ. 도로와 관개 시설을 정비하였다.
ㄹ. 전국에 불교의 가르침과 자신의 정책 등을 새긴 돌기둥을 세웠다.

① ㄱ, ㄴ ② ㄱ, ㄷ ③ ㄱ, ㄹ
④ ㄴ, ㄹ ⑤ ㄷ, ㄹ

17 다음 (가) 나라에 대한 설명으로 옳은 것은?

① 상좌부 불교가 유행하였다.
② 아소카왕 때 전성기를 맞이하였다.
③ 찬드라굽타 마우리아가 건국하였다.
④ 고타마 싯다르타가 불교를 창시하였다.
⑤ 동서 교역로를 장악하고 중계 무역으로 번영을 누렸다.

18 다음 ㉠, ㉡에 대한 설명으로 옳은 것은?

불교 갈래	(㉠)	(㉡)
발전 시기	마우리아 왕조	쿠샨 왕조
전파 지역	동남아시아	동아시아

① ㉠: 중생의 구제를 강조하였다.
② ㉠: 불교가 일반 대중에게 널리 퍼졌다.
③ ㉡: 개인의 해탈을 강조하였다.
④ ㉡: 간다라 양식과 함께 동아시아에 전파되었다.
⑤ ㉠, ㉡: 수행자와 지식인 중심의 종교였다.

19 다음 자료를 보고 물음에 답하시오.

▲ 「사자의 서」

(1) 자료와 관련된 문명을 쓰시오.

____

(2) 위 자료를 제작한 까닭을 세계관과 연결하여 서술하시오.

____

____

20 다음 ㉠, ㉡에 들어갈 말을 쓰시오.

> 기원전 6세기경 로마의 귀족들이 왕을 몰아내고 공화정을 세웠다. 이후 상공업의 발달로 부유해진 평민들이 참정권을 요구하면서, 평민들만의 민회인 (㉠)이/가 구성되었고, 평민 대표인 (㉡)을/를 선출하였다.

㉠ _______________ ㉡ _______________

21 다음 지도를 보고 물음에 답하시오.

(1) (가)에 해당하는 인물을 쓰시오.

____

(2) (가)가 이동한 배경과 그 영향을 서술하시오.

____

____

III

세계 종교의 확산과 지역 문화의 발전

226	304	320	476	500
사산 왕조 페르시아 건국	중국, 5호 16국 시대 시작	인도, 굽타 왕조 성립	서로마 제국 멸망	

『유스티니아누스 법전』 편찬 ……… 529

당 건국 ……… 618

헤이안 시대의 국풍 문화를 보여 주는 관복

우마이야 왕조의 모스크, 바위의 돔

794	750	661	645	622
일본, 헤이안 시대 시작	아바스 왕조 성립	우마이야 왕조 성립	일본, 다이카 개신	헤지라(이슬람 기원 원년)

800 ……… 카롤루스 대제, 서로마 황제 대관

875 ……… 당, 황소의 난(~884)

1000	1037	1077	1096	1122	1309	1377	1455
	셀주크 튀르크 건국	카노사의 굴욕	십자군 전쟁 (~1270)	보름스 협약	아비뇽 유수 (~1377)	백년 전쟁 (~1453)	영국, 장미 전쟁 (~1485)

01 동아시아 문화의 형성

439년	589년	618년	755년
북위, 화북 통일	수, 중국 통일	당 건국	안사의 난 발발

1 위진 남북조 시대

자료 1 **1 위진 남북조 시대의 전개** ☑ **교과서 비교** 북위의 균전제 시행
리베르, 해냄만 다룸

한화 정책의 영향으로 한족과 북방 민족의 문화가 융합되는 현상이 나타나기도 하였어.

삼국 시대		후한 멸망 → 위·촉·오 삼국으로 분열 → 진(晉)의 통일
❶5호 16국 시대		• 북방 민족(5호)이 화북 지방에 여러 나라 건국(5호 16국 시대)
		• 진(晉)은 강남으로 이주하여 동진 건국
남북조 시대	북조	• 선비족이 세운 북위가 화북 통일 ← 선비족의 언어와 복장을 금지하였어. • 북위 효문제: 균전제 시행, ❷한화 정책 실시(❸한족의 언어와 의복 사용, 한족과의 결혼을 장려, 선비족의 성씨를 한족의 성씨로 바꿈)
	남조	• 동진 이후 한족 왕조가 잇따라 건국 • 우수한 농업 기술을 이용하여 강남 지방 개발

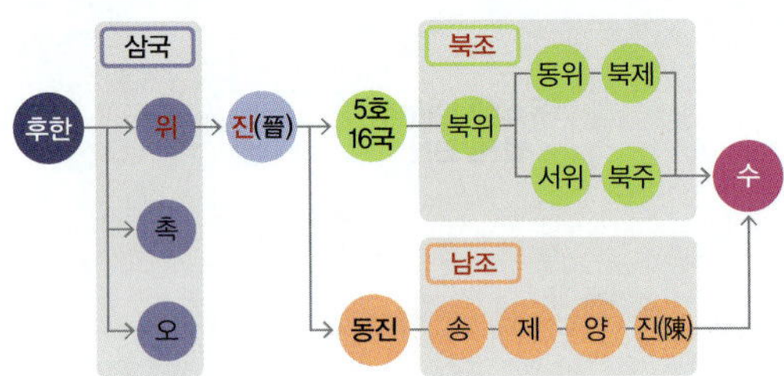

◀ **위진 남북조의 변천** 한이 멸망한 이후부터 수가 중국을 통일하기 전까지의 시기를 위진 남북조 시대라고 한다.

출제tip 위진 남북조 시대의 흐름을 묻는 문제가 자주 출제

☑ **교과서 비교** 도교

동아, 미래엔, 비상	도가 사상+민간 신앙
리베르	노장사상+민간 신앙
천재, 해냄	도가 사상+민간 신앙+신선 사상
지학	도가 철학+신선 사상

출제tip 남북조 시대의 문화를 묻는 문제가 자주 출제

2 위진 남북조 시대의 사회와 문화 각 지방의 중정관이 그 지역의 인물을 재능과 인품 등에 따라 9등급으로 나누고 중앙 정부에 인재를 추천하는 제도야.

사회	9품중정제 시행 → 유력 호족이 중앙 관직 독점 → ❹문벌 귀족 사회 형성
자료 2 문화	• 남조: 귀족 중심의 화려하고 자유분방한 문화 발달(시 – 도연명의 「귀거래사」, 서예 – 왕희지, 그림 – 고개지의 「여사잠도」), ❺청담 사상 유행 • 북조: 한족의 문화에 북방 민족의 강건하고 소박한 기풍이 더해진 문화 발달 • 불교: 불경이 한자로 번역됨, 북조 왕실의 지원으로 대규모 석굴 사원 건설(윈강, 룽먼 등) • 도교: 도가 사상과 민간 신앙이 결합한 도교 발전

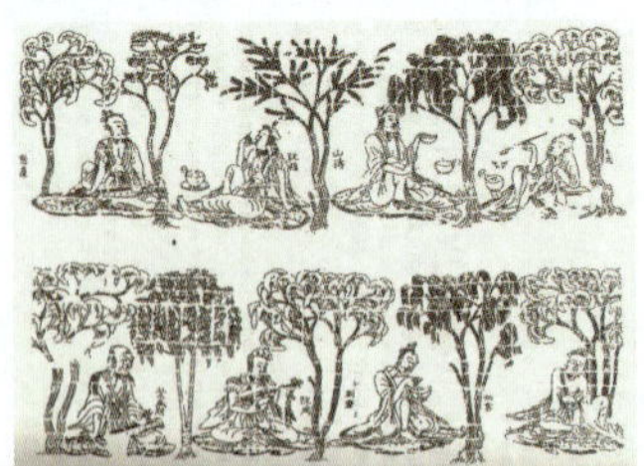

▲ **「죽림칠현」** 죽림칠현은 대나무 숲에서 은둔하던 7명의 선비를 의미한다. 이들은 속세를 떠나 자유로운 삶을 추구하였다.

▲ **윈강 석굴의 대불** 북조에서는 대규모 석굴 사원과 불상을 만들었다. 특히 윈강 석굴의 불상은 북위 황제의 모습을 본떠 만들었다.

자료 1 남북조 시대(5세기)

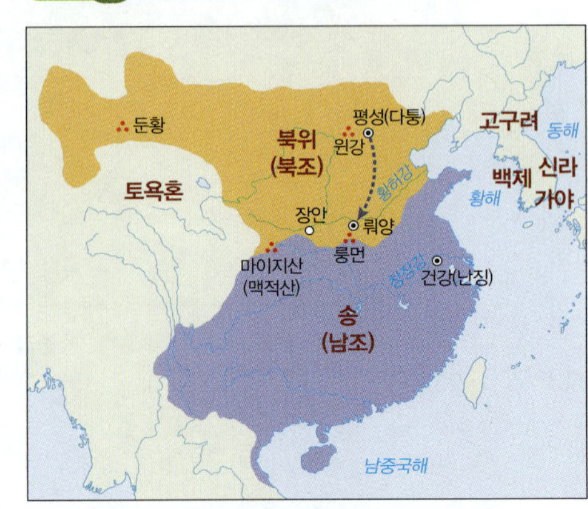

선비족이 세운 북위가 화북을 통일하였고, 강남에 동진의 뒤를 이은 한족 왕조가 잇따라 등장하면서 남북조 시대가 전개되었다.

더 알기 한족 문화와 북방 민족 문화의 융합

한족은 북방 민족 문화의 영향으로 소매가 좁고 활동하기에 편한 의복을 입었다. 북방 민족이 사용하던 의자나 침대를 사용하였고, 유제품과 양고기를 먹었다. 이에 따라 한족 문화와 북방 민족의 문화가 융합되었다.

▲ **의자를 사용한 한족**

자료 2 도연명, 「귀거래사」

> 돌아가련다.
> 고향 전원이 황폐해지려 하는데
> 어찌 돌아가지 않겠는가.
> 지금까지는 고귀한 정신을
> 육신의 노예로 만들어 버렸다.
> 어찌 슬퍼하여 서러워만 할 것인가.
> 이미 지난 일은 탓해야 소용없음을 깨달았다.
> 앞으로 바른 길을 좇는 것이 옳다는 것을 깨달았다.

도연명이 관직을 버리고 고향으로 돌아온 심경을 읊은 시로, 속세에서 벗어나 자연과 함께 살아갈 것을 노래하였다.

용어풀이

❶ 5호(胡 – 오랑캐): 흉노, 선비, 갈, 강, 저 등 다섯 유목 민족을 이르는 말
❷ 한화(漢 – 한나라, 化 – 되다) 정책: 한족의 문화와 제도를 따르는 정책
❸ 한족(漢 – 한나라, 族 – 종족): 예로부터 중국 본토에서 살아온 중국의 중심이 되는 종족이며, 중국 전체 인구의 대부분을 차지함
❹ 문벌(門 – 집안, 閥 – 가문): 대대로 내려오는 그 집안의 사회적 분위기나 지위를 이르는 말
❺ 청담(淸 – 맑다, 談 – 이야기) 사상: 노장사상을 기본으로 속세 문제를 멀리하고 자연에서 영원한 것을 구하려는 사상

2 통일 제국 수·당의 발전

자료 3 1 수의 중국 통일

(1) **성립과 발전** ─ 수 문제는 균전제, 부병제, 3성 6부제 등의 제도를 정비하였고, 이 제도들은 당으로 이어졌어.

문제	• 북주의 외척이었던 양견(문제)이 수 건국, 남북조로 분열되어 있던 중국 재통일 • 과거제 시행: 문벌 귀족 견제와 중앙 집권 체제 강화를 위해 시험으로 관리 선발 • 토지 제도(균전제)와 군사 제도(부병제) 정비
양제	❶**대운하** 완성: 화북 지방과 강남 지방 연결, 물자 유통 활발

(2) **멸망** 대규모 토목 공사, 고구려 원정 실패 ➡ 농민 반란으로 멸망(618)

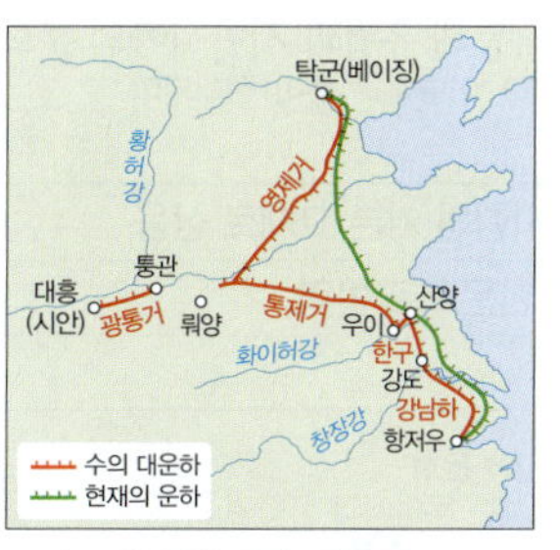
▲ **수 대와 현재의 대운하** – 대운하는 꾸준히 복구되고 확장되어 오늘날까지도 중국의 남북을 잇고 있어.

2 당의 발전과 통치 체제

(1) **성립과 발전**

✔ **교과서 비교** 양세법, 모병제 리베르, 미래엔만 다룸

고조	이연(고조)이 장안을 수도로 당 건국
태종	동돌궐 복속, 동서 교역로 확보
고종	서돌궐 정복, 신라와 연합하여 백제와 고구려 멸망

(2) **통치 체제 정비** 수의 제도를 계승하여 ❷**율령 체제** 정비 **출제tip** 당의 통치 체제를 묻는 문제가 자주 출제

자료 4 정치 제도	• 중앙 행정 조직: 3성 6부 운영 • 지방 통치 제도: 주현을 두어 관리 파견 • 관리 등용 제도: 과거제 실시
농민 지배 제도	• 토지 제도: 균전제(농민에게 토지 지급, 그 대가로 의무 부과) • 조세 제도: ❸조용조(곡물, 노동력, 특산물 납부) • 군사 제도: 부병제(농민이 일정 기간 군 복무) • 변천: 안사의 난 전후로 균전제 ➡ 장원 증가, 조용조 ➡ 양세법, 부병제 ➡ 모병제로 변화

┌ 1년에 두 번 재산에 따라 세금을 걷는 제도야.
└ 균전제가 무너지고 귀족들의 대토지 소유(장원)가 증가하였어.
└ 전문 군인을 모집하는 제도야.

▲ **균전제** 성인 남자에게 일정한 토지를 분배하여 농사를 짓게 하고, 그 대가로 각종 의무를 부과하였다.

▲ **조용조** 토지를 분배한 대가로 조(곡물), 용(노동력이나 현물), 조(비단이나 삼베)를 세금으로 납부하게 하였다.

▲ **부병제** 농민은 농사일이 바쁘지 않을 때 일정 기간 군사 훈련을 받고 전쟁이 나면 병사로 복무하도록 하였다.

자료 5 (3) 당의 쇠퇴와 멸망 안사의 난 이후 중앙 정부의 지방 통제력 약화 ➡ 농민 반란(❹황소의 난 등)으로 급격히 쇠퇴 ➡ ❺절도사 세력에 의해 멸망(907)
└ 절도사 주전충에 의해 멸망하였어.

용어 풀이

❶ 대운하(大 – 크다, 運 – 운전하다, 河 – 하천): 배의 운항을 위해 육지에 파 놓은 큰 물길
❷ 율령(律 – 법령, 令 – 법령): 형법을 의미하는 '율'과 행정법을 의미하는 '령'을 아울러 부르는 말
❸ 조용조(租 – 벼, 庸 – 고용하다, 調 – 걷다): 토지, 노동력, 특산물에 부과하는 세금
❹ 황소의 난: 875년 소금을 밀매하던 황소와 왕선지가 주도하여 일으킨 반란. 일어난 지 10년 만에 진압되었고 당이 멸망하는 데 영향을 끼침
❺ 절도사(節 – 마디, 度 – 법도, 使 – 벼슬): 국경 주변 지역에 설치하여 군대를 거느리고 그 지방을 다스리던 관리

자료 3 수·당의 영역

자료 4 당의 통치 조직

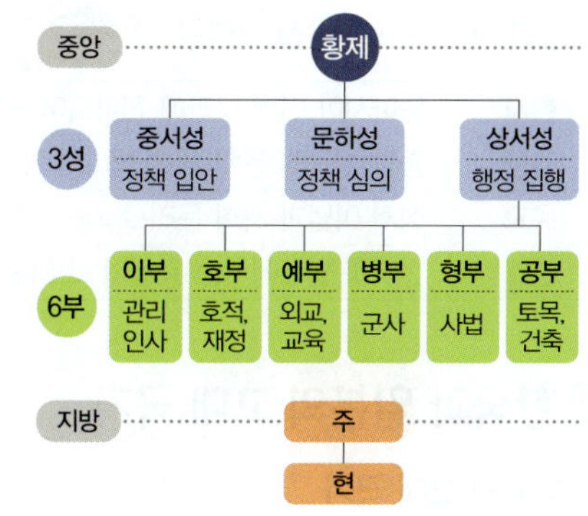

당의 3성 6부는 동아시아 여러 나라의 통치 제도에 영향을 끼쳤다.

더 알기 당의 외교 정책

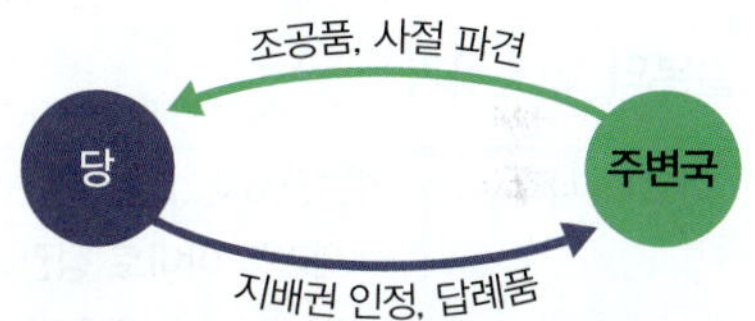

당은 **조공·책봉 체제**를 바탕으로 당 중심의 동아시아 질서를 형성하였다. 조공은 주변국이 중국에 예물과 함께 사절을 파견하는 것이고, 책봉은 중국의 황제가 주변국 군주의 지배권을 인정해 주는 것이다. 당은 조공·책봉 체제를 통해 안정적인 국제 관계를 유지하였다.

✔ **교과서 비교** 당의 외교 정책 리베르, 미래엔, 지학, 천재만 다룸

자료 5 안사의 난

당 현종 때 절도사였던 안녹산과 그의 부하 사사명이 일으킨 반란이다. 안사의 난 이후 절도사의 세력이 커지고 당의 지방 통제력이 약화되었으며 환관의 횡포가 심해졌다.

3 동아시아 문화의 형성과 확산

1 당의 문화 출제tip 당의 문화적 특징과 그 사례를 묻는 문제가 자주 출제

(1) **귀족적 문화** 시(이백·두보), 서예(구양순), 회화(왕유) 유행

(2) **국제적 문화** 수도 장안이 국제도시로 번영, 비단길을 통해 유럽과 서아시아의 문화 전래 [자료 6]
— 조로아스터교, 경교(네스토리우스교), 이슬람교 등이 전래되어 수도 장안에 종교 사원이 세워졌다.

(3) **학문과 종교의 발전**

유교	훈고학을 ❶집대성한 『오경정의』 편찬: 과거 시험의 기본 교재로 삼음
불교	❷현장 등의 승려가 인도에서 가져온 불경을 한문으로 번역
도교	황제와 귀족의 보호 아래 발전

2 동아시아 문화의 형성과 발전 [자료 7] ♥ 교과서 비교 동아시아 문화
미래엔, 비상, 지학, 천재는 동아시아 문화권

(1) **동아시아 문화의 공통 요소** 한자, 율령, 유교, 불교

(2) **동아시아 문화의 발전과 영향** 출제tip 동아시아 문화의 공통 요소를 묻는 문제가 자주 출제
— 신라의 이두, 일본의 가나, 베트남의 쯔놈 문자가 만들어지는 데 영향을 끼쳤어.

한자	동아시아 여러 나라에 전파되어 공용 문자로 사용
율령	중앙 집권적 통치 체제 정비의 기반 – 발해는 당의 율령 체제를 본떠 3성 6부를 정비하였어.
유교	정치 이념과 사회 윤리로 기능 – 동아시아 국가들은 공자의 제사를 지내는 사당(문묘)을 세웠어.
불교	한국과 일본에서는 왕실의 보호를 받으며 학문과 예술 발달에 영향

4 한국과 일본의 고대 국가

1 한국의 고대 국가

고조선	만주와 한반도에 등장한 최초의 국가 ➡ 한의 침략으로 멸망
삼국	• 중국 문물을 수용하여 중앙 집권 국가로 발전 ➡ 일본에 문물을 전파 • 신라가 당과 연합하여 백제, 고구려 멸망 ➡ 신라의 삼국 통일 완성
남북국	신라의 삼국 통일 이후 발해 건국으로 남북국의 형세를 이룸

2 일본의 고대 국가 [자료 8]
— 한반도와 중국에서 벼농사, 청동기, 철기가 전래되었어.

야요이 시대		기원전 3세기경 청동기와 철기 사용, 벼농사를 지음
야마토 정권		• 4세기경 야마토 정권이 여러 소국 통일 • 아스카 시대: 중국과 한국에서 선진 문물 수용 ➡ 불교를 중심으로 아스카 문화 발전 – 쇼토쿠 태자는 불교를 장려하여 아스카 문화 발달에 기여하였어. • 중국에 ❸견수사와 ❹견당사를 파견하여 적극적으로 문물 수용 • 다이카 ❺개신(645): 당의 율령 체제를 모방하여 중앙 집권 체제 강화 • 7세기 말 '일본' 국호, '천황' 칭호 사용
나라 시대		• 8세기 초 당의 장안을 본떠 헤이조쿄(나라)를 건설하고 수도로 삼음 • 불교문화 발전(도다이사 등 건설), 역사서 편찬(『고사기』, 『일본서기』)
헤이안 시대	정치	• 8세기 말 헤이안쿄(교토) 천도 • 왕위 계승 분쟁, 귀족과 불교 세력 간의 대립 심화 ➡ 귀족과 지방 세력의 대토지(장원) 소유 확대
	❻국풍 문화	• 9세기 말 견당사 파견 중지 ➡ 국풍 문화 발달 – 당의 쇠퇴에 따라 견당사 파견을 중지하였어. • 일본 고유 문자인 가나 사용, 주택과 관복 등에서도 일본 고유의 특색 강조 – 가나로 쓰인 이야기책이 유행하였는데, 『겐지 이야기』가 대표적이야.

용어 풀이

❶ 집대성(集 – 모으다, 大 – 크다, 成 – 이루다): 여러 가지를 모아 하나의 체계를 이루어 완성한 것을 이르는 말

❷ 현장: 중국 당나라의 승려로 인도에 가서 불교를 연구하고 경전을 중국으로 가져옴. 인도와 서역의 여행기를 담은 『대당서역기』를 저술함

❸ 견수사(遣 – 보내다, 隋 – 수나라, 使 – 사신): 일본에서 중국 수나라로 보낸 사신

❹ 견당사(遣 – 보내다, 唐 – 당나라, 史 – 사신): 일본에서 중국 당나라로 보낸 사신

❺ 개신(改 – 고치다, 新 – 새로운): 제도나 관습을 새롭게 고침

❻ 국풍(國 – 나라, 風 – 바람): 그 나라 특유의 풍속이나 문화

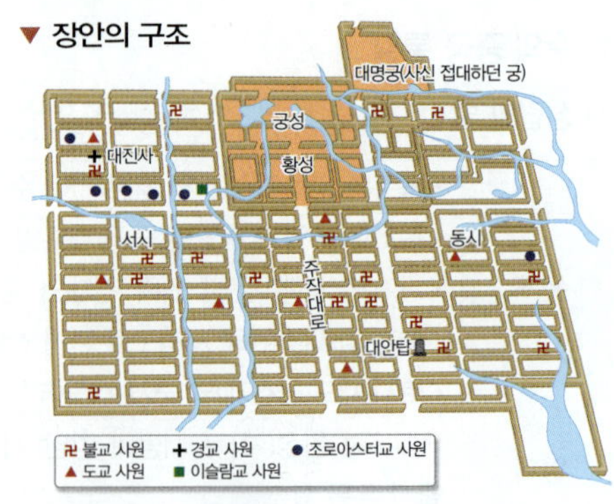

자료 6 당의 국제적 문화

▼ 장안의 구조

◀◀ 당삼채
◀ 대진경교유행중국비

당에서는 활발한 대외 교류를 바탕으로 **국제적인 문화**가 발전하였다.

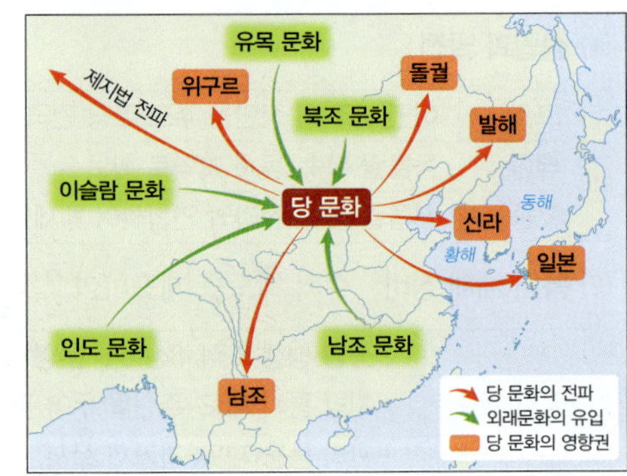

자료 7 당 문화의 형성과 전파

당이 주변국과 긴밀하게 교류하면서 당을 왕래하는 사람이 많아졌다. 이에 한대 이래 발달한 중국 문화가 주변국에 영향을 끼치면서 **동아시아 문화**가 형성되었다.

자료 8 일본 고대 국가의 발전

01 다음 설명이 맞으면 ○표, 틀리면 ×표 하시오.

(1) 5호 16국으로 분열되어 있던 화북 지방을 북위가 통일하였다. ( )

(2) 북위의 효문제는 한족의 문화와 풍습을 금지하는 정책을 실시하였다. ( )

(3) 남조에서는 청담 사상과 귀족 문화가 발달하였다. ( )

02 서로 관련 있는 것끼리 연결하시오.

(1) 수 문제 •　　　　• ㉠ 당 건국
(2) 수 양제 •　　　　• ㉡ 동돌궐 복속
(3) 당 고조 •　　　　• ㉢ 대운하 건설, 고구려 원정
(4) 당 태종 •　　　　• ㉣ 남북조 통일, 과거제 실시

03 다음 ㉠, ㉡에 들어갈 말을 쓰시오.

구분	당의 통치 제도
정치	(㉠): 중앙 행정 조직
토지	균전제: 성인 남성에게 토지 지급
조세	조용조: 곡물, 노동력, 특산물 납부
군사	(㉡): 농민이 농한기에 군사 훈련을 받고 전쟁 시 병사로 복무

㉠ _____________　　　㉡ _____________

04 다음 중 알맞은 말에 ○표 하시오.

(1) 당에서는 대외 교류를 바탕으로 (국제적, 폐쇄적)인 문화가 발전하였다.

(2) 당이 주변 나라와 긴밀하게 교류하는 과정에서 한자, 유교, 율령, 불교 등의 문화 요소를 공유하는 (동아시아, 동남아시아) 문화가 형성되었다.

(3) (유교, 불교)는 동아시아 여러 나라의 정치 이념과 사회 윤리로 기능하였고, 동아시아 각국에 공자의 제사를 지내는 사당이 세워졌다.

05 다음 설명에 해당하는 시대를 **보기**에서 골라 기호를 쓰시오.

> **보기**
> ㄱ. 야마토 정권　　ㄴ. 나라 시대　　ㄷ. 헤이안 시대

(1) 아스카 문화 ( )
(2) 다이카 개신 ( )
(3) 국풍 문화 발달 ( )
(4) 도다이사 건설, 『일본서기』 편찬 ( )

중요

01 다음 (가)~(다)에 들어갈 나라에 대한 설명으로 옳은 것은?

상

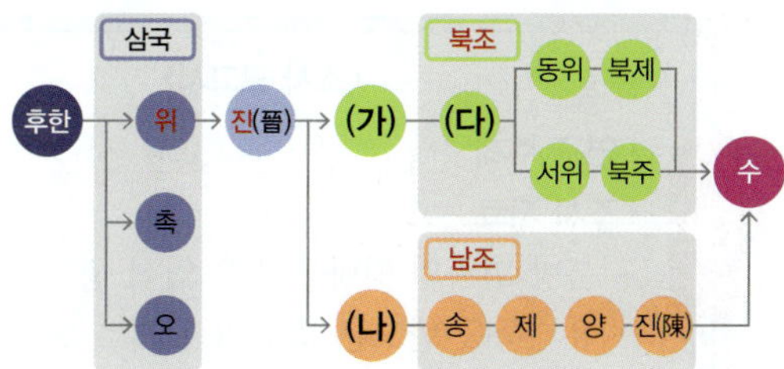

① (가): 효문제가 한화 정책을 펼쳤다.
② (가): 북방 민족에 밀려난 진이 강남으로 이주하여 세운 나라이다.
③ (나): 5호가 화북 지방에 세운 16개의 나라이다.
④ (나): 우수한 농업 기술을 이용하여 강남을 활발하게 개발하였다.
⑤ (다): 한족 왕조이다.

같은 주제 다른 문제

01-1 (다) 나라에서 볼 수 있는 모습으로 적절하지 <u>않은</u> 것은?

상

① 한족과 결혼하는 북방 민족 사람
② 대운하 건설에 참여하고 있는 농민
③ 한족의 의복을 사용할 것을 명령하는 왕
④ 한족의 언어를 사용하는 북방 민족 사람
⑤ 국가에서 나누어 준 토지를 경작하고 있는 농민

02 다음 (가)에 들어갈 내용으로 옳은 것을 **보기**에서 모두 고르면?

중

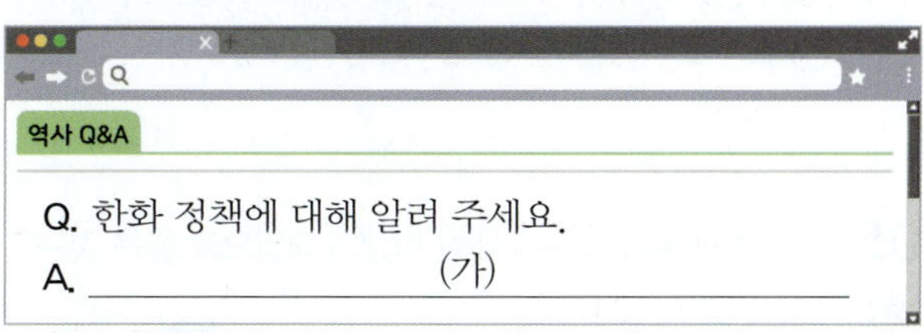

> **보기**
> ㄱ. 효문제가 시행하였다.
> ㄴ. 성인 남성에게 일정한 토지를 분배하였다.
> ㄷ. 한족의 성씨를 선비족의 성씨로 바꾸게 하였다.
> ㄹ. 한족과 북방 민족의 문화가 융합되는 데 영향을 끼쳤다.

① ㄱ, ㄴ　　② ㄱ, ㄹ　　③ ㄴ, ㄷ
④ ㄴ, ㄹ　　⑤ ㄷ, ㄹ

03 다음 (가)에 들어갈 내용으로 가장 적절한 것은?

〈조사 보고서〉

• 연구 주제: _________________ (가)

• 조사 자료
 – 북방 민족의 영향을 받은 입식 생활
 – 유제품을 만드는 방법의 전래로 변화한 한족
  의 생활 모습

① 도교의 발전
② 청담 사상의 유행
③ 9품중정제의 시행
④ 문벌 귀족 사회가 형성된 배경
⑤ 중국에 전해진 북방 민족의 문화

04 다음 유적이 만들어진 시대에 대한 설명으로 옳은 것을 보기 에서 모두 고르면?

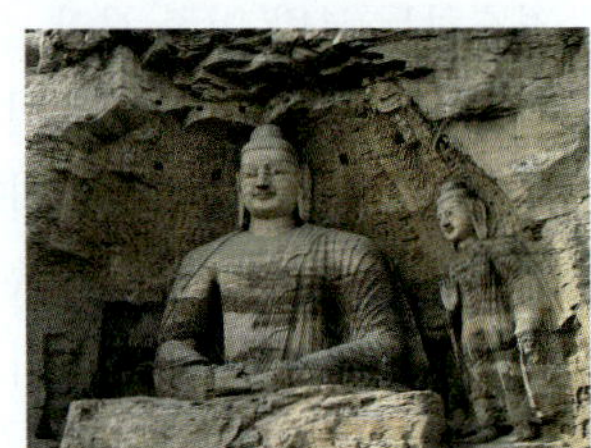

▲ 윈강 석굴의 대불

보기

ㄱ. 대운하가 완성되었다.
ㄴ. 과거제를 최초로 시행하였다.
ㄷ. 도가 사상과 민간 신앙이 합쳐진 도교가 발달하였다.
ㄹ. 북조 왕실의 지원으로 대규모 석굴 사원이 지어졌다.

① ㄱ, ㄴ   ② ㄱ, ㄹ   ③ ㄴ, ㄷ
④ ㄴ, ㄹ   ⑤ ㄷ, ㄹ

05 다음 선생님의 질문에 대한 학생의 대답으로 옳은 것은?

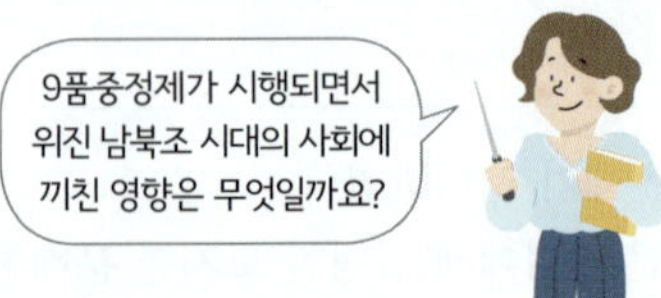

① 절도사의 권한이 강해졌어요.
② 문벌 귀족 사회가 형성되었어요.
③ 황소의 난 등 농민 반란이 일어났어요.
④ 한족과 북방 민족의 문화가 융합되었어요.
⑤ 시험으로 관리를 선발하면서 문벌 귀족을 견제하였어요.

06 다음에서 설명하는 인물로 옳은 것은?

• 남북조로 분열되어 있던 중국을 다시 통일하였다.
• 조세 제도와 토지 제도를 정비하여 군사력과 재정을 강화하였다.

① 효 문제   ② 수 문제   ③ 수 양제
④ 당 태종   ⑤ 당 현종

07 다음 시설을 정비한 (가) 나라에 대한 설명으로 옳은 것을 보기 에서 모두 고르면?

보기

ㄱ. 고구려 원정에 실패하였다.
ㄴ. 균전제를 처음으로 시행하였다.
ㄷ. 위진 남북조 시대를 통일하였다.
ㄹ. 안사의 난을 겪으며 쇠퇴하였다.

① ㄱ, ㄷ   ② ㄱ, ㄹ   ③ ㄴ, ㄷ
④ ㄴ, ㄹ   ⑤ ㄷ, ㄹ

같은 주제 다른 문제

07-1 위 지도에 나타난 시설에 대한 설명으로 옳은 것은?

① 수 문제 때 완성되었다.
② 당이 멸망하는 데 영향을 끼쳤다.
③ 흉노의 침입을 막기 위해 건설되었다.
④ 화북과 강남이 단절되는 데 영향을 끼쳤다.
⑤ 남북을 연결하여 물자 유통을 원활하게 하였다.

08 다음 (가), (나) 나라에 대한 설명으로 옳지 <u>않은</u> 것은?

① (가): 황소의 난 이후 급격히 쇠퇴하였다.
② (가): 대규모 토목 공사와 고구려 원정 실패로 농민 반란이 발생하였다.
③ (나): 주변국과 조공·책봉 관계를 맺었다.
④ (나): 중앙 행정 조직으로 3성 6부를 운영하였다.
⑤ (가), (나): 과거제를 시행하였다.

09 다음 중앙 행정 조직을 운영한 나라에 대한 설명으로 옳은 것을 보기 에서 모두 고르면?

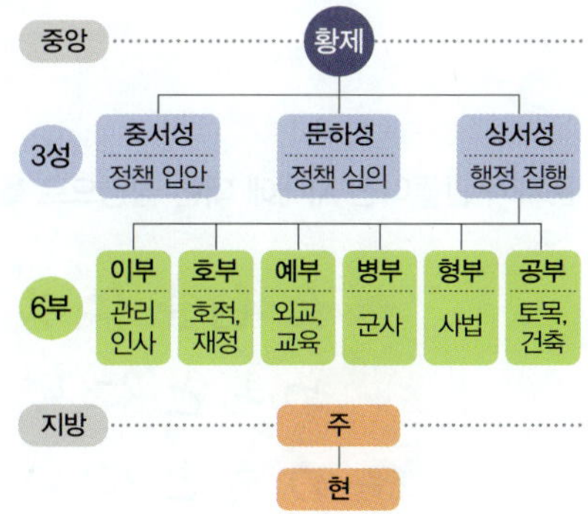

보기
ㄱ. 당 태종 때 동돌궐을 복속하였다.
ㄴ. 진승·오광의 난과 같은 농민 반란이 일어났다.
ㄷ. 수의 제도를 이어받아 율령 체제를 정비하였다.
ㄹ. 균전제를 실시하여 성인 남성에게 토지를 분배하였다.

① ㄱ, ㄴ　　② ㄱ, ㄹ　　③ ㄴ, ㄷ
④ ㄱ, ㄴ, ㄹ　　⑤ ㄱ, ㄷ, ㄹ

10 다음 (가), (나)에 해당하는 제도를 옳게 연결한 것은?

	(가)	(나)

	(가)	(나)
①	균전제	부병제
②	균전제	조용조
③	균전제	양세법
④	장원제	양세법
⑤	부병제	조용조

11 다음 (가)에 들어갈 대답으로 옳은 것을 보기 에서 모두 고르면?

보기
ㄱ. 황소의 난이 발생하였다.
ㄴ. 절도사의 권한이 약해졌다.
ㄷ. 돌궐의 침입으로 국력이 약화되었다.
ㄹ. 안사의 난 이후로 중앙 정부의 지방 통제력이 약해졌다.

① ㄱ, ㄴ　　② ㄱ, ㄷ　　③ ㄱ, ㄹ
④ ㄴ, ㄹ　　⑤ ㄷ, ㄹ

12 다음 자료를 통해 알 수 있는 당 문화의 특징으로 가장 적절한 것은?

▲ 당삼채

▲ 대진경교유행중국비

① 불교문화가 발전하였다.
② 청담 사상이 유행하였다.
③ 서민 문화가 발전하였다.
④ 국제적인 문화가 발전하였다.
⑤ 한족의 문화와 북방 민족의 문화가 융합되었다.

13 다음 (가)에 들어갈 내용으로 옳지 <u>않은</u> 것은?

〈역사 탐구 계획서〉
• **탐구 주제**: 동아시아 문화의 형성과 영향
• **사례**: ____________(가)____________

① 신라는 한자를 응용하여 이두를 만들어 사용하였다.
② 일본은 한자를 변형한 가나 문자를 만들어 사용하였다.
③ 동아시아 각국에는 공자의 제사를 지내는 사당이 세워졌다.
④ 발해는 당의 율령 체제를 본떠 중앙 정치 기구로 3성 6부를 정비하였다.
⑤ 경교, 이슬람교가 동아시아 각국에 전파되어 다양한 종교 사원이 세워졌다.

14 다음 ㉠～㉤에 들어갈 말을 옳게 연결한 것은?

[검색] 한국의 고대 국가 발전 과정

만주와 한반도에는 최초의 국가 (㉠)이/가 건국되었고, (㉡)의 침략으로 멸망하였다. 뒤이어 등장한 삼국은 중국의 문물을 수용하며 중앙 집권 국가로 발전하였다. 그중 (㉢)은/는 당과 연합하여 (㉣)과/와 고구려를 무너뜨린 후, 당을 몰아내고 삼국 통일을 완성하였다. 이후 고구려 유민이 (㉤) 을/를 건국하면서 남북국의 형세를 이루었다.

① ㉠: 고조선
② ㉡: 진
③ ㉢: 백제
④ ㉣: 신라
⑤ ㉤: 통일 신라

15 다음 일본의 고대 국가 발전 과정을 순서대로 바르게 나열한 것은?

ㄱ. 도다이사가 건립되었다.
ㄴ. 다이카 개신을 단행하였다.
ㄷ. 헤이안쿄로 수도를 옮겼다.
ㄹ. 야마토 정권이 여러 소국을 통일하였다.

① ㄱ－ㄴ－ㄷ－ㄹ
② ㄱ－ㄷ－ㄹ－ㄴ
③ ㄴ－ㄱ－ㄷ－ㄹ
④ ㄷ－ㄱ－ㄹ－ㄴ
⑤ ㄹ－ㄴ－ㄱ－ㄷ

16 다음 (가), (나) 시대에 대한 설명으로 옳은 것을 보기 에서 모두 고르면?

보기

ㄱ. (가): 가나 문자가 만들어졌다.
ㄴ. (가): 『고사기』 등의 역사서가 편찬되었다.
ㄷ. (나): 일본이라는 국호가 사용되기 시작하였다.
ㄹ. (나): 귀족과 지방 세력이 대토지 소유를 확대하였다.

① ㄱ, ㄴ
② ㄱ, ㄹ
③ ㄴ, ㄷ
④ ㄴ, ㄹ
⑤ ㄷ, ㄹ

17 다음 문자가 만들어진 시대에 대한 설명으로 옳은 것은?

한자 女 毛 止 仁 以
↓ め 毛 と 仁り
가나 め も と に い

▲ 가나 문자

① 헤이조쿄를 수도로 삼았다.
② 아스카 문화가 발전하였다.
③ 청동기와 철기를 사용하기 시작하였다.
④ 다이카 개신으로 중앙 집권 체제가 강화되었다.
⑤ 일본의 전통을 강조하는 독자적인 국풍 문화가 발달하였다.

01 다음 ㉠, ㉡에 들어갈 말을 쓰시오.

> 위진 남북조 시대에는 추천으로 관리를 선발하는 (㉠)이/가 시행되었다. 그 결과 유력 호족이 중앙 관직을 독점하면서 (㉡) 사회가 형성되었다.

㉠ ___________________   ㉡ ___________________

02 다음 지도를 보고 물음에 답하시오.

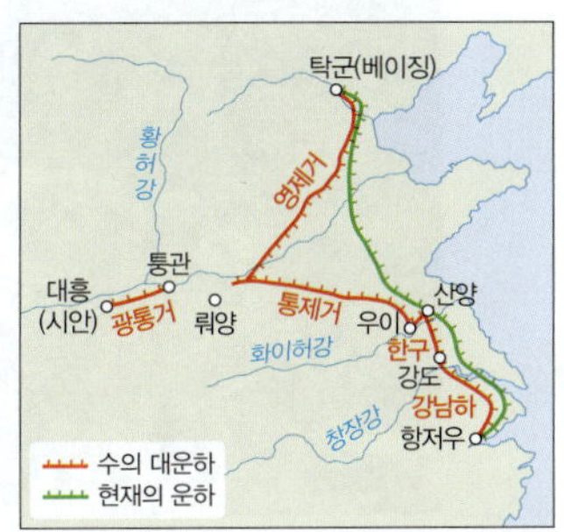

(1) 지도에 나타난 대운하를 수 대에 완성한 왕을 쓰시오.

____

(2) 위 인물이 대운하를 건설한 목적을 서술하시오.

____

____

03 다음에서 설명하는 용어를 쓰시오.

> 죄인을 처벌하는 형법과 국가 조직과 행정에 관한 행정법을 합쳐 부르는 말로, 나라를 다스리는 기본 법령을 의미한다.

____

04 다음 글을 읽고 물음에 답하시오.

> 당은 농민에게 토지를 지급하는 (㉠)과/와 토지 지급의 대가로 세금을 납부하는 조용조를 실시하였다. 그리고 농민이 농한기에 군사 훈련을 받고 전쟁이 나면 병사로 복무하는 (㉡)을/를 실시하였다.

(1) ㉠, ㉡에 들어갈 당의 제도를 쓰시오.

㉠ ___________________   ㉡ ___________________

(2) 당이 위와 같은 제도를 실시한 목적을 서술하시오.

____

____

05 다음 글을 읽고 물음에 답하시오.

> 당대에는 동아시아 문화가 형성되었다. 동아시아 각국은 이를 상황에 맞게 수용하여 발전시켜 나갔다.

(1) 밑줄 친 '동아시아 문화'를 형성하는 공통 요소 네 가지를 모두 쓰시오.

____

(2) 동아시아 문화가 형성된 배경을 서술하시오.

____

____

02 유라시아의 정치·종교적 변동 ①

226년	320년	476년	800년
사산 왕조 페르시아 성립	굽타 왕조 성립	서로마 제국 멸망	카롤루스 대제, 서로마 황제 대관

자료 1 1 **사산 왕조 페르시아의 발전**

1 성립 3세기 초 성립, 아케메네스 왕조 페르시아의 ❶부흥을 내걸고 건국

2 발전

> 기원전 3세기 중엽 이란계 유목민이 세운 나라로, 중계 무역으로 번영을 누렸어.

영토 확장	• 파르티아 멸망, 메소포타미아 지역에서 인더스강 유역에 이르는 제국 건설 • 로마 제국과 경쟁하며 세력 확장
정치	지방에 총독 파견 → 중앙 집권 체제 확립
경제	• 동서 교역의 ❷요충지를 장악하여 ❸중계 무역으로 번영 • 비단길과 초원길을 이용하여 비잔티움 제국, 돌궐, 인도 등 여러 나라와 활발히 교류

3 쇠퇴 비잔티움 제국과 대립, 내분으로 쇠퇴 → 이슬람 세력의 침입으로 멸망(651)

> 정통 칼리프 시대에 이슬람 세력은 사산 왕조 페르시아를 정복하였어.

4 문화 출제tip 사산 왕조 페르시아의 문화를 묻는 문제가 자주 출제

(1) 조로아스터교의 발달

⊽ **교과서 비교** 『아베스타』 리베르, 천재만 다룸

자료 2 특징	• 조로아스터교가 창시 • 세상을 선과 빛의 신 아후라 마즈다와 어둠의 신 아리만이 대결하는 곳으로 여김 • 선한 신의 상징인 불을 소중하게 여김 — 조로아스터교는 불을 소중하게 여겨 배화교라고도 불려.
영향	• 사산 왕조 페르시아의 국교 • ❹교리 가운데 선과 악의 대결, 최후의 심판, 천국과 지옥, 구세주의 출현 등은 이후 크리스트교, 이슬람교 등에 영향 • 경전 『아베스타』 집대성

(2) 다양한 문화의 수용

배경	동서 교역을 통해 다양한 문화 수용
문화	• 페르시아어를 공용어로 사용 • 그리스와 인도의 문학 작품을 페르시아어로 번역 • 철학, 의학 연구 기관 설립 • 건축, 유리 공예, 금속 ❺세공술, ❻직물 공예와 염색 기술 발달
영향	이슬람 세계, 비잔티움 제국, 동아시아 국가에 문화 전파

▲ 사산 왕조 페르시아의 은병과 원 무늬병

▲ 신라 고분에서 출토된 유리잔과 유리병

사산 왕조 페르시아의 공예품과 공예 기술은 중계 무역이 발달하면서 중국, 일본, 한국 등 동아시아까지 전파되었다.

자료 1 **사산 왕조 페르시아의 영역**

동서 교역의 요충지를 차지하여 중계 무역으로 번영을 누렸다.

더 알기 **샤푸르 1세**

▲ 로마 황제를 사로잡은 샤푸르 1세를 새긴 부조

사산 왕조 페르시아의 샤푸르 1세는 에데사(현재 튀르키예) 부근에서 벌어진 전투에서 로마 황제가 이끄는 군대에 승리를 거두고, 메소포타미아 지역의 지배를 확고히 하였다.

자료 2 **아후라 마즈다**

▲ 조로아스터교 사원 입구에 새겨진 아후라 마즈다

조로아스터교의 교리에 따르면 사람은 선과 악 중에서 하나를 선택하여 행동하는데, 최후의 심판일이 오면 악을 따르는 사람은 지옥으로 떨어지고, 선을 따르는 사람에게는 천국이 열린다고 하였다.

용어풀이

❶ 부흥(復 – 돌아오다, 興 – 일어나다): 쇠퇴하였던 것이 다시 일어남
❷ 요충지(要 – 중요하다, 衝 – 길, 地 – 땅): 군사적으로 중요한 땅의 모양이나 형세
❸ 중계 무역(中 – 가운데, 繼 – 잇다, 貿 – 바꾸다, 易 – 교환하다): 다른 나라로부터 산 물품을 그대로 또 다른 나라로 수출하는 형식의 무역
❹ 교리(教 – 가르치다, 理 – 이치): 종교적인 원리나 이치
❺ 세공술(細 – 가늘다, 工 – 장인, 術 – 기술): 잔손을 많이 들여 정밀하게 손으로 물건을 만드는 기술
❻ 직물(織 – 짜다, 物 – 물건): 실로 짜서 만든 물건을 통틀어 이르는 말

2 굽타 왕조의 성립과 발전

1 성립 4세기경 북인도를 중심으로 성립 — 찬드라굽타 1세가 인도를 재통일하고 굽타 왕조를 건국하였어.

2 찬드라굽타 2세 <자료 3>

영토 확장	인도 북부의 대부분 차지, 남쪽으로 영토 확장(최대 영토 확보)
경제	• 동서 해상 무역을 독점하여 번영 • 사산 왕조 페르시아, 로마 제국, 중국 등과 교류

3 멸망 ❶에프탈의 침략, 왕위 계승을 둘러싼 내분으로 쇠퇴 ➡ 멸망(550)

출제tip 힌두교 문화의 특징을 묻는 문제가 자주 출제

4 힌두교 문화의 형성과 확산

형성	브라만교를 바탕으로 불교와 다양한 민간 신앙 융합
특징 <자료 4>	• 토착적 성격이 강하여 사람들이 쉽게 수용 • 다양한 신 숭배: 브라흐마, ❷비슈누, 시바 등 • 카스트의 신분 차별 인정: 카스트에 따른 의무 수행 강조 • 『마누 법전』 정비: 인도인의 일상생활에 영향 • 갠지스강을 신성하게 여김, 소 숭배
확산	굽타 왕조 왕들의 지원과 보호를 받아 인도의 민족 종교로 자리 잡음

— 인도의 힌두 문화가 동남아시아 지역에 전파되면서 대규모 힌두교 사원이 건설되었어.

▲ 비슈누

5 인도 고전 문화의 발달

(1) 배경 굽타 왕조의 정치적 안정과 경제적 발전을 바탕으로 인도 고전 문화 확립

(2) 인도 고전 문화 **출제tip** 인도 고전 문화의 내용이 자주 출제

문학	❸산스크리트어를 공용어로 사용하면서 산스크리트 문학 발달(❹『마하바라타』, ❺『라마야나』)
미술	굽타 양식: 간다라 양식과 인도 고유 특색이 융합된 미술 양식 발달(아잔타, 엘로라 석굴 사원의 불상과 벽화 등)
자연 과학	• 수학: 숫자 '0(영)'의 개념, 10진법 사용 ➡ 아라비아 숫자 형성에 기여 • 천문학: 원주율을 이용한 지구 둘레 계산, 지구의 자전 사실 확인, 일식·월식 원리 발견 ➡ 이슬람의 자연 과학 발달에 영향

▲ 엘로라 석굴

▲ 아잔타 석굴

▲ 아잔타 제1 석굴의 연화수 보살 벽화

굽타 양식은 옷 주름의 표현을 생략하고 인체의 윤곽을 강조하였어. 인물 생김새에서도 인도 고유의 특색이 나타나.

자료 3 | 굽타 왕조의 영역

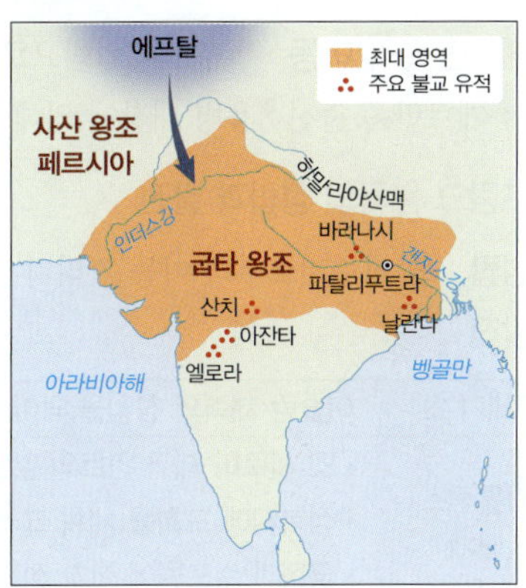

자료 4 | 힌두교도의 의무

> 창조주는 모든 창조물을 보호하기 위해 그의 입, 팔, 다리에서 나온 자들에게 그 업을 정하였도다. 브라만에게는 『베다』를 배우고 가르치며, 제사 지내는 일을 정하였다. 크샤트리아에게는 사람들을 보호하고 다스릴 것을 정하였다. 바이샤에게는 농사를 짓고, 가축을 기를 것을 정하였다. 그리고 수드라에게는 앞선 세 신분의 사람들에게 봉사할 단 하나의 임무를 정하였다.
> – 『마누 법전』

『마누 법전』에는 카스트에 따른 의무가 정리되어 있어 힌두교도의 일상생활에 큰 영향을 주었다.

교과서 비교 | 앙코르 와트 동아, 리베르, 지학은 다루지 않음

교과서 비교 | 보로부두르 사원 동아, 리베르, 미래엔, 지학은 다루지 않음

더 알기 | 동남아시아의 종교 사원

▲ 앙코르 와트

▲ 보로부두르 사원

동남아시아 지역은 인도와 중국 사이에 위치하여 두 지역 문화의 영향을 받았다. 특히 인도에서 불교, 힌두교 등의 문화가 전파되어 동남아시아 각지에 종교 사원이 건설되었다. 앙코르 와트는 캄보디아 지역의 앙코르 왕조가 세운 힌두교 사원이자 왕의 무덤으로, 훗날 상좌부 불교 사원으로 사용되었다. 보로부두르 사원은 8세기경에 세워진 대승 불교 사원이다.

3 프랑크 왕국과 로마 교회의 발전

 1 게르만족의 이동 ❶훈족의 압박으로 게르만족이 로마 제국의 영토로 대규모 이동 → 게르만족 출신 ❷용병 대장에 의해 서로마 제국 멸망(476)

2 프랑크 왕국의 성립과 발전

(1) **성립** 원 거주지로부터 이동 거리가 짧은 곳에 정착, 로마 가톨릭교로 개종

(2) **발전**

8세기 초	이슬람 세력의 침입을 막아 서유럽 크리스트교 세계를 보호
카롤루스 대제 (전성기)	• 옛 서로마 제국 영토의 많은 부분 차지 • 정복지에 교회를 세워 크리스트교 전파 → 로마 교황이 서로마 황제로 인정 • 궁정과 수도원에 학교 설립 • 영향: 게르만 문화, 로마 문화, 크리스트교 융합 → 서유럽 문화의 ❸기틀 마련

(3) **분열** 카롤루스 대제 사후 세 왕국으로 분열(오늘날 프랑스, 이탈리아, 독일의 기원)
└ 베르됭, 메르센 조약으로 분열되었어.

3 로마 가톨릭교회의 성장

(1) **성장** 프랑크 왕국의 보호를 받으며 세력 확장 → 서유럽에서 로마 교회의 대주교가 교황을 자처하며 서유럽 사회의 정신적 지배자로 자리 잡음

(2) **영향** 교회가 중세 서유럽 사람들의 신앙생활과 일상생활을 지배, 교회가 장원 경영

4 비잔티움 제국의 발전

 1 비잔티움 제국의 성장

(1) **발전** <출제tip> 유스티니아누스 황제의 업적을 묻는 문제가 자주 출제

교과서 비교 성상 파괴령

동아	성상 파괴령
리베르, 지학, 천재	성상 숭배 금지령
미래엔, 비상, 해냄	성상 숭배 금지

정치	• 서로마 제국 멸망 후에도 천 년 가까이 지속 • 유스티니아누스 황제: 옛 서로마 제국 영토의 상당 부분 회복 • 강력한 황제권을 바탕으로 중앙 집권 체제 구축, 황제가 교회 지배
경제	수도 ❹콘스탄티노폴리스가 동서 무역의 중심지로 번성

(2) **동서 교회 분열** 레오 3세의 ❺성상 파괴령 → 로마 가톨릭교회와 그리스 정교로 분열

(3) **멸망** 11세기 이후 대토지 소유 확산 → 자영농 몰락, 국가 통치력 약화 → 오스만 제국의 침입으로 멸망(1453)

교과서 비교 그리스 정교

지학은 정교

교과서 비교 키이우 공국

동아	키이우 공국
리베르, 해냄, 천재	키예프 공국
미래엔, 비상, 지학	다루지 않음

2 비잔티움 제국의 문화 <출제tip> 비잔티움 제국의 문화를 묻는 문제가 자주 출제

특징	그리스 정교를 바탕으로 그리스·로마 문화와 헬레니즘 문화 융합
법률	로마법을 집대성한 『유스티니아누스 법전』 편찬 – 『로마법 대전』이라고도 해.
학문	• 그리스어를 공용어로 사용 • 그리스 고전 연구·보존 → 이탈리아 르네상스에 영향
건축	비잔티움 양식: 거대한 돔과 화려한 모자이크 벽화가 특징(성 소피아 성당)

(건축 행 앞 표시: 자료 7)

3 동유럽 문화의 형성

(1) **배경** 비잔티움 제국 문화가 ❻슬라브족에 전파 → 동유럽 문화의 토대

(2) **키이우 공국** 비잔티움 제국과 교역 → 그리스 정교와 비잔티움 문화 수용
└ 그리스 문자를 바탕으로 만든 키릴 문자를 사용하였고, 성 소피아 성당을 세웠어.

유럽 북부 지역에서 목축과 수렵을 하던 게르만족은 인구가 증가하자 농경지를 찾아 남쪽으로 이동하였다. 이후 훈족이 압박해 오자 로마 제국의 영토로 대거 이동하여 서로마 제국 곳곳에 나라를 세웠다.

비잔티움 제국은 활발한 정복 활동을 통해 옛 서로마 제국 영토의 대부분을 회복하였다.

교과서 비교 성 소피아 성당

동아, 리베르, 해냄	성 소피아 성당
미래엔, 비상, 지학, 천재	성 소피아 대성당

하늘을 상징하는 거대한 돔과 내부의 화려한 모자이크 벽화가 특징이다.

❶ 훈족: 중앙아시아의 유목 민족으로, 4세기경 유럽에 침입하여 게르만족의 이동에 영향을 끼침

❷ 용병(傭 – 품을 팔다, 兵 – 병사): 봉급을 주고 고용한 병사

❸ 기틀: 어떤 일이나 사물의 가장 중요한 조건

❹ 콘스탄티노폴리스: '콘스탄티누스의 도시'라는 의미로 콘스탄티누스 대제가 수도를 비잔티움(현재 이스탄불)으로 옮기면서 건설한 도시

❺ 성상(聖 – 성인, 像 – 모양): 예수, 성모 등 성인들의 모습을 조각하거나 그린 것

❻ 슬라브족: 유럽 동북부에 살고 슬라브어를 사용하는 여러 민족을 이르는 말

01 다음 설명에 해당하는 나라를 보기에서 골라 기호를 쓰시오.

> **보기**
> ㄱ. 굽타 왕조 ㄴ. 프랑크 왕국
> ㄷ. 비잔티움 제국 ㄹ. 사산 왕조 페르시아

(1) 조로아스터교 국교화 (　　)
(2) 『유스티니아누스 법전』 편찬 (　　)
(3) 산스크리트어를 공용어로 사용 (　　)
(4) 카롤루스 대제, 서로마 황제 대관 (　　)

02 다음 빈칸에 들어갈 말을 쓰시오.

(1) 3세기 초 성립한 (　　　　　)은/는 페르시아 제국의 부흥을 내걸고 제국을 건설하였다.
(2) (　　　　　)은/는 세상을 아후라 마즈다와 아리만이 대결하는 곳으로 보았다.

03 다음 중 알맞은 말에 ○표 하시오.

(1) 힌두교에서 (시바, 비슈누)는 세계의 질서를 유지하는 신이다.
(2) (굽타, 비잔티움) 양식은 인체의 윤곽을 강조하였고, 인물 생김새에서 인도 고유의 특색이 나타난다.

04 서로 관련 있는 것끼리 연결하시오.

(1) 카롤루스 대제 •　　　• ㉠ 성 소피아 성당 건축
(2) 찬드라굽타 2세 •　　　• ㉡ 굽타 왕조의 전성기
(3) 유스티니아누스 황제 •　　　• ㉢ 궁정과 수도원에 학교 설립

05 다음 설명이 맞으면 ○표, 틀리면 ×표 하시오.

(1) 게르만족의 침입으로 동로마 제국이 멸망하였다. (　　)
(2) 유스티니아누스 황제는 『로마법 대전』을 편찬하였다. (　　)
(3) 비잔티움 양식은 거대한 돔과 화려한 모자이크 벽화가 특징이다. (　　)

---

01 다음 (가) 나라에 대한 설명으로 옳은 것은?

중

① 서로마 제국을 멸망시켰다.
② 비잔티움 제국과 대립하였다.
③ 찬드라굽타 1세가 건국하였다.
④ 산스크리트어를 공용어로 삼았다.
⑤ 에프탈의 침입과 왕위를 둘러싼 내분으로 멸망하였다.

02 다음 ㉠에 공통으로 들어갈 나라에 대한 설명으로 옳지 <u>않은</u> 것은?

상

(㉠)의 황제인 샤푸르 1세가 로마의 황제를 사로잡는 모습을 바위에 새긴 것이다. (㉠)은/는 로마 제국과 대립하며 영토를 확장하였다.

① 파르티아를 멸망시켰다.
② 지방에 총독을 파견하였다.
③ 다리우스 1세 때 전성기를 맞았다.
④ 동서 교역의 요충지를 차지하여 중계 무역으로 번영하였다.
⑤ 메소포타미아 지역에서 인더스강 유역에 이르는 대제국을 건설하였다.

03 다음 밑줄 친 '종교'에 대한 설명으로 옳지 <u>않은</u> 것은?

기원전 6세기경 예언자 조로아스터가 창시한 <u>종교</u>이다.

① '배화교'라고도 불린다.
② 사산 왕조 페르시아의 국교가 되었다.
③ 아후라 마즈다를 최고의 신으로 섬겼다.
④ 선한 신의 상징인 불을 소중하게 여겼다.
⑤ 최후의 심판 등의 교리는 불교, 크리스트교에 영향을 주었다.

04 다음 자료를 통해 추론할 수 있는 사실로 가장 적절한 것은?

 ▲ 사산 왕조 페르시아의 은병과 원 무늬 병

 ▲ 신라 고분에서 출토된 유리잔과 유리병

① 조로아스터교가 확산되었다.
② 사산 왕조 페르시아가 영토를 확장하였다.
③ 한반도와 끊임없이 전쟁을 벌이며 경쟁하였다.
④ 아케메네스 왕조 페르시아의 부흥을 내세웠다.
⑤ 사산 왕조 페르시아의 문화가 동아시아에 전해졌다.

05 다음 (가) 나라에 대한 설명으로 옳은 것은?

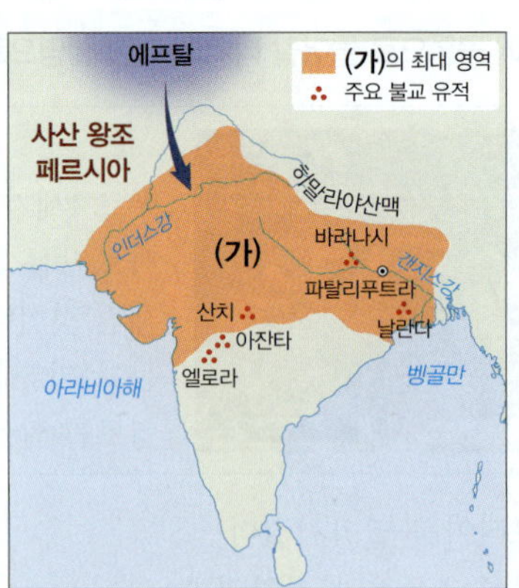

① 산치 대탑을 세웠다.
② 비잔티움 양식이 발달하였다.
③ 페르시아어를 공용어로 사용하였다.
④ 아후라 마즈다를 유일신으로 믿었다.
⑤ 찬드라굽타 2세 때 최대 영토를 확보하였다.

06 다음 (가)에 해당하는 종교로 옳은 것은?

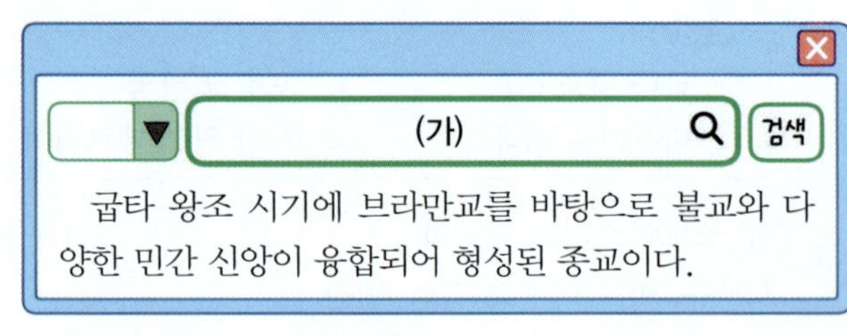

굽타 왕조 시기에 브라만교를 바탕으로 불교와 다양한 민간 신앙이 융합되어 형성된 종교이다.

① 유대교　　② 힌두교　　③ 배화교
④ 이슬람교　　⑤ 크리스트교

07 다음 밑줄 친 '이 종교'에 대한 설명으로 옳은 것은?

① 『아베스타』가 경전이다.
② 유일신으로 비슈누를 섬겼다.
③ 쿠샨 왕조 시기에 형성되었다.
④ 카스트의 신분 차별을 인정하지 않았다.
⑤ 토착적 성격이 강하여 사람들이 쉽게 수용하였다.

같은 주제 다른 문제

07-1 밑줄 친 '이 종교'를 형성한 왕조에 대한 설명으로 옳은 것을 보기에서 모두 고르면?

보기
ㄱ. 굽타 양식이 발달하였다.
ㄴ. 카롤루스 대제 때 전성기였다.
ㄷ. 산스크리트 문학이 발달하였다.
ㄹ. 콘스탄티노폴리스를 수도로 삼았다.

① ㄱ, ㄴ　　② ㄱ, ㄷ　　③ ㄱ, ㄹ
④ ㄴ, ㄷ　　⑤ ㄴ, ㄹ

08 다음 자료에 나타난 힌두교의 특징으로 가장 적절한 것은?

상

> 창조주는 모든 창조물을 보호하기 위해 그의 입, 팔, 다리에서 나온 자들에게 그 업을 정하였도다. 브라만에게 『베다』를 배우고 가르치며, 제사 지내는 일을 정하였다. 크샤트리아에게는 사람들을 보호하고 다스릴 것을 정하였다.
> – 「마누 법전」

① 유일신을 숭배한다.
② 돼지를 신성하게 여긴다.
③ 우상 숭배를 금지하고 있다.
④ 산스크리트어를 공용어로 사용하였다.
⑤ 카스트에 따른 의무 수행을 강조하였다.

09 다음 ㉠에 들어갈 미술 양식에 대한 설명으로 옳은 것을 보기 에서 모두 고르면?

중

(㉠)의 대표적인 문화유산

아잔타 제1 석굴의 연화수 보살 벽화를 보면 옷 주름의 표현을 생략하고 인체의 윤곽을 강조한 것이 특징이다.

┌ 보기 ┐
ㄱ. 화려한 모자이크 벽화가 특징이다.
ㄴ. 사산 왕조 페르시아에서 유행하였다.
ㄷ. 엘로라 석굴 사원의 불상과 벽화도 ㉠의 대표적인 유적이다.
ㄹ. 간다라 양식과 인도 고유의 특색이 융합되어 나타난 양식이다.

① ㄱ, ㄴ　　② ㄱ, ㄷ　　③ ㄱ, ㄹ
④ ㄴ, ㄷ　　⑤ ㄷ, ㄹ

10 다음 (가)에 들어갈 내용으로 옳지 않은 것은?

중

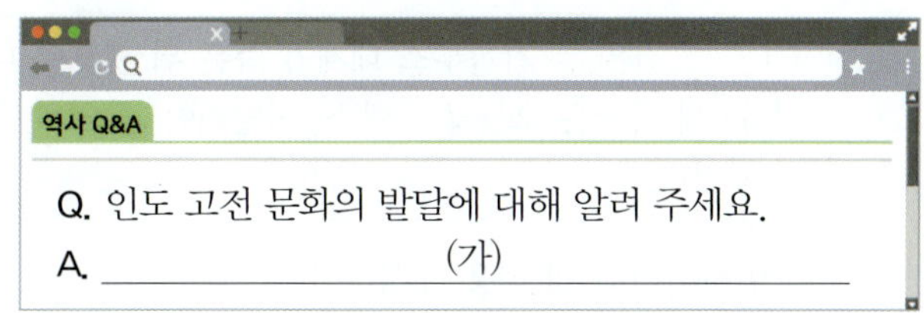

① 숫자 '0'의 개념을 사용하였다.
② 산스크리트 문학이 발전하였다.
③ 지구가 자전한다는 사실을 밝혀냈다.
④ 원주율을 이용하여 지구의 둘레를 계산하였다.
⑤ 헬레니즘 문화의 영향을 받은 불상이 처음으로 제작되었다.

11 다음 ㉠에 들어갈 문화유산에 대한 설명으로 옳은 것은?

하

① 보로부두르 사원이다.
② 인도네시아 지역에 있다.
③ 비잔티움 양식으로 지어졌다.
④ 힌두교 사원으로 건축되었다.
⑤ 유스티니아누스 황제가 세웠다.

12 다음 ㉠에 공통으로 들어갈 인물에 대한 설명으로 옳지 않은 것은?

중

○○ 신문
─────────────────────
(㉠), 서로마 황제의 관을 받다!

프랑크 왕국의 (㉠)은/는 교황에게 서로마 황제의 관을 받았고, 이로써 프랑크 왕국이 로마의 계승국으로 인정받게 되었다.

① ㉠은 카롤루스 대제이다.
② 성 소피아 성당을 세웠다.
③ 프랑크 왕국의 전성기를 이끌었다.
④ 학교를 세워 학문과 예술 발전에 힘썼다.
⑤ 정복지에 교회를 세워 크리스트교를 전파하였다.

13 다음 ㉠ 나라에 대한 탐구 학습으로 가장 적절한 것은?

> (㉠)은/는 카롤루스 대제가 죽은 뒤 셋으로 나뉘었다. 세 왕국은 오늘날 프랑스, 이탈리아, 독일의 기원이 되었다.

① 『마하바라타』의 내용 해석하기
② 조로아스터교의 교리 확인하기
③ 파르티아의 멸망 원인 분석하기
④ 찬드라굽타 2세의 업적 파악하기
⑤ 서유럽 문화의 기틀이 마련된 배경 조사하기

14 다음 사건이 일어난 시기를 연표에서 옳게 고르면?

> 비잔티움 제국의 황제는 성상을 파괴하라는 명령을 내렸다. 그러나 로마 가톨릭교회는 게르만족에게 크리스트교를 전파하기 위해 성상이 필요하여 명령에 반발하였다.

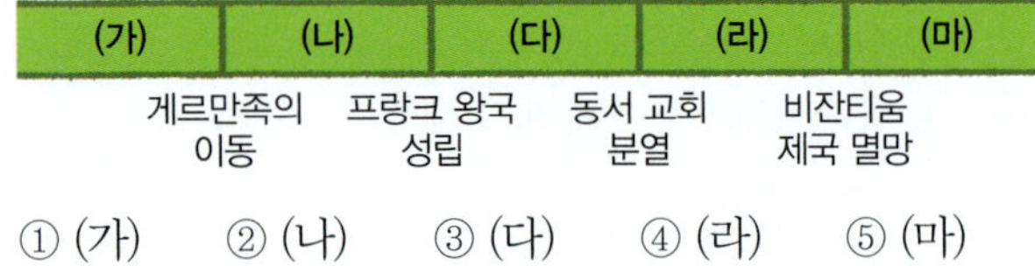

(가)	(나)	(다)	(라)	(마)
게르만족의 이동	프랑크 왕국 성립	동서 교회 분열	비잔티움 제국 멸망	

① (가) ② (나) ③ (다) ④ (라) ⑤ (마)

15 비잔티움 제국의 문화에 대한 설명으로 옳지 <u>않은</u> 것은?

① 키릴 문자 형성에 영향을 끼쳤다.
② 그리스어를 공용어로 사용하였다.
③ 건축에서는 거대한 돔이 특징이다.
④ 이탈리아에서 시작된 르네상스에 영향을 주었다.
⑤ 엘로라 석굴의 벽화가 대표적인 문화유산이다.

16 다음 문화유산에 대한 설명으로 옳은 것은?

▲ 성 소피아 성당

① 굽타 양식으로 지어졌다.
② 인도 고유의 특색이 짙다.
③ 카롤루스 대제 시기에 조성되었다.
④ 내부는 화려한 모자이크 벽화로 장식되어 있다.
⑤ 이슬람 왕조가 인도 북부 정복을 기념하여 세웠다.

같은 주제 **다른 문제**

16-1 위 문화유산을 조성한 황제에 대한 설명으로 옳은 것을 보기 에서 모두 고르면?

> **보기**
> ㄱ. 성상 파괴령을 내렸다.
> ㄴ. 『로마법 대전』을 편찬하였다.
> ㄷ. 로마 교황에게 서로마 황제의 관을 받았다.
> ㄹ. 옛 서로마 제국 영토의 상당 부분을 회복하였다.

① ㄱ, ㄴ   ② ㄱ, ㄷ   ③ ㄴ, ㄷ
④ ㄴ, ㄹ   ⑤ ㄷ, ㄹ

17 다음 밑줄 친 ㉠~㉤ 중 옳은 것은?

① ㉠   ② ㉡   ③ ㉢   ④ ㉣   ⑤ ㉤

01 다음에서 설명하는 종교를 쓰시오.

> • 세상을 아후라 마즈다와 아리만이 대결하는 곳으로 여긴다.
> • 선한 신의 상징인 불을 소중히 여긴다.

---

02 다음 ㉠, ㉡에 들어갈 말을 쓰시오.

> 굽타 왕조 시기에 브라만교를 바탕으로 불교와 다양한 민간 신앙이 융합된 (㉠)이/가 확산되었다. 또한 이 시기에 고대 인도의 법전이자 카스트의 의무 수행을 규정한 『(㉡)』이/가 정비되어 인도인의 일상생활에 큰 영향을 주었다.

㉠ ___________   ㉡ ___________

03 문화유산에 나타난 미술 양식의 특징을 다음 조건에 맞게 서술하시오.

◀ 아잔타 제1 석굴의 연화수 보살 벽화

> **조건**
> 미술 양식이 나타난 시기와 미술 양식의 명칭을 포함할 것

---

04 다음 자료를 보고 물음에 답하시오.

> 프랑크 왕국의 전성기를 이끈 (㉠)이/가 로마 교황에게 서로마 황제의 관을 받는 모습이다. ㉡ 로마 교황은 그를 서로마 황제로 인정하였다.

(1) ㉠에 들어갈 인물을 쓰시오.

---

(2) 밑줄 친 ㉡ 상황이 일어난 배경을 위 인물의 업적과 연결하여 서술하시오.

---

05 다음 지도를 보고 물음에 답하시오.

(1) 지도의 (가)에 들어갈 인물을 쓰시오.

---

(2) 위 인물이 펼친 정책을 두 가지 서술하시오.

---

02 유라시아의 정치·종교적 변동 ②

1 ❶이슬람 세계의 형성과 성장

자료 1 1 새로운 무역로의 발달

(1) **배경** 6세기 후반 비잔티움 제국과 사산 왕조 페르시아의 대립으로 기존 교역로 쇠퇴 → 상인들이 아라비아반도를 지나는 교역로 이용

(2) **아라비아반도 교역의 발달** 메카, 메디나가 무역의 중심지로 발달 → 소수 귀족 세력이 상업적 부를 독점하면서 빈부 격차 심화, 교역로 장악을 위한 부족 간 전쟁 발발

2 이슬람교의 성립

— 다신교를 믿고 있던 메카 귀족들이 무함마드의 가르침에 반발하였어.

성립	• 무함마드가 유대교, 크리스트교의 영향을 받아 이슬람교 정립 • 교리: 우상 숭배 비판, ❷알라 앞에서 모든 인간이 평등함을 주장 — 하층민의 호응을 얻었어.
발전	• 메카 귀족들의 박해 → 무함마드가 신자들과 메카에서 메디나로 이주(❸헤지라) • 메디나에서 이슬람 공동체 형성 → 메카 정복, 아라비아반도 대부분 통일

♥ **교과서 비교** 인두세

동아, 지학	인두세
미래엔, 리베르, 천재	세금
비상, 해냄	지즈야 — 이슬람 세계의 정치·종교적 지배자야.

출제**tip** 우마이야 왕조와 아바스 왕조를 구분하는 문제가 자주 출제

자료 2 3 이슬람 제국의 발전

정통 칼리프 시대	성립	무함마드 사후 4대에 걸쳐 칼리프 선출
	발전	• 영토 확장: 시리아, 이집트, 사산 왕조 페르시아 정복 • 종교 정책: 비이슬람교도가 ❹인두세를 내면 재산과 신앙의 자유 인정, 이슬람교 개종 시 세금 감면 → 피정복민의 환영, 자발적 개종자 증가
자료 3 우마이야 왕조	성립	칼리프 선출을 두고 내분 발생 → 제4대 칼리프 알리가 암살된 후 우마이야 가문이 칼리프 지위 세습 → 이슬람 세계가 수니파와 시아파로 분화
	발전	• 다마스쿠스를 수도로 삼아 중앙아시아에서 이베리아반도까지 영토 확장 • 종교 정책: 지나친 ❺아랍인 우대 정책(중요 관직에 아랍인만 임명) → 비아랍인의 불만 심화
	멸망	8세기 중엽 내부 분열과 피정복민의 저항으로 쇠퇴 → 아바스 왕조에 멸망
아바스 왕조	발전	• 종교 정책: 아랍인 중심의 정책 폐지(세금, 관직 등용 차별 철폐) • ❻탈라스 전투 승리 후 동서 교역로 장악 → 수도 바그다드 번영
	멸망	이슬람 세계의 분열로 쇠퇴 → 13세기 몽골의 침입으로 멸망

4 이슬람 세계의 확대

(1) **후우마이야 왕조** 우마이야 후손이 이베리아반도에 건국 ┐

(2) **파티마 왕조** 시아파가 수립, 이집트를 중심으로 성장 ┘ 독자적인 칼리프를 내세우며 각 지역의 특성을 살린 이슬람 문화를 발전시켰어.

자료 4 (3) 셀주크 튀르크의 성립과 발전

성립	9세기 중엽 중앙아시아 유목민인 튀르크족이 이슬람교 개종 후 서아시아로 이주, 세력 확대 → 11세기 중엽 셀주크 튀르크가 바그다드 입성
발전	• 아바스 왕조의 칼리프로부터 술탄 칭호를 받음(이슬람 세계 실질적 지배) • 예루살렘을 점령하여 비잔티움 제국 압박

용어 풀이

❶ 이슬람: 아랍어로 '신에게 순종한다.'라는 뜻
❷ 알라: 아랍어로 '유일신'이라는 뜻
❸ 헤지라: '성스러운 이주'라는 뜻으로 무함마드가 귀족의 박해를 받아 메카에서 메디나로 피신한 사건을 말함. 이슬람력의 시작 연도가 됨
❹ 인두세(人 – 사람, 頭 – 머리, 稅 – 세금): 각 개인에게 일괄적으로 매겨진 세금
❺ 아랍인: 아랍어를 사용하는 민족을 통틀어 이르는 말
❻ 탈라스 전투: 아바스 왕조와 당이 중앙아시아의 탈라스에서 벌인 전투로, 포로로 끌려간 당의 기술자에 의해 중국 제지법이 이슬람 세계에 전해짐

자료 1 6세기경 아라비아반도 교역로

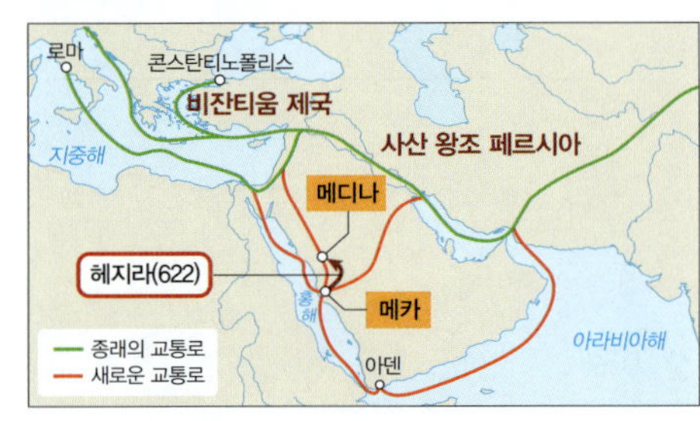

6세기 후반 상인들이 아라비아반도를 지나는 교역로를 이용하면서 메카, 메디나 등의 도시가 무역의 중심지로 발달하였다.

자료 2 이슬람 세계의 팽창

자료 3 수니파와 시아파

수니파	시아파
• 능력과 자질을 갖추면 누구나 칼리프가 될 수 있다고 주장 • 오늘날 이슬람에서 다수 차지(사우디아라비아 등)	• 무함마드의 혈통인 알리의 후손만이 칼리프가 될 수 있다고 주장 • 이란, 이라크를 중심으로 일부 분포

자료 4 셀주크 튀르크

셀주크 튀르크는 서아시아와 중앙아시아를 아우르는 제국을 건설하였다.

② 이슬람 세계의 경제와 문화

자료5 1 이슬람 세력과 동서 교류

성립	이슬람 제국이 유럽과 아시아를 잇는 교통의 요지 차지, 이슬람 세계에서 상업 활동을 긍정적으로 인식하여 상인들을 지원 ➡ 도시 발달, 원거리 교역 활발
상업 발달	• 이슬람 상인들이 육로와 해로를 이용하여 ❶향신료, 비단 등을 주로 거래 • 금은을 화폐로 사용, ❷어음과 수표 등을 이용하여 금융 산업 발달 • 영향: 동서 문화 교류 촉진, 이슬람교와 이슬람 문화 빠르게 확산

출제tip 비잔티움 양식, 고딕 양식과 이슬람 건축 양식을 구분하는 문제가 자주 출제

자료6 2 이슬람 문화의 발달   이슬람교와 아랍어를 중심으로 발달

학문	• 『쿠란』을 해석하는 과정에서 신학과 법학 발달 ┈ 이슬람교의 경전이야. • 아랍어 교육을 위해 언어학 발달 • 무함마드의 자취를 연구하는 과정에서 역사학 발달
건축	• 모스크: 돔과 뾰족한 탑이 특징 • 모스크의 내부는 아라베스크 무늬로 장식
문학	『아라비안나이트(천일 야화)』: 아라비아, 인도, 페르시아, 이집트 등 여러 지역의 설화 모음

> 『쿠란』은 다른 문자로 번역하는 것이 원칙적으로 금지되어 있어서 이슬람교를 믿는 지역은 아랍어를 공용어로 사용하였어.

자료7

♡ **교과서 비교** 『천일 야화』
리베르, 지학은 『천일 야화』

3 이슬람 세계의 과학

(1) **배경** 페르시아, 인도 등의 학문을 적극 수용 ➡ 자연 과학 발달

(2) **자연 과학의 발달** **출제tip** 이슬람의 자연 과학을 묻는 문제가 자주 출제

♡ **교과서 비교** 『의학전범』
리베르, 비상, 천재만 다룸

지리학·천문학	• 메카를 향한 예배와 성지 ❸순례, 교역 등을 위해 활발히 연구 • 바그다드 등에 천문대를 세워 천체 관측 • 천체 관측기구를 이용하여 지구의 둘레를 계산하고 지구가 둥글다는 사실을 증명
수학	그리스의 기하학, 인도의 10진법과 숫자 '0'의 개념 등을 수용하여 더욱 발전(아라비아 숫자 완성)
의학	예방 의학과 외과 수술 성행, 8세기경 바그다드에 최초의 병원 설립
화학	❹연금술을 연구하는 과정에서 화학 발달
영향	• 중세 유럽 대학에서 이슬람의 의학 서적을 교재로 사용(『의학전범』) • 중국의 ❺제지법, 화약 제조술, 나침반 등을 유럽에 소개 ➡ 동서 문화 교류에 ❻공헌 ┈ 탈라스 전투를 통해 중국의 제지술이 이슬람 세계에 전해졌어. • 유럽의 근대 과학 발전에 기여

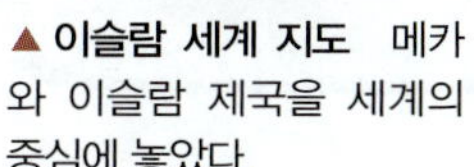

▲ **이슬람 세계 지도** 메카와 이슬람 제국을 세계의 중심에 놓았다.

▲ **아스트롤라베** 태양과 별의 위치, 위도, 경도를 측정하는 도구이다.

아랍어	영어	뜻
al-kuhul	alcohol	알콜
al-qili	alkali	알칼리
al-kimiyā′	alchemy	연금술
	chemistry	화학

▲ **아랍어에서 비롯된 과학 용어** 아랍어에서 비롯된 과학 용어는 오늘날까지 사용하고 있다.

자료5 이슬람 상인의 주요 교역로

자료6 이슬람교도의 다섯 가지 의무

신앙 고백	알라 외에는 신이 없고, 무함마드는 알라의 사도라고 신앙 고백을 한다.
희사	부자와 가난한 사람 모두 수입의 일정 부분을 공동체에 바친다.
예배	날마다 정해진 시간에 메카를 향해 다섯 번 예배를 드린다.
메카 순례	평생에 한 번 이상 성지인 메카를 방문한다.
금식	이슬람력 9월(라마단) 한 달간 해가 떠 있는 시간에는 음식을 먹지 않는다.

자료7 모스크 ♡ **교과서 비교** 모스크
비상은 아치도 포함

이슬람교에서는 우상 숭배를 금지하였기 때문에 기하학적 무늬, 문자, 덩굴무늬 등을 이용한 아라베스크 무늬로 모스크를 장식하였다.

더알기 이슬람교도의 일상생활

이슬람 문화권의 여성들은 『쿠란』에 따라 외출할 때 신체를 가려야 한다. 지역에 따라 히잡, 차도르, 니캅, 부르카 등 다양한 형태가 있다. 이슬람교도들은 『쿠란』의 가르침에 따라 음식을 가려서 먹는다. 이슬람교도가 먹을 수 있는 음식은 '허용된 것'이라는 의미의 '할랄'이라고 하고, 먹을 수 없는 음식을 '하람'이라고 한다.

 **용어풀이**

❶ 향신료(香 – 향기, 辛 – 맵다, 料 – 재료): 음식에 맵거나 향기로운 맛을 더하는 조미료
❷ 어음: 금액을 일정한 시기와 장소에서 치르기를 약속하거나 제삼자에게 그 지급을 맡기는 유가 증권
❸ 순례(巡 – 돌다, 禮 – 예절): 종교적인 의미가 있는 곳을 방문하여 참배함
❹ 연금술(鍊 – 쇠를 달구다, 金 – 금, 術 – 기술): 금이 아닌 금속으로 금은 등의 귀금속을 만들려고 한 화학 기술
❺ 제지법(製 – 짓다, 紙 – 종이, 法 – 법도): 종이를 만드는 방법
❻ 공헌(貢 – 바치다, 獻 – 바치다): 힘을 써 도움이 되게 함

01 다음 빈칸에 들어갈 말을 쓰시오.

(1) 메카의 상인이었던 무함마드가 알라를 유일신으로 하는 ( )을/를 정립하였다.

(2) 무함마드는 귀족의 탄압을 피해 자신을 따르는 세력과 메카에서 메디나로 이주하였는데 이를 ( )(이)라고 한다.

02 다음 설명에 해당하는 나라를 보기 에서 골라 기호를 쓰시오.

보기
ㄱ. 아바스 왕조　　　　ㄴ. 셀주크 튀르크
ㄷ. 우마이야 왕조　　　ㄹ. 정통 칼리프 시대

(1) 아랍인 우대 정책 ( )
(2) 아랍인 중심 정책 폐지 ( )
(3) 사산 왕조 페르시아 정복 ( )
(4) 술탄 칭호 사용, 예루살렘 점령 ( )

03 다음 중 알맞은 말에 ○표 하시오.

(1) 이슬람 세계의 정치·종교적 지배자를 (술탄, 칼리프) (이)라고 한다.

(2) 아바스 왕조의 수도 (바그다드, 다마스쿠스)는 국제 교역과 문화의 중심지가 되었다.

04 다음 설명이 맞으면 ○표, 틀리면 ×표 하시오.

(1) 이슬람교의 경전은 『쿠란』이다. ( )
(2) 아라베스크 무늬에는 사람이나 동물의 모습이 표현되어 있다. ( )
(3) 이슬람의 자연 과학은 중국의 제지술, 인쇄술, 나침반, 화약과 함께 유럽에 전해져 유럽의 근대 과학 발전에 영향을 주었다. ( )

05 다음 ㉠, ㉡에 들어갈 말을 쓰시오.

구분	이슬람 문화
학문	『(㉠)』을/를 해석하는 과정에서 신학과 법학 발달
건축	(㉡): 돔과 뾰족한 탑이 특징, 내부는 아라베스크 무늬로 장식
문학	『(㉢)』(천일 야화): 아라비아, 인도, 페르시아 등 여러 지역의 설화 모음

㉠ ________　㉡ ________　㉢ ________

01 다음 지도를 해석한 내용으로 옳은 것을 보기 에서 모두 고르면?
상

보기
ㄱ. 메카, 메디나가 무역의 중심지로 발달하였다.
ㄴ. 이슬람 세계가 시아파와 수니파로 분열되었다.
ㄷ. 상인들이 아라비아반도를 지나는 새로운 교역로를 이용하였다.
ㄹ. 비잔티움 제국과 사산 왕조 페르시아의 대립으로 기존의 교역로 이용이 어려워졌다.

① ㄱ, ㄷ　　② ㄱ, ㄹ　　③ ㄴ, ㄷ
④ ㄱ, ㄴ, ㄹ　　⑤ ㄱ, ㄷ, ㄹ

02 다음 ㉠에 들어갈 종교에 대한 설명으로 옳은 것은?
중

이 자료는 『쿠란』으로, 무함마드가 알라로부터 받은 계시를 기록한 (㉠)의 경전이다.

① 우상 숭배를 찬성하였다.
② 메카 귀족들의 호응을 얻었다.
③ 모든 인간의 평등을 주장하였다.
④ 알라를 포함한 다수의 신을 섬겼다.
⑤ 유대교와 크리스트교 성립에 영향을 주었다.

03 다음 밑줄 친 '시기'에 대한 설명으로 옳지 <u>않은</u> 것은?

무함마드 사후 1대부터 4대까지 칼리프를 선출한 시기를 말한다.

① 시리아와 이집트에 진출하였다.
② 아바스 왕조에 의해 멸망하였다.
③ 사산 왕조 페르시아를 정복하였다.
④ 이슬람교로 개종하면 세금을 줄여 주었다.
⑤ 정복지의 비이슬람교도가 인두세를 내면 재산과 신앙의 자유를 인정하였다.

04 다음 (가), (나) 나라에 대한 설명으로 옳은 것은?

① (가): 비아랍인도 중요 관직에 등용하였다.
② (가): 무함마드가 메카에서 메디나로 이주하였다.
③ (나): 술탄 칭호를 사용하였다.
④ (나): 지나친 아랍인 우대 정책을 펼쳤다.
⑤ (가), (나): 칼리프의 지위를 세습하였다.

같은 주제 다른 문제

04-1 (나) 시기에 볼 수 있는 모습으로 가장 적절한 것은?

① 메카를 정복한 무함마드 세력
② 중요 관직에 등용된 비아랍인
③ 칼리프를 선출한 이슬람 공동체
④ 제4대 칼리프인 알리를 암살하는 세력
⑤ 메카에서 메디나로 이주한 무함마드 세력

05 다음과 같은 상황이 일어나게 된 배경으로 가장 적절한 것은?

① 후우마이야 왕조가 독자적인 칼리프를 내세웠다.
② 무함마드 사후 칼리프가 이슬람 세계를 이끌었다.
③ 이슬람 공동체에서 1대부터 4대까지 칼리프를 선출하였다.
④ 셀주크 튀르크가 아바스 왕조의 칼리프로부터 술탄 칭호를 얻었다.
⑤ 제4대 칼리프인 알리가 암살된 이후 우마이야 가문이 칼리프의 지위를 세습하였다.

06 다음 이슬람 제국의 발전 과정을 순서대로 바르게 나열한 것은?

보기

ㄱ. 헤지라를 단행하였다.
ㄴ. 아바스 가문이 아바스 왕조를 세웠다.
ㄷ. 이슬람 세계가 수니파와 시아파로 분열하였다.
ㄹ. 우마이야 왕조의 일부 세력이 이베리아반도에 나라를 세웠다.

① ㄱ－ㄴ－ㄷ－ㄹ ② ㄱ－ㄷ－ㄴ－ㄹ
③ ㄴ－ㄹ－ㄱ－ㄷ ④ ㄷ－ㄹ－ㄱ－ㄴ
⑤ ㄹ－ㄱ－ㄷ－ㄴ

07 다음 (가) 나라에 대한 설명으로 옳은 것은?

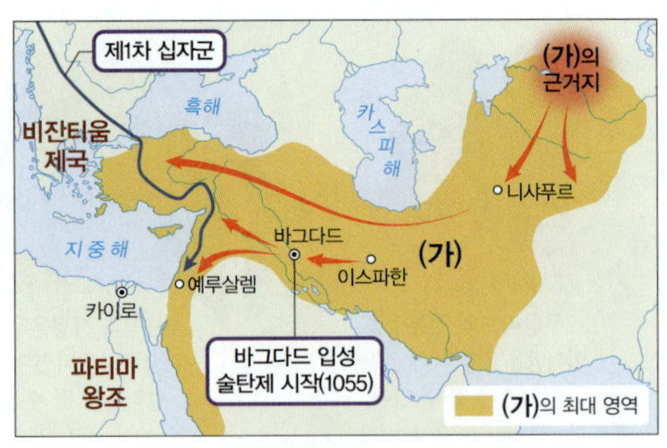

① 아랍인 우대 정책을 펼쳤다.
② 탈라스 전투에서 승리하였다.
③ 사산 왕조 페르시아를 정복하였다.
④ 예루살렘을 점령하여 비잔티움 제국을 압박하였다.
⑤ 몰락한 우마이야 왕조의 일부 세력이 이베리아반도에 세운 나라이다.

08 이슬람 세계의 상업과 동서 교류에 대한 설명으로 적절하지 <u>않</u>은 것은?

① 이슬람 제국은 금은을 화폐로 사용하였다.
② 이슬람 상인들은 어음과 수표를 이용하였다.
③ 이슬람 제국은 상업 활동을 적극적으로 통제하였다.
④ 이슬람 상인들은 비단, 향신료 등을 주로 거래하였다.
⑤ 이슬람 상인의 무역 활동으로 동서 문화 교류가 촉진되었다.

09 다음 밑줄 친 '이 종교'의 문화에 대한 설명으로 옳은 것은?

여긴 무함마드가 알라의 계시를 받은 카바 신전이야. <u>이 종교</u>를 믿는 사람들은 메카를 방문하여 순례 의식을 치르고 있어.

① 음식에 대한 금기가 없다.
② 아후라 마즈다를 신으로 섬긴다.
③ 남성과 여성 모두 동일한 옷을 입는다.
④ 부자만 모든 수입의 일정 부분을 공동체에 바친다.
⑤ 라마단 기간에는 해가 떠 있는 시간 동안 음식을 먹지 않는다.

10 다음 자료에 나타난 건축 양식에 대한 설명으로 옳은 것을 보기 에서 모두 고르면?

보기

ㄱ. 돔과 뾰족한 탑이 특징이다.
ㄴ. 대표적으로 샤르트르 대성당이 있다.
ㄷ. 스테인드글라스로 내부를 장식하였다.
ㄹ. 우상 숭배를 금지하여 아라베스크 무늬로 장식하였다.

① ㄱ, ㄴ   ② ㄱ, ㄹ   ③ ㄴ, ㄷ
④ ㄴ, ㄹ   ⑤ ㄷ, ㄹ

중요
11 다음 밑줄 친 ㉠~㉤ 중 옳지 <u>않</u>은 것은?

이슬람 문화와 과학의 발달

1. 문학: ㉠ 기사도 문학 발달
2. 천문학: ㉡ 바그다드 등에 천문대 설치
3. 수학: ㉢ 아라비아 숫자 완성
4. 의학: ㉣ 예방 의학과 외과 수술 성행
5. 화학: ㉤ 연금술을 연구하는 과정에서 화학 발달

① ㉠   ② ㉡   ③ ㉢   ④ ㉣   ⑤ ㉤

같은 주제 다른 문제

11-1 이슬람 세계의 문화와 과학에 대한 설명으로 옳지 <u>않</u>은 것은?

① 아랍어 교육을 위해 언어학이 발달하였다.
②『라마야나』 등 산스크리트 문학이 발달하였다.
③『쿠란』을 해석하는 과정에서 신학과 법학이 발달하였다.
④ 중세 유럽 대학에서는 이슬람의 의학 서적을 교재로 사용하기도 하였다.
⑤ 이슬람의 자연 과학은 유럽에 전해져 유럽의 근대 과학 발전에 영향을 끼쳤다.

01 다음에서 설명하는 사건을 쓰시오.

> • 아랍어로 '성스러운 이주'라는 뜻이다.
> • 무함마드가 탄압을 피해 신자들과 메카에서 메디나로 이동한 사건을 말한다.

02 무함마드가 이슬람교를 정립하게 된 배경을 다음 조건 에 맞게 서술하시오.

> **조건**
> '사산 왕조 페르시아', '비잔티움 제국', '메카', '메디나', '사회적 갈등' 용어를 포함할 것

03 다음 지도를 보고 물음에 답하시오.

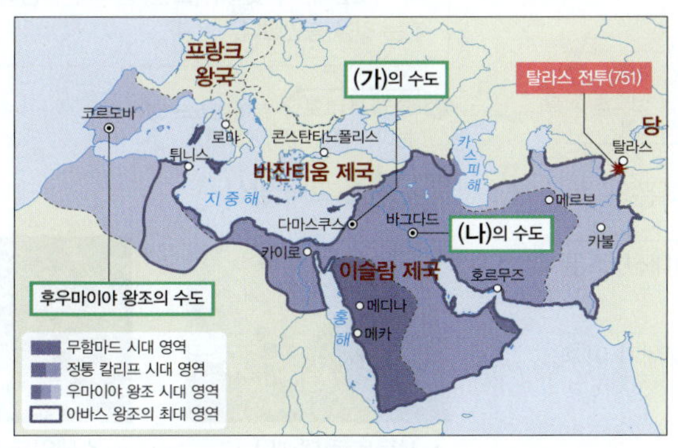

(1) (가), (나)에 들어갈 왕조를 쓰시오.

(가) ___________ (나) ___________

(2) (가) 왕조의 비아랍인 통치 방식을 (나) 왕조의 통치 방식과 비교하여 서술하시오.

04 다음 자료를 보고 물음에 답하시오.

(1) 자료와 같은 이슬람 사원을 무엇이라고 하는지 쓰시오.

(2) 위 건축물의 특징을 <u>두 가지</u> 서술하시오.

05 다음 글을 읽고 물음에 답하시오.

> 이슬람 세계에서는 페르시아, 인도 등의 학문을 적극적으로 수용하여 자연 과학이 발달하였다. 수학에서는 인도의 영향을 받아 숫자 '0(영)'의 개념을 받아들여 (㉠)을/를 완성하였다. 또한 연금술을 연구하는 과정에서 (㉡)이/가 발달하였다.

(1) ㉠, ㉡에 들어갈 말을 쓰시오.

㉠ ___________ ㉡ ___________

(2) 이슬람의 자연 과학이 유럽에 끼친 영향을 서술하시오.

03 서아시아와 유럽의 교류와 갈등

1 서유럽 봉건 사회의 성립

1 봉건 질서의 성립 — 지방 분권적인 서유럽 봉건 사회가 자리 잡았어.
— 이슬람 세력, 노르만족 등이 침입하였어.

배경	프랑크 왕국 분열 이후 이민족의 침입으로 혼란 → 기사 등장 → 주종 관계 형성
주종 관계	• 토지를 매개로 한 ❶주군과 ❷봉신 간의 계약 관계 — 어느 한쪽이 의무를 이행하지 않으면 원칙적으로 계약은 깨질 수 있었어. • 주군은 봉신에게 토지 수여, 봉신은 주군에게 충성 맹세 • 봉신: ❸영주가 되어 자신의 봉토 안에서 주군의 간섭 없이 독자적인 통치권 행사

2 장원의 구조 출제tip 농노에 대한 문제가 자주 출제

장원	봉신이 주군에게 받은 토지를 바탕으로 운영, 자급자족하는 농촌 공동체
농노	장원 주민의 대다수, 재산 소유 및 결혼 가능, 거주지 이전의 자유 없음, 각종 세금 부담 — 농노는 방앗간, 대장간 등의 시설물을 이용하고 사용료를 냈어.

◀ 중세 장원의 모습 중세에는 농업 기술이 발달하지 못하여 춘경지, 추경지, 휴경지로 농사를 나누어 짓는 방식인 삼포제를 도입하였다.

2 크리스트교의 확산과 문화

1 크리스트교 개혁 운동 — 청빈, 정결, 자급자족을 위한 노동 등 모범적인 신앙생활을 강조하였어.

배경	교회의 세속화, 성직자 임명권을 왕과 제후가 차지
내용	10세기경부터 클뤼니 수도원을 중심으로 교회 개혁 운동 전개

2 교황권의 강화 출제tip 카노사의 굴욕에 대한 문제가 자주 출제

카노사의 굴욕	• 배경: 교황 그레고리우스 7세가 성직 매매와 성직자 혼인, 세속 군주의 성직자 임명 금지 → ❹신성 로마 제국의 하인리히 4세가 교황의 조치 무시 • 전개: 교황이 황제를 ❺파문 → 황제가 교황에게 굴복
보름스 협약	• 내용: 교황이 성직자 임명권을 차지하는 것으로 협의 • 영향: 교황의 영향력이 강화되어 13세기에는 절정에 이름 — '교황은 해, 황제는 달'이라고 비유할 정도로 교황권이 강화되었어.

3 크리스트교 중심의 서유럽 문화 크리스트교를 중심으로 발달, 신학이 학문의 중심

철학	스콜라 철학 유행: 신앙과 이성의 조화 강조, 토마스 아퀴나스의 『신학대전』(스콜라 철학 집대성)
교육	중세 초기에 교회와 수도원에 부설된 학교가 학문의 중심지 역할 → 12세기 이후 유럽 곳곳에 대학 설립(중세 학문 발달에 기여)
건축	• 교회와 수도원을 중심으로 발달 • 11세기: 로마네스크 양식 유행 – 원형의 아치가 특징(피사 대성당) • 12세기: 고딕 양식 유행 – 뾰족한 탑과 스테인드글라스가 특징(샤르트르 대성당)
문학	기사도 문학 유행(『롤랑의 노래』, 『아서왕 이야기』 등)

용어 풀이

❶ 주군(主 – 주인, 君 – 임금): 나라를 다스리는 임금
❷ 봉신(封 – 봉하다, 臣 – 신하): 주군에게 충성을 맹세하고 토지(봉토)를 받은 기사
❸ 영주(領 – 다스리다, 主 – 주인): 중세 시대에 토지를 소유하고 거기에 사는 사람들을 다스리던 사람
❹ 신성 로마 제국: 962년 동프랑크의 오토 1세가 교황에게 황제의 관을 받으면서 탄생한 국가
❺ 파문(破 – 깨다, 門 – 집단): 가톨릭 신도로서의 자격을 빼앗는 것으로, 법의 보호는 물론 영혼의 구원도 받지 못하는 것을 의미

자료 1 서유럽 봉건 사회의 구조

자료 2 카노사의 굴욕(1077)

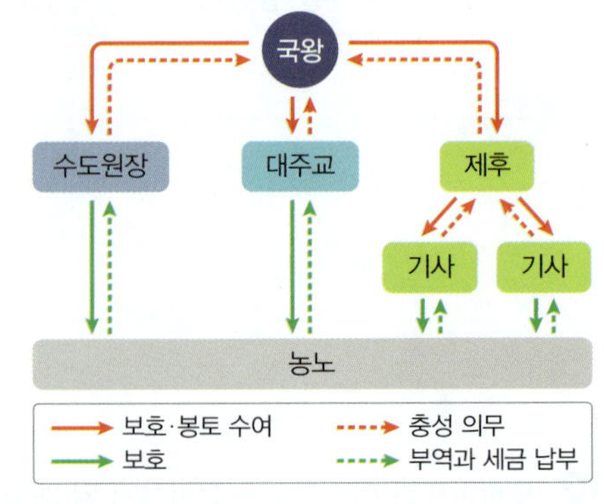

황제가 카노사성의 성주와 클뤼니 수도원장에게 교황과의 화해를 주선해 달라고 간청하는 모습이다.

자료 3 보름스 협약(1122)

신성 로마 제국 황제인 나, 하인리히는 영적 권력에 의한 모든 성직자 임명권을 성스러운 교회에 양도하고, 우리 왕국과 제국에 있는 모든 교회에서 교회법에 기초한 선거 및 자유로운 성직자 임명이 이루어지는 것을 승인한다.

❤ 교과서 비교 로마네스크 양식
동아, 비상, 지학만 다룸

자료 4 고딕 양식

▲ 샤르트르 대성당 ▲ 스테인드글라스

12세기경부터 뾰족한 탑과 스테인드글라스를 특징으로 하는 고딕 양식이 유행하였다. 뾰족한 탑은 중세 사람들의 소망을 상징하였다.

3 중세 유럽 세계의 변화

 1 십자군 전쟁

배경	11세기 후반 셀주크 튀르크가 예루살렘 점령, 비잔티움 제국 위협 → 비잔티움 제국 황제가 로마 교황에 도움 요청 → 로마 교황이 성지 회복 호소 → 십자군 결성
전개	제1차 십자군이 일시적으로 예루살렘 탈환 → 점차 성지 회복보다 세속적 이익 추구 → 성지 회복 실패

제4차 십자군이 비잔티움 제국의 수도인 콘스탄티노폴리스를 점령하기도 하였어.

2 중세 도시의 성장과 장원의 해체

교과서 비교 한자 동맹 비상은 다루지 않음 교과서 비교 길드 해냄은 다루지 않음

(1) 중세 도시의 성장

십자군 전쟁으로 비잔티움 제국과 이슬람 문화가 전해져 서유럽 문화가 발전하는 계기가 되었어.

배경	십자군 전쟁을 계기로 원거리 무역 활발 → 도시 발달
전개	• 지중해 무역권 형성: 베네치아 등 지중해 연안 이탈리아 항구 도시 중심 • ❶한자 동맹: 함부르크 등 북유럽 도시들의 동맹, 북유럽 무역 주도 • 길드 결성: 상인·수공업자의 동업 조합, 도시 운영 참여 • 도시민들이 봉건 영주의 통제에서 벗어나 자치권 획득

특허장을 얻거나 무력으로 자치권을 얻었어.

(2) 장원의 해체 출제tip 장원이 붕괴된 배경을 묻는 문제가 자주 출제

① 도시와 상업 발달, 화폐 사용 증가 → 영주가 농노에게 노동력이나 현물 대신 화폐를 세금으로 받음, 일부 영주들은 돈을 받고 농노를 해방함

② 14세기 중엽 ❷흑사병의 유행으로 인구 감소, 노동력 부족 → 영주들이 농민의 처우 개선 시도 – 해 자크리의 난(프랑스), 와트 타일러의 난(영국) 등의 농민 반란이 일어났어.

일부 영주는 농민에 대한 속박을 강화

3 교황권의 쇠퇴와 왕권 강화

배경	십자군 전쟁의 실패로 교황의 권위가 떨어짐, 봉건 영주 세력 약화, 상대적으로 왕권 강화
아비뇽 유수	로마 교황청이 아비뇽으로 옮겨져 프랑스 왕의 통제를 받음
중앙 집권 국가	백년 전쟁(영국과 프랑스의 전쟁, 잔 다르크의 활약으로 프랑스 승리)과 ❸장미 전쟁(영국 내전)으로 영국과 프랑스가 중앙 집권 국가로 발전

이후 교황청이 로마로 돌아갔으나, 로마와 아비뇽에서 각각 교황을 뽑으면서 교회 대분열 시대가 전개되었어.

4 ❹르네상스의 등장과 확산

 (1) 이탈리아의 르네상스(14세기경)

교과서 비교 르네상스 동아, 리베르는 IV–03에서 다룸 출제tip 이탈리아와 알프스 이북의 르네상스를 비교하여 묻는 문제가 자주 출제

배경	지중해 무역으로 부유해진 상인들이 예술가 후원, 고대 로마의 문화유산 간직, 비잔티움 제국 멸망 이후 학자들의 이주로 고전 문화 연구 활발
특징	인간의 개성과 감성을 중시하는 ❺인문주의 발달
문학	페트라르카(라틴어 고전 연구, 서정시), 보카치오의 『데카메론』
미술	• 인체의 아름다움과 사물을 사실적으로 표현 • 레오나르도 다 빈치의 「모나리자」, 미켈란젤로의 「피에타」 등
건축	르네상스 양식 발달(성 베드로 대성당)

(2) 알프스 이북(16세기 이후)

배경	현실 사회와 교회의 부패 비판
내용	• 에라스뮈스의 『우신예찬』(부패한 교회 비판), 토머스 모어의 『유토피아』(영국 사회의 현실 비판), 세르반테스의 『돈키호테』(라틴어 대신 자국어로 쓴 국민 문학) • 브뤼헐의 「농민의 춤」: 농민의 생활 모습을 표현

 십자군 전쟁의 전개

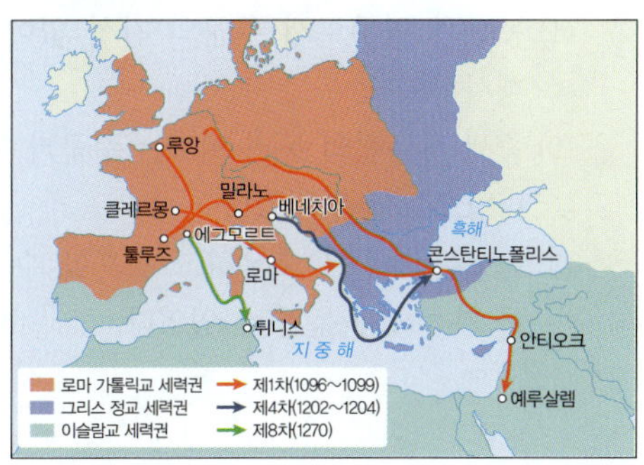

 이탈리아 르네상스

▲ 「모나리자」   ▲ 성 베드로 대성당

르네상스 시기의 예술가들은 인체의 아름다움을 자연스럽고 사실적으로 표현하였다.

▲ 「피에타」

 에라스뮈스의 『우신예찬』

교황은 바로 나, 우신(어리석음의 신) 덕분에 우아한 생활을 하고 있다. 왜냐하면 연극이나 다름없는 화려한 교회 의식을 통해 축복이나 저주의 말을 하고 감시의 눈만 번쩍이면, 충분히 그리스도에게 충성하였다고 생각하기 때문이다.

에라스뮈스는 『우신예찬』을 통해 교회와 성직자의 모순을 날카롭게 지적하였다.

교과서 비교 르네상스 시기 과학 기술의 발달 미래엔, 해냄은 다루지 않음

더 알기 르네상스 시기 과학 기술의 발달

지동설	• 갈릴레이, 코페르니쿠스 등이 주장 • 새로운 우주관 제시
화약, 나침반	• 중국에서 전해진 화약과 나침반 개량 • 전쟁과 원거리 항해에 활용
활판 인쇄술	• 구텐베르크가 발명 • 학문 발달, 지식 보급에 기여

용어 풀이

❶ 한자 동맹: 독일어로 조합이나 동료를 의미, 북유럽 도시들의 연맹

❷ 흑사병(黑 – 검다, 死 – 죽다, 病 – 병): 페스트균이 일으키는 급성 전염병으로, 사망 직전에 피부가 검게 변함

❸ 장미 전쟁: 영국의 왕위 계승 문제를 둘러싸고 귀족 간에 벌어진 전쟁

❹ 르네상스: 프랑스어로 재생이나 부활을 의미, 신 중심에서 벗어나 그리스·로마 고전 문화를 되살려 인간 중심의 문화를 만들려는 문화 혁신 운동

❺ 인문주의(人 – 사람, 文 – 문화, 主 – 주장, 義 – 뜻): 이탈리아에서 발생한 사상으로 인간의 개성과 감정을 중시함

01 다음 설명이 맞으면 ○표, 틀리면 ×표 하시오.

(1) 봉신은 영주로서 주군의 간섭 없이 독자적 통치권을 행사하였다. ( )

(2) 중세 서유럽의 봉건 제도는 주군과 봉신의 혈연관계를 바탕으로 운영되었다. ( )

(3) 농노는 재산을 소유하고 결혼할 수 있었으며, 거주지를 자유롭게 옮길 수 있었다. ( )

02 다음 중 알맞은 말에 ○표 하시오.

(1) 신성 로마 제국의 황제인 하인리히 4세가 교황에게 굴복한 사건을 (보름스 협약, 카노사의 굴욕)이라고 한다.

(2) 12세기경 중세 서유럽에서는 뾰족한 탑과 스테인드글라스가 특징인 (고딕 양식, 로마네스크 양식)이 유행하였다.

03 다음 빈칸에 들어갈 말을 쓰시오.

(1) 14세기 중엽 ( )의 유행으로 인구가 크게 줄어들고 노동력이 부족해졌다.

(2) 11세기 후반 이슬람 세력인 ( )이/가 크리스트교의 성지인 예루살렘을 점령하였다.

(3) 십자군 전쟁을 계기로 동방과의 교역이 활발해지면서 지중해 연안의 이탈리아 항구 도시를 중심으로 ( )이/가 형성되었다.

04 다음 ㉠~㉢에 들어갈 사건을 쓰시오.

(㉠)	로마 교황청이 아비뇽으로 이동하여 프랑스 왕의 통제를 받게 된 사건
(㉡)	14세기 중엽 프랑스의 왕위 계승 문제로 영국과 프랑스 간에 벌어진 전쟁. 잔 다르크의 활약으로 프랑스 승리
(㉢)	영국에서 왕위 계승권을 두고 귀족들 간에 벌어진 전쟁

㉠ __________ ㉡ __________ ㉢ __________

05 서로 관련 있는 것끼리 연결하시오.

(1) 이탈리아 르네상스 •　　　• ㉠ 미켈란젤로

　　　　　　　　　• ㉡ 에라스뮈스

(2) 알프스 이북 르네상스 •　　• ㉢ 토마스 모어

　　　　　　　　　• ㉣ 레오나르도 다 빈치

01 다음 제도에 대한 설명으로 옳지 <u>않은</u> 것은?

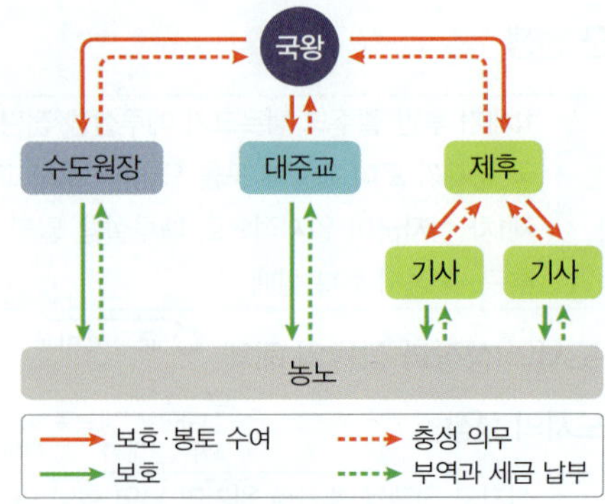

① 혈연 의식을 바탕으로 운영되었다.

② 주군은 기사에게 토지를 주어 봉신으로 삼았다.

③ 봉신은 장원에 대한 독자적 통치권을 행사하였다.

④ 지방 분권적인 사회가 형성되는 데 영향을 끼쳤다.

⑤ 주군과 봉신 중 한쪽이 의무를 지키지 않으면 계약은 원칙적으로 파기되었다.

02 다음 자료와 관련된 설명으로 옳은 것을 보기 에서 모두 고르면?

▲ 중세 장원의 모습

보기

ㄱ. 삼포제로 농사를 지었다.

ㄴ. 장원 주민의 대다수는 농노였다.

ㄷ. 농노는 거주지를 자유롭게 옮길 수 있었다.

ㄹ. 영주는 주군의 명령에 따라 재판을 진행하였다.

① ㄱ, ㄴ　　　② ㄱ, ㄹ　　　③ ㄴ, ㄷ

④ ㄴ, ㄹ　　　⑤ ㄷ, ㄹ

03 다음 사건이 발생한 배경으로 가장 적절한 것은?

> 황제 하인리히는 자만심을 갖고 교회의 결정에 반대하였습니다. 이에 교회의 명예와 안전을 위해 그가 신성 로마 제국을 지배하지 못하게 하였으며, 그 어떤 사람도 그를 황제로 섬기지 못하게 하였습니다.
>
> – 그레고리우스 7세의 하인리히 4세 파문

① 동서 교회가 분열되었다.
② 로마 교황청이 아비뇽으로 이동하였다.
③ 셀주크 튀르크가 예루살렘을 점령하였다.
④ 교황과 황제가 성직자 임명권을 두고 대립하였다.
⑤ 프랑크 왕국이 분열한 후 노르만족이 침입하였다.

같은 주제 다른 문제

03-1 위 사건의 결과로 가장 적절한 것은?

① 장원이 해체되었다.
② 십자군 전쟁이 일어났다.
③ 클뤼니 수도원이 세워졌다.
④ 지중해 무역권이 형성되었다.
⑤ 교황이 성직자 임명권을 차지하였다.

04 다음 ㉠에 공통으로 들어갈 건축 양식에 대한 설명으로 옳은 것은?

① 평화를 상징하는 돔이 있다.
② 비잔티움 제국에서 유행하였다.
③ 화려한 모자이크 벽화가 특징이다.
④ 아라베스크 무늬가 장식되어 있다.
⑤ 내부를 스테인드글라스로 장식하였다.

05 다음 사건이 일어난 시기를 연표에서 옳게 고르면?

> 크리스트교를 믿지 않는 튀르크인의 진출은 그칠 줄 모르고 콘스탄티노폴리스로 다가오고 있으니, 성지의 형제들을 구하자. …… 예수의 성묘가 있는 곳으로 가지 않겠는가? 젖과 꿀이 흐르는 땅은 신이 그대들에게 내린 토지이다.
>
> – 교황 우르바누스 2세, 클레르몽 공의회 연설

(가)	(나)	(다)	(라)	(마)
카노사의 굴욕	보름스 협약	아비뇽 유수	백년 전쟁 발발	

① (가)　② (나)　③ (다)　④ (라)　⑤ (마)

같은 주제 다른 문제

05-1 위 사건을 계기로 시작된 전쟁에 대한 설명으로 옳지 않은 것은?

① 전쟁 결과 교황의 권위가 높아졌다.
② 십자군은 성지 회복에 최종적으로 실패하였다.
③ 전쟁의 영향으로 지중해 무역권이 발달하였다.
④ 제4차 십자군이 콘스탄티노폴리스를 점령하였다.
⑤ 제1차 원정 때 일시적으로 예루살렘을 탈환하였다.

06 다음 (가)에 들어갈 내용으로 적절하지 않은 것은?

> ○○ 신문
>
> **중세 도시가 동방 무역으로 크게 번영하다!**
>
> 십자군 전쟁을 계기로 동방과의 무역이 활발해지면서 도시가 발달하였고 이에 따라 중세 도시의 모습이 변화하였다. 예를 들면 ________ (가)

① 지중해 무역권이 형성되었다.
② 베네치아 등 이탈리아 항구 도시가 쇠퇴하였다.
③ 유럽의 북부 도시들이 한자 동맹을 결성하였다.
④ 상인과 수공업자는 동업 조합인 길드를 조직하였다.
⑤ 도시민들이 봉건 영주의 통제에서 벗어나 자치권을 획득하였다.

07 다음 밑줄 친 '변화'에 대한 설명으로 가장 적절한 것은?

① 대학이 등장하였다.
② 교황권이 강화되었다.
③ 장원이 점차 해체되었다.
④ 상인과 수공업자가 길드를 조직하였다.
⑤ 영주들이 농민의 처우를 개선하여 농민 반란이 사라졌다.

08 다음 (가)에 들어갈 내용으로 옳은 것은?

〈역사 탐구 계획서〉

• 탐구 주제: 십자군 전쟁 이후 교황권의 쇠퇴
• 사례: _______________ (가) _______________

① 성상 파괴령이 내려졌다.
② 보름스 협약이 체결되었다.
③ 하인리히 4세가 그레고리우스 7세에게 굴복하였다.
④ 교회가 로마 가톨릭교회와 그리스 정교로 분열하였다.
⑤ 로마 교황청이 아비뇽으로 옮겨져 프랑스 왕의 통제를 받았다.

09 다음 (가)에 들어갈 내용으로 가장 적절한 것은?

• 주제: 중앙 집권 국가의 모습을 갖춘 영국
• 모둠별 탐구 내용

_______________ (가) _______________

① 자크리의 난이 일어난 배경을 살펴본다.
② 지중해 무역권이 발달한 배경을 탐구한다.
③ 장미 전쟁이 영국 정치와 사회에 끼친 영향을 조사한다.
④ 영주가 농노에게 세금을 화폐로 받은 배경을 알아본다.
⑤ 셀주크 튀르크의 예루살렘 점령이 중세 유럽에 끼친 영향을 검색한다.

10 다음 (가)에 들어갈 내용으로 옳은 것을 보기 에서 모두 고르면?

보기

ㄱ. 한자 동맹을 결성하여 무역을 주도하였기 때문입니다.
ㄴ. 고대 로마의 문화유산을 간직한 지역이었기 때문입니다.
ㄷ. 비잔티움 제국 멸망 이후 많은 학자가 이주하였기 때문입니다.
ㄹ. 지중해 무역으로 부유해진 상인들이 예술가를 후원하였기 때문입니다.

① ㄱ, ㄴ ② ㄱ, ㄷ ③ ㄴ, ㄷ
④ ㄱ, ㄴ, ㄹ ⑤ ㄴ, ㄷ, ㄹ

11 다음 (가)에 들어갈 내용으로 옳은 것은?

① 신앙과 이성을 조화시키다!
② 인간의 아름다움을 사실적으로 표현하다!
③ 신의 이야기와 교리를 경건하게 나타내다!
④ 기사들의 위대한 영웅담과 사랑을 담아내다!
⑤ 평범한 농민들의 생활을 생생하게 그려 내다!

01 다음에서 설명하는 철학을 쓰시오.

> • 신앙과 이성의 조화를 강조하였다.
> • 토마스 아퀴나스가 『신학대전』을 편찬하여 집대성하였다.

02 중세 유럽의 농노가 고대 노예와 <u>다른 점을 두 가지</u> 서술하시오.

03 다음 자료를 보고 물음에 답하시오.

▲ 샤르트르 대성당

(1) 위 건축물에 나타난 건축 양식의 명칭을 쓰시오.

(2) 위 건축물에 나타난 건축 양식의 특징을 외부와 내부로 나누어 서술하시오.

04 다음 자료를 보고 물음에 답하시오.

이 그림은 카노사성의 성주와 클뤼니 수도원장에게 신성 로마 제국의 황제 하인리히 4세가 교황과의 화해를 주선해 달라고 간청하는 모습이다.

(1) 자료와 관련된 사건을 쓰시오.

(2) 위 사건이 일어난 배경과 결과를 각각 서술하시오.

05 다음 글을 읽고 물음에 답하시오.

> 크리스트교를 믿지 않는 튀르크인의 진출은 그칠 줄 모르고 콘스탄티노폴리스로 다가오고 있으니, 성지의 형제들을 구하자. …… ㉠ 예수의 성묘가 있는 곳으로 가지 않겠는가? 젖과 꿀이 흐르는 땅은 신이 그대들에게 내린 토지이다.
>   – 교황 우르바누스 2세, 클레르몽 공의회 연설

(1) 밑줄 친 ㉠이 가리키는 장소를 쓰시오.

(2) 위 상황을 계기로 일어난 전쟁이 교황과 영주에게 끼친 영향을 서술하시오.

주요 사건

220	후한 멸망
226	사산 왕조 페르시아 성립
320	굽타 왕조 성립
476	서로마 제국 멸망
589	수, 중국 통일
618	당 건국
622	(❶　　　　　)　┗ 무함마드가 박해를 피해 메카에서 메디나로 이주한 일
645	야마토 정권, 다이카 개신 단행
661	우마이야 왕조 성립
726	성상 파괴령
676	신라, 삼국 통일
710	일본, 헤이조쿄(나라) 천도
750	아바스 왕조 성립
751	(❷　　　　　)　┗ 아바스 왕조와 당이 탈라스에서 벌인 전투
755	당, 안사의 난(~763)
794	일본, 헤이안쿄(교토) 천도
800	(❸　　　　　) 대제, 서로마 황제 대관　┗ 서유럽 문화의 기틀을 마련하고 프랑크 왕국의 전성기를 이끈 왕
1054	크리스트교 동서 분열
1055	셀주크 튀르크, 바그다드 입성
1077	카노사의 굴욕
1096	십자군 전쟁(~1270)
1309	아비뇽 유수(~1377)
1337	백년 전쟁(~1453)
1453	비잔티움 제국 멸망

01 동아시아 문화의 형성

1 위진 남북조 시대

전개	• 화북: 북위의 화북 통일, 한화 정책(효문제) • 강남: 한족 왕조, 우수한 농업 기술로 강남 개발
사회	9품중정제 시행 ➡ 문벌 귀족 사회 형성
문화	• 북조: 대규모 석굴 사원 조성 • 남조: 귀족 문화 발달, 청담 사상 유행 • 도교 발전: 도가 사상+민간 신앙

2 통일 제국 수·당의 발전

수	• 수 문제: 중국 통일, 과거제 시행, 중앙 집권 강화 • 수 양제: 대운하 완성, 고구려 원정 실패
당	• 율령 체제 정비: 3성 6부 운영, 균전제·조용조·부병제 • 정복 활동: 돌궐 정복, 백제·고구려 멸망 • 외교 정책: 조공·책봉 관계 • 멸망: (❹　　　　　) 이후 급격히 쇠퇴 ➡ 황소의 난으로 더욱 쇠퇴 ➡ 절도사 세력에 의해 멸망

▲ 수·당의 영역

3 동아시아 문화의 형성과 확산

당의 문화	귀족적 문화(이백, 두보), 국제적 문화(당삼채)
동아시아 문화	• 배경: 당의 활발한 교류로 중국 문화가 주변 나라에 영향 ➡ 동아시아 문화 형성 • 공통 요소: 한자, 율령, 유교, 불교

4 한국과 일본의 고대 국가

한국	고조선 ➡ 삼국 시대(고구려·백제·신라) ➡ 신라의 삼국 통일 ➡ 발해 건국
일본	• 야마토 정권: 아스카 문화 발전, 다이카 개신 • 나라 시대: 불교 발전(도다이사), 역사서 편찬(『일본서기』) • 헤이안 시대: 국풍 문화 발달(가나 사용)

02 유라시아의 정치·종교적 변동 ①

1 사산 왕조 페르시아의 발전

정치	지방에 총독 파견(중앙 집권 체제 확립)
경제	중계 무역으로 번영
문화	조로아스터교 국교화, 유리 공예·금속 세공술 발달
멸망	이슬람 세력에 멸망

2 굽타 왕조의 성립과 발전

정치	찬드라굽타 2세 때 인도 북부 대부분 차지
경제	동서 해상 무역 독점
문화	• 힌두교: 브라만교+불교+민간 신앙, 『마누 법전』 정비 • 문학: 산스크리트 문학 발달 • 미술: (❺　　　　　) 양식 발달(간다라 양식+인도 고유 특색) • 자연 과학: 숫자 '0(영)'의 개념, 10진법 사용
멸망	에프탈의 침략, 왕위 계승을 둘러싼 내분으로 쇠퇴 → 멸망

3 프랑크 왕국과 로마 교회의 발전

발전	카롤루스 대제: 서유럽 문화의 기틀 마련, 교황이 서로마 황제로 임명
로마 가톨릭교회 성장	• 로마 교회의 대주교가 서유럽 사회의 정신적 지배자로 자리 잡음 • 교회가 중세 서유럽 사람들의 신앙생활과 일상생활 지배

4 비잔티움 제국의 발전

성장	• (❻　　　　　) 황제: 영토 확장, 『유스티니아누스 법전』 편찬, 성 소피아 성당 설립 • 동서 교회 분열: 레오 3세의 성상 파괴령 → 로마 가톨릭교회와 그리스 정교로 분열
문화	• 특징: 그리스 정교+그리스·로마 문화＋헬레니즘 문화 • 건축: 비잔티움 양식(거대한 돔, 모자이크 벽화)

02 유라시아의 정치·종교적 변동 ②

1 이슬람 세계의 형성과 성장

이슬람교 성립	무함마드의 이슬람교 정립 → 헤지라 → 무함마드가 아라비아반도 대부분 통일
정통 칼리프 시대	• 무함마드 사후 1~4대 칼리프 선출 • 이슬람교 개종 시 세금 면제 → 이슬람교 확산
우마이야 왕조	• 우마이야 왕조가 칼리프 세습 • 아랍인 우대 정책
아바스 왕조	• 수도 바그다드, 탈라스 전투 승리 • (❼　　　　　) 우대 정책 폐지
이슬람 세계 확대	• 후우마이야 왕조: 이베리아반도에 건국 • 파티마 왕조: 이집트에 건국 • 셀주크 튀르크: 술탄 칭호 획득

2 이슬람 세계의 경제와 문화

경제	이슬람 상인의 활발한 동서 교류 → 이슬람 문화 확산
문화	• 경전인 『(❽　　　　　)』이 일상생활의 규범 • 건축: 모스크 발달(아라베스크 무늬) • 문학: 『아라비안나이트』 • 천문학·지리학: 예배, 성지 순례 등을 위해 연구 • 자연 과학: 화학, 수학(아라비아 숫자), 의학 발달 • 영향: 유럽 근대 과학 발전에 영향

03 서아시아와 유럽의 교류와 갈등

1 서유럽 봉건 사회의 성립

봉건 제도	토지를 매개로 한 주군과 봉신의 주종 관계를 바탕으로 운영
장원제	• 장원: 봉신이 주군에게 받은 봉토 • 영주: 독자적인 통치권 행사 • 농노: 재산 소유 가능, 거주 이전의 자유 없음, 각종 세금 부담

2 크리스트교의 확산과 문화

개혁 운동	• 배경: 교회의 세속화 • 전개: 클뤼니 수도원을 중심으로 교회 개혁 운동 발생
교황권 강화	• 카노사의 굴욕: 교황이 세속 군주의 성직자 임명 금지 → 교황이 신성 로마 제국의 황제 파문 → 황제가 교황에게 굴복 • 보름스 협약: 교황이 성직자 임명권 차지 → 교황권 강화
문화	• 스콜라 철학: 신앙과 이성의 조화, 토마스 아퀴나스의 『신학대전』 • 교육: 교회나 수도원 학교 중심 → 대학 설립 • 건축: 고딕 양식(뾰족한 탑, 스테인드글라스) • 기사도 문학: 『아서왕 이야기』, 『롤랑의 노래』

3 중세 유럽 세계의 변화

(1) (❾　　　　　) 전쟁

배경	셀주크 튀르크의 예루살렘 점령, 비잔티움 제국 위협 → 로마 교황의 성지 탈환 호소
전개	제1차 원정 때 예루살렘 일시 회복 → 세속적 이익 추구 등으로 성지 회복 실패

(2) 중세 서유럽 사회의 변화

도시 성장	• 지중해 무역권 형성, 한자 동맹 조직 • 길드 형성, 도시민의 자치권 획득
장원 해체	• 배경: 농노가 세금을 화폐로 납부, 흑사병의 유행으로 노동력 감소 • 영향: 장원이 점차 해체, 봉건 사회 동요
왕권 강화	• 교황권 쇠퇴: 아비뇽 유수 • 백년 전쟁: 프랑스가 중앙 집권 국가의 발판 마련 • 장미 전쟁: 영국이 중앙 집권 국가의 모습 갖춤

(3) 르네상스의 등장과 확산

이탈리아 르네상스	• 배경: 지중해 무역 번영, 고대 로마의 문화유산 간직 • 특징: 인문주의 • 미술: 레오나르도 다 빈치, 미켈란젤로 • 건축: 성 베드로 대성당
알프스 이북 르네상스	• 특징: 사회와 교회 비판 • 『우신예찬』, 『유토피아』, 『돈키호테』(국민 문학)

대단원 실전 문제

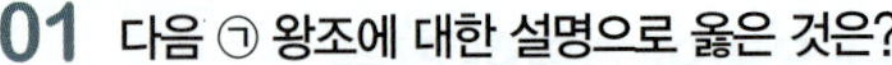

01 다음 ㉠ 왕조에 대한 설명으로 옳은 것은?

중

① 청담 사상이 유행하였다.
② 한족을 중심으로 세워졌다.
③ 효문제가 한화 정책을 펼쳤다.
④ 우수한 농업 기술로 강남을 개발하였다.
⑤ 귀족 중심의 화려하고 자유분방한 문화가 발달하였다.

02 다음 ㉠ 나라에 대한 설명으로 옳지 않은 것은?

중요✨

하

(㉠)에서 시작된 관리 선발 제도로 시험을 치러서 합격자를 가렸다.

① 양견이 세웠다.
② 동돌궐을 복속하였다.
③ 대운하를 건설하였다.
④ 고구려 원정에 실패하였다.
⑤ 남북조로 분열되어 있던 중국을 다시 통일하였다.

03 다음 (가) 나라에 대한 설명으로 옳은 것은?

중

① 진승·오광의 난으로 멸망하였다.
② 선비족이 세운 나라로, 화북을 통일하였다.
③ 시에서는 도연명, 서예에서는 왕희지가 유명하였다.
④ 9품중정제를 시행하여 추천으로 관리를 선발하였다.
⑤ 균전제를 실시하여 성인 남성에게 토지를 지급하였다.

04 다음 유물이 제작된 시기의 문화에 대한 설명으로 옳은 것을 보기 에서 모두 고르면?

중

보기

ㄱ. 국제적인 문화가 발전하였다.
ㄴ. 동아시아 문화 형성에 영향을 끼쳤다.
ㄷ. 도다이사 등 대규모 사찰이 건축되었다.
ㄹ. 북방 민족의 소박한 기풍이 더해진 문화가 발달하였다.

① ㄱ, ㄴ　　② ㄱ, ㄷ　　③ ㄴ, ㄷ
④ ㄴ, ㄹ　　⑤ ㄷ, ㄹ

05 다음 ㉠ 시대에 대한 설명으로 옳은 것은?

중

① 헤이안쿄를 건설하였다.
②『일본서기』가 편찬되었다.
③ 다이카 개신을 단행하였다.
④ 아스카 문화를 발전시켰다.
⑤ 청동기와 철기를 사용하기 시작하였다.

06 사산 왕조 페르시아에 대한 설명으로 옳은 것은?

① 힌두교가 확산되었다.
② 인도 고전 문화를 확립하였다.
③ 앙코르 와트 사원을 건축하였다.
④ 찬드라굽타 2세 때 최대 영토를 확보하였다.
⑤ 동서 교역의 요충지를 차지하여 중계 무역으로 번영을 누렸다.

07 다음 밑줄 친 '이 종교'에 대한 설명으로 옳은 것은?

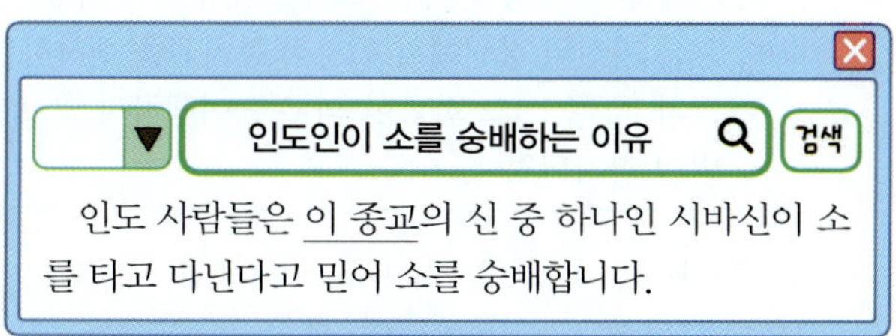

① 『쿠란』의 가르침을 중요하게 여긴다.
② 굽타 왕조의 지원을 받아 확산되었다.
③ 신 앞에서 모든 인간이 평등함을 주장하였다.
④ 최후의 심판 등의 교리는 크리스트교에 영향을 주었다.
⑤ 라마단 기간에 해가 떠 있는 시간 동안 음식을 먹지 않는다.

08 다음 (가) 나라에 대한 설명으로 옳지 <u>않은</u> 것은?

① 산스크리트 문학이 발달하였다.
② 아후라 마즈다를 신으로 섬겼다.
③ 에프탈의 침략과 왕위를 둘러싼 내분으로 쇠퇴하였다.
④ 『마누 법전』이 정비되어 힌두교도의 일상생활에 영향을 주었다.
⑤ 간다라 양식과 인도 고유의 특색이 융합된 미술 양식이 나타났다.

09 다음 밑줄 친 '그대'가 다스린 나라에 대한 설명으로 옳은 것은?

① 게르만족이 세운 나라이다.
② 수도는 콘스탄티노폴리스이다.
③ 오스만 제국의 침입으로 멸망하였다.
④ 키이우 공국의 문화에 영향을 끼쳤다.
⑤ 황제는 종교적으로도 절대적 권위를 가졌다.

10 다음 (가)에 들어갈 인물에 대한 설명으로 옳은 것은?

① 성상 파괴령을 내렸다.
② 서로마 제국을 정복하였다.
③ 『유스티니아누스 법전』을 편찬하였다.
④ 교황과 성직자 임명권을 두고 대립하였다.
⑤ 이슬람 세력의 침략을 막아 서유럽 크리스트교 세계를 보호하였다.

11 다음 유적에 대한 설명으로 옳은 것은?

① 레오 3세에 의해 지어졌다.
② 성 베드로 대성당이라고 불린다.
③ 고딕 양식으로 지어진 성당이다.
④ 화려한 모자이크 벽화가 특징이다.
⑤ 내부에 스테인드글라스가 장식되어 있다.

12 다음 글에서 설명하는 종교에 대한 설명으로 옳은 것은?

> 메카의 상인이었던 무함마드가 유대교와 크리스트교의 영향을 받아 정립한 종교이다.

① 우상 숭배를 금지한다.
② 인도의 민족 종교로 자리 잡았다.
③ 카스트에 따른 차별을 인정하였다.
④ 선한 신의 상징인 불을 소중하게 여긴다.
⑤ 시바, 비슈누 등 다양한 신을 숭배하였다.

13 다음 ㉠ 왕조에 대한 설명으로 가장 적절한 것은?

○○ 신문

새로운 왕조가 들어서다!

(㉠)은/는 우마이야 왕조를 무너뜨리고 이슬람 세계의 새로운 지배자가 되었다. 동서 교역로의 주도권을 장악하고, 수도인 바그다드는 국제 교역과 문화의 중심지가 되었다.

① 칼리프를 선출하였다.
② 아랍인 우대 정책을 폐지하였다.
③ 사산 왕조 페르시아를 정복하였다.
④ 페르시아어를 공용어로 사용하였다.
⑤ 정치적 지배자를 술탄이라고 하였다.

14 다음 자료와 관련된 종교의 문화에 대한 설명으로 옳지 <u>않은</u> 것은?

① 아라비아 숫자를 완성하였다.
②『베다』를 경전으로 사용하였다.
③『아라비안나이트』가 저술되었다.
④ 예방 의학과 외과 수술이 성행하였다.
⑤ 연금술을 연구하는 과정에서 화학이 발달하였다.

15 다음 밑줄 친 ㉠, ㉡에 대한 설명으로 옳은 것을 보기 에서 모두 고르면?

> 스스로 먹고 입을 것이 없는 ㉠ 나는 ㉡ 당신에게 내가 할 수 있는 봉사와 복종을 다할 것입니다. 이에 당신은 나에게 음식과 의복을 제공하고 부양해야 합니다. 만일 우리 둘 가운데 한 사람이 이와 같은 협약을 저버리려고 한다면 …… 계약은 효력을 잃을 것입니다.
> – 메로베우스와 카롤루스 왕조 시대의 계약서

보기
ㄱ. ㉠은 주군, ㉡은 봉신이다.
ㄴ. ㉠과 ㉡의 주종 관계는 토지를 매개로 맺어졌다.
ㄷ. ㉠은 자신의 장원에서 독자적 통치권을 행사하였다.
ㄹ. ㉠과 ㉡ 중 어느 한쪽이 의무를 이행하지 않으면 계약이 파기되었다.

① ㄱ, ㄴ   ② ㄱ, ㄷ   ③ ㄴ, ㄷ
④ ㄱ, ㄴ, ㄹ   ⑤ ㄴ, ㄷ, ㄹ

16 다음 사건을 순서대로 바르게 나열한 것은?

ㄱ. 클뤼니 수도원을 중심으로 교회 개혁 운동이 일어났다.
ㄴ. 로마 교황청이 아비뇽으로 옮겨져 프랑스 왕의 통제를 받았다.
ㄷ. 보름스 협약이 체결되어 교황이 성직자 임명권을 차지하게 되었다.
ㄹ. 교황이 황제를 파문하자 황제가 교황에게 굴복하는 사건이 일어났다.

① ㄱ-ㄴ-ㄷ-ㄹ   ② ㄱ-ㄹ-ㄷ-ㄴ
③ ㄴ-ㄹ-ㄱ-ㄷ   ④ ㄷ-ㄹ-ㄱ-ㄴ
⑤ ㄹ-ㄱ-ㄷ-ㄴ

17 중세 서유럽의 문화에 대한 설명으로 옳지 <u>않은</u> 것은?

① 신학이 학문의 중심이었다.
② 스콜라 철학이 발전하였다.
③ 기사도 문학이 유행하였다.
④ 대학이 세워져 학문 발달에 기여하였다.
⑤ 중국의 제지법, 화약 제조술, 나침반 등을 이슬람 세계에 소개하였다.

18 다음 지도에 나타난 전쟁에 대한 설명으로 옳은 것은?

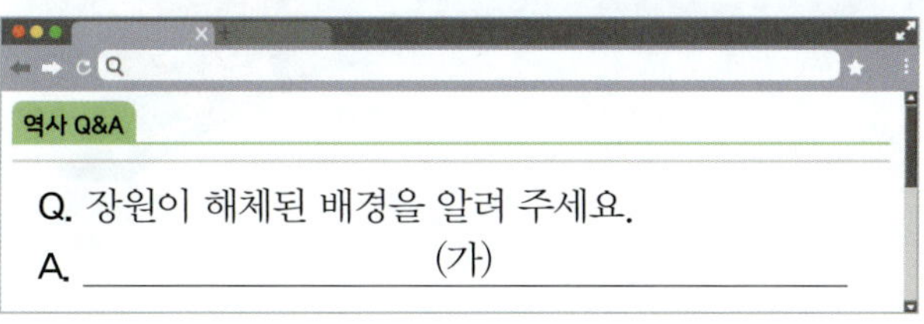

① 왕권이 약화되는 결과를 낳았다.
② 사산 왕조 페르시아의 침략을 물리쳤다.
③ 잔 다르크의 활약으로 전쟁에서 승리하였다.
④ 프랑스 왕위 계승 분쟁으로 전쟁이 시작되었다.
⑤ 전쟁을 계기로 상공업이 발달하고 도시가 성장하였다.

19 다음 (가)에 들어갈 내용으로 가장 적절한 것을 보기 에서 모두 고르면?

역사 Q&A

Q. 장원이 해체된 배경을 알려 주세요.
A. ________________ (가) ________________

보기

ㄱ. 흑사병의 유행으로 노동력이 부족해졌다.
ㄴ. 아비뇽 유수로 교황의 권위가 약화되었다.
ㄷ. 영주가 농노에게 화폐로 세금을 징수하였다.
ㄹ. 노르만족의 침입으로 사회 혼란이 가중되었다.

① ㄱ, ㄴ　　　② ㄱ, ㄷ　　　③ ㄴ, ㄷ
④ ㄱ, ㄴ, ㄹ　　　⑤ ㄴ, ㄷ, ㄹ

20 다음 자료의 공통점으로 가장 적절한 것은?

▲ 「모나리자」

▲ 「피에타」

① 영국 사회의 현실을 비판하고 있다.
② 평범한 사람들을 소재로 하고 있다.
③ 인체의 아름다움을 사실적으로 표현하였다.
④ 알프스 이북 르네상스를 대표하는 작품이다.
⑤ 중세 시대의 기사들에 대한 풍자가 담겨 있다.

21 다음에서 설명하는 제도를 쓰시오.

- 위진 남북조 시대의 관리 선발 제도이다.
- 각 지방의 중정관이 자기 지역의 인물을 추천하면 중앙 정부가 이를 바탕으로 인재를 등용하였다.

____

22 다음 사건이 크리스트교 세계에 끼친 영향을 서술하시오.

비잔티움 제국의 레오 3세는 예수와 성모 등을 묘사한 성상을 파괴하라는 명령을 내렸다. 그러나 게르만족에게 크리스트교를 전파하기 위해 성상이 필요하던 로마 가톨릭교회는 이에 반발하였다.

____

____

23 다음 자료를 보고 물음에 답하시오.

(가)

▲ 성 소피아 성당

(나)

▲ 샤르트르 대성당

⑴ (가), (나)에 나타난 미술 양식을 각각 쓰시오.

(가) ________________　　(나) ________________

⑵ (가), (나)에 나타난 미술 양식의 특징을 비교하여 서술하시오.

____

____

IV

지역 세계의 교류와 변화

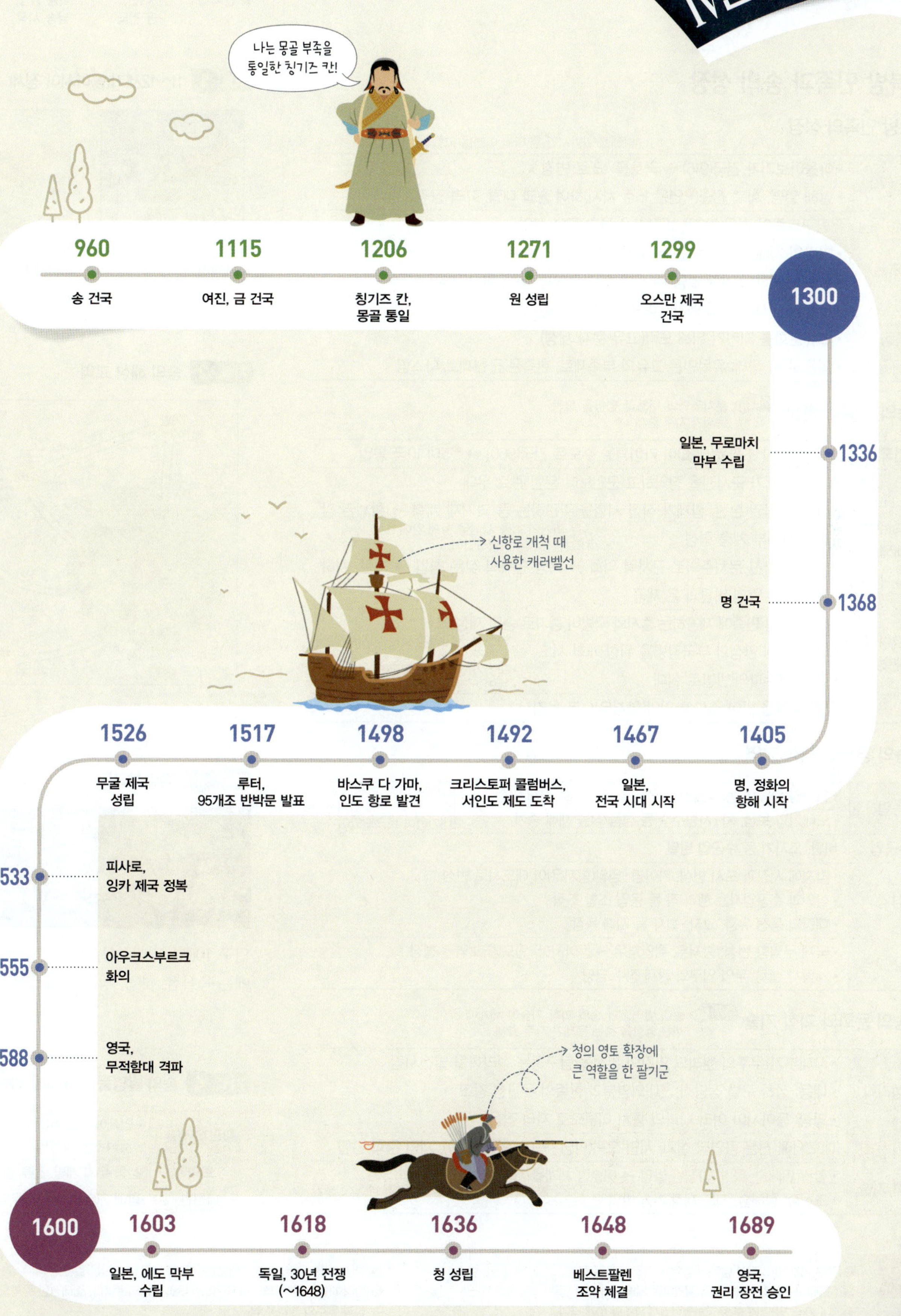

960	1115	1206	1271	1299	1300
송 건국	여진, 금 건국	칭기즈 칸, 몽골 통일	원 성립	오스만 제국 건국	

일본, 무로마치 막부 수립 ···· 1336

명 건국 ···· 1368

1526	1517	1498	1492	1467	1405
무굴 제국 성립	루터, 95개조 반박문 발표	바스쿠 다 가마, 인도 항로 발견	크리스토퍼 콜럼버스, 서인도 제도 도착	일본, 전국 시대 시작	명, 정화의 항해 시작

1533 ···· 피사로, 잉카 제국 정복

1555 ···· 아우크스부르크 화의

1588 ···· 영국, 무적함대 격파

1600	1603	1618	1636	1648	1689
	일본, 에도 막부 수립	독일, 30년 전쟁 (~1648)	청 성립	베스트팔렌 조약 체결	영국, 권리 장전 승인

01 유라시아 교역 및 문화 교류의 확대

960년	1115년	1127년	1206년
송 건국	여진, 금 건국	북송 멸망, 남송 시작	칭기즈 칸, 몽골 통일

1 북방 민족과 송의 성장

자료 1 1 북방 민족의 성장

> 발해를 멸망시킨 후 나라 이름을 고쳤어.

거란(요)	• 야율아보기가 건국(916) → 국호를 '요'로 변경 • 발해 멸망, 화북 진출(❶연운 16주 차지)하여 송과 대립, 고려 공격
서하	❷탕구트족이 건국(1038), 비단길을 통한 무역 장악
여진(금)	• 거란의 지배를 받던 여진의 아구다가 금 건국(1115) • 송과 연합하여 거란 멸망 → 송의 수도 카이펑 함락, 화북 차지
특징	• 우월한 군사력을 바탕으로 송 압박, 스스로 황제라 칭함 • 고유문화를 지키기 위해 노력(고유 문자 제정) • 이중 지배 체제: 유목민은 고유의 부족제로, 한족은 군현제로 다스림

2 송의 통일과 변천

출제tip 문치주의의 내용과 영향을 묻는 문제가 자주 출제

건국	절도사 출신 조광윤(태조)이 카이펑을 수도로 건국(960) → ❸5대 10국 통일
❹문치주의 채택	• 내용: 황제가 군사권을 장악하고 군인보다 문인 관료 우대 • 정책: 재상권 분산, 황제가 직접 시험을 주관하는 등 과거제 개혁 → 황제권 강화, ❺사대부 계층 형성 └ 송은 과거의 최종 시험을 황제 앞에서 치르는 전시를 시행하였어. • 영향: 지나친 문치주의로 군사력 약화 → 북방 민족의 잦은 침입 → 거란, 서하에 막대한 양의 비단과 은 제공
왕안석의 개혁	• 배경: 북방 민족에 제공하는 물자와 국방비 증가로 송의 재정 악화 • 내용: 민생 안정과 부국강병을 위한 개혁 시도 • 농민과 상인에게 낮은 이자로 돈을 빌려줌 • 국가가 상품의 유통 관리 • 결과: 보수파의 반발로 실패 • 농민이 곧 병사가 되어 치안 유지
남송	금의 공격을 받아 수도를 임안(항저우)으로 옮김

자료 2 3 송의 경제와 해상 교역

농업	• 창장강 하류의 농지 개간 → 강남을 중심으로 경제 발전 • 모내기법 보급, 차·사탕수수 등 상품 작물 재배 증가
수공업	비단, 도자기 등 수공업 발달
상업	• 각지에 시장과 도시 형성, 카이펑·임안(항저우)이 대도시로 번성 • 상인과 수공업자는 행과 작 등 동업 조합 조직 • 대량의 동전 유통, 교자·회자 등 지폐 등장
해상 교역	• 국제 무역항 번성: 항저우, 취안저우 → 동아시아·인도양 교역권 성장 • 시박사 설치: 무역 업무와 관세 징수 담당

> 송대에는 어린 모(벼의 싹)를 따로 기른 후 논에 옮겨 심는 모내기법이 보급되었어.

4 송의 문화와 과학 기술

출제tip 송대 발명품과 송의 과학 기술이 세계에 끼친 영향을 묻는 문제가 자주 출제

❻성리학	• 사대부가 우주의 원리와 인간의 본성을 탐구하는 성리학을 발전시킴 • 내용: 상하 구별 정당화, ❼대의명분과 한족의 우월성 강조 • 영향: 동아시아 여러 나라의 통치 이념으로 자리 잡음
서민 문화	대도시에 전문 공연장 설치, 서민 오락(만담·곡예·인형극 등), 서민 문학 발달
과학 기술	• 활판 인쇄술, 화약, 나침반 발명 → 이슬람 세계를 거쳐 유럽에 전파 • 조선술, 항해술, 지도 제작 기술 발달

> 원거리 항해를 가능하게 하여 상인의 해상 진출을 촉진시켰어.

자료 1 11~12세기 동아시아 정세

▲ 11세기   ▲ 12세기

자료 2 송의 해상 교역

자료 3 「청명상하도」

인구 100만 명이 넘는 대도시였던 수도 카이펑에는 음식점, 찻집, 상점 등이 즐비하였다.

자료 4 송의 발명품이 세계에 끼친 영향

활판 인쇄술	• 인쇄에 드는 비용과 시간 절감 • 서적 편찬과 지식 보급에 기여
화약	신형 무기 개발, 전투 방식 변화
나침반	항해 기술과 원거리 무역 발달에 영향

용어풀이

❶ 연운 16주: 만리장성 남쪽의 농경 지역인 16개의 주
❷ 탕구트족: 중국 서북부에서 활약하던 티베트계 유목 민족
❸ 5대 10국: 당 멸망 후 등장하였던 5개 왕조와 10개 국가
❹ 문치(文－글, 治－다스리다): 학문이나 법령에 따라 정치를 펴는 태도
❺ 사대부(士－선비, 大－크다, 夫－사내): 유교적 소양을 갖춘 관리
❻ 성리학(性－본성, 理－이치, 學－학문): 남송의 주희가 집대성한 유학으로, 인간의 본성과 우주의 원리를 탐구하는 학문
❼ 대의명분: 사람으로서 마땅히 지키고 행해야 할 도리나 본분

2 유라시아를 아우른 몽골 제국

1 몽골의 세계 제국 건설

칭기즈 **①**칸	• 13세기 초 테무친이 몽골 부족 통일 → 칭기즈 칸으로 추대 • 정치: 우수한 기마병을 바탕으로 사회·군사 제도 마련, 강력한 군주권을 토대로 체제 정비 └서하와 금을 공격하고 중앙아시아 일대를 정복하였어. • 정복 활동: 인더스강 유역과 페르시아까지 진출 → 칭기즈 칸 사후 뒤를 이은 칸들이 금·아바스 왕조 정복, 동부 유럽까지 영역 확대
쿠빌라이 칸	• 수도를 대도로 옮김, 국호를 '원'으로 변경 • 정복 활동: 대월·미얀마·자와에 원정군 파견, 고려 복속, 일본 원정, 남송 멸망 → 유라시아에 걸친 대제국 형성
분열	칭기즈 칸 사후 여러 **②**울루스로 나뉨 → 울루스가 원을 중심으로 느슨한 정치적 결합 유지 └각 울루스는 독자적인 영토를 인정받았어.

2 원의 중국 지배

출제 tip 몽골 제일주의의 내용과 실시한 목적을 묻는 문제가 자주 출제

교과서 비교 파스파 문자 · 리베르, 미래엔, 해냄은 다루지 않음

정치	• 중국식 연호, 관료제, 지방 행정 제도 수용 • 몽골 제일주의: 넓은 영토와 다양한 민족 통치 목적으로 실시 • 파스파 문자(몽골 문자)를 만들어 공식 문서에 사용
쇠퇴	쿠빌라이 칸 사후 계승 분쟁 지속, 지배층의 사치와 자연재해 등으로 재정 악화 → 과중한 세금, 교초(지폐) 남발로 경제 혼란 → **③**홍건적의 난 발생 └원이 북쪽으로 밀려났어.

3 원의 경제와 문화

경제	• 농업·수공업: 농업 기술 보급, 목화 재배 확대(면직물 산업 발달) • 상업: 대운하 정비, 유라시아 교통로 발달, 해상 교역 활발 • 영향: 도시 번영, 교초 사용
문화	• 원대 경제 발전으로 서민들의 생활 수준이 높아져 서민 문화 발달 • 구어체 희곡·소설 유행, 노래와 연극이 어우러진 잡극 인기 └잡극의 대본을 '원곡'이라 하는데, 주로 백성의 애환을 소재로 다루었어.

3 유라시아·인도양 교역권과 동서 교류

1 유라시아·인도양 교역권의 성장

육로	• 전국을 연결하는 도로망 형성 • 역참 설치: 여행자에게 숙식과 말 제공 └몽골 제국은 강력한 군사력으로 교통로의 안전을 확보하였어.
해로	• 항저우, 취안저우 등 세계적인 무역항 성장 • 상인들이 인도양까지 왕래하며 활발하게 교류 └유라시아·인도양 교역권이라고 해.
영향	초원길, 비단길, 바닷길 연결 → 유럽, 아시아가 하나의 교역권으로 통합

2 동서 교류의 확대

교과서 비교 카르피니 · 지학, 천재만 다룸

교과서 비교 랍반 사우마 · 동아만 다룸

인적 교류	• 마르코 폴로(『동방견문록』), 이븐바투타(『여행기』), 카르피니 등 중국 방문 • 몽골의 랍반 사우마가 유럽 각지 순방 └교황의 명령을 받고 몽골을 방문한 수도사야.
과학 기술	• 이슬람의 천문학, 역법, 수학, 의학 등이 몽골에 전래 → 대도에 천문대 설치, 대포 제작 기술 도입, **④**수시력 제작 └몽골 제국은 이슬람에서 들어온 코발트로 안료를 만들어 백자에 그림을 그린 청화 자기를 제작하였어. • 활판 인쇄술, 나침반, 화약 등이 이슬람 세계를 통해 유럽에 전파
종교	다양한 종교 공존: 티베트 불교, 이슬람교, 크리스트교, **⑤**마니교 등

뛰어난 기동력, 우수한 전투력, 이슬람 상인을 통한 정보 획득으로 단기간에 대제국을 형성할 수 있었다.

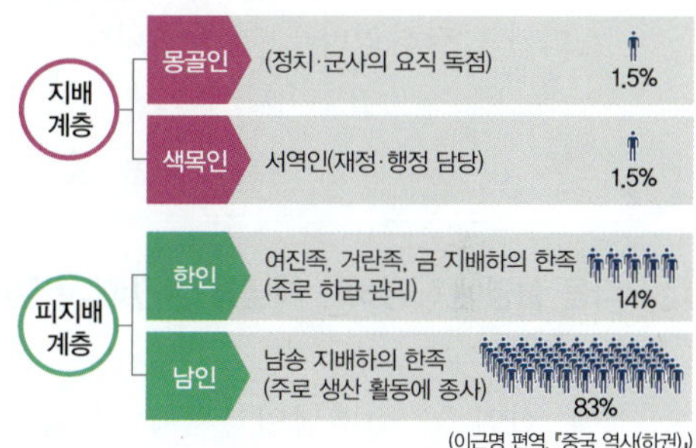

소수의 몽골인은 최고 신분으로 국가 고위직을 독점하였다. **⑥**색목인은 정보와 물자를 제공하여 우대받았다.

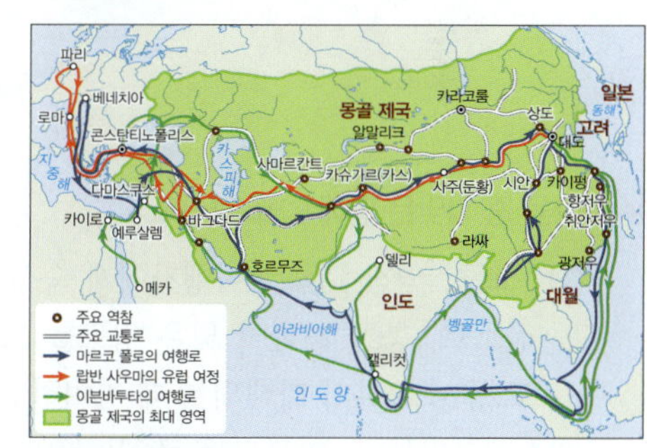

자료 8 역참

역참은 패자(통행증)를 지참한 여행자에게 숙식과 말을 제공하는 장소로, 몽골이 넓은 영토를 효율적으로 다스리고 동서 교류가 확대되는 데 기여하였다.

▲ 원의 패자

01 서로 관련 있는 것끼리 연결하시오.

(1) 서하 •　　　• ㉠ 아구다가 건국
(2) 거란(요) •　　• ㉡ 야율아보기가 건국
(3) 여진(금) •　　• ㉢ 탕구트족, 동서 무역 장악

02 다음 설명이 맞으면 ○표, 틀리면 ×표 하시오.

(1) 송 태조는 문치주의를 채택하여 문인 관료보다 군인을 우대하였다. (　　)
(2) 왕안석은 민생 안정과 부국강병을 위한 개혁을 시도하였으나 보수파의 반대로 실패하였다. (　　)
(3) 송과 원에서는 서민의 생활 수준이 향상되어 서민 문화가 발달하였다. (　　)

03 다음 설명에 해당하는 개념을 보기에서 골라 기호를 쓰시오.

보기
ㄱ. 한인　　ㄴ. 남인　　ㄷ. 몽골인　　ㄹ. 색목인

(1) 남송 지배하의 한족 (　　)
(2) 재정과 행정 등의 업무 담당 (　　)
(3) 여진족, 거란족, 금 지배하의 한족 (　　)
(4) 정치 · 군사의 요직을 독점한 최고 신분 (　　)

04 다음 중 알맞은 말에 ○표 하시오.

(1) (교초, 역참)은/는 여행자에게 숙식과 말을 제공하는 장소로, 몽골 제국이 넓은 영토를 효율적으로 다스리고 동서 교류가 확대되는 데 기여하였다.
(2) (이븐바투타, 마르코 폴로)는 동양에 대해 보고 들은 것을 기록한 『동방견문록』을 출판하였다.

05 다음 ㉠~㉢에 들어갈 송대의 발명을 쓰시오.

(㉠)	서적 편찬과 지식 보급에 기여
(㉡)	신형 무기 개발과 전투 방식 변화에 영향
(㉢)	항해 기술 발달과 원거리 무역 발달에 영향

㉠ ______　　㉡ ______　　㉢ ______

01 다음 (가)에 대한 설명으로 옳은 것은?

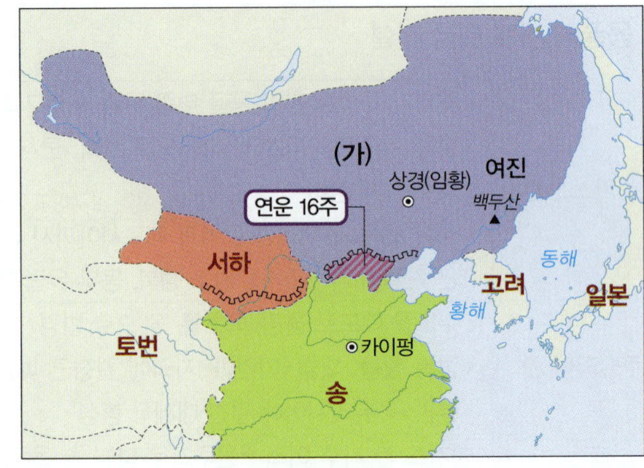

① (가)는 금이다.
② 탕구트족이 세운 나라이다.
③ 송의 수도인 카이펑을 함락하였다.
④ 화북으로 진출하여 연운 16주를 차지하였다.
⑤ 비단길을 통한 무역을 장악하여 번영을 누렸다.

02 다음 ㉠에 들어갈 나라에 대한 설명으로 옳은 것은?

○○ 신문

(㉠), 송과 연합하다!

　여진의 아구다가 부족을 통일하고 세운 (㉠)은/는 송과 연합하여 거란을 공격하기로 하였다. 앞으로 동아시아 정세가 어떻게 변할지 관심이 주목된다.

① ㉠은 서하이다.
② 거란에 멸망하였다.
③ 5대 10국을 통일하였다.
④ 우월한 군사력으로 송을 압박하였다.
⑤ 발해를 멸망시키고 고려를 공격하였다.

03 다음 (가)에 들어갈 통치 방식으로 가장 적절한 것은?

① 역참을 설치하였어요.
② 성리학을 발전시켰어요.
③ 고유 문자를 만들었어요.
④ 문치주의를 실시하였어요.
⑤ 이중 지배 체제를 시행하였어요.

04 다음 밑줄 친 '이 정책'에 대한 설명으로 옳지 <u>않은</u> 것은?

▲ 송 태조

① 황제권을 강화하였다.
② 재상의 권한을 축소하였다.
③ 절도사 세력을 우대하였다.
④ 정책 실시로 사대부 계층이 형성되었다.
⑤ 황제가 직접 시험을 주관하는 전시를 시행하였다.

같은 주제 다른 문제

04-1 밑줄 친 '이 정책'의 영향으로 가장 적절한 것은?

① 국가 재정이 늘어났다.
② 서민 문화가 발달하였다.
③ 원거리 무역이 발달하였다.
④ 북방 민족이 송에 조공을 바쳤다.
⑤ 군사력이 약화되어 북방 민족의 침입에 시달렸다.

05 다음 ㉠에 들어갈 학문에 대한 설명으로 옳은 것을 보기 에서 모두 고르면?

> 남송의 주희가 우주의 원리와 인간의 본성을 탐구하는 학문인 (㉠)을/를 집대성하였다.

보기
ㄱ. 성리학이라고 한다.
ㄴ. 지행합일을 강조하였다.
ㄷ. 사대부가 발전시킨 학문이다.
ㄹ. 동아시아 각국의 통치 이념으로 자리 잡았다.

① ㄱ, ㄴ   ② ㄴ, ㄷ   ③ ㄷ, ㄹ
④ ㄱ, ㄷ, ㄹ   ⑤ ㄴ, ㄷ, ㄹ

06 다음 ㉠ 시기의 경제에 대한 설명으로 옳지 <u>않은</u> 것은?

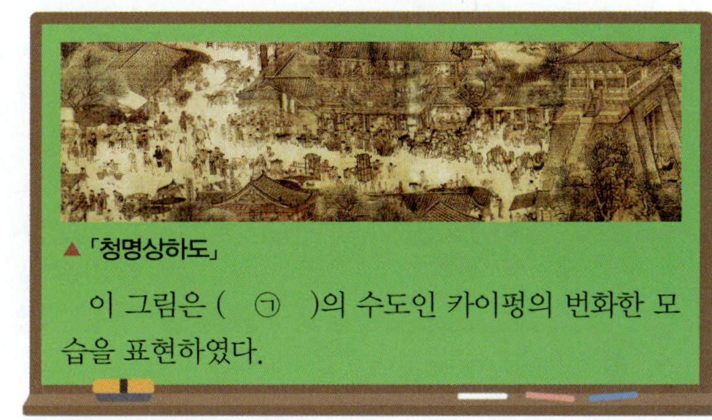
▲ 「청명상하도」

> 이 그림은 (㉠)의 수도인 카이펑의 번화한 모습을 표현하였다.

① 모내기법이 보급되었다.
② 지폐인 교초가 널리 사용되었다.
③ 강남을 중심으로 경제가 발전하였다.
④ 수공업자의 동업 조합이 조직되었다.
⑤ 사탕수수 등 상품 작물의 재배가 늘어났다.

07 다음 (가)에 들어갈 관청으로 옳은 것은?

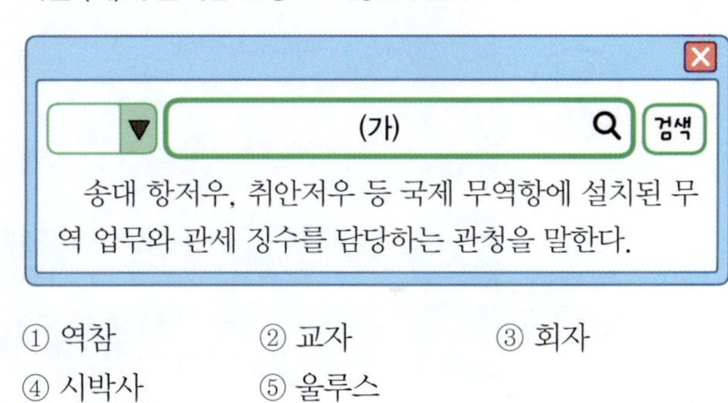

① 역참   ② 교자   ③ 회자
④ 시박사   ⑤ 울루스

08 다음 (가), (나)에 대한 설명으로 옳지 <u>않은</u> 것은?

(가) 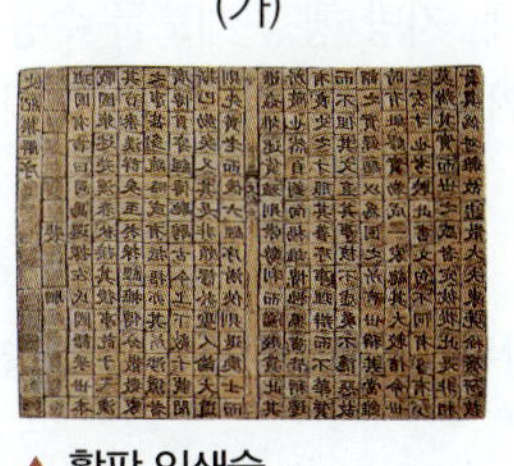   (나) 

▲ 활판 인쇄술   ▲ 나침반

① (가): 서적 편찬과 지식 보급에 기여하였다.
② (가): 인쇄에 드는 비용과 시간이 크게 줄었다.
③ (나): 신형 무기 개발에 영향을 주었다.
④ (나): 원거리 무역 발달에 영향을 주었다.
⑤ (가), (나): 유럽에 전파되어 유럽 사회의 발전에 영향을 주었다.

09 다음 ㉠에 들어갈 인물에 대한 설명으로 옳지 <u>않은</u> 것은?

① ㉠은 칭기즈 칸이다.
② 나라 이름을 원으로 바꾸었다.
③ 인더스강 유역과 페르시아까지 진출하였다.
④ 사망한 후 몽골 제국이 여러 개의 울루스로 나뉘었다.
⑤ 우수한 기마병을 바탕으로 사회·군사 제도를 마련하였다.

중요

10 다음 ㉠에 들어갈 나라에 대한 설명으로 옳지 <u>않은</u> 것은?

지배 계층	몽골인	(정치·군사의 요직 독점)	1.5%
	색목인	서역인(재정·행정 담당)	1.5%
피지배 계층	한인	여진족, 거란족, 금 지배하의 한족 (주로 하급 관리)	14%
	남인	남송 지배하의 한족 (주로 생산 활동에 종사)	83%

(이근명 편역, 「중국 역사(하권)」)

▲ (㉠)의 인구 구성

① 남송을 멸망시켰다.
② 문치주의를 채택하였다.
③ 파스파 문자를 만들어 공식 문서에 사용하였다.
④ 중국의 전통적인 관료제, 지방 행정 제도를 수용하였다.
⑤ 몽골 제일주의를 내세워 독자적인 방식으로 통치하였다.

같은 주제 다른 문제

10-1 위 자료와 같이 계층을 나누어 통치한 목적으로 옳은 것을 보기에서 모두 고르면?

보기
ㄱ. 동서 교류를 확대하기 위해서였다.
ㄴ. 한족의 전통문화를 지키기 위해서였다.
ㄷ. 넓은 영토를 효율적으로 통치하기 위해서였다.
ㄹ. 소수의 몽골인이 다양한 민족을 지배하기 위해서였다.

① ㄱ, ㄴ ② ㄱ, ㄷ ③ ㄴ, ㄷ
④ ㄴ, ㄹ ⑤ ㄷ, ㄹ

11 다음 밑줄 친 '이 시기'에 볼 수 있는 모습으로 적절하지 <u>않은</u> 것은?

<u>이 시기</u>에는 노래와 연극이 어우러진 잡극이 큰 인기를 끌었다.

① 패자를 들고 다니는 상인
② 구어체 소설을 읽는 사람
③ 교초로 물건을 사는 사람
④ 자금성 건설에 동원된 농민
⑤ 목화를 재배하기 위해 씨를 뿌리는 농민

12 다음 자료와 관련된 시기의 교류 모습으로 옳지 <u>않은</u> 것은?

많은 도로가 수도에서 각 지방을 향하여 나 있다. 칸은 사신들이 이 도로를 통행할 때 필요한 물자를 무엇이든 구할 수 있도록 준비하고 있다. — 마르코 폴로, 「동방견문록」

① 당삼채가 유행하였다.
② 수시력이라는 달력이 만들어졌다.
③ 이슬람의 천문학, 역법 등이 전해졌다.
④ 송의 화약, 나침반 등이 유럽에 전해졌다.
⑤ 불교, 크리스트교, 마니교 등 다양한 종교가 공존하였다.

13 다음 자료를 통해 알 수 있는 사실로 가장 적절한 것은?

① 몽골 제일주의에 따라 통치하였다.
② 중국의 발명품이 유럽에 전파되었다.
③ 몽골 제국 시기에 서민 문화가 발달하였다.
④ 몽골이 유라시아에 걸친 대제국을 이룩하였다.
⑤ 이슬람의 교역품과 과학 기술이 원에 전해졌다.

01 다음 ⊙, ⓒ에 들어갈 말을 쓰시오.

> 송 태조는 군인보다 문인 관료를 우대하는 (⊙) 정책을 실시하였다. 태조는 재상권을 분산하고 황제가 직접 시험을 주관하는 등 (ⓒ)을/를 개혁하여 황제권을 강화하였다.

⊙ _____________ ⓒ _____________

02 다음에서 설명하는 개념을 쓰시오.

> • 유교적 소양을 갖춘 관리이다.
> • 송대 사회 지배층으로 성장한 계층이다.

____

03 다음 자료를 보고 물음에 답하시오.

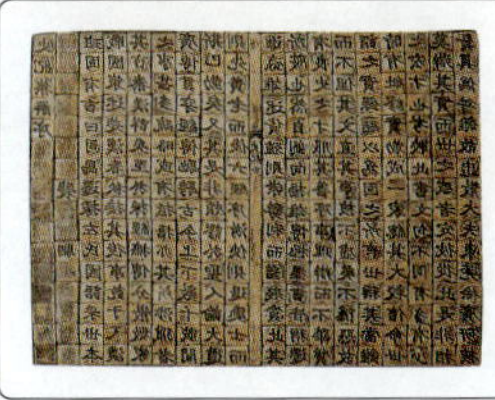

> 송대에 발명된 것으로 활자를 만들어 글자 하나하나를 활판에 배열해서 인쇄하는 방식이다.

(1) 위 발명이 무엇인지 쓰시오.

____

(2) 위 발명이 세계에 끼친 영향을 서술하시오.

____

____

04 다음 자료를 보고 물음에 답하시오.

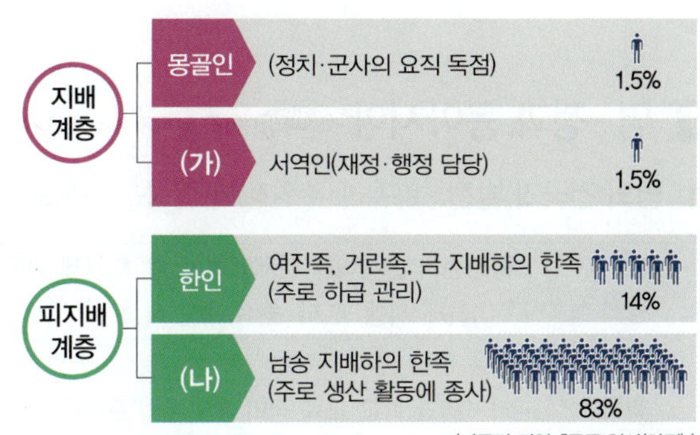

(이근명 편역, 『중국 역사(하권)』)

(1) (가), (나)에 들어갈 계층을 쓰시오.

(가) _____________ (나) _____________

(2) 위 자료를 통해 알 수 있는 원의 통치 정책을 서술하시오.

____

____

05 다음 글을 읽고 물음에 답하시오.

> 수도(베이징)로부터 각 지방으로 많은 도로가 나 있다. …… 주요 도로에는 약 40km 간격으로 (⊙)이/가 있다. 각 (⊙)에는 전령들이 명령을 기다리고, 대기 중인 300~400마리의 말들이 있다.
>
> – 마르코 폴로, 『동방견문록』

(1) ⊙에 공통으로 들어갈 말을 쓰시오.

____

(2) ⊙을 설치한 목적을 서술하시오.

____

____

02 동아시아·인도 지역 질서의 변화

1368년	1526년	1603년	1616년
명 건국	무굴 제국 성립	에도 막부 수립	후금 건국

1 명·청과 동아시아

출제tip 어떤 황제가 시행한 정책인지 묻는 문제가 자주 출제

1 명의 건국과 발전 홍무제(주원장)가 난징을 수도로 명 건국

교과서 비교 이갑제
비상, 해냄은 다루지 않음

황제권 강화	• 행정권과 군사력을 황제에게 집중, 재상제 폐지, 6부 직접 관리 • ❶이갑제 시행, 토지·호적 대장 작성
유교 질서 회복	• 몽골 풍습 금지 ── 한족의 전통을 회복하고자 하였어. • 과거제와 학교 교육 정비, ❷육유 반포

자료 1

2 명의 발전과 대외 관계

─ 명대에 건설하여 청대까지 황제가 거주하는 황궁으로 사용하였어.

영락제	• 자금성 건설, 베이징 천도 • 대외 팽창 정책: 몽골 원정, 대월(베트남) 정복 • 정화의 항해: 명의 국력 과시, 여러 나라와 ❸조공 관계 체결
쇠퇴	명 중기 이후 관리들의 권력 다툼, 외적의 침입(북로남왜), 임진왜란 지원·후금(청)의 침입으로 재정 악화 → 농민 봉기 발생 → 이자성의 난으로 멸망(1644)

자료 2

└ 북쪽의 몽골, 남쪽의 왜구를 의미해.

3 청의 건국과 발전

누르하치	여진을 통합하여 후금 건국
홍타이지	• 나라 이름을 '청'으로 변경, 몽골 복속, 조선 침략(병자호란) ┐ 누르하치가 만든 군사와 행정을 겸한 조직이야. • 팔기군을 이끌고 베이징 점령, 베이징을 수도로 삼고 중국 전역 지배
전성기	• 강희제: 반청 세력 진압, 러시아와 네르친스크 조약 체결 • 옹정제: 강력한 황제 독재 체제 확립, 새로운 ❹화이사상을 제시하여 청의 통치 정당화 • 건륭제: 몽골, 신장, 티베트 등 오늘날 중국 영토 대부분 확보

자료 3

4 청의 중국 지배

출제tip 청의 한족 통치 방식인 회유책과 강압책을 묻는 문제가 자주 출제

교과서 비교 화이사상

지학	화이관
미래엔, 비상	다루지 않음

특징	• 소수의 만주족이 다수의 한족을 지배하기 위해 회유책과 강압책 실시 • 몽골, 티베트, 신장 등의 주변부나 소수 민족은 토착 지배자를 통해 간접 지배
회유책	• ❺만한 병용제: 중요 관직에 만주족과 한족을 같은 수로 등용 • 서적 편찬: 한족 학자들을 대규모로 동원하여 『사고전서』 등 편찬
강압책	• 만주족의 풍습인 변발과 호복 강요 • 청 왕조를 비판하는 서적 출판 금지 • 한족 중심의 화이사상 탄압

회유책		강압책	
▲ 만한 병용제	▲ 서적 편찬	▲ 만주족 풍습 강요	▲ 청 왕조 비판 금지

용어 풀이

❶ 이갑제(里 – 마을, 甲 – 첫째, 制 – 제도): 110호를 1리로 묶어 농민이 돌아가면서 세금 징수와 치안 유지를 책임지게 한 향촌 제도
❷ 육유(六 – 여섯, 諭 – 훈계): 유교에 대한 6가지의 가르침
❸ 조공(朝 – 왕조, 貢 – 바치다): 중국의 주변국이 정기적으로 예물을 바치던 일
❹ 화이(華 – 빛나다, 夷 – 오랑캐)사상: 중국 한족이 스스로를 중화라 여기고, 주변 민족을 오랑캐라 하여 멸시하는 사상
❺ 만한 병용제(滿 – 만주족, 漢 – 한족, 倂 – 아우르다, 用 – 쓰다, 制 – 제도): 만주족과 한족을 함께 관리로 등용함

자료 1 육유 반포

> 1. 부모에게 효도하라.
> 2. 웃어른을 공경하라.
> 3. 이웃과 화목하라.
> 4. 자손을 잘 교육하라.
> 5. 각자 생계에 힘쓰라.
> 6. 잘못을 저지르지 마라.

홍무제는 육유를 반포하여 유교 이념을 바탕으로 한족의 전통을 회복하고자 하였다.

출제tip 정화의 항해 의미를 묻는 문제가 자주 출제

자료 2 정화의 항해

정화가 이끈 함대는 총 7차례에 걸쳐 동남아시아, 인도, 아프리카 동부 해안까지 항해하였다. 그 결과 명은 조공·책봉 관계를 확대하였다.

자료 3 청의 최대 영역

청은 강희제, 옹정제, 건륭제가 통치한 130여 년간 전성기를 맞았다. 건륭제 때 오늘날 중국 영토의 대부분을 확보하였다.

❷ 명 · 청의 경제와 사회 변화

1 명 · 청의 경제

농업	• ❶이모작 확대, 품종 개량 등 농업 기술 발달 • 감자, 옥수수, 담배 등 아메리카 작물 보급 → 농업 생산력 향상 • 창장강 하류에서 뽕나무, 면화 등의 상품 작물 재배 • 쌀 생산의 중심지가 점차 창장강 중 · 상류 지역으로 이동
수공업	비단과 면직물을 생산하는 수공업 발전 → 쑤저우, 항저우 등의 상공업 도시 번영
상업	거대한 부를 축적한 대상인 집단의 성장
은의 사용	• 배경: 명 · 청의 주요 수출품을 유럽 상인들이 은으로 물품 ❷대금 지급 • 영향: 명 · 청에서 화폐로 은을 널리 사용, 세금도 은으로 납부

〔자료 **4**〕

▲ 16~17세기 세계 은의 유통　유럽과 중국의 교역 과정에서 많은 양의 은이 중국에 유입되었다.

2 명 · 청의 사회와 문화

출제tip 명 · 청대에 발달한 학문을 구분하여 묻는 문제가 자주 출제

사회	❸신사가 명 · 청대 사회 지배층 → 지방관을 도와 향촌 사회의 안정과 질서 유지, 부역 면제 · 가벼운 형벌 면책 등의 특권 누림
학문	• 양명학: 왕양명이 제창, 이론과 형식에 치우친 성리학 비판, ❹지행합일 강조 － 명 • 고증학: 경전을 ❺실증적으로 연구하는 학문 등장 － 청
서민 문화	• 배경: 경제 성장과 도시 발달 → 서민 문화 발전 • 명: 『수호전』, 『서유기』, 『삼국지연의』 등 소설 유행 • 청: 『홍루몽』 등 소설 유행, 춤 · 노래 · 연극이 혼합된 ❻경극 인기

3 명 · 청의 대외 교류

교과서비교 아담 샬
동아, 리베르, 지학, 천재만 다룸

청 정부로부터 허가를 받아 외국과의 무역을 독점한 상인 조합이야.

대외 교역		• 명: 해금 정책(민간 해상 무역 제한) → 명 중기 이후 해금 정책 완화 • 청: 해금 정책 실시 → 일부 항구 개방 → 광저우의 공행을 통한 무역 허용
문화 교류	배경	16세기 후반 유럽의 크리스트교 선교사가 서양의 학문 소개
	명	• 마테오 리치: 「곤여만국전도」 제작, 『천주실의』 저술, ❼유클리드의 『기하원본』 번역 • 『농정전서』, 『천공개물』 등의 실용 서적 편찬
	청	아담 샬이 천문학, 역법, 대포 제작 기술 소개

〔자료 **5**〕〔자료 **6**〕

더알기　중국의 인구 변화

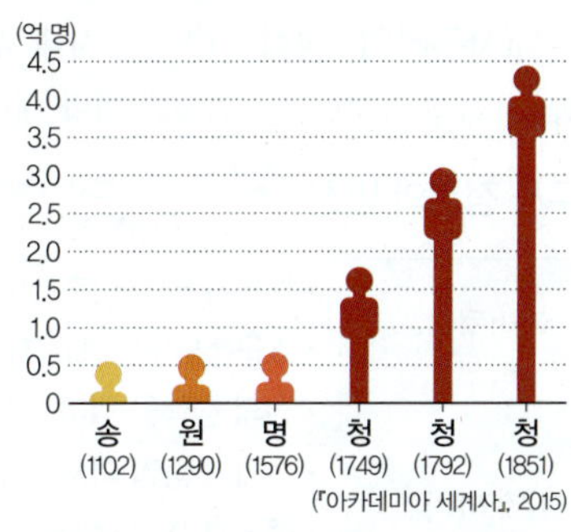

(『아카데미아 세계사』, 2015)

명 · 청대에는 농업의 발달로 인구가 증가하였다. 특히 청대에는 인두세가 폐지되어 호적에 이름을 올리는 사람이 많아지면서 인구가 폭발적으로 늘었다.
└─ 개인에게 부여하던 세금이야.

자료 **4**　마제은

명 · 청대에는 은을 말굽 모양으로 만든 고액 화폐를 사용하였다.

자료 **5**　「곤여만국전도」

마테오 리치가 명의 지식인들과 함께 만든 세계 지도로, 자신들이 세계의 중심이라고 믿었던 중국인들에게 큰 충격을 주었다.

자료 **6**　마테오 리치와 서광계

두 사람은 서양의 서적인 유클리드의 『기하원본』을 한문으로 번역하였다.

── 서광계

마테오 리치

용어풀이

❶ 이모작(二－둘, 毛－풀, 作－짓다): 1년에 두 번 수확하는 농사법
❷ 대금(代－대신하다, 金－돈): 물건값을 치르는 돈
❸ 신사(紳－벼슬아치, 士－선비): 학생, 전 · 현직 관료 등 유교적 소양을 갖춘 지식인. 중앙 관리로 진출하거나 향촌 사회의 여론을 주도함
❹ 지행합일(知－앎, 行－행동, 合－합하다, 一－하나): 지식과 행동이 서로 맞음
❺ 실증(實－실제로, 證－증명하다): 실제로 증명함
❻ 경극(京－수도, 劇－연극): 청의 수도인 베이징(북경)에서 발전하여 경극이라 함
❼ 유클리드: 고대 그리스의 수학자로 기하학을 체계화한 인물

3 일본 ●막부 정치의 전개

1 무사(사무라이) 성장   헤이안 시대 후반 중앙 귀족의 권력 투쟁으로 천황 권위 약화, 사회 혼란 지속 ➡ 귀족과 지방 세력이 무사 고용 ➡ 무사가 독자적 세력으로 성장

2 무사 정권의 변천   *출제tip* 조닌 문화의 발달 배경과 내용을 묻는 문제가 자주 출제

자료 7 가마쿠라 막부		• 12세기 말 미나모토노 요리토모가 세운 일본 최초의 무사 정권 • 쇼군(장군)이 최고 지배자로 군림하는 일본 특유의 봉건제 시행 • 원의 침략을 막아 내는 과정에서 쇠퇴
무로마치 막부		• 14세기 중엽 아시카가 다카우지가 교토에 막부 수립 • 중국과 조공 · 책봉 관계 회복, 명과 교역(감합 무역) • 쇠퇴: 15세기 중엽 쇼군의 승계를 둘러싼 내분으로 쇠퇴
전국 시대		• 지방 다이묘(영주)들이 군사 대결을 벌임 • 유럽을 통해 조총과 크리스트교 전래 • 도요토미 히데요시: 전국 시대 통일, 조선을 침략했으나 실패(임진왜란)
자료 8 에도 막부	수립	도쿠가와 이에야스가 에도(도쿄)에 막부 수립
	정치	중앙 집권적 봉건 체제: ●막번 체제 수립, ●산킨코타이 제도 실시
	경제	농업 생산력 향상, 상공업과 화폐 경제 발달 ➡ 대도시 발전, 조닌(상공업자) 성장
	문화	조닌 문화(서민 문화) 발달: 가무극인 가부키, 채색 판화인 우키요에 유행
	대외 교류	• 해금 정책 실시: 크리스트교 금지, 무역 통제 • 조선과는 통신사와 왜관을 통해 교류 • 중국과 네덜란드 상인에게 나가사키(데지마)를 개방하여 교역 ➡ 네덜란드 상인을 통해 들어온 서양 학문과 기술을 토대로 난학 발달

다이묘를 통제하고 중앙 집권 체제를 강화하였어.

자료 9 · 4 인도의 이슬람 왕조, 무굴 제국   *출제tip* 아크바르와 아우랑제브 황제의 정책을 묻는 문제가 자주 출제

	성립	16세기 초 티무르 후손 바부르가 ●델리 술탄 왕조를 무너뜨리고 건국
정치	아크바르	• 북인도에서 아프가니스탄에 이르는 대제국 건설 • 중앙 집권 체제 확립: 토지 조사, 관료 제도 정비 • 관용 정책: 비이슬람교도에 대한 인두세(지즈야) 폐지, 힌두교도도 군인과 관료로 등용, 다른 종교 존중
	아우랑제브	• 남인도 정복, 인도 역사상 가장 넓은 영토 차지 • 이슬람 제일주의: 다른 종교 탄압 ➡ 각지에서 이교도의 반발 발생
	쇠퇴	각지에서 일어난 반란과 유럽 세력의 침입으로 쇠퇴
경제		• 수도 델리 번성, 상공업 발달 • 인도양 중심으로 대외 교역 활발: 면직물이 대표적인 수출품, 많은 은이 유입
자료 10 문화		• 특징: 인도 · 이슬람 문화(이슬람교와 인도 고유문화의 융합) • 종교: 시크교(힌두교와 이슬람교 절충) • 언어: 우르두어(페르시아어, 힌디어, 아랍어 혼합) • 미술: 무굴 회화(페르시아의 ●세밀화와 인도 회화 결합) • 건축: 인도 · 이슬람 양식(타지마할)

유일신을 숭배하였고, 카스트제의 신분 차별을 반대하며 인간의 평등을 주장하였어.

용어 풀이

❶ 막부(幕 – 진영, 府 – 관청): 전쟁터에서 지휘관이 있던 본부를 의미하였으나 점차 무사 정권을 의미하는 말이 됨

❷ 막번(幕 – 진영, 藩 – 울타리) 체제: 쇼군이 중앙과 지방의 직할지만 다스리고, 그 외 '번'이라고 불리는 영지는 다이묘의 지배권을 인정하는 체제

❸ 산킨코타이 제도: 에도 막부가 다이묘의 가족들을 에도에 인질로 두고, 다이묘들을 일정 기간 에도에 머물게 한 제도

❹ 델리 술탄 왕조: 굽타 왕조 이후 인도 북부 지방에 성립한 이슬람계 다섯 왕조

❺ 세밀화(細 – 가늘다, 密 – 촘촘하다, 畵 – 그림): 세밀하게 그린 작은 그림

자료 7 가마쿠라 막부의 봉건제

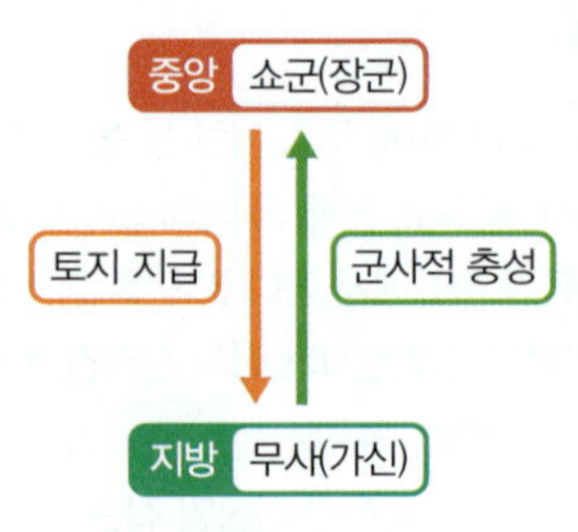

쇼군과 무사는 토지에 대한 권리를 매개로 주종 관계를 맺었다. 천황은 상징적 존재였고, 쇼군(장군)이 최고 지배자로서 군림하였다.

자료 8 조닌 문화

▲ 가부키 극장

▲ 우키요에

자료 9 무굴 제국의 영역

♥ 교과서 비교   인도 · 이슬람 문화
지학은 힌두 · 이슬람 문화

자료 10 타지마할

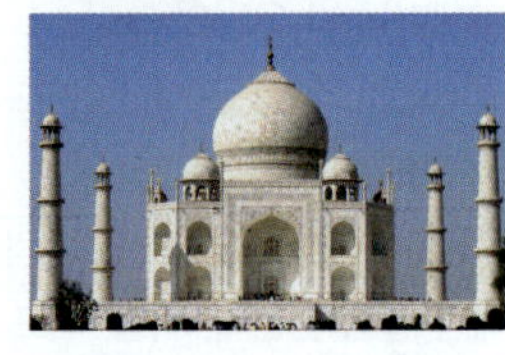

이슬람 양식의 돔형 지붕, 아치 등과 인도 양식의 연꽃 문양 등이 조화를 이루도록 만들었다.

01 다음 설명이 맞으면 ○표, 틀리면 ×표 하시오.

(1) 홍무제는 육유를 반포하여 백성들에게 유교 윤리를 널리 알리고자 하였다. (　　)

(2) 영락제는 정화의 함대를 해외로 보내 국력을 과시하고 조공·책봉 관계를 확대하였다. (　　)

(3) 명은 임진왜란 때 조선에 지원군을 보내면서 재정이 악화되었다. (　　)

02 다음 설명에 해당하는 황제를 **보기**에서 골라 기호를 쓰시오.

> **보기**
> ㄱ. 강희제　　　ㄴ. 건륭제　　　ㄷ. 옹정제

(1) 네르친스크 조약 체결 (　　)

(2) 강력한 황제 독재 체제 확립 (　　)

(3) 오늘날 중국 영토 대부분 확보 (　　)

03 다음 빈칸에 들어갈 말을 쓰시오.

(1) 명·청대 사회의 지배층인 (　　　)은/는 향촌 사회의 안정과 질서 유지에 중요한 역할을 하였다.

(2) 명 중기 왕양명이 이론과 형식에 치우친 성리학을 비판하며 지행합일을 강조한 (　　　)을/를 제창하였다.

(3) (　　　)은/는 명의 지식인들과 함께 「곤여만국전도」를 만들어 중국인의 세계관에 큰 영향을 끼쳤다.

04 서로 관련 있는 것끼리 연결하시오.

(1) 에도 막부　　　　　　• 　ㅤ• ㉠ 아시카가 다카우지

(2) 가마쿠라 막부　　•　ㅤ• ㉡ 일본 최초 무사 정권

(3) 무로마치 막부　　•　ㅤ• ㉢ 산킨코타이 제도 시행

05 다음 중 알맞은 말에 ○표 하시오.

(1) 16세기 초 티무르의 후손인 (바부르, 아크바르)가 무굴 제국을 세웠다.

(2) (아크바르, 아우랑제브) 황제는 지즈야를 폐지하는 등 종교 관용 정책을 펼쳤다.

(3) (마니교, 시크교)는 힌두교와 이슬람교를 절충한 종교로, 카스트제의 신분 차별에 반대하였다.

01 다음을 반포한 황제에 대한 설명으로 옳지 않은 것은? _중

> 1. 부모에게 효도하라.
> 2. 웃어른을 공경하라.
> 3. 이웃과 화목하라.
> 4. 자손을 잘 교육하라.
> 5. 각자 생계에 힘쓰라.
> 6. 잘못을 저지르지 마라.

① 재상제를 폐지하였다.
② 이갑제를 시행하였다.
③ 몽골 풍습을 금지하였다.
④ 정화의 함대를 해외로 보냈다.
⑤ 토지 대장과 호적 대장을 마련하였다.

02 다음에서 설명하는 제도로 옳은 것은? _하

> 110호를 1리로 묶고, 그중 부유한 10호를 이장호로 지정하여 1년씩 돌아가면서 세금 징수와 치안 유지의 책임을 지게 한 향촌 제도이다.

① 이갑제　　　② 봉건제　　　③ 군국제
④ 군현제　　　⑤ 균전제

03 다음 ㉠에 들어갈 황제에 대한 설명으로 옳은 것을 **보기**에서 모두 고르면? _중

이곳은 (㉠) 때 세워진 자금성으로 명대에 건설하여 청대까지 황제가 거주하는 황궁으로 사용하였다.

> **보기**
> ㄱ. 명을 건국하였다.
> ㄴ. 베이징으로 수도를 옮겼다.
> ㄷ. 여러 차례 몽골 원정에 나섰다.
> ㄹ. 러시아와 네르친스크 조약을 체결하였다.

① ㄱ, ㄴ　　　② ㄱ, ㄷ　　　③ ㄴ, ㄷ
④ ㄴ, ㄹ　　　⑤ ㄷ, ㄹ

04 다음 지도에 나타난 항해가 명에 끼친 영향으로 가장 적절한 것은?

① 인구가 크게 줄어들었다.
② 서민 문화가 발달하였다.
③ 전국 곳곳에 농민 봉기가 발생하였다.
④ 여러 나라와 조공 관계를 체결하였다.
⑤ 오늘날 중국 영토의 대부분을 확보하였다.

같은 주제 다른 문제

04-1 지도에 나타난 항해에 대한 설명으로 옳은 것을 보기 에서 모두 고르면?

보기
ㄱ. 영락제 때 항해가 시작되었다.
ㄴ. 최초로 세계 일주에 성공하였다.
ㄷ. 아프리카 동부 해안까지 진출하였다.
ㄹ. 항해 결과 무역의 중심지가 지중해에서 대서양으로 바뀌었다.

① ㄱ, ㄴ   ② ㄱ, ㄷ   ③ ㄴ, ㄷ
④ ㄴ, ㄹ   ⑤ ㄷ, ㄹ

05 다음 선생님의 질문에 대한 학생의 대답으로 적절하지 <u>않은</u> 것은?

① 명의 국력이 쇠퇴하였어요.
② 명의 국가 재정이 어려워졌어요.
③ 여진족이 성장하여 후금을 세웠어요.
④ 명이 조공·책봉 관계를 확대하였어요.
⑤ 일본에서는 에도 막부가 수립되었어요.

06 다음 ㉠에 들어갈 황제에 대한 설명으로 가장 적절한 것은?

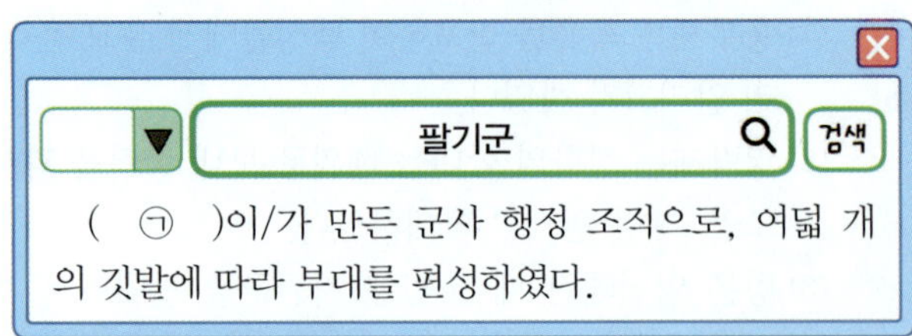

① 후금을 건국하였다.
② 조선을 침략하였다.
③ 베이징을 점령하였다.
④ 네르친스크 조약을 체결하였다.
⑤ 강력한 황제 독재 체제를 확립하였다.

07 청의 발전 과정을 순서대로 바르게 나열한 것은?

ㄱ. 강희제가 반청 세력을 진압하였다.
ㄴ. 홍타이지가 국호를 '청'으로 바꾸었다.
ㄷ. 건륭제가 활발한 정복 활동을 벌여 최대 영토를 차지하였다.
ㄹ. 옹정제가 새로운 화이사상을 제시하여 청의 통치를 정당화하였다.

① ㄱ－ㄴ－ㄷ－ㄹ   ② ㄱ－ㄴ－ㄹ－ㄷ
③ ㄱ－ㄷ－ㄹ－ㄴ   ④ ㄴ－ㄱ－ㄹ－ㄷ
⑤ ㄴ－ㄷ－ㄱ－ㄹ

08 다음 ㉠, ㉡에 해당하는 사례로 옳은 것을 보기 에서 모두 고르면?

청은 소수의 만주족이 다수의 한족을 지배하기 위해 ㉠ 회유책과 ㉡ 강압책을 함께 펼쳤다.

보기
ㄱ. ㉠: 만한 병용제를 시행하였다.
ㄴ. ㉠: 한족에게 변발과 호복을 강요하였다.
ㄷ. ㉡: 한족 중심의 화이사상을 탄압하였다.
ㄹ. ㉡: 한족 학자들을 동원하여 대규모 서적 편찬 사업을 추진하였다.

① ㄱ, ㄴ   ② ㄱ, ㄷ   ③ ㄴ, ㄷ
④ ㄴ, ㄹ   ⑤ ㄷ, ㄹ

09 다음 (가)에 들어갈 내용으로 옳지 <u>않은</u> 것은?

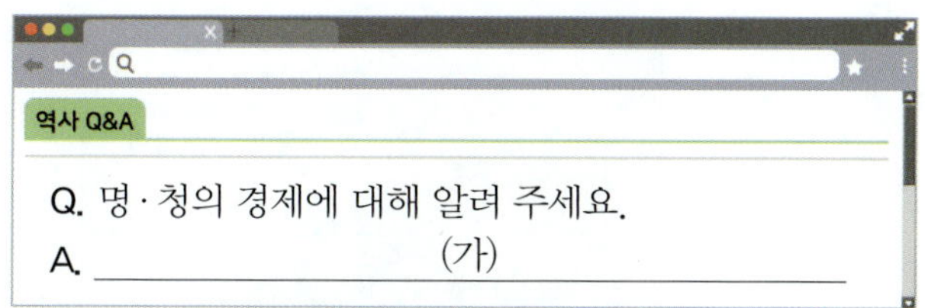

① 모내기법이 보급되기 시작하였다.
② 1년에 두 번 수확하는 농사법이 확대되었다.
③ 감자, 옥수수 등 아메리카 작물이 보급되었다.
④ 쌀 생산의 중심지가 창장강 중·상류로 이동하였다.
⑤ 뽕나무, 면화 등 상품 작물이 활발하게 재배되었다.

10 다음 지도에 대한 탐구 활동으로 가장 적절한 것을 보기 에서 모두 고르면?

보기
ㄱ. 『동방견문록』의 내용을 조사한다.
ㄴ. 수시력이 만들어진 배경을 알아본다.
ㄷ. 중국에 은이 유입된 과정을 살펴본다.
ㄹ. 명·청 시기에 세제 개혁이 이루어진 배경을 탐구한다.

① ㄱ, ㄴ   ② ㄱ, ㄷ   ③ ㄱ, ㄹ
④ ㄴ, ㄷ   ⑤ ㄷ, ㄹ

11 다음 ㉠에 들어갈 학문에 대한 설명으로 가장 적절한 것은?

> 청대에는 대규모 편찬 사업과 사상 통제가 이루어지면서 (㉠)이/가 발달하였다.

① 왕양명이 제창하였다.
② 지행합일을 강조하였다.
③ 경전의 실증적 연구에 주목하였다.
④ 인간의 본질적 평등을 주장하였다.
⑤ 이론과 형식보다 실천을 강조하였다.

12 다음 ㉠에 들어갈 나라의 문화에 대한 설명으로 옳은 것은?

① 왕양명이 양명학을 제창하였다.
② 주희가 성리학을 집대성하였다.
③ 화약, 나침반, 인쇄술이 발명되었다.
④ 『홍루몽』과 같은 소설이 유행하였다.
⑤ 수도 장안을 중심으로 국제적인 문화가 발달하였다.

13 다음 지도가 제작된 시기에 볼 수 있는 모습으로 적절하지 <u>않은</u> 것은?

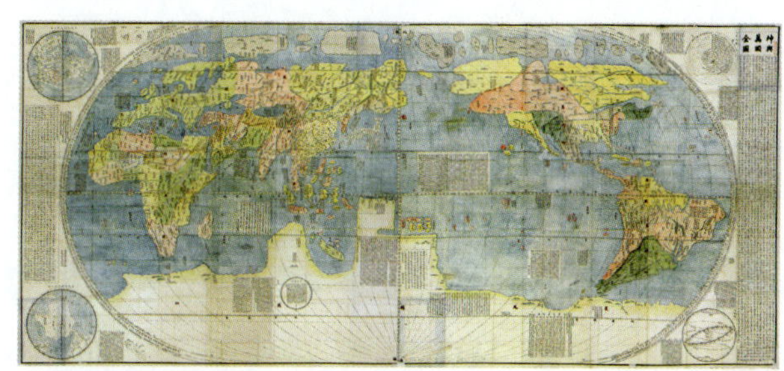

▲ 「곤여만국전도」

① 이모작을 하는 농민
② 『농정전서』를 읽고 있는 관리
③ 시장에서 교자로 물건을 구매하는 농민
④ 중국에 방문한 유럽의 크리스트교 선교사
⑤ 은으로 중국의 도자기를 구매하는 유럽 상인

14 다음 (가)~(다) 막부에 대한 설명으로 옳지 <u>않은</u> 것은?

① (가): 감합 무역을 실시하였다.
② (가): 쇼군의 승계를 둘러싼 내분으로 쇠퇴하였다.
③ (나): 일본 최초의 무사 정권이다.
④ (나): 원의 침략을 막아 내는 과정에서 쇠퇴하였다.
⑤ (다): 도요토미 히데요시가 조선을 침략하였다.

15 다음 제도에 대한 설명으로 옳은 것을 **보기** 에서 모두 고르면?

▲ 가마쿠라 막부의 봉건 구조

> **보기**
> ㄱ. 천황 중심의 중앙 집권 체제였다.
> ㄴ. 쇼군이 실질적 지배권을 행사하였다.
> ㄷ. 천황은 이념상 최고 지배자로 존재하였다.
> ㄹ. 쇼군과 무사는 토지를 매개로 주종 관계를 맺었다.

① ㄱ, ㄴ   ② ㄴ, ㄷ   ③ ㄷ, ㄹ
④ ㄱ, ㄴ, ㄷ   ⑤ ㄴ, ㄷ, ㄹ

중요
16 다음 문화가 발달한 시기에 대한 설명으로 옳지 <u>않은</u> 것은?

▲ 우키요에   ▲ 가부키

① 난학이 발달하였다.
② 막번 체제를 수립하였다.
③ 산킨코타이 제도를 실시하였다.
④ 일본 최초의 무사 정권이 성립되었다.
⑤ 네덜란드 상인에게 나가사키를 개방하여 교역하였다.

같은 주제 **다른** 문제

16-1 위와 같은 문화가 발달한 배경으로 옳은 것은?

① 해금 정책을 실시하였다.
② 크리스트교를 수용하였다.
③ 네덜란드 상인과 활발하게 교류하였다.
④ 강력한 다이묘 통제 정책을 시행하였다.
⑤ 조닌 계층의 지원을 바탕으로 서민 문화가 발달하였다.

17 다음 (가)에 들어갈 황제에 대한 설명으로 옳지 <u>않은</u> 것은?

① 무굴 제국을 세웠다.
② (가)는 아크바르이다.
③ 중앙 집권 체제를 확립하였다.
④ 비이슬람교도에게 부과하던 인두세를 폐지하였다.
⑤ 북인도에서 아프가니스탄에 이르는 대제국을 건설하였다.

[18-19] 다음 자료를 보고 물음에 답하시오.

▲ 타지마할

18 건축물에서 찾아볼 수 있는 이슬람 문화의 영향으로 옳은 것을 **보기** 에서 모두 고르면?

> **보기**
> ㄱ. 차도리   ㄴ. 돔형 지붕
> ㄷ. 연꽃 문양   ㄹ. 뾰족한 아치

① ㄱ, ㄴ   ② ㄱ, ㄷ   ③ ㄴ, ㄷ
④ ㄴ, ㄹ   ⑤ ㄷ, ㄹ

19 건축물을 세운 나라에 대한 설명으로 옳지 <u>않은</u> 것은?

① 시크교가 발전하였다.
② 무굴 회화가 유행하였다.
③ 우르두어가 널리 사용되었다.
④ 아담 샬을 통해 천문학과 역법이 전해졌다.
⑤ 인도양을 중심으로 대외 교역이 활발하였다.

01 다음 밑줄 친 '정책'에 해당하는 내용을 <u>두 가지</u> 서술하시오.

> 홍무제는 유교 이념을 바탕으로 한족의 전통을 회복하기 위해 여러 정책을 펼쳤다.

02 다음에서 설명하는 황제를 쓰시오.

> • 베이징에 자금성을 건설하고 수도를 옮겼다.
> • 정화의 함대를 해외로 보내 국력을 과시하였다.

03 다음 자료를 보고 물음에 답하시오.

회유책	강압책
중요한 관직에 만주족과 한족을 같은 수로 등용하는 (㉠)을/를 시행하였다.	한족에게 만주족의 풍습인 (㉡)과/와 호복을 강요하였다.

(1) ㉠, ㉡에 들어갈 말을 쓰시오.

㉠ ____________   ㉡ ____________

(2) 청이 위와 같은 정책을 시행한 까닭을 서술하시오.

04 다음 글을 읽고 물음에 답하시오.

> 에도에 머무른 지 1년이 되어 간다. 조금만 있으면 수백 명의 무리를 이끌고 영지로 다시 돌아가야 하는데, 들어갈 경비를 생각하니 아찔하다. 나의 가족들을 에도에 남겨 두고 떠나야 하는 것이 너무 슬프다.

(1) 위 자료에 나타난 제도의 명칭을 쓰시오.

(2) 에도 막부가 위 제도를 실시한 까닭을 서술하시오.

05 다음 글을 읽고 물음에 답하시오.

> 무굴 제국의 (㉠) 황제는 힌두교도 왕비를 맞이하고, 비이슬람교도에게 부과하던 인두세를 폐지하였다. 또한 힌두교도도 군인과 관료로 등용하였다.

(1) ㉠에 들어갈 황제를 쓰시오.

(2) 위 황제가 펼친 정책이 무굴 제국에 끼친 영향을 서술하시오.

03 서아시아와 유럽 사회의 변화

1453년	1492년	1517년	1688년
비잔티움 제국 멸망	콜럼버스, 서인도 제도 도착	루터, 95개조 반박문 발표	영국, 명예혁명

1 세 대륙을 지배한 오스만 제국

자료 1 **1 오스만 제국의 성립과 발전**

성립	셀주크 튀르크 멸망 후 오스만 튀르크가 ❶소아시아 지역에 건국, 술탄 칭호 사용
발전	• 메흐메트 2세: 콘스탄티노폴리스 함락 → 비잔티움 제국 멸망 • 16세기 초 이집트, 시리아, 메카, 메디나 차지 • 오스만 제국의 술탄이 칼리프의 칭호 획득(술탄·칼리프) • 술레이만 1세: 헝가리 정복, ❷빈 공격, 유럽의 연합 함대 격파(지중해 해상권 장악), 북아프리카 진출 → 아시아, 유럽, 아프리카 세 대륙 지배, 동서 무역 독점

이슬람 세계의 정치적 지배자인 술탄과 종교적 지도자인 칼리프가 합쳐진 개념이야.

2 오스만 제국의 통치 정책 출제tip 오스만 제국의 관용 정책을 묻는 문제가 자주 출제

특징	넓은 영토를 술탄이 직접 통치하는 지역과 총독을 통해 간접 통치하는 지역으로 나누어 효율적으로 통치
인재 등용	예니체리: 술탄의 ❸친위 부대, 영토 확장에 기여
관용 정책	• 신분·출신 상관없이 인재 등용 • 각 민족의 언어를 자유롭게 사용하도록 허용 – 공식 문서에는 튀르크어를 쓰도록 하였어. • 인두세(지즈야)만 내면 자치 공동체(❹밀레트)를 이루어 각 민족의 종교와 언어, 풍습을 유지하도록 허용

정복지의 크리스트교 소년 중 뛰어난 인재를 선발하여 이슬람교로 개종시킨 후 엄격한 훈련을 통해 술탄의 친위 부대로 삼았어.

오스만 제국은 밀레트에 폭넓은 자율권을 부여하였어. 이에 제국 내 여러 민족은 고유한 정체성을 유지할 수 있었어.

3 오스만 제국의 경제와 문화

경제	동서 교역로 장악, 수도 ❺이스탄불이 국제도시로 발전
문화	• 특징: 이슬람 문화를 바탕으로 페르시아, 비잔티움, 튀르크 문화 등이 융합 • 건축: 모스크 발달(술탄 아흐메트 사원) • 미술: 페르시아의 영향으로 세밀화와 아라베스크 무늬 유행 • 문학: 튀르크어로 쓰인 문학 발달 • 학문: 천문학, 지리학, 수학 등 실용적 학문 발달

자료 2

▲ **이스탄불** 오스만 제국이 동서 교역로를 장악하면서 이스탄불이 국제도시로 발전하였다.

▲ **술탄 아흐메트 사원** 내부 벽면이 푸른색 타일로 되어 있어 '블루 모스크'라고도 불린다.

▲ **커피를 마시는 사람들** 16세기에 등장한 커피 하우스는 17세기에 유럽으로 전파되었다.

더알기 이슬람 세계의 변천

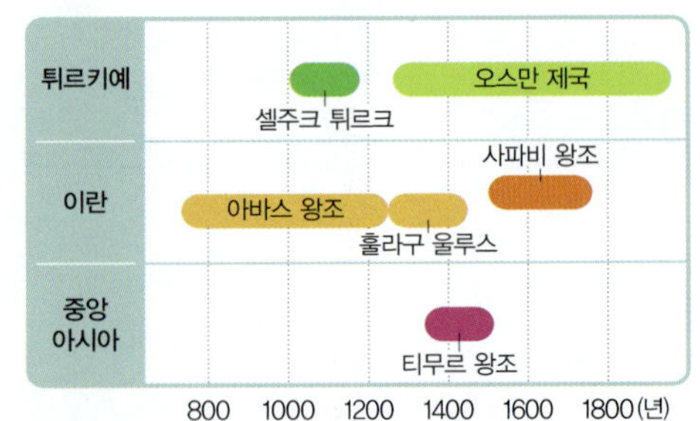

티무르 왕조	• 티무르가 몽골 제국의 부흥을 내세우며 건국 • 동서 교역로에 위치하여 중계 무역으로 번영
사파비 왕조	• 이스마일 1세가 페르시아 제국의 부활을 내세우며 건국 • 아바스 1세: 전성기, 이스파한 천도 • '샤' 왕호 사용, 시아파 이슬람교를 국교로 지정

♥ **교과서비교** 티무르 왕조, 사파비 왕조
리베르, 지학, 천재, 해냄만 다룸

자료 1 오스만 제국의 영역

자료 2 술레이만 1세의 서명

술레이만 1세의 서명을 도안화 한 것으로, 다양하게 변형된 문자를 장식으로 사용하였다.

 용어풀이

❶ 소아시아: 아시아의 서쪽 끝에 있는 반도, 현재 튀르키예 영토 대부분에 해당하며 예로부터 아시아와 유럽을 잇는 중요한 통로 역할을 함
❷ 빈: 중부 유럽에 있는 도시로, 옛 신성 로마 제국의 중심 도시 중 하나, 현재 오스트리아의 수도
❸ 친위(親 – 가깝다, 衛 – 지키다): 임금을 안전하게 지킴
❹ 밀레트: '민족', '종교 공동체'를 의미함. 같은 종교를 바탕으로 하는 자치 공동체
❺ 이스탄불: 유럽과 아시아의 경계에 있는 도시로, 메흐메트 2세가 콘스탄티노폴리스를 함락한 후 새로운 수도로 삼음

2 세계적 교역망의 확립과 영향

자료 3 · 1 신항로 개척 출제tip 신항로 개척에 나선 인물들과 활동을 묻는 문제가 자주 출제

배경	• 십자군 전쟁으로 지중해 무역 활기 → 향신료, 비단 등 아시아의 산물이 유럽에서 인기 • 『동방견문록』 등이 아시아에 대한 유럽인의 호기심 자극 • 지리학, 천문학, 선박·지도 제작 기술 발달, 나침반 사용 → 원거리 항해 가능 • 이탈리아·이슬람 상인의 지중해 무역 독점 → 새로운 항로 탐색
전개	• 바스쿠 다 가마: 포르투갈의 지원으로 ❶희망봉을 거쳐 인도 항로 개척 • 콜럼버스: 에스파냐의 지원을 받아 ❷서인도 제도 도착 • 마젤란: 마젤란 일행이 최초로 세계 일주에 성공

포르투갈, 에스파냐 등 대서양 연안의 국가가 주도하였어.

바르톨로메우 디아스가 발견하였어.

2 신항로 개척 이후 유럽·아메리카·아프리카의 변화 출제tip 신항로 개척 이후 아메리카, 유럽, 아프리카의 변화를 묻는 문제가 자주 출제

(1) 유럽의 변화

자료 4 · 삼각 무역	• 무역 중심지가 지중해에서 대서양으로 이동 → 대서양 연안의 국가 번영 → 아시아, 아프리카, 아메리카에 식민지 건설 • 대서양 무역이 유럽, 아메리카, 아프리카를 잇는 삼각 무역의 형태로 발전
새로운 작물 전래	• 아시아의 향신료, 면직물, 차 등이 이전보다 싼값에 유입 • 아메리카의 감자, 옥수수, 담배 등이 전래
가격 혁명	• 아메리카의 금과 은이 대량으로 들어오면서 유럽 물가 상승 • 도시 상공업자들이 큰 이익을 얻으며 성장
상업 혁명	• 어음·보험과 같은 금융 제도 정비, 주식회사 등장 등 상공업과 금융업 발달 • 영향: 유럽의 근대 자본주의 경제 발달의 토대

포르투갈, 에스파냐, 네덜란드, 영국 등이야.

✔ 교과서 비교 | 상업 혁명
비상, 지학은 다루지 않음

(2) 아메리카의 변화

① 신항로 개척 이전 아메리카 문명

아스테카 제국	• 멕시코고원에 위치 • 그림 문자와 달력 사용, 피라미드 신전 건축
잉카 제국	• 안데스 산지에 위치 • 전국적인 통치 조직 갖춤, 계단식 밭 이용, 마추픽추 건설

② 신항로 개척 이후

✔ 교과서 비교 | 대농장
천재는 플랜테이션 농장

아메리카 문명 파괴	• 에스파냐의 코르테스가 아스테카 제국 정복 • 에스파냐의 피사로가 잉카 제국 정복
원주민 인구 감소	유럽인이 원주민을 동원하여 금은 채굴, 대농장에서 사탕수수와 담배 등 재배 → 고된 노동, 천연두, ❸홍역 등의 질병으로 원주민 수 감소

(3) 아프리카의 변화 아메리카 원주민 인구 감소 → 아프리카인을 노예로 삼아 아메리카 농장에 동원(노예 무역) → 아프리카 인구 감소 및 성비 불균형, 부족 간 갈등 심화

3 세계적 교역망의 형성

(1) 유럽의 아시아 진출 인도양 무역에서 활발히 활동

포르투갈	고아, 믈라카, 마카오 등을 거점으로 활동
네덜란드, 영국, 프랑스	❹동인도 회사를 세워 아시아 시장 진출

(2) 은 유통과 세계적 교역망 형성 유럽인들이 아메리카에서 생산한 은으로 아시아의 물품 대금 지급 → 상당량의 은이 중국으로 유입 → 은을 매개로 세계적 교역망 형성

용어풀이

❶ 희망봉: 아프리카 최남단 지역으로 원래 '폭풍의 곶'이라 부름. 바스쿠 다 가마가 인도 항로를 개척하면서 '희망의 곶'이라 불림

❷ 서인도 제도: 중앙아메리카 동쪽 바다에 있는 섬 지역. 콜럼버스가 인도의 서쪽이라고 오해한 데서 유래한 이름

❸ 홍역(紅 – 붉다, 疫 – 전염병): 감기와 비슷한 증상으로 시작하여 온몸에 붉은 발진이 돋는 급성 전염병

❹ 동인도 회사: 영국, 프랑스 등 유럽 각국이 아시아와 무역하기 위해 세운 회사. 군대를 지니고 외국과 조약을 체결할 수 있었음

자료 3 신항로 개척의 전개

자료 4 대서양 중심의 삼각 무역

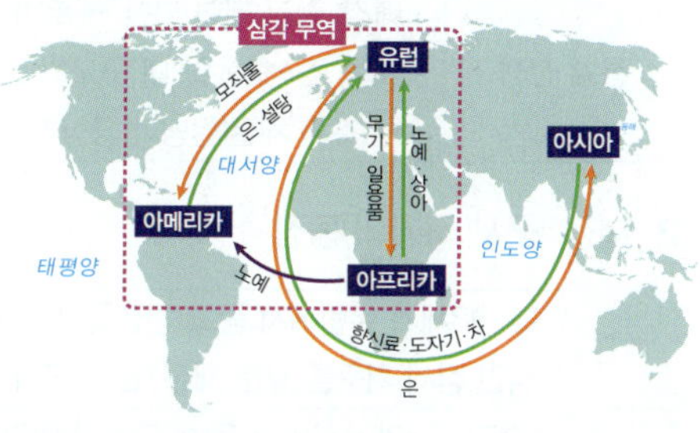

아메리카 농장에 노동력이 필요해지자 유럽 상인이 총, 면포 등을 아프리카인 노예와 교환한 후 아메리카에 그들을 팔았다.

자료 5 아메리카의 문명

마추픽추는 잉카 제국의 요새로, 해발 2,430m 높이에 성벽과 계단식 밭이 조성되어 있어.

자료 6 아메리카 원주민의 인구 변화

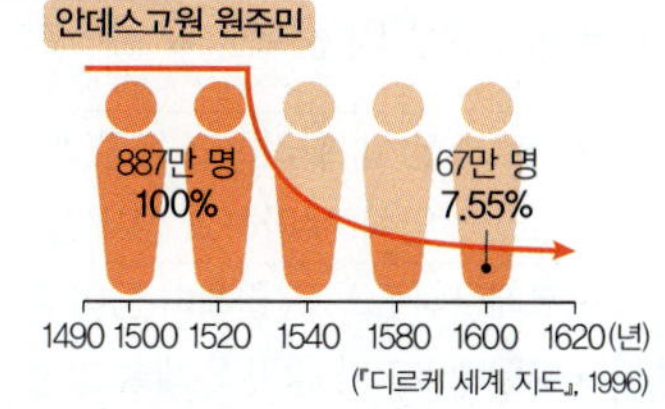

아메리카 원주민은 가혹한 노동과 유럽에서 전파된 전염병으로 인구가 크게 감소하였다.

1 종교 개혁과 종교 전쟁

출제tip 루터와 칼뱅의 종교 개혁을 비교하는 문제가 자주 출제

자료 7	루터의 종교 개혁	• 배경: 교황 레오 10세가 성 베드로 성당 증축 비용을 마련하기 위해 ❶면벌부 판매 • 전개: 루터의 95개조 반박문 발표 ➡ 인쇄술의 발달로 확산 • 결과: 아우크스부르크 화의에서 루터파 공식 인정
자료 8	종교 개혁의 확산	• 스위스: 칼뱅이 인간의 구원은 미리 예정되어 있다는 예정설 주장 ➡ 상공업자들의 환영을 받으며 확산 • 영국: 국왕(헨리 8세)이 영국 교회의 수장임을 선포하며 영국 국교회 성립
	종교 전쟁	• 배경: 종교 개혁 확산 ➡ 로마 가톨릭교회(구교)와 신교 대립 • 30년 전쟁: 독일 내 구교와 신교 대립 ➡ 국제 전쟁으로 확대 ➡ 베스트팔렌 조약 체결(칼뱅파 공식 인정)

2 재정·군사 국가의 등장

대포 등 화약 무기의 공격을 견디기 위해 별 모양의 요새를 만들었다.

배경	16~18세기 유럽에서 종교 전쟁을 거치며 군사 경쟁 심화 ➡ 전문적인 군사력과 효율적인 징세 기구를 갖춘 재정·군사 국가 등장
특징	• ❷관료제와 ❸상비군 운영: 군주의 명령을 효율적으로 시행하기 위해 운영 • 중상주의 정책: 관세를 높여 수입을 줄이고 국내 상공업을 보호·육성하는 경제 정책

관료제와 상비군 유지 비용을 상공 시민 계층의 지원으로 해결하였고, 국왕은 이들의 상공업 활동을 지원하였어.

3 왕권과 의회의 협업을 원칙으로 삼은 영국

엘리자베스 1세	에스파냐의 무적함대를 물리치고 해상권 장악, 모직물 공업 등 상공업 육성, 동인도 회사 설립
청교도 혁명	• 배경: 상공업 발달로 시민 계급 성장, 농촌에서 ❹젠트리 세력 확대 • 전개: 찰스 1세의 전제 정치 강화 ➡ 의회파의 주도로 청교도 혁명 발발 • 결과: 공화정 수립, 크롬웰의 독재 정치로 왕정 부활(찰스 2세 즉위)
명예 혁명	• 배경: 제임스 2세의 전제 정치 강화 ➡ 의회가 제임스 2세 폐위 ➡ 공주인 메리와 남편 윌리엄을 공동 왕으로 추대 ➡ 권리 장전 승인 • 결과: 입헌 군주제의 토대 마련 ➡ 이후 내각 책임제 실시

권리 청원에서 승인한 의회의 권리를 무시하고 청교도를 탄압하였어.

자료 9

4 왕권의 절대화를 추구한 프랑스

교과서 비교 청교도 혁명, 명예혁명
비상, 리베르는 V-01 단원에서 다룸

(1) **루이 14세** ❺왕권신수설 신봉, 베르사유 궁전 건축, '태양왕' 자처, 콜베르를 등용하여 중상주의 정책 실시

1598년에 프랑스 내 칼뱅파(위그노)의 종교적 자유를 인정하는 내용을 담아 발표한 명령이야.

(2) **재정 악화** 의회를 소집하지 않고 막대한 세금 부과, 낭트 칙령 폐지로 많은 신교도가 프랑스를 떠나면서 국내 산업 침체, 무리한 군사 활동으로 재정 악화

5 17~18세기 유럽의 문화

교과서 비교 17~18세기 유럽의 문화
리베르·미래엔은 다루지 않음, 지학은 IV-01에서 다룸

예술	• 바로크 양식: 화려하고 웅장(베르사유 궁전) • 로코코 양식: 우아하고 섬세(상수시 궁전)
과학	• 코페르니쿠스, 갈릴레이 등이 지동설 주장 • 구텐베르크가 활판 인쇄술 발명 • 과학 혁명: 뉴턴의 만유인력의 법칙 등 과학 발전
철학	인간의 이성에 의한 진보를 믿는 계몽사상 발전

❶ 면벌부(免-벗어나다, 罰-벌, 符-증거): 돈을 내면 벌을 면제해 준다는 뜻으로 주던 문서
❷ 관료제(官-벼슬, 僚-관리): 전문적 능력을 지닌 관리가 행정을 담당하는 제도
❸ 상비군(常-항상, 備-갖추다, 軍-군대): 전쟁에 대비하여 항상 대비할 수 있도록 편성된 군대
❹ 젠트리: 귀족과 자영농 사이의 중소 지주층으로 대부분 청교도였으며 모직물 산업을 추진하여 많은 이익을 얻음
❺ 왕권신수설(王-왕, 權-권력, 神-신, 授-주다, 說-말씀): 왕의 권력은 신이 내려 준 것이라는 주장

자료 7 루터의 95개조 반박문

> 제20조 교황이 모든 벌을 면제한다고 선언한다면 그것은 진정한 의미에서의 모든 벌이 아니라, 단지 교황 자신이 내린 벌을 면제한다는 것뿐이다.
> 제36조 진실로 회개한 크리스트교도는 면벌부가 없어도 벌이나 죄에서 완전히 해방된다.

루터는 인간이 오직 신앙에 의해서만 구원된다고 주장하였고, 제후들의 보호와 지원을 받았다.

교과서 비교 아우크스부르크 화의, 베스트팔렌 조약
비상은 다루지 않음

자료 8 종교 개혁의 확산

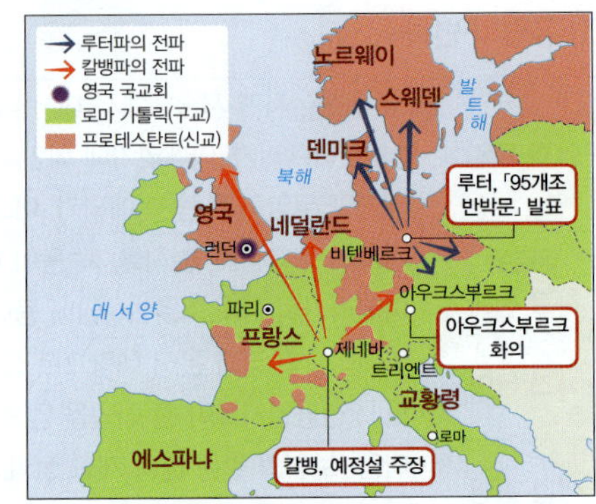

출제tip 권리 장전의 내용과 명예혁명 이후 영국의 정치 상황을 묻는 문제가 자주 출제

자료 9 권리 장전

> 제1조 국왕이 의회의 동의 없이 법의 효력을 정지하거나 법의 집행을 정지하는 것은 위법이다.
> 제4조 의회의 승인 없이 국왕을 위해 세금을 거두어들이는 행위는 위법이다.
> 제6조 의회의 동의 없이 평상시에 상비군을 징집하고 유지하는 것은 위법이다.

명예혁명 이듬해 메리와 윌리엄은 의회가 제정한 권리 장전을 승인하여 입헌 군주제의 토대를 마련하였다. '왕은 군림하나 통치하지 않는다.'는 전통이 세워졌어.

더 알기 유럽 각국을 이끈 군주들

펠리페 2세 (에스파냐)	• 이슬람 세력 격퇴 • 무적함대를 만들어 해상권 장악
표트르 대제 (러시아)	• 서유럽의 문물과 제도 수용 • 상트페테르부르크로 천도
프리드리히 2세 (프로이센)	• '국가 제일의 심부름꾼' 자처 • 상수시 궁전 건축

01 다음 중 알맞은 말에 ○표 하시오.

(1) 오스만 제국의 (메흐메트 2세, 술레이만 1세)는 빈을 공격하고, 유럽의 연합 함대를 격파하며 지중해 해상권을 장악하였다.

(2) (밀레트, 예니체리)는 정복지의 크리스트교 소년 중 인재를 선발하여 개종시킨 후 조직한 술탄의 친위 부대이다.

02 다음 ㉠~㉢에 들어갈 인물을 쓰시오.

인물	활동
(㉠)	서인도 제도 도착
(㉡)	희망봉을 거쳐 인도 항로 개척
(㉢)	일행이 최초로 세계 일주에 성공

㉠ ___________ ㉡ ___________ ㉢ ___________

03 다음 설명이 맞으면 ○표, 틀리면 ×표 하시오.

(1) 루터는 95개조 반박문을 발표하여 교회의 면벌부 판매를 비판하였다. ( )

(2) 아우크스부르크 화의에서 칼뱅파가 공식적으로 인정받았다. ( )

(3) 30년 전쟁의 결과 베스트팔렌 조약이 체결되었다. ( )

04 다음 빈칸에 들어갈 말을 쓰시오.

(1) 신항로 개척 이후 유럽, 아메리카, 아프리카를 잇는 ( ) 무역이 발달하였다.

(2) 유럽에서는 전문적인 군사력과 이를 유지하기 위한 효율적인 징세 기구를 갖춘 ( ) 국가가 나타났다.

(3) 명예혁명 이후 메리와 윌리엄이 권리 장전을 승인하여 ( )의 토대를 마련하였다.

05 다음 설명에 해당하는 인물을 보기 에서 골라 기호를 쓰시오.

> **보기**
>
> ㄱ. 루이 14세 ㄴ. 표트르 대제
> ㄷ. 엘리자베스 1세 ㄹ. 프리드리히 2세

(1) 상트페테르부르크를 수도로 삼음 ( )

(2) 스스로 '국가 제일의 심부름꾼'이라 함 ( )

(3) 무적함대를 격파하고, 동인도 회사를 세움 ( )

(4) 베르사유 궁전을 건설하고, 콜베르를 등용함 ( )

01 다음 (가) 나라에 대한 설명으로 옳은 것은? 〈중〉

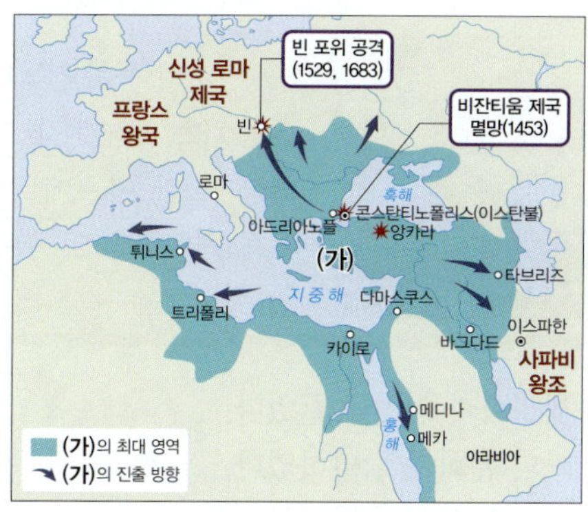

① 아바스 1세 때 전성기를 맞았다.

② 시아파 이슬람교를 국교로 삼았다.

③ 술탄·칼리프의 칭호를 사용하였다.

④ 티무르가 몽골 제국의 부흥을 내세우며 건설하였다.

⑤ 신항로 개척에 성공하여 대서양 중심의 무역을 주도하였다.

02 다음에서 설명하는 인물로 옳은 것은? 〈하〉

> • 헝가리를 정복하고, 오스트리아의 빈을 공격하였다.
> • 유럽 연합 함대를 무찔러 지중해 해상권을 장악하였다.

① 아바스 1세 ② 메흐메트 2세

③ 술레이만 1세 ④ 아크바르 황제

⑤ 아우랑제브 황제

03 다음 ㉠~㉤에 들어갈 말로 옳지 않은 것은? 〈상〉

> 오스만 제국은 넓은 영토를 (㉠)이/가 직접 통치하는 지역과 총독을 통해 간접 지배하는 지역으로 나누어 효율적으로 다스렸다. (㉡)은/는 정복지의 크리스트교 소년 중 뛰어난 인재를 (㉢)(으)로 개종시킨 후 편성한 친위 부대이다. 정복지 주민이 인두세만 내면 자치 공동체인 (㉣)을/를 이루어 각 민족의 종교와 풍습을 유지하도록 허용하였다. 일상에서는 각 민족의 언어를 쓰도록 하였으나, 공식 문서에는 (㉤)을/를 쓰도록 하였다.

① ㉠: 칼리프

② ㉡: 예니체리

③ ㉢: 이슬람교

④ ㉣: 밀레트

⑤ ㉤: 튀르크어

04 다음 건축물을 만든 나라의 문화에 대한 설명으로 옳지 <u>않은</u> 것은?

〈유물 카드〉
- **출토 지역:** 튀르키예
- **특징:** 술탄 아흐메트 1세의 명령으로 지어졌으며, '블루 모스크'라 불림

① 세밀화가 인기를 끌었다.
② 커피 문화가 발달하였다.
③ 바로크 양식이 탄생하였다.
④ 튀르크어 문학이 발전하였다.
⑤ 아라베스크 무늬가 유행하였다.

05 다음 (가)~(다) 인물에 대한 설명으로 옳지 <u>않은</u> 것은?

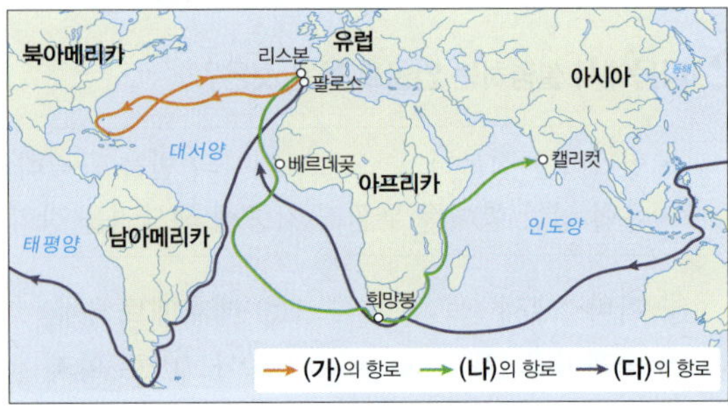

① (가): 오늘날의 서인도 제도에 도착하였다.
② (나): 바스쿠 다 가마이다.
③ (나): 희망봉을 거쳐 인도로 가는 항로를 개척하였다.
④ (다): 마젤란 일행이 최초로 세계 일주에 성공하였다.
⑤ (가), (나), (다): 에스파냐의 지원을 받아 신항로 개척에 나섰다.

같은 주제 다른 문제

05-1 위와 같이 신항로 개척이 이루어진 배경으로 옳은 것을 보기 에서 모두 고르면?

보기
ㄱ. 항해에 나침반을 이용하였다.
ㄴ. 대서양 중심의 무역이 발달하였다.
ㄷ. 동방에 대한 유럽인의 호기심이 높아졌다.
ㄹ. 향신료, 비단과 같은 아시아의 산물이 유럽에서 인기를 끌었다.

① ㄱ, ㄴ　　② ㄴ, ㄷ　　③ ㄷ, ㄹ
④ ㄱ, ㄷ, ㄹ　　⑤ ㄴ, ㄷ, ㄹ

06 다음 선생님의 질문에 대한 학생의 대답으로 적절하지 <u>않은</u> 것은?

① 유럽의 물가가 크게 올랐어요.
② 아메리카의 새로운 작물이 들어왔어요.
③ 어음, 보험과 같은 금융 제도가 갖추어졌어요.
④ 이탈리아 도시 국가들과 오스만 제국이 번영을 누렸어요.
⑤ 유럽, 아메리카, 아프리카를 잇는 삼각 무역이 발전하였어요.

07 다음 자료에 대한 탐구 활동 주제로 적절하지 <u>않은</u> 것은?

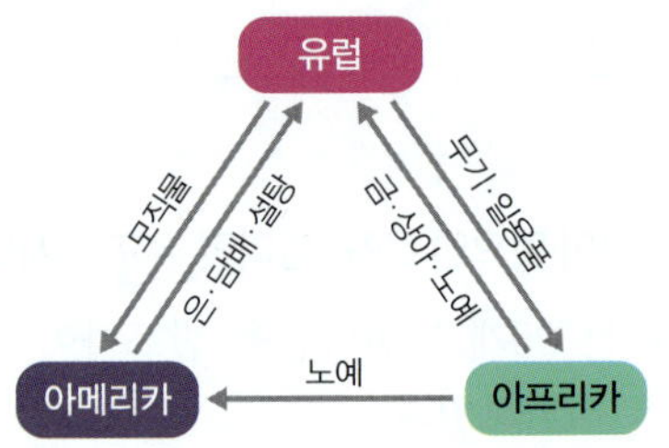

① 은의 이동 경로를 탐구한다.
② 삼각 무역이 발달한 배경을 알아본다.
③ 노예 무역이 시작된 배경을 살펴본다.
④ 신항로 개척 이후 나타난 변화를 조사한다.
⑤ 이탈리아 상인이 지중해 무역을 독점한 배경을 탐구한다.

08 다음 ㉠에 들어갈 나라에 대한 설명으로 옳은 것은?

① 계단식 밭을 만들었다.
② ㉠은 아스테카 제국이다.
③ 멕시코고원에 위치하였다.
④ 포르투갈인의 침략으로 멸망하였다.
⑤ 테노치티틀란을 중심으로 발전하였다.

09 다음 자료에 나타난 상황이 일어난 배경으로 옳은 것을 보기 에서 모두 고르면?

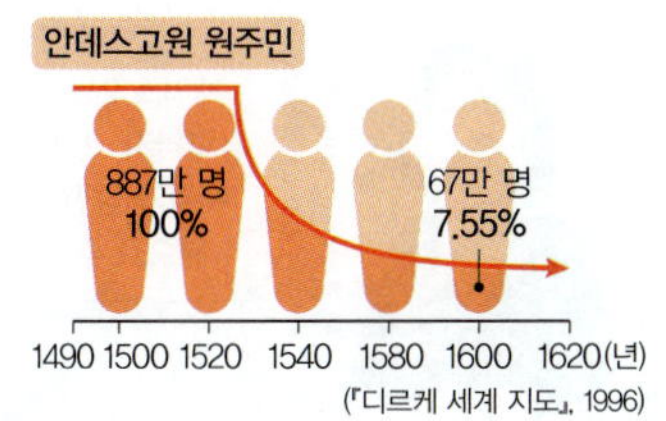

> [보기]
> ㄱ. 신항로 개척 이후 물가가 크게 하락하였다.
> ㄴ. 유럽에서 전파된 천연두, 홍역 등의 전염병에 노출되었다.
> ㄷ. 아메리카 원주민이 광산과 농장에서 가혹한 노동에 시달렸다.
> ㄹ. 유럽인이 아메리카 원주민을 아프리카로 끌고 가 노예로 동원하였다.

① ㄱ, ㄴ   ② ㄱ, ㄷ   ③ ㄴ, ㄷ
④ ㄴ, ㄹ   ⑤ ㄷ, ㄹ

10 다음 (가)에 들어갈 내용으로 가장 적절한 것은?

> 신항로 개척 이후 아메리카의 인구 감소로 노동력이 부족해지자 유럽인들은 ________ (가) ________

① 아프리카 원주민을 노예로 동원하였다.
② 어음, 보험과 같은 금융 제도를 정비하였다.
③ 주식회사와 같은 근대적 기업을 설립하였다.
④ 은광을 개발하여 막대한 양의 은을 생산하였다.
⑤ 동인도 회사를 세워 아시아 시장에 진출하였다.

11 다음 (가)에 들어갈 내용으로 옳은 것은?

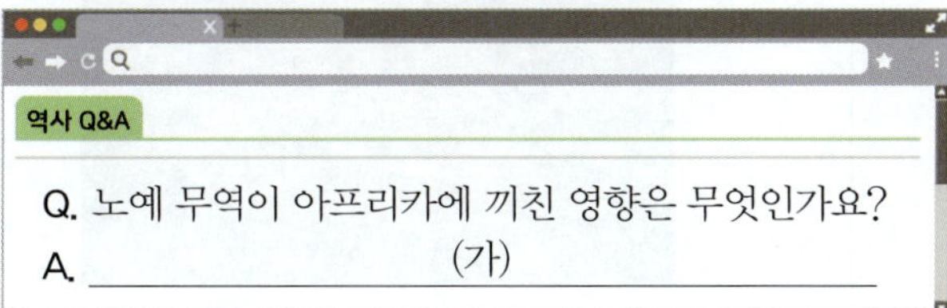

① 잉카 문명이 파괴되었다.
② 남녀 성 비율의 균형이 깨졌다.
③ 감자, 옥수수 등 새로운 작물이 들어왔다.
④ 금과 은이 대량으로 들어와 물가가 올랐다.
⑤ 사탕수수, 담배 등을 재배하는 대농장이 생겨났다.

12 다음 자료가 발표된 배경으로 옳은 것은?

> 제20조 교황이 모든 벌을 면제한다고 선언한다면 그것은 진정한 의미에서의 모든 벌이 아니라, 단지 교황 자신이 내린 벌을 면제한다는 것뿐이다.
> 제36조 진실로 회개한 크리스트교도는 면벌부가 없어도 벌이나 죄에서 완전히 해방된다.

① 과학 혁명이 일어났다.
② 계몽사상이 유행하였다.
③ 30년 전쟁이 발생하였다.
④ 헨리 8세가 교회의 수장이 되었다.
⑤ 교황 레오 10세가 면벌부를 판매하였다.

13 다음 주장과 관련된 종교 개혁에 대한 설명으로 가장 적절한 것은?

① 헨리 8세가 주장한 내용이다.
② 상공업자들의 호응을 얻었다.
③ 로마 가톨릭교회의 지지를 받았다.
④ 영국 국교회에서 주장하는 핵심 교리이다.
⑤ 아우크스부르크 화의에서 공식적으로 인정받았다.

14 다음 밑줄 친 '조약'에 대한 설명으로 옳은 것을 보기 에서 모두 고르면?

> **30년 전쟁, 드디어 끝나다!**
> 독일에서 일어난 30년 전쟁은 여러 나라가 참가하면서 국제 전쟁으로 확대되었다. 오랜 전쟁 끝에 조약이 체결되면서 전쟁은 막을 내리게 되었다.

> [보기]
> ㄱ. 영국 국교회가 수립되었다.
> ㄴ. 베스트팔렌 조약이라고 한다.
> ㄷ. 칼뱅파를 공식적으로 인정하였다.
> ㄹ. 영국에서 입헌 군주제의 토대가 마련되었다.

① ㄱ, ㄴ   ② ㄱ, ㄷ   ③ ㄴ, ㄷ
④ ㄴ, ㄹ   ⑤ ㄷ, ㄹ

15 다음 ㉠에 들어갈 정치 체제에 대한 설명으로 옳지 <u>않은</u> 것은?

중

> 16~18세기 유럽에서는 종교 전쟁을 거치며 군사 경쟁이 심화되었다. 이 과정에서 전문적인 군사력과 효율적인 징세 기구를 갖춘 (㉠)이/가 등장하였다.

① 상공 시민 계층의 재정적 지원을 받았다.
② 언제든 동원할 수 있는 상비군을 갖추었다.
③ 국왕이 봉건 영주 세력을 적극적으로 지원하였다.
④ 수출을 장려하고 수입을 억제하는 경제 정책을 펼쳤다.
⑤ 군주의 명령을 효율적으로 실행하는 관료제를 운영하였다.

16 중상주의 정책에 대한 설명으로 옳은 것을 보기에서 모두 고르면?

하

> **보기**
> ㄱ. 관세 장벽을 높였다.
> ㄴ. 완성품 수입을 장려하였다.
> ㄷ. 국내의 상공업을 보호하였다.
> ㄹ. 해외 식민지 개척에 적극적으로 나섰다.

① ㄱ, ㄴ　　② ㄱ, ㄷ　　③ ㄴ, ㄷ
④ ㄱ, ㄷ, ㄹ　　⑤ ㄴ, ㄷ, ㄹ

17 다음 (가)에 들어갈 내용으로 옳은 것은?

중

① 무적함대를 만들었어요.
② 권리 청원을 승인하였어요.
③ 베르사유 궁전을 지었어요.
④ 스스로를 '태양왕'이라고 불렀어요.
⑤ 동인도 회사를 통해 해외 시장 개척에 적극적으로 나섰어요.

18 다음 사건이 일어난 시기를 연표에서 옳게 고르면?

상

(가)	(나)	(다)	(라)	(마)
권리 청원 승인	찰스 1세 처형	찰스 2세 즉위	권리 장전 승인	

① (가)　② (나)　③ (다)　④ (라)　⑤ (마)

같은 주제 다른 문제

18-1 연표의 (다) 시기에 일어난 일로 옳은 것은?

상

① 크롬웰이 독재 정치를 펼쳤다.
② 영국 동인도 회사가 설립되었다.
③ 젠트리가 의회에 진출하기 시작하였다.
④ 엘리자베스 1세가 국왕으로 즉위하였다.
⑤ 의회파의 주도로 청교도 혁명이 일어났다.

19 다음 ㉠에 들어갈 인물에 대한 설명으로 옳지 <u>않은</u> 것은?

중

① 무적함대를 격파하였다.
② 왕권신수설을 철저히 신봉하였다.
③ 무리한 군사 활동으로 재정난을 초래하였다.
④ 콜베르를 등용하여 중상주의 정책을 펼쳤다.
⑤ 의회를 소집하지 않고 막대한 세금을 걷었다.

01 다음에서 설명하는 부대의 명칭을 쓰시오.

> - 오스만 제국의 정복 전쟁에서 크게 활약하여 영토 확장에 기여하였다.
> - 정복지의 크리스트교 소년 중 뛰어난 인재를 선발하여 이슬람교로 개종시킨 후 엄격한 훈련을 통해 술탄의 친위 부대로 삼았다.

02 신항로 개척이 일어난 배경을 <u>세 가지</u> 서술하시오.

03 다음 자료를 보고 물음에 답하시오.

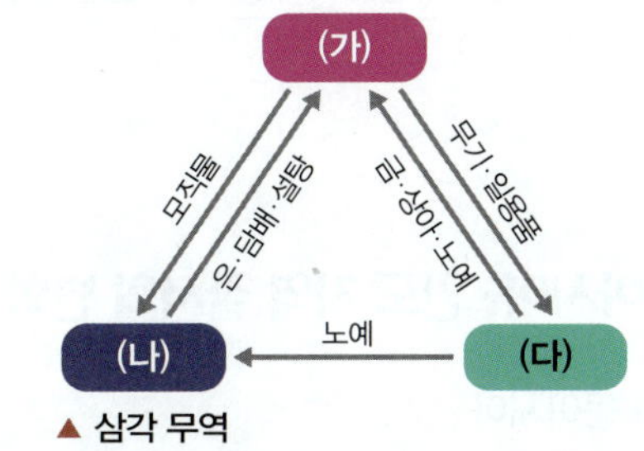

(1) (가)~(다)에 들어갈 대륙을 쓰시오.

(가) __________ (나) __________ (다) __________

(2) 위와 같은 무역이 (다)에 끼친 영향을 <u>두 가지</u> 서술하시오.

04 다음 글을 읽고 물음에 답하시오.

> 모든 사람은 동일한 상태로 창조된 것이 아니며, 어떤 사람에게는 영원한 삶이, 또 어떤 사람에게는 영원한 벌이 예정되어 있다.

(1) 위 주장을 한 인물을 쓰시오.

(2) 위 주장을 한 인물의 종교 개혁이 공식적으로 인정받게 된 사건을 서술하시오.

05 다음 글을 읽고 물음에 답하시오.

> 제1조 국왕이 의회의 동의 없이 법의 효력을 정지하거나 법의 집행을 정지하는 것은 위법이다.
> 제4조 의회의 승인 없이 국왕을 위해 세금을 거두어들이는 행위는 위법이다.
> 제6조 의회의 동의 없이 평상시에 상비군을 징집하고 유지하는 것은 위법이다.

(1) 위 문서의 이름을 쓰시오.

(2) 위 문서를 승인한 이후 영국의 정치에 나타난 변화를 서술하시오.

주요 사건

916	거란(요) 성립
960	송 건국
1115	여진, 금 건국
1185	가마쿠라 막부 수립
1206	칭기즈 칸, 몽골 통일
1271	(**❶**) 성립 ↳ 쿠빌라이 칸이 수도를 대도(베이징)로 옮기고 바꾼 나라 이름
1299	오스만 제국 건국
1336	무로마치 막부 수립
1368	명 건국
1405	명, 정화의 항해 시작
1453	비잔티움 제국 멸망
1492	콜럼버스, 서인도 제도 도착
1526	무굴 제국 성립
1533	피사로, (**❷**) 정복 ↳ 안데스고원에 위치한 제국으로, 요새인 마추픽추 건축
1555	아우크스부르크 화의
1603	에도 막부 수립
1618	독일, 30년 전쟁(~1648)
1636	후금, '청'으로 국호 변경
1644	명 멸망
1648	(**❸**) 조약 체결 ↳ 30년 전쟁을 끝낸 조약으로 칼뱅파를 공식적으로 인정하는 내용 포함
1688	명예혁명
1689	영국, 권리 장전 승인

01 유라시아 교역 및 문화 교류의 확대

1 북방 민족과 송의 성장

북방 민족		• 거란(요): 야율아보기가 건국, 연운 16주 차지 • 서하: 탕구트족이 건국, 비단길 무역 장악 • 여진(금): 아구다가 금 건국, 카이펑 함락, 화북 차지 • 특징: 이중 지배 체제 시행
송	정치	• 성립: 절도사 출신 조광윤(태조)이 건국, 5대 10국 통일 • 황제권 강화, 문인 관료를 우대하는 (**❹**) 실시 ➡ 사대부 성장 • 왕안석의 개혁: 민생 안정, 부국강병 목표로 개혁 실시 ➡ 보수파의 반대로 실패 • 남송 성립: 카이펑에서 임안(항저우)으로 천도
	경제	모내기법 보급, 도자기 등 수공업 발달, 지폐 등장, 해상 교역 발달(시박사 설치)
	문화	• 서민 문화 발달: 곡예, 만담, 인형극 등 • 과학 기술: 활판 인쇄술, 화약, 나침반 발명

2 유라시아를 아우른 몽골 제국

정치	• 칭기즈 칸: 몽골 통일, 국가 체제 정비, 인더스강 유역과 페르시아까지 진출 • 쿠빌라이 칸: 대제국 형성, 국호 '원'으로 변경 • 통치 방식: 몽골 제일주의(몽골인, 색목인, 한인, 남인으로 나누어 지배) • 쇠퇴: 쿠빌라이 칸 사후 계승 분쟁, 지배층의 사치, 자연재해, 교초 남발 등 ➡ 홍건적의 난 발생
경제	유라시아를 연결하는 교통로 발달, 교초 널리 사용
문화	서민 문화 발달(구어체 희곡과 소설 유행, 잡극 인기)

3 유라시아·인도양 교역권과 동서 교류

교역권 성장	• (**❺**) 설치: 여행자에게 숙식, 말 제공 • 초원길·비단길·바닷길 연결 ➡ 유라시아·인도양 교역권 성장
동서 교류 확대	• 다양한 종교 공존(이슬람교, 크리스트교, 마니교, 불교 등) • 인적 교류: 마르코 폴로(『동방견문록』), 이븐바투타(『여행기』) • 이슬람의 자연 과학 수용: 원에 천문대 설치, 수시력 제작

02 동아시아·인도 지역 질서의 변화

1 명·청과 동아시아

명	• 홍무제(주원장): 명 건국, 황제권 강화(재상제 폐지), 육유 반포, 이갑제 실시 • 영락제: 전성기, 자금성 건설, 베이징 천도, 정화의 항해
청	• 성립: 누르하치가 후금 건국 ➡ 홍타이지가 '청'으로 국호 변경 • 발전: 강희제, 옹정제, 건륭제 시기에 전성기 • 중국 지배 방식: 회유책(만한 병용제, 대규모 서적 편찬 사업), 강압책(변발·호복 강요, 사상 탄압)

2 명·청의 경제와 사회 변화

경제	• 농업: 이모작 확대, 아메리카 작물 보급, 상품 작물 재배 • 비단·면직물 등 수공업 발전, 대상인 집단 성장 • 대외 교류: 차·비단·도자기 수출로 대량의 은 유입 → 은으로 세금 납부
사회	• 지배층: 신사 • 학문: 양명학(명), 고증학(청) 발달
서민 문화	• 명: 『삼국지연의』, 『수호전』, 『서유기』 등의 소설 유행 • 청: 『홍루몽』 등의 소설 유행, 경극 발달
서양 문물 전래	• 마테오 리치: 세계 지도인 「(❻)」 제작, 『천주실의』 저술 • 아담 샬: 천문학과 역법, 대포 제작 기술 등 소개

3 일본 막부 정치의 전개

가마쿠라 막부	• 성립: 미나모토노 요리토모가 일본 최초의 무사 정권 수립 • 일본 특유의 봉건제 발전
무로마치 막부	• 성립: 아시카가 다카우지가 교토에 막부 수립 • 명과 교역(감합 무역)
전국 시대	• 다이묘들의 군사 대결로 혼란 지속, 크리스트교·조총 등 서양 문물 전래 • 도요토미 히데요시가 전국 통일
에도 막부	• 성립: 도쿠가와 이에야스가 에도에 막부 수립 • 다이묘 통제를 위해 (❼) 제도 시행 • 서민(조닌) 문화 발달: 가부키, 우키요에 • 해외 무역 통제, 네덜란드와 교역(난학 발달)

4 인도의 이슬람 왕조, 무굴 제국

발전	• 아크바르 황제: 북인도 전체와 아프가니스탄 정복, 종교 관용 정책(지즈야 폐지, 힌두교도도 관료로 등용) • 아우랑제브 황제: 남인도를 정복하여 최대 영토 확보, 이슬람 제일주의(지즈야 부활)
문화	인도·이슬람 문화(시크교, 우르두어, 타지마할)

03 서아시아와 유럽 사회의 변화

1 오스만 제국의 성립과 발전

발전	• 메흐메트 2세: 콘스탄티노폴리스 함락(비잔티움 제국 멸망) • 지배자는 술탄·칼리프라 불림, 술레이만 1세 때 전성기
관용 정책	• (❽): 술탄의 친위 부대 • 밀레트: 정해진 인두세를 내면 자치 공동체 조직 가능
경제	동서 교역로 장악, 이스탄불이 국제도시로 발전
문화	모스크 건립, 세밀화 유행, 커피 문화 발달

2 세계적 교역망의 확립과 영향

(1) 신항로 개척의 배경과 전개

배경	동방에 대한 호기심 고조, 이탈리아와 이슬람 상인들이 지중해 무역 독점, 지리학·천문학·항해술 발달
전개	• 콜럼버스: 서인도 제도 도착 • 바스쿠 다 가마: 희망봉 거쳐 인도 항로 개척 • 마젤란: 일행이 최초로 세계 일주 성공

(2) 신항로 개척 이후 유럽·아메리카·아프리카의 변화

유럽	• 무역의 중심지가 지중해에서 대서양으로 이동 → 대서양 중심의 삼각 무역 발달 • 가격 혁명: 아메리카 금은 대량 유통 → 물가 상승 • 상업 혁명: 상공업·금융업 발달 → 유럽 근대 자본주의 경제 발달의 토대
아메리카	• 아스테카 제국, 잉카 제국 멸망 • 유럽인이 아메리카 원주민을 동원하여 금은 채굴, 대농장 경영 → 아메리카 원주민 인구 감소
아프리카	노예 무역으로 인구 감소, 성비 불균형, 부족 간 갈등 심화

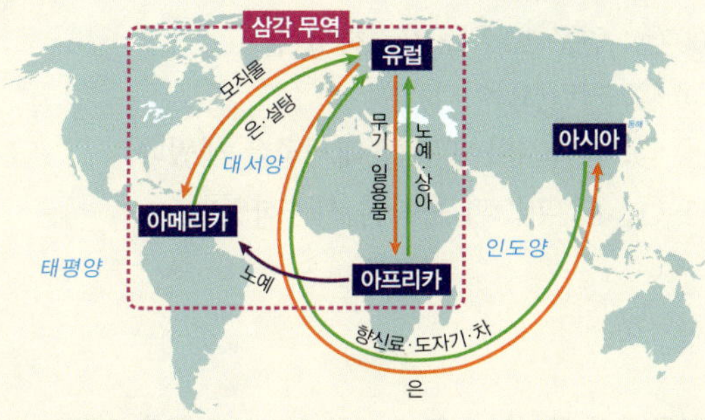

▲ 삼각 무역의 발달

3 유럽의 재정·군사 국가

(1) 종교 개혁과 종교 전쟁

종교 개혁	• 루터: (❾)을 발표하여 면벌부 판매 비판 → 아우크스부르크 화의로 루터파 인정 • 칼뱅: 예정설 주장 → 유럽 자본주의 발달에 영향 • 헨리 8세: 영국 국교회 성립
종교 전쟁	구교와 신교 간의 갈등 심화 → 독일의 30년 전쟁 → 베스트팔렌 조약으로 칼뱅파 인정

(2) 재정·군사 국가

특징	관료제와 상비군 운영, 중상주의 정책 실시
영국	• 엘리자베스 1세: 무적함대 격파, 동인도 회사 수립 • 청교도 혁명: 찰스 1세의 전제 정치 → 공화정 수립 → 크롬웰의 독재 → 왕정 부활(찰스 2세 즉위) • (❿): 의회가 제임스 2세 폐위, 메리와 윌리엄을 공동 왕으로 추대 → 권리 장전 승인(입헌 군주제 토대 마련)
프랑스	• 루이 14세: '태양왕', 왕권신수설 신봉, 베르사유 궁전 건축, 콜베르 등용 • 국내 산업 침체, 무리한 군사 활동으로 재정난

(3) 17~18세기 유럽 문화

예술	바로크 양식(화려, 웅장), 로코코 양식(우아, 섬세) 유행
과학 기술	지동설 주장(갈릴레이, 코페르니쿠스), 활판 인쇄술 발명(구텐베르크)
철학	계몽사상(인간의 이성에 의한 진보를 믿음)

대단원 실전 문제

01 다음 ㉠, ㉡ 나라에 대한 설명으로 옳은 것은?

① ㉠: 여진(금)이다.
② ㉠: 연운 16주를 차지하였다.
③ ㉡: 거란(요)이다.
④ ㉡: 유라시아에 걸친 대제국을 세웠다.
⑤ ㉠, ㉡: 파스파 문자를 사용하였다.

02 다음 ㉠에 들어갈 인물에 대한 설명으로 옳은 것은?

> ○○ 신문
>
> (㉠), 과거제를 개혁하다!
>
> 황제께서 과거의 최종 시험을 황제 앞에서 치르는 전시를 이번 시험부터 도입하기로 결정을 내리셨다.

① 육유를 반포하였다.
② 이갑제를 실시하였다.
③ 팔기군을 조직하였다.
④ 문치주의를 채택하였다.
⑤ 나라 이름을 '원'으로 고쳤다.

03 다음은 어떤 학생이 작성한 수행 평가 답안지이다. 이 학생이 받게 될 점수로 옳은 것은?

※ 송의 경제와 문화에 대한 설명이 맞으면 ○표, 틀리면 × 표 하시오(각 1점).

문항	내용	답
1	모내기법이 보급되었다.	○
2	지행합일을 강조하는 양명학이 발달하였다.	○
3	상업과 도시의 성장으로 서민 문화가 발달하였다.	○
4	상인과 수공업자는 행과 작 등의 동업 조합을 조직하였다.	×

① 0점　　② 1점　　③ 2점
④ 3점　　⑤ 4점

04 다음 ㉠에 들어갈 나라에 대한 설명으로 옳지 <u>않은</u> 것은?

▲ (㉠)의 인구 구성

① 남송을 멸망시켰다.
② 목화 재배가 확대되었다.
③ 잡극이 크게 유행하였다.
④ 다양한 종교가 공존하였다.
⑤ 화약, 나침반, 활판 인쇄술이 발명되었다.

05 다음 밑줄 친 '이 인물'에 대한 설명으로 옳은 것은?

> <u>이 인물</u>은 이탈리아 출신의 상인으로, 무역을 위해 중국을 드나들던 아버지를 따라 원에 갔다가 그곳에서 17년간 머물렀다. 그는 항저우와 대도, 취안저우에서 몽골 제국을 직접 접하였다.

① 수시력을 만들었다.
② 『동방견문록』을 출판하였다.
③ 「곤여만국전도」를 제작하였다.
④ 수도인 대도에 천문대를 건설하였다.
⑤ 천문학과 역법, 대포 제작 기술 등을 원에 소개하였다.

06 다음 ㉠ 황제에 대한 설명으로 옳은 것은?

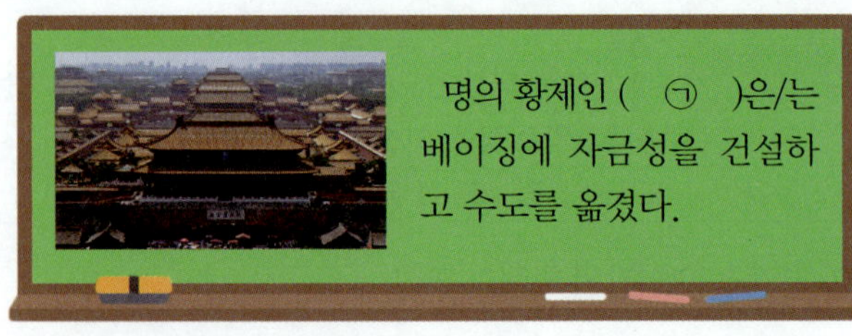

① 명을 건국하였다.
② 재상제를 폐지하였다.
③ 이갑제를 시행하였다.
④ 몽골 풍습을 금지하였다.
⑤ 정화의 함대를 해외로 파견하였다.

07 다음 사건을 일어난 순서대로 바르게 나열한 것은?

- ㄱ. 임진왜란이 일어났다.
- ㄴ. 이자성의 난이 발생하였다.
- ㄷ. 청이 베이징을 점령하여 수도로 삼았다.
- ㄹ. 정화의 항해로 아프리카 동부 해안까지 진출하였다.

① ㄱ-ㄴ-ㄹ-ㄷ
② ㄱ-ㄷ-ㄹ-ㄴ
③ ㄴ-ㄱ-ㄷ-ㄹ
④ ㄷ-ㄴ-ㄹ-ㄱ
⑤ ㄹ-ㄱ-ㄴ-ㄷ

08 다음 (가) 나라에 대한 설명으로 옳지 <u>않은</u> 것은?

① 홍타이지가 국호를 청으로 바꾸었다.
② 소수의 만주족이 다수의 한족을 지배하였다.
③ 몽골과 왜구 등 외적의 침략을 받아 쇠퇴하였다.
④ 건륭제는 오늘날 중국 영토의 대부분을 차지하였다.
⑤ 강희제는 러시아와 네르친스크 조약을 맺어 국경을 확정하였다.

09 다음 ㉠ 시기에 대한 설명으로 옳은 것을 보기 에서 모두 고르면?

신사

1. **의미:** 학생, 전·현직 관료 등 유교적 소양을 갖춘 지식인. (㉠) 시기 사회 지배층
2. **역할:** 지방관을 도와 향촌 사회의 질서 유지

보기
- ㄱ. 서민 문화가 발달하였다.
- ㄴ. 교초를 널리 사용하였다.
- ㄷ. 은을 세금으로 납부하였다.
- ㄹ. 농업 생산력의 향상으로 인구가 증가하였다.

① ㄱ, ㄴ
② ㄴ, ㄷ
③ ㄷ, ㄹ
④ ㄱ, ㄷ, ㄹ
⑤ ㄴ, ㄷ, ㄹ

10 다음 (가)에 들어갈 내용으로 가장 적절한 것은?

- **주제:** ____________________ (가)
- **모둠별 탐구 내용**
  - 「곤여만국전도」가 중국인의 세계관에 끼친 영향을 조사한다.
  - 청에 천문학, 역법, 대포 제작 기술 등이 소개된 배경을 알아본다.

① 서민 문화의 발달
② 이슬람 상인의 역할
③ 조닌 문화가 발달한 배경
④ 명·청대 서양 문물의 전래
⑤ 송대 발명품이 유럽 사회에 끼친 영향

11 일본 최초의 무사 정권에 대한 설명으로 옳은 것은?

① 교토에 수립되었다.
② 조닌 문화가 발달하였다.
③ 명과 감합 무역을 하였다.
④ 미나모토노 요리토모가 세웠다.
⑤ 지방의 다이묘들이 군사 대결을 벌였다.

12 다음 ㉠에 들어갈 막부에 대한 설명으로 옳지 <u>않은</u> 것은?

이 그림은 나가사키의 데지마를 표현하였다. (㉠) 시기에 이곳을 통해 네덜란드와 교류하였다.

① 막번 체제를 수립하였다.
② 가무극인 가부키가 유행하였다.
③ 조선과 통신사와 왜관을 통해 교류하였다.
④ 원의 침략을 막아 내는 과정에서 쇠퇴하였다.
⑤ 산킨코타이 제도를 시행하여 다이묘를 통제하였다.

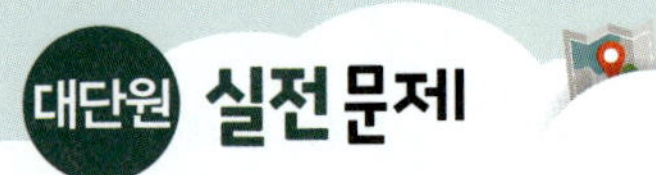

13 다음 황제에 대한 설명으로 옳은 것은?

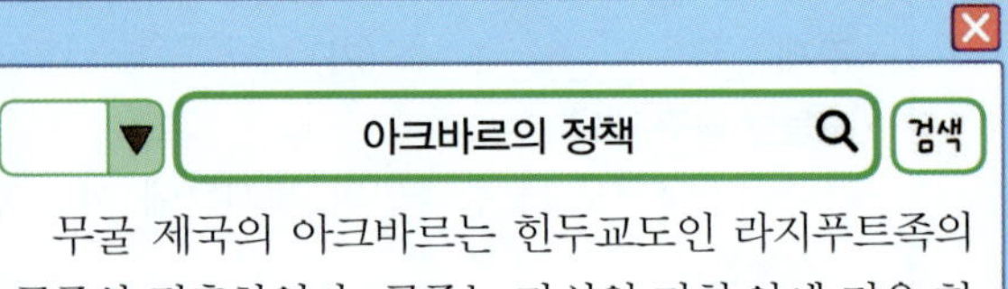

① 지즈야를 폐지하였다.
② 남인도를 정복하였다.
③ 타지마할을 건축하였다.
④ 델리 술탄 왕조를 무너뜨렸다.
⑤ 인도 역사상 가장 넓은 영토를 차지하였다.

14 다음 종교가 발달한 나라에 대한 설명으로 옳지 <u>않은</u> 것은?

▲ 시크교의 황금 사원

① 무굴 회화가 유행하였다.
② 우르두어를 널리 사용하였다.
③ 술탄 아흐메트 사원이 세워졌다.
④ 인도·이슬람 문화가 발전하였다.
⑤ 면직물이 대표적인 수출품이었다.

15 다음 ㉠에 들어갈 나라에 대한 설명으로 옳은 것은?

▲ 테오도시우스 성벽

콘스탄티노폴리스는 천 년 동안 한 번도 함락된 적이 없는 요새였는데, (㉠)의 메흐메트 2세가 50여 일 만에 함락하였다.

① 이스마일 1세가 건국하였다.
② 사마르칸트를 수도로 삼았다.
③ 술레이만 1세 때 전성기를 맞았다.
④ 시아파 이슬람교를 국교로 삼았다.
⑤ 전통적 왕의 칭호인 '샤'를 사용하였다.

16 다음 밑줄 친 ㉠의 영향으로 적절하지 <u>않은</u> 것은?

① 아메리카 토착 문명이 파괴되었다.
② 지중해 연안 국가들이 번영을 누렸다.
③ 감자, 옥수수, 담배 등 새로운 작물이 유럽에 들어왔다.
④ 유럽, 아메리카, 아프리카를 잇는 삼각 무역이 발달하였다.
⑤ 아메리카의 금과 은이 유럽에 대량으로 유통되면서 물가가 크게 올랐다.

17 다음 (가), (나) 나라에 대한 설명으로 옳은 것을 **보기**에서 모두 고르면?

보기

ㄱ. (가): 거대한 피라미드 신전을 지었다.
ㄴ. (가): 계단식 밭을 이용하여 작물을 재배하였다.
ㄷ. (나): 요새인 마추픽추를 건설하였다.
ㄹ. (나): 에스파냐의 코르테스에 의해 정복되었다.

① ㄱ, ㄴ
② ㄱ, ㄷ
③ ㄴ, ㄹ
④ ㄴ, ㄹ
⑤ ㄷ, ㄹ

중요 

18 다음 자료에 나타난 사건을 계기로 일어난 종교 개혁에 대한 설명으로 가장 적절한 것은?

보고 싶은 언니에게

언니, 소식 들었어? 로마 가톨릭교회에서 신자에게 기부금을 받고 교황의 이름으로 벌을 면제해 준다는 면벌부를 판매하고 있는데 요즘 그렇게 불티나게 팔린대.

① 상공업자의 호응을 얻었다.
② 영국 국교회가 수립되었다.
③ 독일에서 30년 전쟁이 일어났다.
④ 루터가 95개조 반박문을 발표하였다.
⑤ 칼뱅이 예정설을 주장하며 종교 개혁을 일으켰다.

19 다음 (가)에 들어갈 내용으로 가장 적절한 것은?

① 공화정이 수립되었다.
② 낭트 칙령이 폐지되었다.
③ 권리 청원이 승인되었다.
④ 입헌 군주제의 토대가 마련되었다.
⑤ 제임스 2세가 국왕으로 즉위하였다.

중요

20 재정·군사 국가에 대한 설명으로 옳은 것을 보기 에서 모두 고르면?

보기
ㄱ. 상비군을 양성하였다.
ㄴ. 중상주의 정책을 실시하였다.
ㄷ. 산업 혁명 이후 유럽에서 시작되었다.
ㄹ. 군주의 명령을 효율적으로 시행하기 위해 관료제를 시행하였다.

① ㄱ, ㄴ　　② ㄱ, ㄷ　　③ ㄴ, ㄹ
④ ㄱ, ㄴ, ㄹ　　⑤ ㄴ, ㄷ, ㄹ

21 다음에서 설명하는 문화를 쓰시오.

• 에도 막부의 상공업자를 중심으로 발전한 서민 문화이다.
• 가부키, 우키요에가 대표적이다.

22 다음 자료를 보고 물음에 답하시오.

▲ 타지마할

(1) 위 건축물을 세운 나라를 쓰시오.

(2) 위 건축물을 세운 나라의 문화적 특징을 서술하시오.

23 재정·군사 국가의 특징을 **두** 가지 서술하시오.

자료 소개 시험에 자주 출제되는 핵심 자료의 키워드를 담은 카드예요.

활용 TIP 시험 직전에 카드에 있는 자료와 키워드를 중심으로 내용을 복습해 보아요!

차례

1 만주와 한반도의 구석기 유적

자료 가이드 만주와 한반도의 주요 구석기 유적을 파악하기

빈출 키워드 #뗀석기 #사냥과 채집 #이동 생활 #동굴 #막집

2 만주와 한반도의 신석기 유적

자료 가이드 만주와 한반도의 주요 신석기 유적을 파악하기

빈출 키워드 #간석기 #농경과 목축 #신석기 혁명 #움집 #정착 생활 #토기 사용

3 문명의 형성

자료 가이드 4대 문명의 위치를 확인하고 각 문명의 특징 파악하기

빈출 키워드 #메소포타미아 문명_지구라트_함무라비 법전 #이집트 문명_피라미드 #인도 문명_카스트제 #중국 문명_갑골문_봉건제

4 카스트제

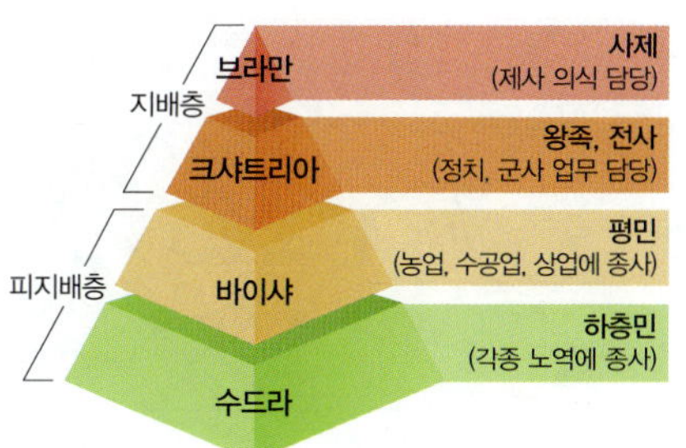

자료 가이드 카스트에 따른 사회적 지위와 직업 확인하기

빈출 키워드 #아리아인 #신분 제도 #브라만 #크샤트리아 #바이샤 #수드라

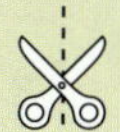

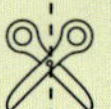

5 상과 주의 세력 범위

자료 가이드 상과 주의 영역과 수도를 확인하고 각 나라의 특징 파악하기

빈출 키워드 #상 #신권 정치_갑골문
#주 #봉건제_혈연 의식

6 아케메네스 왕조 페르시아의 영역

자료 가이드 아케메네스 왕조 페르시아의 영역을 확인하고 왕의 길과 다리우스 1세를 연결하여 파악하기

빈출 키워드 #다리우스 1세 #왕의 길 #왕의 눈
#왕의 귀 #화폐와 도량형 통일

7 알렉산드로스 제국의 영역

자료 가이드 알렉산드로스 제국의 영역을 확인하고 알렉산드리아와 동서 융합 정책을 연결하여 파악하기

빈출 키워드 #알렉산드로스 #알렉산드리아
#헬레니즘 문화_세계 시민주의

8 로마의 영역

자료 가이드 로마의 영역을 확인하고 로마-카르타고 전쟁의 영향과 로마의 동서 분열 배경을 파악하기

빈출 키워드 #공화정 #로마-카르타고 전쟁 #제정
#아우구스투스 #콘스탄티누스 대제

9 춘추 전국 시대

자료 가이드 춘추 전국 시대의 영역을 확인하고 당시 정치, 사회, 경제적 특징을 연결하여 파악하기

빈출 키워드 #주의 동천 #철제 농기구와 무기 #제자백가_유가_도가_묵가_법가

10 진의 영역

자료 가이드 진의 영역을 확인하고 시황제의 정책을 연결하여 파악하기

빈출 키워드 #시황제 #법가 #분서갱유 #군현제 #만리장성 #화폐 · 도량형 · 문자 통일

11 한의 영역

자료 가이드 한의 영역을 확인하고 한 무제의 정책을 연결하여 파악하기

빈출 키워드 #한 무제 #군현제 #유교 통치 이념화 #장건_비단길 개척 #소금과 철의 전매 제도

12 불교의 전파

자료 가이드 상좌부 불교와 대승 불교가 전파된 지역을 확인하고 각 불교 종파의 특징을 연결하여 파악하기

빈출 키워드 #상좌부 불교_마우리아 왕조_개인의 해탈 #대승 불교_쿠샨 왕조_중생 구제

1 남북조 시대

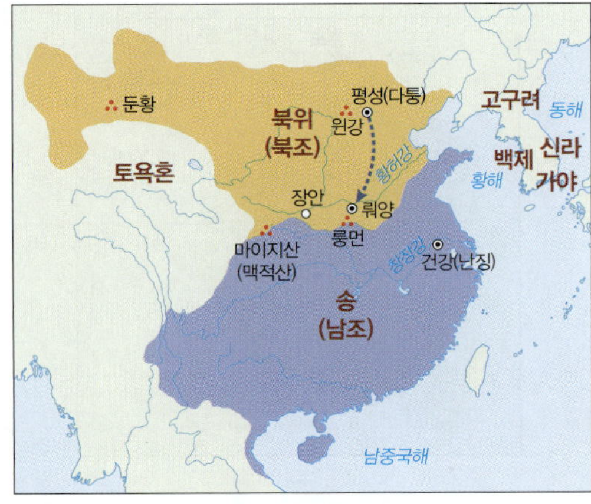

자료가이드 북위와 송의 영역을 확인하고 남북조의 정치, 사회, 문화를 연결하여 파악하기

빈출키워드 #북위_효문제_한화 정책 #9품중정제 #청담 사상 #도교 #대규모 석굴 사원

2 수·당의 영역

자료가이드 수·당의 영역을 확인하고 수·당대 정치 상황을 연결하여 파악하기

빈출키워드 #수 문제_과거제 #수 양제_대운하 #당 태종 #율령_3성 6부 #안사의 난

3 일본 고대 국가의 중심지

자료가이드 일본 고대 국가의 중심지를 확인하고 고대 국가의 특징을 연결하여 파악하기

빈출키워드 #야마토 정권_아스카 문화_다이카 개신 #나라 시대_도다이사 『일본서기』 #헤이안 시대_국풍 문화_가나 문자

4 사산 왕조 페르시아의 영역

자료가이드 사산 왕조 페르시아의 영역을 확인하고 정치, 경제, 문화를 연결하여 파악하기

빈출키워드 #중계 무역 #조로아스터교_아후라 마즈다 #유리 공예 #금속 세공술

5 굽타 왕조의 영역

자료 가이드 굽타 왕조의 영역을 확인하고 정치, 경제, 문화를 연결하여 파악하기

빈출 키워드 #찬드라굽타 2세 #동서 무역 #힌두교 #산스크리트 문학 #굽타 양식_아잔타 석굴 사원

6 게르만족의 이동

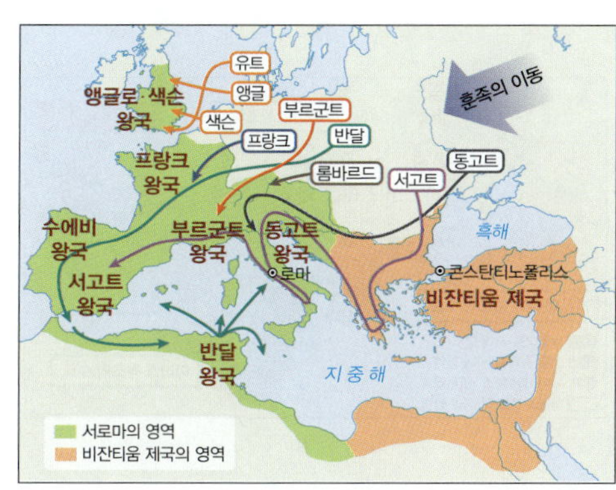

자료 가이드 게르만족의 이동 경로를 확인하고 서로마 제국의 멸망과 프랑크 왕국의 정치적 상황을 파악하기

빈출 키워드 #훈족 #게르만족 #서로마 제국 멸망 #프랑크 왕국_카롤루스 대제_서로마 황제 대관

7 비잔티움 제국의 영역

자료 가이드 비잔티움 제국의 영역을 확인하고 정치, 경제, 문화를 연결하여 파악하기

빈출 키워드 #유스티니아누스 황제 『유스티니아누스 법전』 #콘스탄티노폴리스 #성상 파괴령 #그리스 정교 #비잔티움 양식_성 소피아 성당

8 6세기경 아라비아반도

자료 가이드 아라비아반도의 교역로를 확인하고 새로운 무역로의 발달 배경과 이슬람교가 성립한 까닭을 연결하여 파악하기

빈출 키워드 #메카 #메디나 #무함마드_이슬람교_유일신 알라 숭배_인간 평등 #헤지라

9 이슬람 세계의 팽창

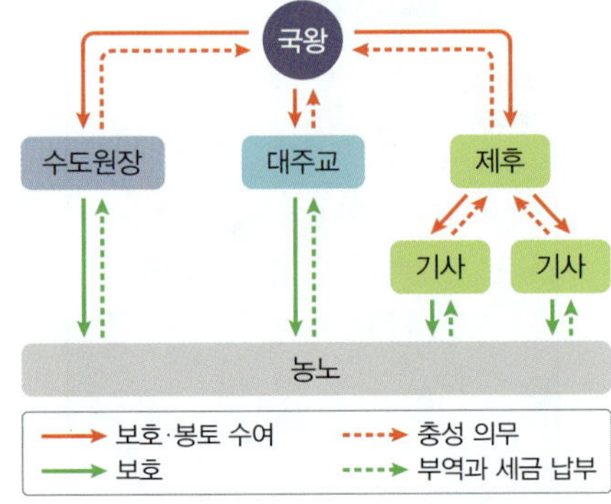

자료 가이드 이슬람 세계의 영역과 변화 과정을 확인하고 각 이슬람 왕조의 특징을 연결하여 파악하기

빈출 키워드 #정통 칼리프 시대_칼리프 선출 #우마이야 왕조_아랍인 우대 정책 #아바스 왕조_탈라스 전투_바그다드

10 서유럽의 봉건 제도

자료 가이드 봉건 사회의 구조를 확인하고 중국의 봉건제와 비교하여 특징 파악하기

빈출 키워드 #주종 관계 #계약 관계 #주군 #봉신 #영주 #농노 #장원 #지방 분권적

11 십자군 전쟁

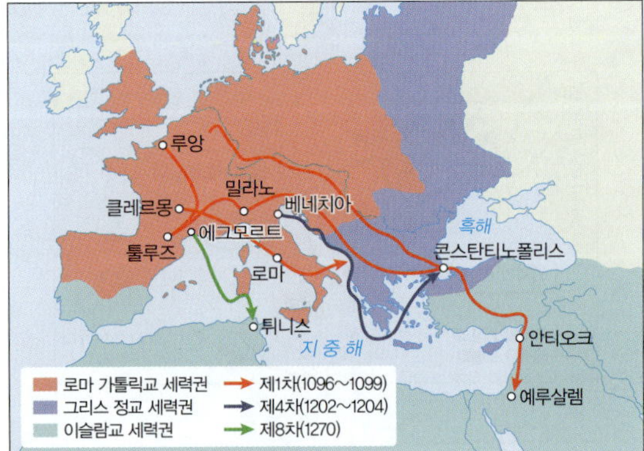

자료 가이드 십자군 전쟁 당시 십자군의 이동 경로를 확인하고 전쟁이 일어난 배경과 전개 과정, 영향을 연결하여 파악하기

빈출 키워드 #셀주크 튀르크 #예루살렘 #성지 회복 실패 #지중해 무역권 #교황권 약화

12 르네상스의 확산

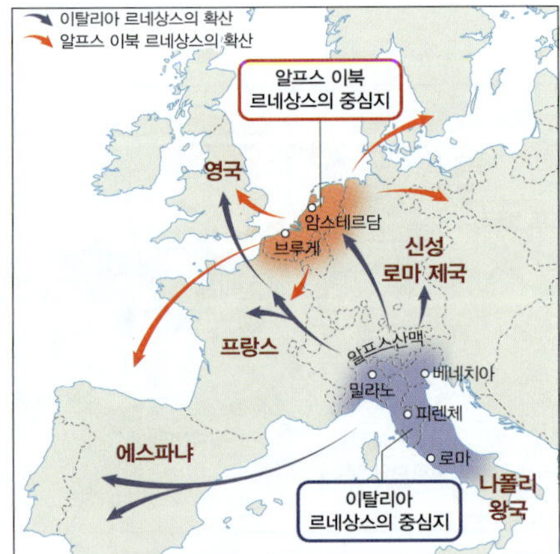

자료 가이드 르네상스가 확산된 경로를 확인하고 지역별 르네상스의 특징을 연결하여 파악하기

빈출 키워드 #이탈리아 르네상스_인문주의_레오나르도 다 빈치 #알프스 이북 르네상스_사회·교회 비판_에라스뮈스

1 11세기 정세도

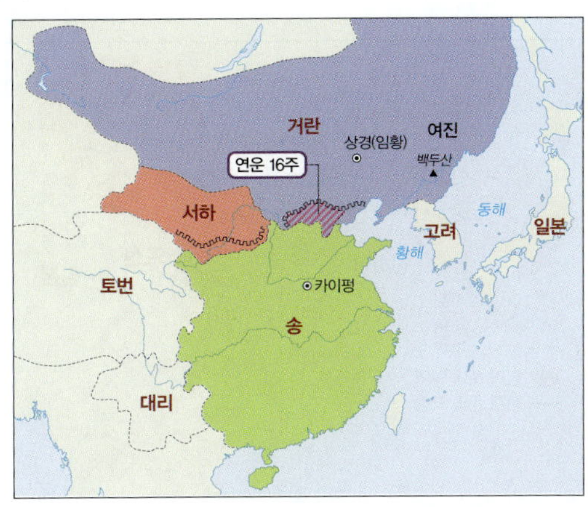

자료 가이드 11세기 동아시아의 정세를 확인하고 거란, 서하의 성장에 따른 송의 상황을 연결하여 파악하기

빈출 키워드 #거란_야율아보기_연운 16주 #서하_비단길 장악 #송_문치주의_군사력 약화

2 12세기 정세도

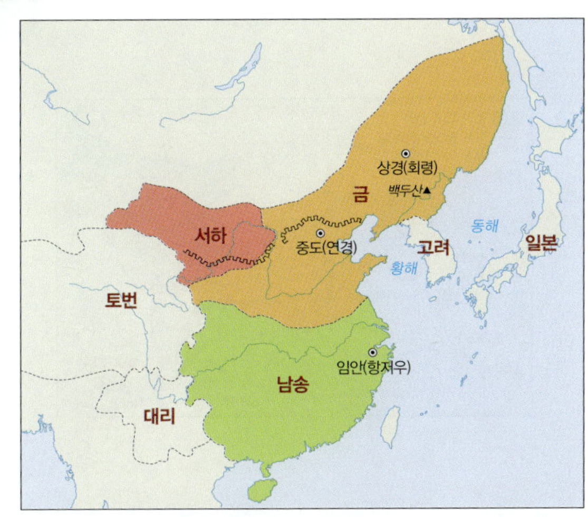

자료 가이드 12세기 동아시아의 정세를 확인하고 금의 성장에 따른 송의 상황을 연결하여 파악하기

빈출 키워드 #여진_아구다_금 #거란 멸망 #카이펑 함락 #남송

3 몽골 제국의 성립

자료 가이드 몽골 제국의 영역을 확인하고 정치, 경제, 문화를 연결하여 파악하기

빈출 키워드 #칭기즈 칸 #기마병 #쿠빌라이 칸_원 #몽골 제일주의 #교초 #서민 문화_잡극

4 몽골 제국 시기 동서 교류

자료 가이드 몽골 제국 시기 주요 교통로와 역참, 인적 교류를 확인하고 동서 교류가 활발했던 배경을 연결하여 파악하기

빈출 키워드 #역참 #초원길 · 비단길 · 바닷길 연결 #유라시아 · 인도양 교역권 #마르코 폴로 #이븐 바투타 #수시력

5 명의 영역과 정화의 항해

자료 가이드 명의 영역과 정화의 항해로를 확인하고 정화의 항해가 명에 끼친 영향을 연결하여 파악하기

빈출 키워드 #영락제 #정화의 항해 #조공·책봉 관계 #명의 국력 과시

6 청의 영역

자료 가이드 청의 영역을 확인하고 청의 발전 과정과 한족 지배 방식을 연결하여 파악하기

빈출 키워드 #홍타이지_청 건국 #팔기군 #강희제 #옹정제 #건륭제 #회유책과 강압책

7 16~17세기 세계 은의 경로

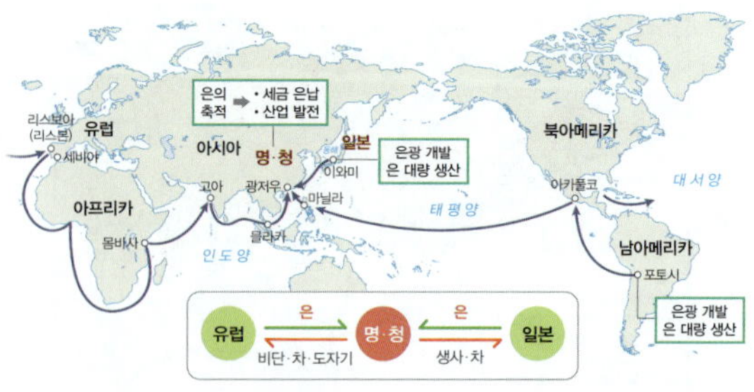

자료 가이드 은의 경로를 확인하고 은이 중국으로 유입된 배경과 은이 명·청대 경제에 끼친 영향을 연결하여 파악하기

빈출 키워드 #은 #마제은 #명·청대 세제 개혁 #신항로 개척 #세계적 교역망 형성

8 가마쿠라 막부의 봉건 구조

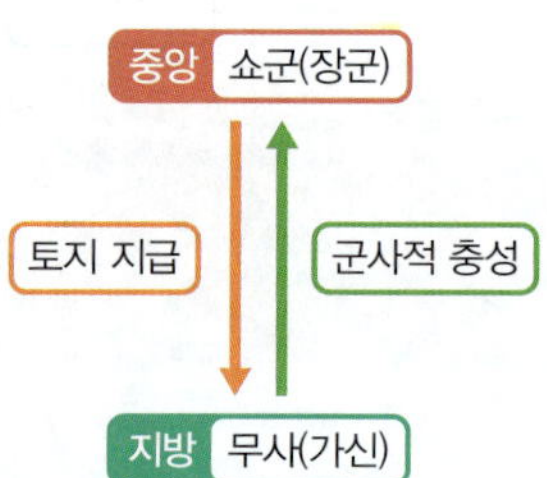

자료 가이드 봉건제의 구조를 확인하고 유럽의 봉건 제도, 중국의 봉건제와 비교하여 특징 파악하기

빈출 키워드 #가마쿠라 막부 #주종 관계 #천황_이념상 최고 지배자 #쇼군_최고 지배자 #무사

9 무굴 제국의 영역

자료 가이드
무굴 제국의 영역을 확인하고 정치, 경제, 문화를 연결하여 파악하기

빈출 키워드
#아크바르 황제_관용 정책 #아우랑제브 황제_이슬람 제일주의 #인도·이슬람 문화_시크교_타지마할

10 오스만 제국의 영역

자료 가이드
오스만 제국의 영역을 확인하고 정치, 경제, 문화를 연결하여 파악하기

빈출 키워드
#메흐메트 2세_비잔티움 제국 멸망 #술탄·칼리프 #술레이만 1세_전성기 #관용 정책_밀레트_예니체리

11 신항로 개척의 전개

자료 가이드
신항로 개척의 과정을 확인하고 신항로 개척의 배경과 영향을 연결하여 파악하기

빈출 키워드
#바스쿠 다 가마 #콜럼버스 #마젤란 #대서양 무역 #가격 혁명 #상업 혁명 #아메리카 문명 파괴 #노예 무역 #은

12 16세기 유럽의 종교 분포

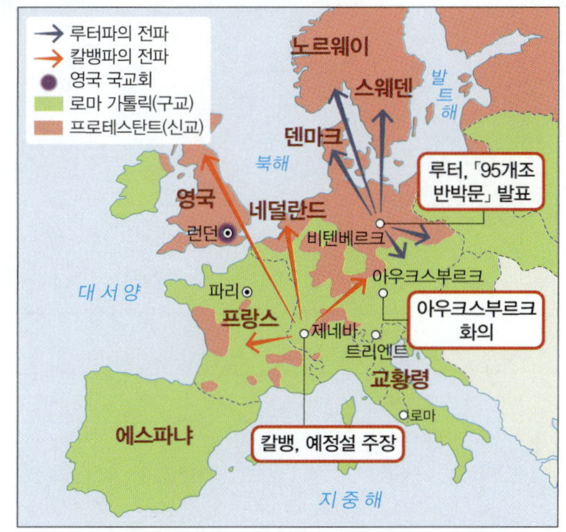

자료 가이드
유럽의 종교 분포를 확인하고 종교 개혁의 배경과 전개 과정을 연결하여 파악하기

빈출 키워드
#루터_95개조 반박문_아우크스부르크 화의 #칼뱅_예정설_베스트팔렌 조약 #헨리 8세_영국 국교회 #30년 전쟁

 메모

중학 **역사** ①-1

개념 학습 정리책

중학

역사 ①-1

실력 확인 문제   **시험 빈출 문제**

문제로 복습하는   시험 빈출 문제로
실력 확인   실력 올리기

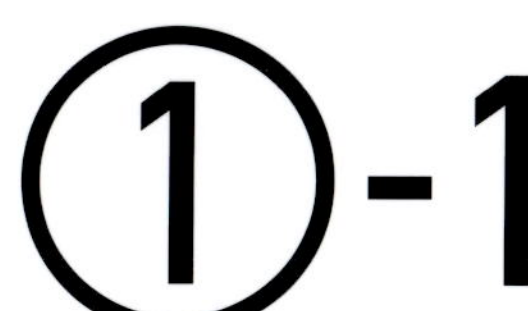

실력 확인 문제

시험 빈출 문제

실력 확인 문제   Ⅰ 역사 학습의 기초 ～ Ⅱ-01 선사 문화와 문명의 특징 ①

1 역사의 의미

❶ □□로서의 역사	과거에 일어난 사실 그 자체
❷ □□으로서의 역사	기록한 사람의 관점과 생각 반영

2 역사 학습의 목적

역사 학습의 중요성	• 삶의 지혜와 교훈을 얻음 • 현재 상황을 이해하고 미래 전망
세계사 학습의 중요성	• 여러 나라의 역사와 문화를 존중 • 공동체에 참여하는 시민성 함양

3 역사 탐구의 절차

사료와 역사가	• ❸□□: 과거 인류가 남긴 기록 • 역사가: 사료를 연구하여 과거에 일어난 일을 밝히는 사람
역사 서술의 절차	사료 수집 ➡ 사료 비판 ➡ 역사 추론 및 해석 ➡ 역사 서술

4 역사 탐구의 방법   탐구 주제 선정 ➡ 자료 수집 ➡ 사료 비판 ➡ 역사 구성

5 인류의 출현과 선사 문화

1 인류의 진화와 이동

오스트랄로피테쿠스 아파렌시스	약 400만 년 전 등장, 직립 보행, 두 손으로 간단한 도구를 만들어 사용
❹ □□□□□	완전한 직립 보행, 불과 언어 사용
호모 네안데르탈렌시스	시체 매장 풍습 보유
❺ □□□□	오늘날 인류의 직접 조상

2 구석기 시대와 신석기 시대

구석기 시대	• 도구: 뗀석기(찍개, 주먹 도끼 등) 사용 • 식량: 사냥과 채집, 고기잡이 • 생활: 이동 생활, 바위 그늘·동굴·막집에서 거주 • 문화: 장례 문화, 동굴 벽화·조각상 제작
❻ □□□ 시대	• 도구: ❼□□□ 사용, 토기 제작 • 식량: ❽□□과 목축(신석기 혁명) • 생활: 정착 생활, 부족 사회, 움집 제작 • 문화: 원시 신앙 발생

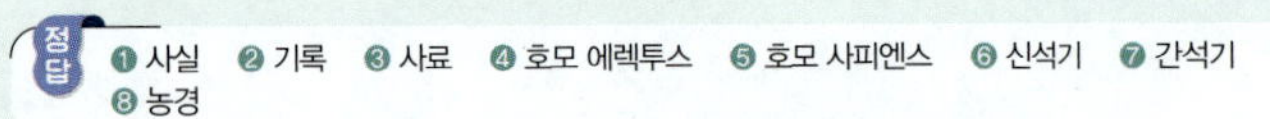

---

01 다음 (가), (나)와 관련된 역사의 의미에 대한 설명으로 옳은 것은? 〈중〉

> (가) 역사는 본래 과거가 어떠했는지를 말해 주는 것이다.
> (나) 역사는 과거와 현재 사이의 끊임없는 대화이다.

① (가): 랑케의 주장이다.
② (가): 역사 서술의 주관성을 강조한다.
③ (나): 사실로서의 역사에 해당한다.
④ (나): 역사는 과거에 일어난 사실을 의미한다.
⑤ (가), (나): 역사가의 관점에서 재구성된 역사가 진정한 역사라고 본다.

02  다음과 관련된 역사의 의미에 대한 설명으로 옳지 <u>않은</u> 것은? 〈상〉

> • 콜럼버스는 신대륙을 발견한 개척자이다.
> • 콜럼버스는 아메리카를 침략한 침략자이다.

① 기록으로서의 역사에 해당한다.
② 역사 해석의 주관성이 강조된다.
③ 역사는 과거의 사실 그 자체이다.
④ 역사가 카의 주장을 보여 주는 사례이다.
⑤ 역사는 기록하는 사람의 관점에 영향을 받는다.

03 기록으로서의 역사에 대한 설명으로 가장 적절한 것은? 〈중〉

① 역사 서술의 객관성을 강조한다.
② 랑케가 주장한 역사의 의미이다.
③ 역사적 사실 자체가 중요하다고 본다.
④ 역사적 사실과 역사가의 해석이 상호 작용을 해야 한다.
⑤ 역사를 기록할 때 역사가의 판단이 개입되어서는 안 된다.

04 사실로서의 역사에 대한 설명으로 옳은 것을 보기 에서 모두 고르면?

보기

ㄱ. 과거에 일어난 일 그 자체이다.

ㄴ. 역사는 객관적 사실을 의미한다.

ㄷ. 역사를 기록하는 사람의 관점이 중요하다.

ㄹ. 역사가는 사료를 바탕으로 해석을 거쳐 역사를 서술한다.

① ㄱ, ㄴ　　　② ㄱ, ㄷ　　　③ ㄴ, ㄷ
④ ㄴ, ㄹ　　　⑤ ㄷ, ㄹ

05 다음 (가)에 들어갈 내용으로 옳지 <u>않은</u> 것은?

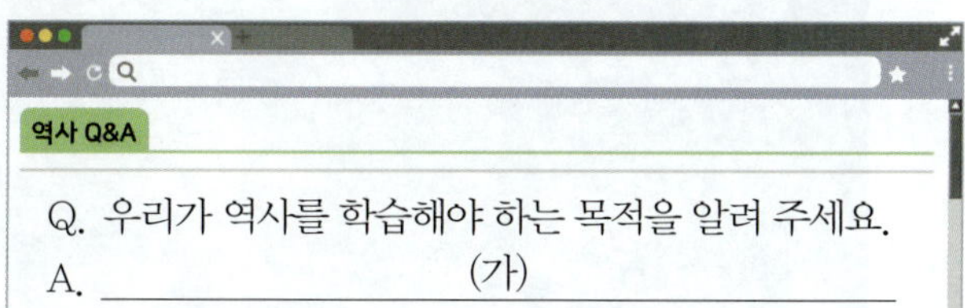

① 역사적 판단력을 기를 수 있다.

② 역사적 탐구력을 기를 수 있다.

③ 삶의 지혜와 교훈을 얻을 수 있다.

④ 한국사의 우월성을 확인할 수 있다.

⑤ 부끄러운 역사를 반성하고 더 나은 미래를 준비할 수 있다.

06 세계사를 학습하는 목적으로 적절하지 <u>않은</u> 것은?

① 포용적 태도를 갖출 수 있다.

② 우리 문화의 우수성을 이해할 수 있다.

③ 역사적 주체로서 시민성을 함양할 수 있다.

④ 평화로운 미래를 향한 밑거름이 될 수 있다.

⑤ 여러 나라의 정체성과 가치를 존중하는 태도를 함양할 수 있다.

07 유적에 해당하는 사례로 옳은 것은?

① 창덕궁　　　　　　② 주먹 도끼

③ 신라의 금관　　　　④ 『조선왕조실록』

⑤ 빗살무늬 토기

08 다음 ㉠에 들어갈 내용으로 옳은 것은?

① 사료 수집　　　　② 사료 비판

③ 역사 서술　　　　④ 연구 주제 설정

⑤ 역사 추론 및 해석

09 역사 서술의 절차를 순서대로 바르게 나열한 것은?

ㄱ. 사료 비판	ㄴ. 사료 수집
ㄷ. 역사 서술	ㄹ. 역사 추론 및 해석

① ㄱ－ㄴ－ㄷ－ㄹ　　　② ㄴ－ㄱ－ㄹ－ㄷ

③ ㄴ－ㄹ－ㄱ－ㄷ　　　④ ㄷ－ㄹ－ㄱ－ㄴ

⑤ ㄹ－ㄷ－ㄱ－ㄴ

10 다음 ㉠에 들어갈 내용으로 옳은 것은? 

> 오스트랄로피테쿠스 아파렌시스가 (㉠)을/를 하면서 오래 걸을 수 있게 되었고, 자유롭게 두 손을 쓸 수 있게 되었다.

① 도구 사용
② 불의 사용
③ 직립 보행
④ 언어 사용
⑤ 전 세계에 걸쳐 번성

빈출

11 다음 (가)에 대한 설명으로 옳은 것은? 

(가)	호모 에렉투스	호모 네안데르탈렌시스	호모 사피엔스

약 400만 년 전	약 180만 년 전	약 40만 년 전	약 20만 년 전

① 관개 농업을 시행하였다.
② 완전한 직립 보행을 시작하였다.
③ 불과 언어를 처음으로 사용하였다.
④ 처음으로 직립 보행을 한 인류이다.
⑤ 오늘날 인류의 직접 조상으로 여겨진다.

12 다음 도구를 사용한 시대에 대한 설명으로 옳지 <u>않은</u> 것은?

▲ 찍개

① 사냥과 채집으로 식량을 구하였다.
② 돌을 깨뜨려서 뗀석기를 만들었다.
③ 먹거리를 찾아 이동하며 생활하였다.
④ 씨족 중심의 부족 사회를 형성하였다.
⑤ 사람이 죽으면 매장을 하고 장례 의식을 치렀다.

빈출

13 다음 유물을 제작한 시대에 대한 설명으로 옳지 <u>않은</u> 것은?

◀ 빌렌도르프의 비너스

① 이동 생활을 하였다.
② 동굴 벽화를 그렸다.
③ 바위 그늘이나 동굴에서 살았다.
④ 찍개, 주먹 도끼 등을 사용하였다.
⑤ 주로 움집을 지어 주거지를 마련하였다.

14 다음 자료에 나타난 시기의 생활 모습으로 옳은 것은? 

① 정착하여 생활하였다.
② 특정 동식물을 숭배하였다.
③ 돌을 갈아서 도구를 제작하였다.
④ 흙을 빚어 구운 토기를 사용하였다.
⑤ 물건을 찍는 용도인 찍개를 만들어 사용하였다.

15 다음 ㉠에 들어갈 내용으로 옳은 것은? 

> 신석기 시대의 큰 변화는 (㉠)을/를 시작하게 된 것이다. 이에 인류는 스스로 식량을 생산하게 되었고, 인구가 크게 증가하였다. 이러한 변화를 신석기 혁명이라고 한다.

① 정착 생활
② 불의 사용
③ 장례 의식
④ 농경과 목축
⑤ 동굴 벽화 제작

16  신석기 시대에 대한 설명으로 옳은 것을 보기 에서 모두 고르면?

보기
ㄱ. 갈돌과 갈판을 사용하였다.
ㄴ. 자연물에 영혼이 있다고 믿었다.
ㄷ. 불과 언어를 사용하기 시작하였다.
ㄹ. 먹거리를 찾아 이동 생활을 하였다.

① ㄱ, ㄴ   ② ㄱ, ㄷ   ③ ㄴ, ㄷ
④ ㄴ, ㄹ   ⑤ ㄷ, ㄹ

17  다음 (가)에 들어갈 내용으로 가장 적절한 것은?

역사 탐구 계획서
• 탐구 주제: ________ (가) ________
• 조사할 내용:
– 정착 생활을 하게 된 배경
– 움집을 만드는 방법과 특징
– 농경과 목축의 시작이 인류에 끼친 영향

① 최초의 직립 보행
② 구석기 시대의 도구
③ 신석기 시대의 토기
④ 구석기 시대의 주거 생활 변화
⑤ 신석기 시대의 주거 생활 변화

18  다음 (가), (나) 시대에 대한 설명으로 옳은 것은?

(가) 시대의 도구

(나) 시대의 도구

① (가): 움집을 지었다.
② (가): 토기를 제작하였다.
③ (나): 이동 생활을 하였다.
④ (나): 농사를 짓고 가축을 길렀다.
⑤ (가), (나): 실을 뽑아 옷을 지어 입었다.

19 다음에서 설명하는 용어를 쓰시오.

과거 인류가 남긴 기록이나 흔적으로 전설, 문서, 책, 일기, 비석, 건축물 등이 이에 해당한다.

____

20 다음에서 알 수 있는 역사의 의미 두 가지를 서술하시오.

'역사'에서의 歷(역)은 '세월이나 세대, 왕조가 흘러간 것'을 뜻한다. 史(사)는 '기록하는 일' 또는 '기록하는 사람'을 뜻한다.

____

____

21 다음 글을 읽고 물음에 답하시오.

약 1만 년 전 빙하기가 끝나고 날씨가 따뜻해지자 일부 거대한 동물은 멸종하였고 작고 날쌘 동물이 많아졌다. 이전보다 더 정교한 도구가 필요해진 사람들은 새로운 도구를 만들어 사용하였다.

⑴ 밑줄 친 '새로운 도구'를 가리키는 용어를 쓰시오.

____

⑵ 윗글에서 설명하는 시대의 식량 획득 방식을 이전 시대와 비교하여 서술하시오.

____

____

실력확인문제 **01** 선사 문화와 문명의 특징 ②

1 문명의 형성

문명의 형성 조건	・큰 **❶**□ 유역　・청동기 사용 ・도시 국가 형성　・문자 사용　・계급 발생
4대 문명	메소포타미아 문명, **❷**□□□ 문명, 인도 문명, 중국 문명

2 메소포타미아 문명과 이집트 문명

1 메소포타미아 문명

시기	기원전 3500년경 수메르인이 일으킴
위치	티그리스강, 유프라테스강 유역
특징	・개방적 지형 ➡ 잦은 왕조 교체 ・지구라트(신전), **❸**□□□□ 법전 ・**❹**□□□□ 서사시: 현세 중시 ・쐐기 문자, 태음력, 60진법

2 이집트 문명

시기	기원전 3000년경 통일 왕국 등장
위치	나일강 유역
특징	・폐쇄적 지형 ➡ 통일 왕국 유지 ・**❺**□□□(태양신의 아들) ➡ 신권 정치 ・**❻**『□□□□』(사후 세계 안내서), 피라미드: 내세 중시 ・상형 문자, 태양력, 10진법

3 인도 문명과 중국 문명

1 인도 문명

시기	기원전 2500년경 등장
위치	인더스강 유역
특징	・계획도시 건설: 하라파, **❼**□□□□□ ・기원전 1500년경 아리아인 이동 ➡ 원주민을 지배하는 　과정에서 **❽**□□□□(엄격한 신분제), 브라만교 성립

2 중국 문명

시기	기원전 2500년경 발생
위치	황허강 유역
상	・신권 정치: **❾**□□□(한자의 기원) ・청동기 사용
주	・혈연 의식에 바탕을 둔 **❿**□□□ 시행 ・창장강 유역까지 확대

정답 ❶ 강　❷ 이집트　❸ 함무라비　❹ 길가메시　❺ 파라오　❻ 사자의 서　❼ 모헨조다로　❽ 카스트제　❾ 갑골문　❿ 봉건제

---

01 고대 문명의 형성 과정에서 나타난 공통된 특징으로 옳지 <u>않은</u>
중 것은?

① 문자를 사용하였다.
② 도시 국가가 형성되었다.
③ 큰 강 유역에서 발생하였다.
④ 청동기를 사용하여 전쟁을 벌였다.
⑤ 재산을 공동으로 소유하는 평등 사회였다.

빈출
02 다음 ㉠에 들어갈 내용으로 가장 적절한 것을 (보기)에서 모두
중 고르면?

> 관개 농업의 발달로 농업 생산량이 늘어나면서 정치,
> 종교, 교역의 중심지가 도시로 성장하였다. 이후 인류는
> 점차 수준 높은 문명을 이루게 되었다. 문명의 형성 과
> 정에서 (㉠) 등의 공통된 특징이 나타났다.

보기
ㄱ. 문자 사용　　　　ㄴ. 봉건제 시행
ㄷ. 청동기 사용　　　　ㄹ. 민주정 발달

① ㄱ, ㄴ　　　② ㄱ, ㄷ　　　③ ㄴ, ㄷ
④ ㄴ, ㄹ　　　⑤ ㄷ, ㄹ

03 고대 문명과 문명이 발생한 지역을 바르게 나열한 것을 (보기)에
하 서 모두 고르면?

보기
ㄱ. 중국 문명, 인더스강
ㄴ. 이집트 문명, 나일강 유역
ㄷ. 인도 문명, 티그리스강 유역
ㄹ. 메소포타미아 문명, 유프라테스강 유역

① ㄱ, ㄴ　　　② ㄱ, ㄷ　　　③ ㄴ, ㄷ
④ ㄴ, ㄹ　　　⑤ ㄷ, ㄹ

[04-05] 다음 지도를 보고 물음에 답하시오.

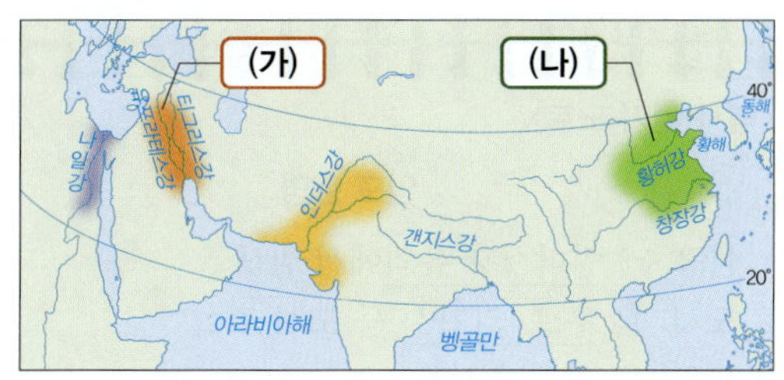

04 지도의 (가), (나) 문명의 명칭을 옳게 연결한 것은?

	(가)	(나)
①	인도 문명	중국 문명
②	인도 문명	이집트 문명
③	이집트 문명	인도 문명
④	메소포타미아 문명	중국 문명
⑤	메소포타미아 문명	이집트 문명

빈출

05 지도의 (가) 문명에 대한 설명으로 옳은 것을 **보기**에서 모두 고르면?

<보기>
ㄱ. 쐐기 문자를 사용하였다.
ㄴ. 함무라비 법전을 편찬하였다.
ㄷ. 지구라트를 세워 제사를 지냈다.
ㄹ. 왕을 파라오라고 부르며 숭배하였다.

① ㄱ, ㄴ ② ㄱ, ㄹ ③ ㄴ, ㄷ
④ ㄱ, ㄴ, ㄷ ⑤ ㄴ, ㄷ, ㄹ

06 메소포타미아 문명의 유물로 옳은 것은?

①  
▲ 갑골문
② 
▲ 상형 문자
③ 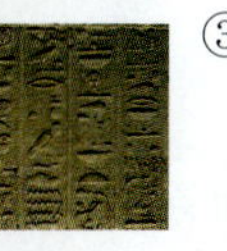
▲ 쐐기 문자
④ 
▲ 청동 제기
⑤
▲ 하라파 문자

07 다음 자료와 관련된 문명에 대한 설명으로 옳지 <u>않은</u> 것은?

> 신들이 인류를 만들었을 때 인간을 위해 죽음을 놓았고 생명은 그들의 손에 가져갔지. 갈가메시! 자네의 배를 채우게. 매일을 기쁨으로 채우게. 밤낮으로 춤추고 놀게.
> – 길가메시 서사시

① 지구라트를 건설하였다.
② 진흙판에 쐐기 문자를 새겼다.
③ 현세의 안정적인 삶을 중시하였다.
④ 아리아인이 카스트제를 성립하였다.
⑤ 우르, 라가시 등 도시 국가를 세웠다.

08 다음 법전을 통해 알 수 있는 사실로 옳은 것은?

> • 만약 귀족이 다른 귀족의 눈을 멀게 하면, 그의 눈도 멀게 한다.
> • 만약 귀족이 평민의 눈을 멀게 하거나 뼈를 부러뜨리면, 그는 은 1마나를 지불해야 한다.
> • 만약 귀족이 다른 귀족의 노예 눈을 멀게 하거나 뼈를 부러뜨리면, 그는 노예 값의 반을 지불해야 한다.

① 화폐를 사용하였다.
② 사후 세계를 믿었다.
③ 봉건제를 시행하였다.
④ 갑골문을 사용하였다.
⑤ 신분과 상관없이 죄를 지으면 동일한 처벌을 받았다.

09 다음 (가)에 들어갈 문명으로 옳은 것은?

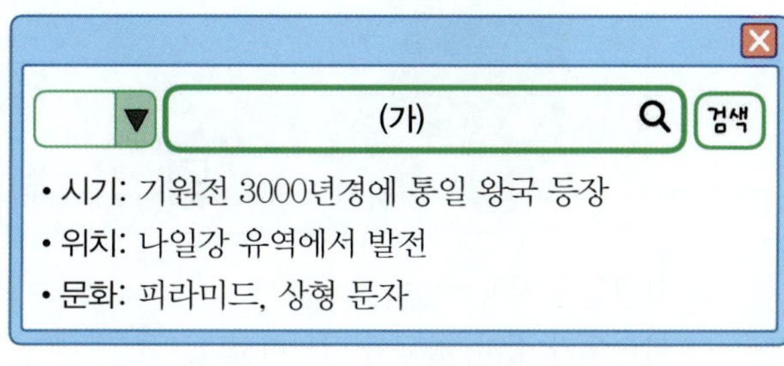

① 에게 문명 ② 인도 문명
③ 중국 문명 ④ 이집트 문명
⑤ 메소포타미아 문명

10

다음 (가)에 들어갈 사진으로 옳은 것은?

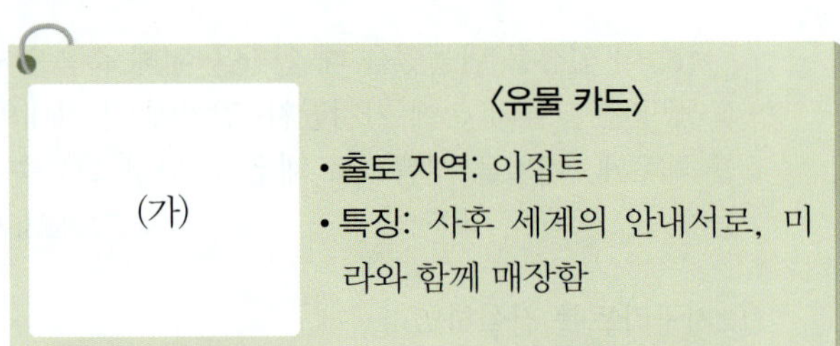

〈유물 카드〉

(가)

- 출토 지역: 이집트
- 특징: 사후 세계의 안내서로, 미라와 함께 매장함

①
▲ 지구라트

②
▲ 피라미드

③

▲ 쐐기 문자

④
▲ 청동 제기

⑤
▲ 「사자의 서」

11

다음 (가) 왕국에 대한 설명으로 옳은 것은?

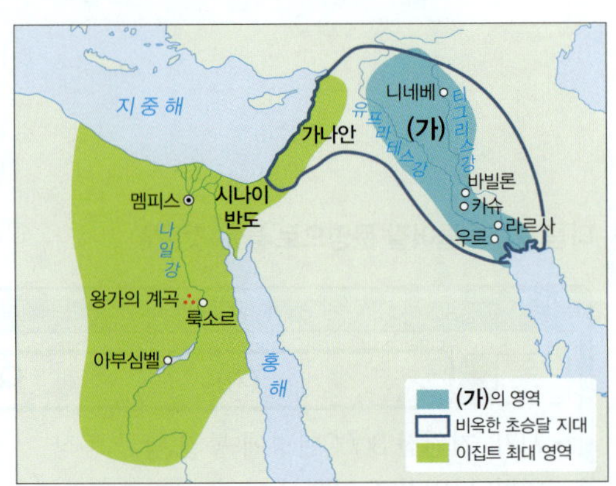

① 갑골문을 사용하였다.
② 파라오가 정치, 종교를 장악하였다.
③ 함무라비왕이 함무라비 법전을 편찬하였다.
④ 엄격한 신분 제도인 카스트제가 성립하였다.
⑤ 미라를 보존하기 위해 피라미드를 건설하였다.

12

다음 밑줄 친 ㉠~㉤ 중 옳지 <u>않은</u> 것은?

〈역사 필기 노트〉

인도 문명

1. 성립: ㉠ 인더스강 유역에서 발생
2. 도시: ㉡ 우르, 라가시 등 도시 건설
3. 도구: ㉢ 청동기 사용
4. 문자: ㉣ 그림 문자 사용
5. 경제: 바닷길을 통해 ㉤ 메소포타미아 지역과 교류

① ㉠　　② ㉡　　③ ㉢　　④ ㉣　　⑤ ㉤

13

다음 (가)에 들어갈 내용으로 가장 적절한 것을 보기에서 모두 고르면?

아리아인이 인더스강 유역으로 이동하였다. → (가) → 카스트제가 성립하였다.

보기

ㄱ. 청동기와 그림 문자를 사용하기 시작하였다.
ㄴ. 철제 농기구를 사용하면서 농업이 발전하였다.
ㄷ. 하라파와 모헨조다로에 계획도시가 건설되었다.
ㄹ. 바닷길을 통해 메소포타미아 지역과 교류하기 시작하였다.

① ㄱ　　　　② ㄴ　　　　③ ㄴ, ㄷ
④ ㄱ, ㄴ, ㄷ　　⑤ ㄴ, ㄷ, ㄹ

14

빈출

다음 제도에 대한 설명으로 옳지 <u>않은</u> 것은?

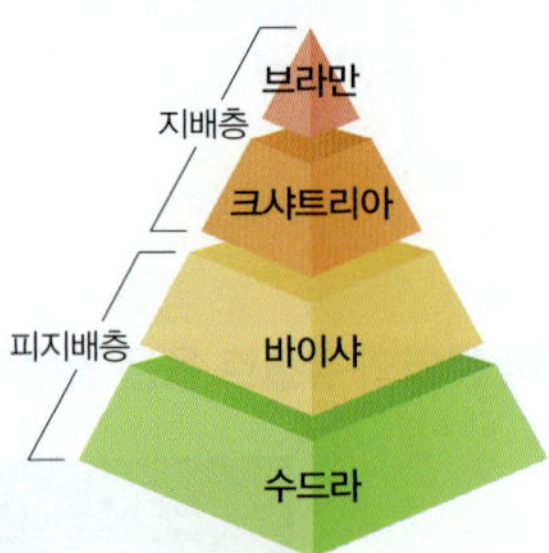

① 바이샤 계층은 주로 전사였다.
② 크샤트리아는 정치를 담당하였다.
③ 수드라는 각종 노역에 종사하였다.
④ 브라만은 제사 의식을 담당하였다.
⑤ 아리아인이 인더스강 유역으로 이동한 이후 성립한 신분 제도이다.

15 다음 (가), (나) 나라에 대한 설명으로 옳지 <u>않은</u> 것은?

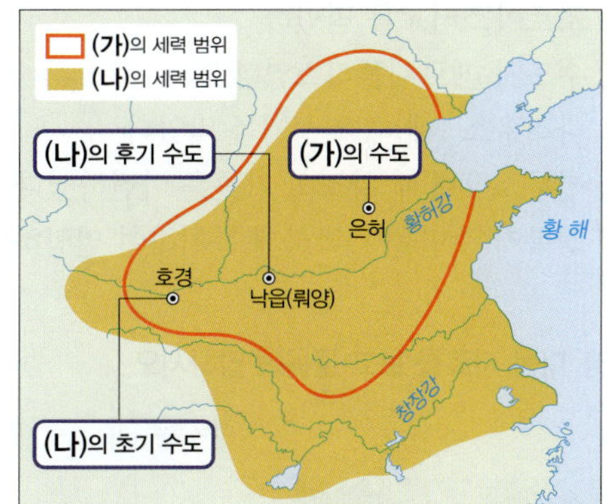

① (가): 청동으로 만든 무기를 사용하였다.
② (가): 점을 친 내용을 갑골문으로 기록하였다.
③ (나): 봉건제를 시행하였다.
④ (나): 상을 무너뜨리고 황허강 유역을 차지하였다.
⑤ (가), (나): 철제 농기구를 제작하였다.

16 다음 (가), (나)와 관련된 문명에 대한 설명으로 옳지 <u>않은</u> 것은?

(가)

(나)

▲ 쐐기 문자

▲ 갑골문

① (가): 지구라트를 세웠다.
② (가): 개방적 지형에 위치하였다.
③ (나): 이스라엘 왕국을 세웠다.
④ (나): 달력을 만들어 사용하였다.
⑤ (가), (나): 청동기를 사용하였다.

17 다음 밑줄 친 '이 제도'를 시행한 나라에 대한 설명으로 옳은 것은?

> 이 제도는 왕이 수도와 주변 지역을 직접 통치하고 왕의 친척이나 공신을 제후로 삼아 지방을 다스리게 한 제도이다.

① 파라오를 숭배하였다.
② 경전인 『베다』를 남겼다.
③ 함무라비 법전을 편찬하였다.
④ 창장강 유역까지 세력을 확대하였다.
⑤ 엄격한 신분 제도인 카스트제가 성립하였다.

18 다음 글을 읽고 물음에 답하시오.

> 나일강 유역에서 발전한 이 문명은 바다와 사막으로 둘러싸인 지역에 있었고, 주변에 군사적으로 강한 나라가 없었다. 이에 _______________ (가)

(1) 밑줄 친 '이 문명'을 쓰시오.

____

(2) 다음 **조건**에 맞게 (가)에 들어갈 내용을 서술하시오.

> **조건**
> 지리적 특징이 정치에 끼친 영향을 중심으로 서술할 것

____

____

19 다음에서 설명하는 제도를 쓰시오.

> • 인도로 진출한 아리아인이 만든 신분 제도이다.
> • 브라만, 크샤트리아, 바이샤, 수드라 계층이 있다.

____

20 다음 글을 읽고 물음에 답하시오.

> 주는 기원전 1100년경 상을 무너뜨리고 황허강 유역을 차지하였다. 이후 창장강 유역까지 세력을 확대하면서 넓어진 영토를 효과적으로 다스리기 위해 (㉠)을/를 시행하였다.

(1) ㉠에 들어갈 제도를 쓰시오.

____

(2) ㉠의 시행 방식을 <u>두 가지</u> 서술하시오.

____

____

실력 확인 문제 | 02 고대 서아시아·지중해 세계의 형성

1 아케메네스 왕조 페르시아

아시리아	• ❶☐☐☐☐☐ 지역 대부분을 통합(기마 전술, 철제 무기), 가혹한 통치 • 정복지 주민의 반란으로 멸망
아케메네스 왕조 페르시아	• 키루스 2세: 서아시아 지역을 재통일 • ❷☐☐☐☐ 1세: 총독 파견, 감찰관 파견(왕의 눈, 왕의 귀), 왕의 길 정비, 화폐와 도량형 통일 • 쇠퇴: 그리스·페르시아 전쟁 패배, 지방 반란 → 알렉산드로스에게 멸망 • 문화: ❸☐☐☐ 문화 발달(페르세폴리스 궁전), 조로아스터교를 믿음

2 고대 그리스 세계의 발전

1 그리스

아테네 민주 정치	• 솔론: 재산에 따라 정치 참여 • 클레이스테네스: ❹☐☐☐☐☐ 마련(참주 방지 목적) • 페리클레스: 민회 중심의 직접 민주 정치 실현
번영과 쇠퇴	• 그리스·페르시아 전쟁 승리 후 델로스 동맹이 동지중해 무역 장악 • ❺☐☐☐☐☐☐ 전쟁에서 스파르타 승리, 그리스 세계 쇠퇴
문화	• 인간 중심적 문화　• 파르테논 신전, 소크라테스

2 ❻☐☐☐☐☐☐ 제국

정치	알렉산드로스의 동방 원정, 그리스 문화 전파, 동서 융합 정책
문화	• 헬레니즘 문화 발달　• 스토아 학파, 에피쿠로스 학파

3 로마 제국의 발전

공화정 시기	• 이탈리아반도 통일 → 로마-카르타고 전쟁 승리 → 지중해 일대 장악 • 소수 귀족의 ❼☐☐☐☐☐(대농장) 경영, 자영농 몰락 → 그라쿠스 형제의 개혁 시도 실패
제정 시기	• 옥타비아누스(아우구스투스) 때 실질적인 제정 시작 • 로마의 평화 → 이민족의 침입 등 혼란 • 중흥 노력: 디오클레티아누스(제국 4분할 통치), ❽☐☐☐☐☐ 대제(비잔티움 천도) • 쇠퇴: 로마 제국, 동서로 분열 → 서로마 제국 멸망
문화	• 실용적 문화: 법률(만민법), 건축(콜로세움 등) • 종교: ❾☐☐ 칙령(크리스트교 공인) → 크리스트교 국교화

정답 ❶ 서아시아　❷ 다리우스　❸ 국제적　❹ 도편 추방제　❺ 펠로폰네소스　❻ 알렉산드로스
❼ 라티푼디움　❽ 콘스탄티누스　❾ 밀라노

---

01 아시리아에 대한 설명으로 옳은 것은?

하
① 조로아스터교를 믿었다.
② 수도가 페르세폴리스였다.
③ 다리우스 1세 때 전성기를 맞았다.
④ 키루스 2세 때 왕조의 기틀을 마련하였다.
⑤ 정복지 주민을 가혹하게 통치하여 멸망하였다.

[02-03] 다음 자료를 보고 물음에 답하시오.

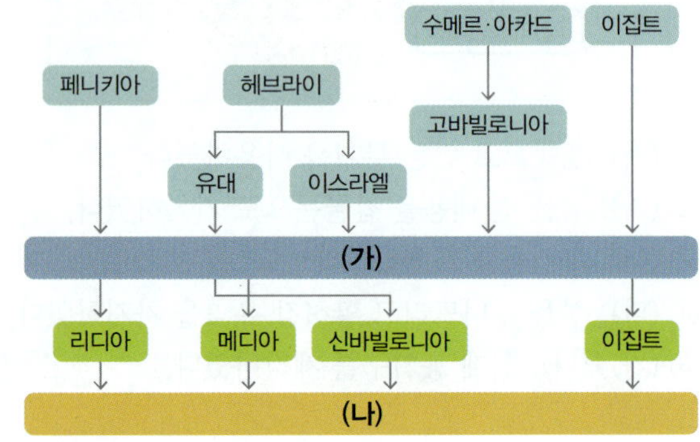

02 (가), (나) 나라의 명칭을 옳게 연결한 것은?

중

	(가)	(나)
①	로마	아테네
②	로마	아시리아
③	아테네	스파르타
④	아시리아	아케메네스 왕조 페르시아
⑤	스파르타	아케메네스 왕조 페르시아

03 (나) 나라에 대한 설명으로 옳은 것을 보기 에서 모두 고르면?

중

보기
ㄱ. 민주정이 발달하였다.
ㄴ. 최초로 서아시아를 통일하였다.
ㄷ. 전국을 20여 개의 속주로 나누었다.
ㄹ. '왕의 길'이라는 도로망을 정비하였다.

① ㄱ, ㄴ　　② ㄱ, ㄷ　　③ ㄴ, ㄷ
④ ㄴ, ㄹ　　⑤ ㄷ, ㄹ

04 다음 설명에 해당하는 나라로 옳은 것은?

하
• 기원전 6세기 무렵 지금의 이란고원에서 일어났다.
• 키루스 2세 때 서아시아 지역을 재통일하였다.
• 관용 정책을 펼쳐 약 200년간 번영을 누렸다.

① 로마　　　　　　② 아테네
③ 아시리아　　　　④ 스파르타
⑤ 아케메네스 왕조 페르시아

05 다음 인물과 관련된 나라에 대한 설명으로 옳지 <u>않은</u> 것은?

▲ 외국 사신을 맞이하는 다리우스 1세

① 조로아스터교를 믿었다.
② 국제적인 문화가 발달하였다.
③ 로마와 파르티아에 흡수되었다.
④ 정복지의 종교와 관습을 존중하였다.
⑤ '왕의 길'이라는 도로망을 정비하였다.

06 다음 (가), (나) 나라에 대한 설명으로 옳은 것을 보기 에서 모두 고르면?

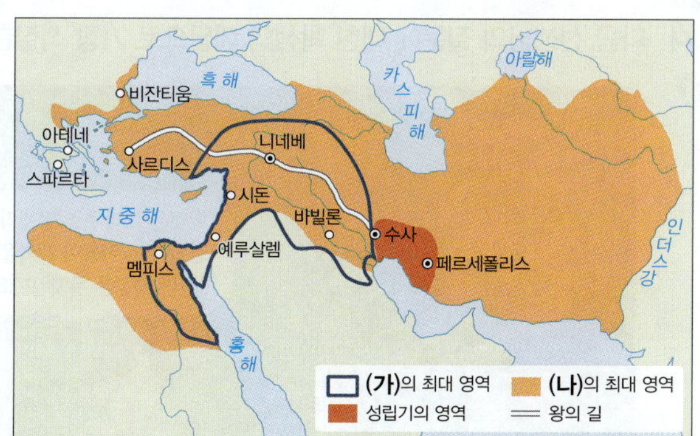

보기

ㄱ. (가): 철제 무기와 기마 전술이 발달하였다.
ㄴ. (가): 그리스·페르시아 전쟁 이후 쇠퇴하였다.
ㄷ. (나): 도편 추방제를 마련하였다.
ㄹ. (나): 아후라 마즈다를 숭배하였다.

① ㄱ, ㄴ   ② ㄱ, ㄹ   ③ ㄴ, ㄷ
④ ㄴ, ㄹ   ⑤ ㄷ, ㄹ

07 폴리스에 대한 설명으로 옳은 것을 보기 에서 모두 고르면?

보기

ㄱ. 동일한 언어를 사용하였다.
ㄴ. 페르시아의 지배를 받았다.
ㄷ. 4년마다 올림피아 제전을 열었다.
ㄹ. 같은 신을 믿어 동족 의식이 강하였다.

① ㄱ, ㄴ   ② ㄱ, ㄹ   ③ ㄴ, ㄷ
④ ㄱ, ㄷ, ㄹ   ⑤ ㄱ, ㄴ, ㄷ, ㄹ

08 다음 ㉠에 들어갈 인물로 옳은 것은?

아테네에서는 기원전 5세기 중엽 (㉠) 때 민회 중심의 직접 민주 정치를 꽃피웠다.

① 솔론   ② 페리클레스
③ 키루스 2세   ④ 다리우스 1세
⑤ 클레이스테네스

09 다음 사건을 일어난 순서대로 바르게 나열한 것은?

ㄱ. 도편 추방제가 도입되었다.
ㄴ. 솔론이 재산 정도에 따라 정치 참여를 허용하였다.
ㄷ. 페리클레스의 개혁으로 성인 남성이 추첨으로 공직을 맡게 되었다.

① ㄱ-ㄴ-ㄷ   ② ㄱ-ㄷ-ㄴ
③ ㄴ-ㄱ-ㄷ   ④ ㄷ-ㄱ-ㄴ
⑤ ㄷ-ㄴ-ㄱ

10 다음 제도를 실시한 나라에 대한 설명으로 옳은 것은?

중

> 독재자가 될 가능성이 있는 사람의 이름을 도기 조각에 적게 하여 그 수가 최다이면서 6000개 이상이면 그 사람을 10년 동안 나라에서 추방하였다.

① 델로스 동맹을 이끌었다.
② 평민 대표인 호민관을 선출하였다.
③ 펠로폰네소스 전쟁에서 승리하였다.
④ 소수의 귀족이 라티푼디움을 경영하였다.
⑤ 아케메네스 왕조 페르시아를 멸망시켰다.

11 다음 (가)에 들어갈 내용으로 가장 적절한 것은?

하

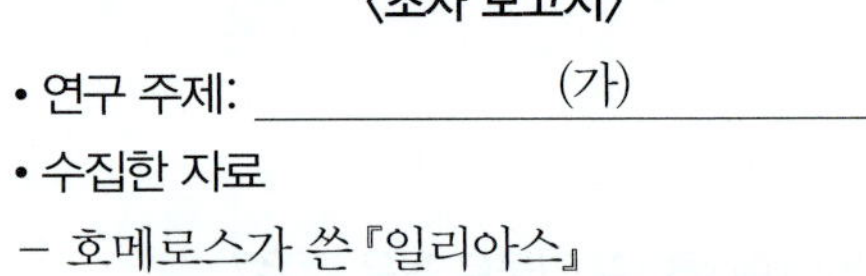

① 로마의 실용적 문화
② 인간 중심적인 그리스 문화
③ 그리스·페르시아 전쟁의 전개
④ 세계 시민적인 성격의 헬레니즘 문화
⑤ 알렉산드로스의 동방 원정과 동서 문화 융합

12 다음 (가) 나라에 대한 설명으로 옳지 <u>않은</u> 것은?

중

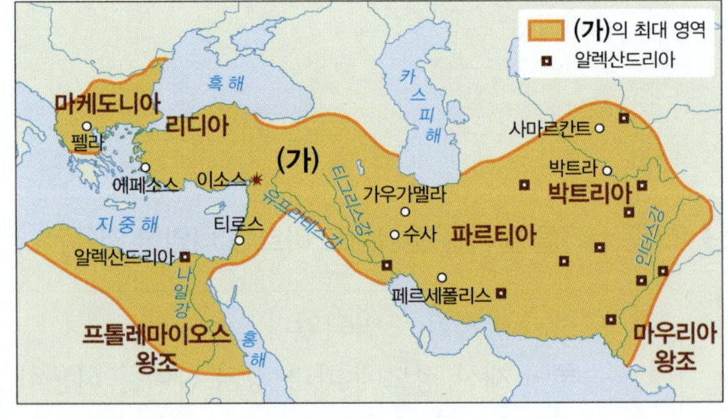

① 헬레니즘 문화가 나타났다.
② 그리스어를 공용어로 삼았다.
③ 게르만족의 용병 대장에게 멸망하였다.
④ 동방의 군주정 통치 체제의 일부를 수용하였다.
⑤ 이집트를 정복하였고, 인도 서북부까지 진출하였다.

13 다음 문화유산을 남긴 나라의 문화에 대한 설명으로 옳은 것을 보기 에서 모두 고르면?

상

▲ 라오콘 군상

> **보기**
> ㄱ. 스토아 학파가 등장하였다.
> ㄴ. 실용적 문화가 발달하였다.
> ㄷ. 세계 시민주의적 성격을 보였다.
> ㄹ. 12표법 ➡ 시민법 ➡ 만민법으로 법률이 발전하였다.

① ㄱ, ㄴ　　② ㄱ, ㄷ　　③ ㄴ, ㄷ
④ ㄴ, ㄹ　　⑤ ㄷ, ㄹ

14 다음 선생님의 질문에 대한 학생의 대답으로 가장 적절한 것은?

빈출 중

① '로마의 평화' 시기가 끝났어요.
② 델로스 동맹이 전쟁에서 패배하였어요.
③ 로마에서 실질적인 제정이 시작되었어요.
④ 콘스탄티누스 대제가 비잔티움으로 수도를 옮겼어요.
⑤ 소수의 귀족이 경영하는 대농장이 성행하였고, 자영농이 몰락하였어요.

15 다음 사건을 일어난 순서대로 바르게 나열한 것은?

> ㄱ. 카이사르가 암살당하였다.
> ㄴ. 로마에서 제정이 시작되었다.
> ㄷ. 그라쿠스 형제가 개혁을 시도하였다.
> ㄹ. 로마가 카르타고와의 전쟁에서 승리하였다.

① ㄱ-ㄴ-ㄷ-ㄹ 　② ㄴ-ㄱ-ㄹ-ㄷ
③ ㄴ-ㄹ-ㄱ-ㄷ 　④ ㄷ-ㄹ-ㄱ-ㄴ
⑤ ㄹ-ㄷ-ㄱ-ㄴ

16 다음 ㉠에 들어갈 내용으로 적절하지 <u>않은</u> 것은?

> • 역할극 주제: ○○의 문화
> • 등장인물: 황제, 원로원 의원, (㉠)

① 콜로세움에서 싸우는 검투사
② 공중목욕탕을 이용하는 시민
③ 파르테논 신전에서 건축을 축복하는 사제
④ 마차를 타고 수도교를 건너서 이동하는 상인
⑤ 황제의 명령을 전달하기 위해 아피우스 가도를 이용하는 관리

17 다음 밑줄 친 '이 종교'에 대한 설명으로 옳은 것을 보기에서 모두 고르면?

> 이 종교는 예수가 죽은 뒤 그의 제자인 베드로와 바울 등이 예수의 가르침을 각지로 전파하면서 성립되었다.

보기

> ㄱ. 아후라 마즈다를 숭배하였다.
> ㄴ. 밀라노 칙령으로 공인되었다.
> ㄷ. 보편적인 사랑과 평등을 강조하였다.
> ㄹ. 황제 숭배를 거부해 로마의 박해를 받았다.

① ㄱ, ㄴ 　② ㄴ, ㄷ 　③ ㄷ, ㄹ
④ ㄱ, ㄷ, ㄹ 　⑤ ㄴ, ㄷ, ㄹ

18 다음 자료를 보고 물음에 답하시오.

◀ 라오콘 군상

(1) 자료와 관련된 문화를 쓰시오.

(2) 자료와 관련된 문화의 특징을 서술하시오.

19 다음 ㉠에 들어갈 말을 쓰시오.

> 카이사르가 죽은 뒤 옥타비아누스가 반대파를 누르고 로마의 권력을 장악하였다. 그는 원로원의 결정과 법을 존중하며 개혁을 추진하여 원로원으로부터 (㉠)(존엄한 자)(이)라는 칭호를 받았다.

20 다음 글을 읽고 물음에 답하시오.

> 로마는 처음에 (㉠)을/를 용인하였으나, 이후 (㉠)을/를 박해하였다. 콘스탄티누스 대제 때 밀라노 칙령으로 이를 공인하였고, 이후 4세기 말에는 로마의 국교가 되었다.

(1) ㉠에 공통으로 들어갈 종교를 쓰시오.

(2) ㉠ 종교가 로마의 박해를 받았던 까닭을 서술하시오.

실력 확인 문제 · **03** 고대 동아시아·인도 세계의 형성

1 춘추 전국 시대와 진의 통일

춘추 전국 시대	• 유목 민족 침입 → 주의 낙읍 천도 → 제후 간 경쟁 심화 • ❶▢▢ 사용 → 전쟁 규모 확대, 농업 생산력 향상 • 제자백가 등장: 유가·법가·도가·묵가 등
진	• ❷▢▢▢의 중국 통일(법가의 통치 이념화) • 중앙 집권 체제 강화: 군현제 실시, 화폐·문자·도량형 통일 • 흉노 견제 목적으로 ❸▢▢▢▢ 축조

2 한 제국의 발전

정치	• 한 고조: 중국 재통일, 군국제 실시 • 한 무제: 군현제 실시, 고조선·베트남 북부 공격, ❹▢▢의 통치 이념화, 장건을 서역에 파견, 소금과 철의 전매 제도 실시
문화	훈고학 발달, 사마천의 『사기』 저술, 채륜이 제지법 개량

3 마우리아 왕조와 상좌부 불교

1 불교의 등장

배경	크샤트리아와 바이샤 성장, 브라만 중심 카스트제와 브라만교의 형식적 제사 의식 비판
창시	고타마 싯다르타(❺▢▢▢▢)가 창시
특징	• 브라만교의 신분 차별과 권위주의 반대, 자비와 평등 강조, 욕심을 버리고 바르게 수행하면 해탈할 수 있다고 가르침 • 크샤트리아와 바이샤 지지로 확산

2 ❻▢▢▢▢ 왕조

건국	찬드라굽타 마우리아가 북인도 통일
❼▢▢▢왕	• 남부 일부를 제외하고 인도 전역 통일 → 전성기 • 불교 장려: 불경 정리, 산치 대탑 건설, 불교 가르침과 정책을 새긴 돌기둥 건립 • ❽▢▢ 불교: 동남아시아 각지로 전파

4 쿠샨 왕조와 대승 불교

건국	쿠샨족이 인도 서북부 통일
카니슈카왕	• 동서 교역로 장악, 중계 무역 발달 • 불교 장려: 사원과 탑 건설, 불교 경전 연구 • ❾▢▢ 불교: 주로 동아시아로 전파
❿▢▢▢ 양식	• 헬레니즘 문화, 인도 불교문화가 융합 • 대승 불교와 함께 중앙아시아를 거쳐 동아시아로 전파

정답 ❶ 철기 ❷ 시황제 ❸ 만리장성 ❹ 유교 ❺ 석가모니 ❻ 마우리아 ❼ 아소카 ❽ 상좌부 ❾ 대승 ❿ 간다라

---

01 지도에 나타난 시대에 대한 설명으로 옳은 것은? （중）

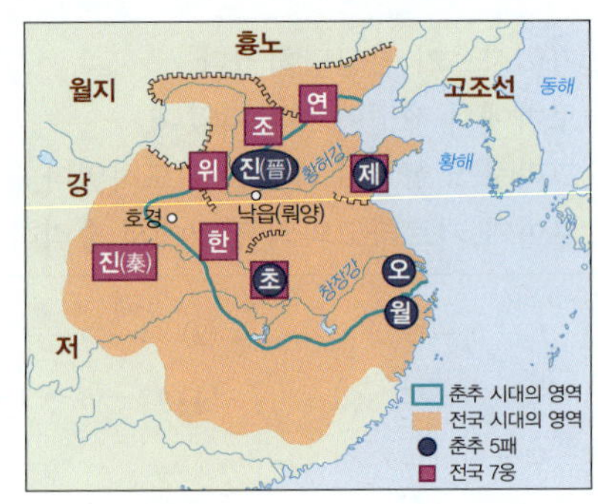

① 군국제를 시행하였다.
② 제자백가가 등장하였다.
③ 만리장성을 완성하였다.
④ 장건을 서역에 파견하였다.
⑤ 전국 각지에서 농민 반란이 일어나 멸망하였다.

빈출 02 다음 (가)에 들어갈 제자백가로 옳은 것은? （하）

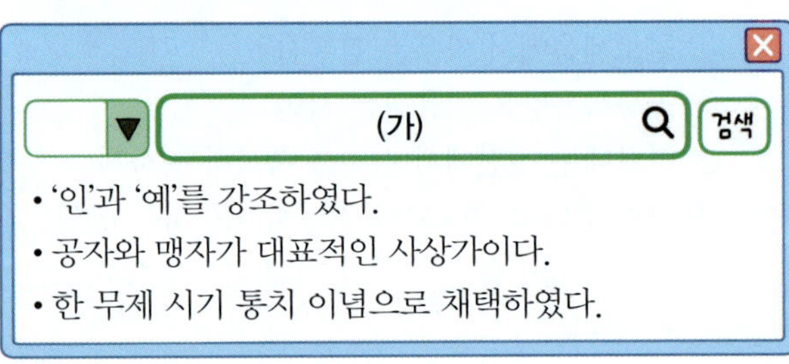

① 도가　　② 묵가　　③ 법가
④ 불가　　⑤ 유가

빈출 03 다음 밑줄 친 '이 인물'에 대한 설명으로 옳은 것을 보기 에서 모두 고르면? （중）

> 전국 7웅 중 하나였던 진의 왕인 이 인물은 부국강병에 성공하여 중국을 최초로 통일하였다.

보기
ㄱ. 군현제를 실시하였다.
ㄴ. 고조선을 공격해 멸망시켰다.
ㄷ. 최초로 '황제' 칭호를 사용하였다.
ㄹ. 유교를 통치 이념으로 채택하였다.

① ㄱ, ㄴ　　② ㄱ, ㄷ　　③ ㄴ, ㄷ
④ ㄴ, ㄹ　　⑤ ㄷ, ㄹ

04 다음 (가)에 들어갈 내용으로 옳지 <u>않은</u> 것은?

> • 주제: 춘추 전국 시대를 통일한 왕조인 ○에서 추진한 정책
> • 모둠별 탐구 내용: ___________ (가)

① 군현제의 시행 방식을 조사한다.
② 분서갱유가 실시된 배경을 검색한다.
③ 흉노에 대비한 대외 정책을 알아본다.
④ 장건의 서역 파견이 끼친 영향을 토론한다.
⑤ 통일된 화폐, 문자, 도량형 유물을 살펴본다.

[05-06] 다음 지도를 보고 물음에 답하시오.

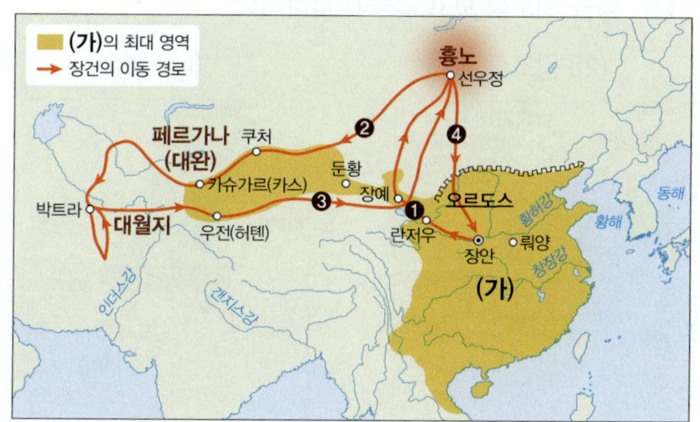

05 (가) 나라의 발전 과정을 순서대로 바르게 나열한 것은?

> ㄱ. 황건적의 난이 일어났다.
> ㄴ. 왕망이 한을 무너뜨리고 신을 세웠다.
> ㄷ. 한 무제가 소금과 철의 전매 제도를 실시하였다.
> ㄹ. 군현제와 봉건제를 절충한 군국제를 실시하였다.

① ㄱ-ㄴ-ㄷ-ㄹ 　　② ㄴ-ㄱ-ㄹ-ㄷ
③ ㄴ-ㄹ-ㄱ-ㄷ 　　④ ㄷ-ㄹ-ㄴ-ㄱ
⑤ ㄹ-ㄷ-ㄴ-ㄱ

06 위의 (가) 나라에 대한 설명으로 옳지 <u>않은</u> 것은?

① 유교를 통치 이념으로 삼았다.
② 고조가 중국을 다시 통일하였다.
③ 수도를 동쪽의 낙읍으로 옮겼다.
④ 흉노를 공격하고 고조선을 멸망시켰다.
⑤ 흉노에 대항하는 군사 동맹을 맺기 위해 장건을 서역으로 파견하였다.

07 다음 정책이 추진된 나라에서 볼 수 있는 모습으로 가장 적절한 것은?

① 만리장성 축조에 동원된 농민
② 차별 없는 사랑을 강조하는 묵자
③ 반량전으로 화폐를 통일하는 황제
④ 농민 반란을 일으키는 진승과 오광
⑤ 베트남 북부를 점령하고 수도 장안으로 돌아온 장군

08 다음 제도가 실시된 배경으로 옳은 것은?

> 한 무제는 소금과 철 등을 민간에서 생산, 판매하지 못하게 하고 국가만 판매하는 정책을 시행하였다.

① 만리장성을 쌓았다.
② 제자백가가 등장하였다.
③ 여러 차례 흉노를 공격하였다.
④ 법가 사상을 통치의 기본 원리로 삼았다.
⑤ 전국 7웅 중 나머지 여섯 나라를 차례로 무너뜨렸다.

09 한의 문화에 대한 설명으로 옳은 것을 보기 에서 모두 고르면?

> **보기**
> ㄱ. 훈고학이 발달하였다.
> ㄴ. 한비자 등이 활동하였다.
> ㄷ. 채륜이 제지술을 개량하였다.
> ㄹ. 사마천이 『사기』를 편찬하였다.

① ㄱ, ㄴ 　　② ㄴ, ㄷ 　　③ ㄷ, ㄹ
④ ㄱ, ㄷ, ㄹ 　　⑤ ㄱ, ㄴ, ㄷ, ㄹ

10 다음 밑줄 친 '이 종교'에 대한 설명으로 옳지 <u>않은</u> 것은?

> 이 종교는 기원전 6세기 무렵 고타마 싯다르타가 창시하였다. 당시 브라만교에 불만을 품고 있던 크샤트리아와 바이샤의 지지를 받았다.

① 인과 예를 강조하였다.
② 자비와 평등을 강조하였다.
③ 윤회에서 벗어나는 해탈을 강조하였다.
④ 브라만교의 신분 차별과 권위주의에 반대하였다.
⑤ 마우리아 왕조와 쿠샨 왕조가 적극적인 장려 정책을 펼쳤다.

11 다음 유적과 관련된 나라에 대한 설명으로 옳지 <u>않은</u> 것은?

▲ 산치 대탑

① 상좌부 불교가 발달하였다.
② 아소카왕 때 전성기를 맞았다.
③ 불교를 적극적으로 장려하였다.
④ 찬드라굽타 마우리아가 건국하였다.
⑤ 동서 교역로를 장악하고 중계 무역으로 번영을 누렸다.

12 다음 (가)에 들어갈 사진으로 옳은 것은?

〈유물 카드〉
• 출토 지역: 인도
• 특징: 아소카왕 때 만들어진 돌기둥으로 왕의 권위를 상징하는 사자, 진리를 의미하는 수레바퀴를 새겨 넣었다.
(가)

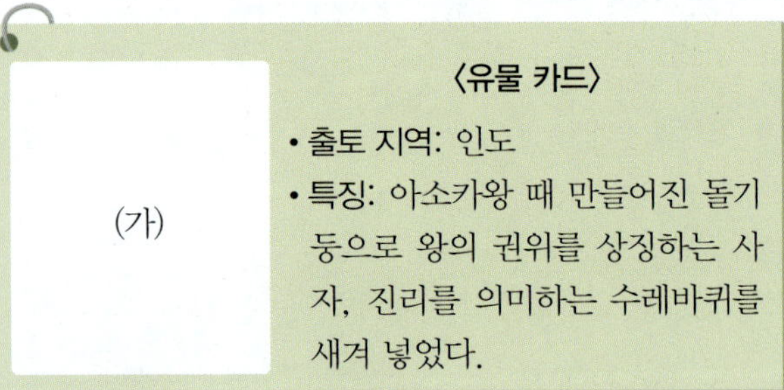

① ② ③

④ ⑤

13 다음 설명에 해당하는 인물로 옳은 것은?

> • 쿠샨 왕조의 전성기를 이끌었다.
> • 간다라 지방을 중심으로 중앙아시아 일부와 북부 인도를 차지하였다.

① 한 무제　　　　② 아소카왕
③ 진시황제　　　　④ 카니슈카왕
⑤ 고타마 싯다르타

[14-15] 다음 지도를 보고 물음에 답하시오.

(가) 왕조　　　　　　　(나) 왕조

14 (가), (나) 왕조에 대한 설명으로 옳지 <u>않은</u> 것은?

① (가): 찬드라굽타 마우리아가 건국하였다.
② (가): 개인의 해탈을 강조한 불교가 유행하였다.
③ (나): 중계 무역으로 번영을 누렸다.
④ (나): 카니슈카왕 때 전성기를 맞았다.
⑤ (가), (나): 간다라 양식이 나타났다.

15 (나) 왕조와 관련된 탐구 활동으로 가장 적절한 것은?

① 상좌부 불교의 교리를 검색한다.
② 대승 불교의 전파 경로를 지도에 표시한다.
③ 고타마 싯다르타가 불교를 창시한 배경을 살펴본다.
④ 알렉산드로스의 침입 이후 인도의 상황을 알아본다.
⑤ 아소카왕이 불교 장려 정책을 펼친 까닭을 조사한다.

빈출

16 다음 (가), (나) 불교에 대한 설명으로 옳지 <u>않은</u> 것은?

상

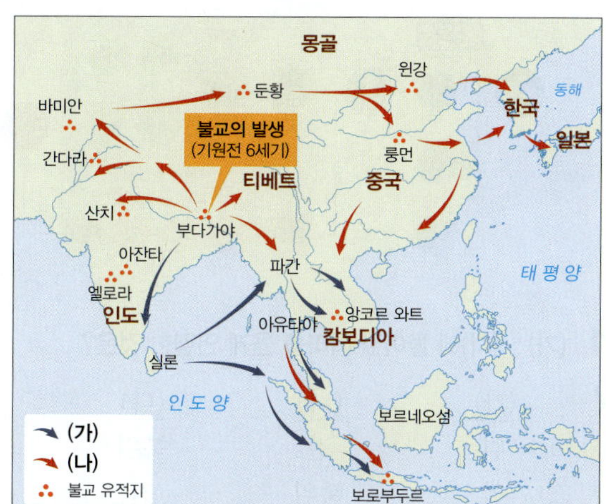

① (가): 개인의 해탈을 강조하였다.
② (가): 마우리아 왕조 때 발전하였다.
③ (나): 쿠샨 왕조 때 발전하였다.
④ (나): 중생의 구제를 강조하였다.
⑤ (가), (나): 중앙아시아를 거쳐 한국, 일본에도 전파되었다.

17 다음 밑줄 친 '이 양식'에 대한 설명으로 옳은 것을 보기 에서 모두 고르면?

중

〈유물 소개〉

이 양식의 불상은 곱슬머리, 오똑한 코, 움푹 들어간 눈, 자연스러운 옷 주름 등이 특징이다. 이후 이 양식은 중국과 한국의 불상 제작에도 영향을 주었다.

보기
ㄱ. 마우리아 왕조 때 전파되었다.
ㄴ. 헬레니즘 문화의 영향을 받았다.
ㄷ. 간다라 지방에서 나타나기 시작하였다.
ㄹ. 아소카왕이 이 양식의 불상을 만들어 전국에 배치하였다.

① ㄱ, ㄷ   ② ㄴ, ㄷ   ③ ㄴ, ㄹ
④ ㄱ, ㄴ, ㄷ   ⑤ ㄴ, ㄷ, ㄹ

주관식·서술형 문제

18 다음 자료를 보고 물음에 답하시오.

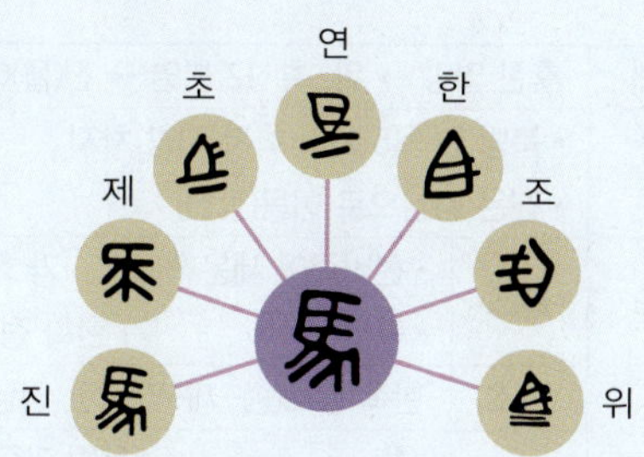

(1) 자료의 정책을 시행한 황제를 쓰시오.

____

(2) 자료의 정책을 실시한 목적을 서술하시오.

____

____

19 다음 자료를 보고 물음에 답하시오.

금화의 한 면에는 쿠샨 왕조의 전성기를 이끈 (㉠)이/가 새겨 있고, 나머지 면에는 부처의 모습이 새겨 있다.

(1) ㉠에 들어갈 왕을 쓰시오.

____

(2) ㉠ 왕의 업적을 두 가지 서술하시오.

____

____

20 다음 ㉠에 들어갈 미술 양식을 쓰시오.

알렉산드로스의 원정 이후 그리스인이 간다라 지방에 정착하면서 헬레니즘 문화와 인도 문화가 결합한 (㉠)이/가 나타났다.

____

실력 확인 문제   01 동아시아 문화의 형성

1 위진 남북조 시대

삼국 시대	후한 멸망 ➡ 위·촉·오 분열 ➡ 진(晉)이 삼국 통일		
5호 16국 시대	• 북방 민족(5호)이 화북 지방 차지 • 진은 강남으로 이동(동진)		
❶□□□ 시대	북조	• 선비족이 세운 ❷□□가 화북 통일 • 북위 ❸□□□가 한화 정책 실시
	남조	한족 왕조(송-제-양-진), 강남 개발
	사회·문화	• ❹□□□□□: 문벌 귀족 사회 형성에 영향 • 불교: 대규모 석굴 사원 조성 • ❺□□: 도가 사상이 민간 신앙과 결합

2 통일 제국 수·당의 발전

수	• 수 문제: 중국 통일, 과거제 시행 • 수 양제: 대운하 건설, 고구려 원정 • 멸망: 대규모 토목 공사와 고구려 원정 실패 ➡ 농민 반란 발생 ➡ 멸망
당	• 건국: 이연(고조)이 장안을 수도로 건국 • 통치 제도: ❻□□ 체제 정비(3성 6부, 균전제, 조용조, 부병제, 과거제) • 멸망: 안사의 난 이후 쇠퇴 ➡ 황소의 난 등 농민 반란 발생 ➡ 절도사 세력에 의해 멸망

3 동아시아 문화의 형성과 확산

당의 문화	국제적·귀족적 문화 발달
동아시아 문화	• 율령, 한자, ❼□□, 불교 등의 문화 요소를 공유하는 동아시아 문화 형성 • 각국의 체제 정비와 문화 발전에 기여

4 한국과 일본의 고대 국가

한반도	• 고조선: 최초의 국가, 한의 침략을 받아 멸망 • 삼국 시대: 고구려, 백제, 신라 경쟁 ➡ 신라의 삼국 통일 • 통일 신라·발해: 남북국의 형세를 이룸
일본	• 야마토 정권: 아스카 문화 발전, ❽□□□□□으로 당의 율령 체제를 모방하여 중앙 집권 체제 강화 • 나라 시대: 헤이조쿄 건설, 나라 천도, 도다이사, 『일본서기』 편찬 • ❾□□□ 시대: 헤이안쿄 천도, 국풍 문화 발달 (가나 문자, 복식 등)

정답 ❶남북조 ❷북위 ❸효문제 ❹9품중정제 ❺도교 ❻율령 ❼유교 ❽다이카 개신 ❾헤이안

[01-02] 다음 자료를 보고 물음에 답하시오.

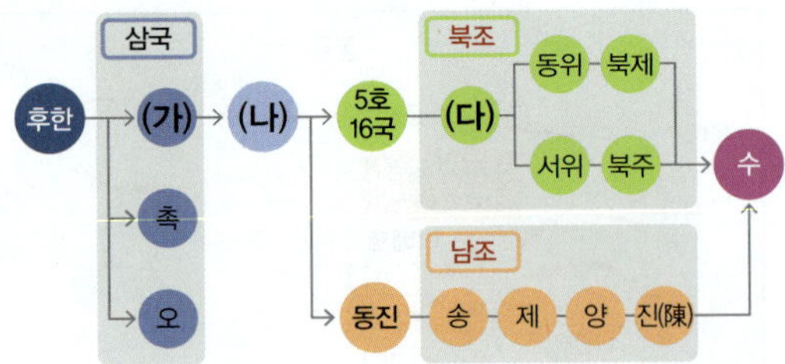

01 (가)~(다)에 들어갈 나라를 옳게 연결한 것은?

중

	(가)	(나)	(다)
①	위	진	북위
②	위	북위	진
③	진	위	북위
④	진	북위	위
⑤	북위	진	위

02 (다) 나라에 대한 설명으로 옳은 것은?

중

① 양견(문제)이 건국하였다.
② 고구려 원정이 실패하였다.
③ 과거제를 처음으로 실시하였다.
④ 적극적인 한화 정책을 실시하였다.
⑤ 화북과 강남을 연결하는 대운하를 완성하였다.

03 다음 ㉠에 들어갈 말로 옳은 것은?

하

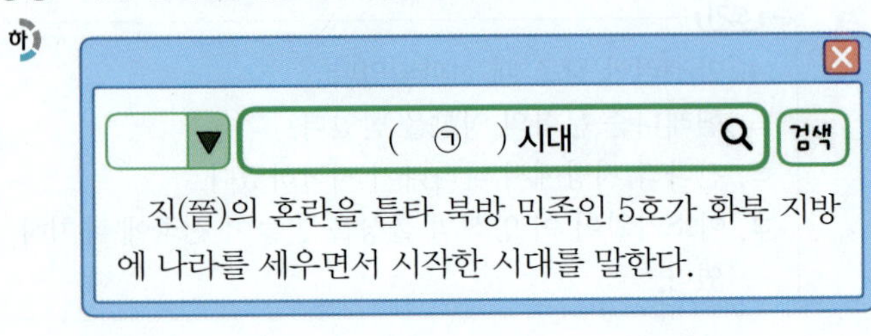

① 나라
② 전국
③ 헤이안
④ 5대 10국
⑤ 5호 16국

04 다음 밑줄 친 ⊙의 영향으로 가장 적절한 것은?

> 위진 남북조 시대에는 각 지방의 중정관이 자기 지역의 인물을 재능과 인품 등에 따라 등급을 평가하여 추천하면 중앙 정부가 이를 바탕으로 ⊙ <u>인재를 등용하는 제도</u>가 실시되었다.

① 도교가 발전하였다.
② 청담 사상이 유행하였다.
③ 문벌 귀족 사회가 형성되었다.
④ 과거제가 처음으로 시행되었다.
⑤ 대규모 석굴 사원이 조성되었다.

05 다음 (가)에 들어갈 내용으로 옳은 것을 [보기]에서 모두 고르면?

남북조 시대에 강남 지방에서는 귀족 중심의 화려하고 자유분방한 문화가 발달하였다. 당시에 죽림칠현이 활동하였는데, 죽림칠현은 대나무 숲에서 은둔하던 7명의 선비를 말한다. 또한
(가)

[보기]
ㄱ. 청담 사상이 유행하였다.
ㄴ. 윈강 석굴의 대불이 만들어졌다.
ㄷ. 시에서는 도연명, 서예에서는 왕희지가 유명하였다.
ㄹ. 유목민의 강건하고 소박한 기풍이 더해진 문화가 발달하였다.

① ㄱ, ㄴ   ② ㄱ, ㄷ   ③ ㄴ, ㄷ
④ ㄴ, ㄹ   ⑤ ㄷ, ㄹ

[06-07] 다음 지도를 보고 물음에 답하시오.

06 (가), (나) 나라에 대한 설명으로 옳은 것은?

① (가): 당삼채가 제작되었다.
② (가): 안사의 난으로 쇠퇴하였다.
③ (나): 신라와 연합하여 고구려를 멸망시켰다.
④ (나): 남북조로 분열되어 있던 중국을 다시 통일하였다.
⑤ (가), (나): 유목 민족의 침입으로 밀려나 강남에 나라를 세웠다.

07 (나) 나라와 관련된 내용으로 옳은 것을 [보기]에서 모두 고르면?

[보기]
ㄱ. 균전제   ㄴ. 부병제   ㄷ. 조용조
ㄹ. 효문제   ㅁ. 고개지   ㅂ. 9품중정제

① ㄱ, ㄴ, ㄷ   ② ㄱ, ㄷ, ㄹ
③ ㄴ, ㄷ, ㅂ   ④ ㄷ, ㄹ, ㅁ
⑤ ㄹ, ㅁ, ㅂ

08 다음 (가) 나라에 대한 설명으로 옳은 것은?

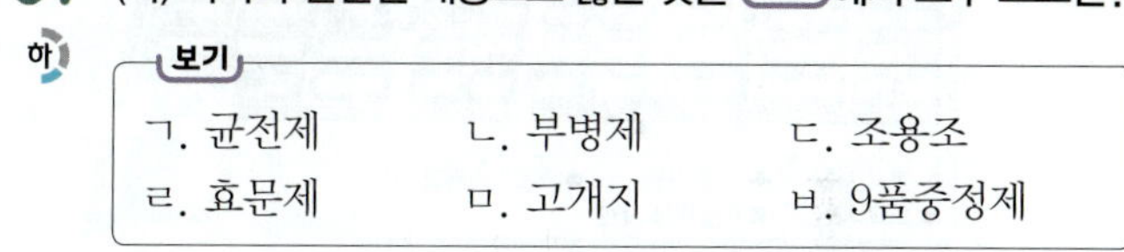

① 황건적의 난이 일어났다.
② 북주의 외척이었던 양견이 세웠다.
③ 안사의 난 이후 급격히 쇠퇴하였다.
④ 강남과 화북을 연결하는 대운하를 건설하였다.
⑤ 선비족의 성씨를 한족의 성씨로 바꾸게 하는 등 한화 정책을 펼쳤다.

09 당이 다음 제도를 실시한 목적으로 가장 적절한 것은?

> • 균전제   • 조용조   • 부병제

① 강남을 개발하기 위해
② 절도사의 권한을 약화시키기 위해
③ 북방 민족을 효과적으로 지배하기 위해
④ 나라의 재정과 군사력을 확보하기 위해
⑤ 남북 간의 물자 유통을 원활하게 하기 위해

10 다음 자료와 관련된 나라의 문화에 대한 설명으로 옳지 <u>않은</u> 것은?

① 국제적인 문화가 발전하였다.
② 이백과 두보 등의 시인이 명성을 얻었다.
③ 현장이 인도에서 가져온 불경을 번역하였다.
④ 『오경정의』가 과거 시험의 기본 교재가 되었다.
⑤ 도가 사상이 민간 신앙과 결합하여 도교로 발전하였다.

11 다음 밑줄 친 '동아시아 문화'에 포함되는 요소로 옳지 <u>않은</u> 것은?

> 당이 주변 나라와 긴밀하게 교류하면서 당을 왕래하는 사람이 많아져 한대 이래 발달한 중국 문화가 주변 나라에 영향을 미쳤다. 이 과정에서 <u>동아시아 문화</u>가 형성되었다.

① 불교   ② 유교   ③ 율령
④ 한자   ⑤ 도교

12 다음 자료를 통해 알 수 있는 당 문화의 특징으로 가장 적절한 것은?

> 당삼채는 당대에 많이 만들어진 대표적인 도자기로 주로 흰색, 갈색, 녹색의 유약을 사용하여 만들었다. 당삼채는 서역 상인과 낙타 등을 묘사하였다.

① 국제적 문화   ② 폐쇄적 문화
③ 서민적 문화   ④ 실용적 문화
⑤ 인간 중심적 문화

13 다음 사건을 일어난 순서대로 바르게 나열한 것은?

> ㄱ. 발해 건국
> ㄴ. 고조선 건국
> ㄷ. 삼국이 중앙 집권 국가로 발전
> ㄹ. 당과 신라에 의해 고구려 멸망

① ㄱ－ㄴ－ㄷ－ㄹ   ② ㄴ－ㄱ－ㄷ－ㄹ
③ ㄴ－ㄷ－ㄹ－ㄱ   ④ ㄷ－ㄹ－ㄱ－ㄴ
⑤ ㄹ－ㄱ－ㄷ－ㄴ

14 다음 (가)～(마) 시기에 대한 설명으로 옳은 것은?

(가)	(나)	(다)	(라)	(마)
야마토 정권 성립	다이카 개신	헤이조쿄 건설	헤이안쿄 천도	

① (가): 아스카 문화가 발전하였다.
② (나): 벼농사를 짓기 시작하였다.
③ (다): '일본'이라는 국호를 사용하였다.
④ (라): 한자를 변형하여 만든 가나 문자를 사용하기 시작하였다.
⑤ (마): 당의 율령 체제를 수용하여 통치 체제를 정비하였다.

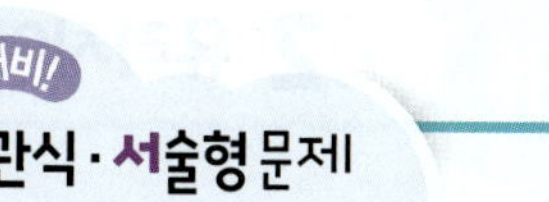
실전 대비!
주관식·서술형 문제

15 야마토 정권에 대한 설명으로 옳지 <u>않은</u> 것은?

① 다이카 개신을 단행하였다.
② 아스카 문화를 발전시켰다.
③ 견수사와 견당사를 파견하였다.
④ '천황'이라는 칭호를 사용하였다.
⑤ 일본 고유 문자인 가나가 사용되었다.

16 다음 ㉠에 대한 설명으로 옳은 것은?

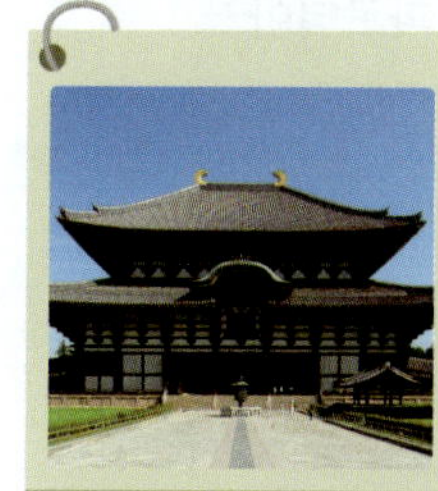

〈유물 카드〉
• 지역: 일본
• 특징: (㉠) 시대에 세워진 도
다이사로, 일본에서 가장 큰 목조
건축물이다.

① 가나 문자를 사용하였다.
② 국풍 문화가 발달하였다.
③ 헤이조쿄를 수도로 삼았다.
④ 아스카 문화가 발전하였다.
⑤ 쇼토쿠 태자가 불교를 장려하였다.

17 다음 문자를 사용하기 시작한 시대에 대한 설명으로 옳지 <u>않은</u>
것은?

▲ 가나 문자

① 헤이안쿄가 수도였다.
② 도다이사가 건립되었다.
③ 9세기 말에 견당사 파견이 중지되었다.
④ 귀족과 지방 세력이 대토지 소유를 확대하였다.
⑤ 일본 고유의 특색이 나타나는 문화가 발달하였다.

18 다음에서 설명하는 정책을 쓰시오.

• 북위 효문제가 실시하였다.
• 한족의 언어와 의복을 사용하였다.
• 선비족의 성씨를 한족의 성씨로 바꾸게 하였다.

19 다음 자료를 보고 물음에 답하시오.

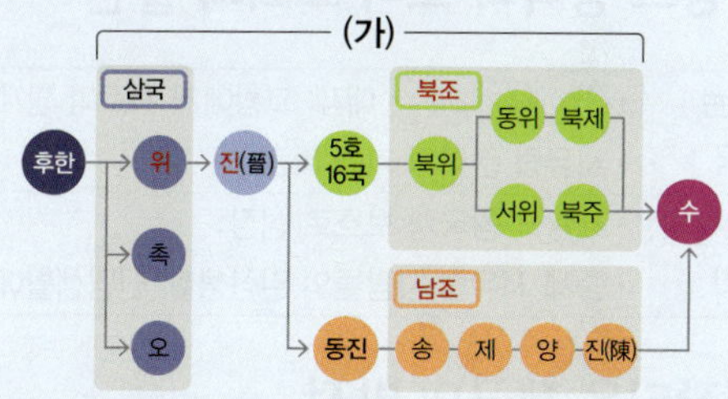

(1) (가)에 들어갈 시대를 쓰시오.

(2) 다음 **조건** 에 맞게 (가) 시대의 문화에 대해 서술하시오.

조건
남조와 북조를 비교하여 서술할 것

20 수 양제가 대운하를 건설한 목적을 서술하시오.

실력확인문제 02 유라시아의 정치·종교적 변동

1 사산 왕조 페르시아의 발전

정치	• 페르시아 제국의 부흥을 내걸음, 로마 제국과 경쟁 • 지방에 총독 파견 • 중계 무역으로 번영
문화	• ❶□□□□□□를 국교로 삼음 • 건축, 유리 공예, 금속 세공술 발달

2 굽타 왕조의 성립과 발전

정치	• 4세기 인도 북부 통일 • ❷□□□□□□ 2세: 전성기, 최대 영토 확보
힌두교 문화 형성	브라만교·불교·민간 신앙을 융합한 힌두교 성립, 카스트에 따른 의무 강조, 『마누 법전』 정비
인도 고전 문화	• 굽타 양식: 간다라 양식, 인도 고유 특색이 융합 • ❸□□□□□ 문학 발달: 『마하바라타』, 『라마야나』 등

3 프랑크 왕국과 로마 교회의 발전

프랑크 왕국	• ❹□□□□ 대제: 교황에게 서로마 황제 대관 • 서유럽 문화의 기틀 마련
로마 가톨릭 교회	• 프랑크 왕국의 보호로 성장 • 중세 서유럽 사람들의 일상생활, 신앙생활에 영향

4 비잔티움 제국의 발전

정치	• 유스티니아누스 황제: 서로마 영토 상당 부분 회복, 콘스탄티노폴리스 번성 • 레오 3세의 성상 파괴령 ➡ 크리스트교 세계 분열
문화	• ❺『□□□□□□□ 법전』: 로마법 집대성 • 비잔티움 양식: 성 소피아 성당

5 이슬람 세계의 형성과 성장

형성	메카·메디나가 중심지로 번영, 무함마드가 이슬람교 정립
정통 칼리프 시대	• 이슬람 세계의 지도자인 ❻□□□ 선출 • 시리아와 이집트 진출, 사산 왕조 페르시아 정복
우마이야 왕조	제4대 칼리프 알리 암살 이후 우마이야 가문에서 칼리프의 지위 세습 ➡ 수니파와 시아파 대립, 아랍인 우대 정책
아바스 왕조	아랍인 중심 정책 폐지, ❼□□□ 전투에서 당에 승리해 동서 교역로의 주도권 장악

6 이슬람 세계의 경제와 문화

경제	상인 적극 지원 ➡ 동서 문화 교류 촉진
문화	• ❽『□□』: 이슬람교의 경전, 일상생활 규제 • 『아라비안나이트』, 모스크, 아라비아 숫자

정답 ❶ 조로아스터교 ❷ 찬드라굽타 ❸ 산스크리트 ❹ 카롤루스 ❺ 유스티니아누스 ❻ 칼리프
❼ 탈라스 ❽ 쿠란

[01-02] 다음 지도를 보고 물음에 답하시오.

01 (가) 나라의 명칭으로 옳은 것은?

① 로마　　　　　② 히타이트
③ 아시리아　　　④ 파르티아
⑤ 사산 왕조 페르시아

02 (가) 나라에 대한 설명으로 옳은 것을 보기에서 모두 고르면?

보기

ㄱ. 다리우스 1세 때 전성기였다.
ㄴ. 조로아스터교를 국교로 삼았다.
ㄷ. 페르시아 제국의 부흥을 내걸었다.
ㄹ. 게르만족 출신 용병 대장에 의해 멸망하였다.

① ㄱ, ㄴ　　　② ㄱ, ㄷ　　　③ ㄴ, ㄷ
④ ㄴ, ㄹ　　　⑤ ㄷ, ㄹ

03 다음 설명에 해당하는 나라로 옳은 것은?

• 찬드라굽타 2세 때 최대 영토를 확보하였다.
• 유목 민족 에프탈의 침입으로 쇠퇴하였다.

① 굽타 왕조　　　② 쿠산 왕조
③ 프랑크 왕국　　④ 마우리아 왕조
⑤ 비잔티움 제국

빈출

04 다음 문화유산과 관련된 나라에 대한 설명으로 옳은 것을 보기에서 모두 고르면?

◀ 아잔타 제1 석굴의 연화수 보살 벽화

보기

ㄱ. 굽타 양식이 나타났다.
ㄴ. 카스트제가 성립되었다.
ㄷ. 산스크리트 문학이 발달하였다.
ㄹ. 아소카왕 때 전성기를 맞이하였다.

① ㄱ, ㄴ ② ㄱ, ㄷ ③ ㄴ, ㄷ
④ ㄴ, ㄹ ⑤ ㄷ, ㄹ

05 다음 (가)에 들어갈 내용으로 옳은 것은?

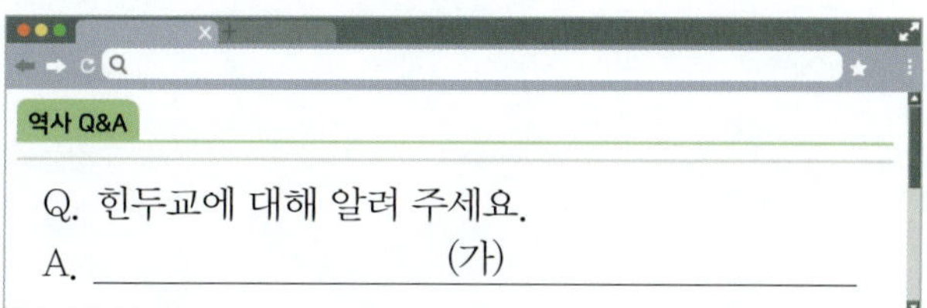

① 석가모니가 창시하였다.
② 아후라 마즈다를 숭배하였다.
③ 사산 왕조 페르시아의 국교였다.
④ 브라만교의 신분 차별에 반대하며 등장하였다.
⑤ 자신의 카스트에 따른 성실한 의무 수행을 강조하였다.

06 다음 밑줄 친 '이 인물'에 대한 설명으로 옳은 것은?

교황이 프랑크 왕국의 이 인물에게 서로마 황제의 관을 씌워 주는 모습이다. 이로써 게르만족이 세운 프랑크 왕국은 로마의 계승국으로 인정받게 되었다.

① 성 소피아 성당을 세웠다.
② 서로마 제국을 멸망시켰다.
③ 성상 파괴령을 발표하였다.
④ 로마법을 집대성하여 법전을 편찬하였다.
⑤ 정복지에 교회를 세워 크리스트교를 전파하였다.

[07-08] 다음 글을 읽고 물음에 답하시오.

(가) 게르만족이 세운 나라 가운데 이동 거리가 짧고, 크리스트교를 수용하여 로마 교회의 지지를 받으며 오랫동안 번영을 누렸다.
(나) 서로마 제국이 멸망한 뒤에도 천 년 가까이 지속한 제국으로, 수도 콘스탄티노폴리스가 동서 무역의 중심지로 번성하였다.

07 (가), (나) 나라를 옳게 연결한 것은?

	(가)	(나)
①	프랑크 왕국	굽타 왕조
②	프랑크 왕국	비잔티움 제국
③	동고트 왕국	비잔티움 제국
④	비잔티움 제국	굽타 왕조
⑤	비잔티움 제국	프랑크 왕국

08 (나) 나라에 대한 설명으로 옳은 것을 보기에서 모두 고르면?

보기

ㄱ. 비잔티움 양식이 발달하였다.
ㄴ. 그리스어를 공용어로 사용하였다.
ㄷ. 게르만족 출신 용병 대장에 의해 멸망하였다.
ㄹ. 교황을 중심으로 하는 로마 가톨릭교회를 주로 믿었다.

① ㄱ, ㄴ ② ㄱ, ㄹ ③ ㄴ, ㄷ
④ ㄴ, ㄹ ⑤ ㄷ, ㄹ

09 다음 밑줄 친 '나'에 대한 설명으로 옳은 것은?

① 『신학대전』을 편찬하였다.
② 콘스탄티노폴리스로 천도하였다.
③ 교황과 대립하여 카노사의 굴욕을 겪었다.
④ 클레르몽 공의회에서 성지 탈환을 호소하였다.
⑤ 옛 서로마 제국 영토의 상당 부분을 회복하였다.

10 다음 유적에 나타난 건축 양식의 특징으로 옳은 것을 보기 에서 모두 고르면?

▲ 성 소피아 성당

보기
ㄱ. 거대한 돔
ㄴ. 아라베스크 무늬
ㄷ. 모자이크 벽화
ㄹ. 스테인드글라스 장식

① ㄱ, ㄴ　　　② ㄱ, ㄷ　　　③ ㄴ, ㄷ
④ ㄴ, ㄹ　　　⑤ ㄷ, ㄹ

11 다음 밑줄 친 이 종교에 대한 설명으로 옳은 것은?

① 『베다』를 경전으로 삼았다.
② 헤지라를 달력의 시작 연도로 삼았다.
③ 비슈누, 시바, 브라흐마를 숭배하였다.
④ 선한 신의 상징인 불을 소중하게 여겼다.
⑤ 세상을 아후라 마즈다와 아리만이 대결하는 곳으로 보았다.

12 다음 이슬람 세계의 형성 과정을 순서대로 바르게 나열한 것은?

ㄱ. 아바스 왕조가 세워졌다.
ㄴ. 정통 칼리프 시대가 시작되었다.
ㄷ. 우마이야 가문이 칼리프의 지위를 세습하였다.
ㄹ. 무함마드가 아라비아반도의 대부분을 통일하였다.

① ㄱ－ㄴ－ㄷ－ㄹ　　　② ㄴ－ㄱ－ㄷ－ㄹ
③ ㄴ－ㄹ－ㄱ－ㄷ　　　④ ㄷ－ㄹ－ㄱ－ㄴ
⑤ ㄹ－ㄴ－ㄷ－ㄱ

13 다음 (가)에 들어갈 내용으로 가장 적절한 것은?

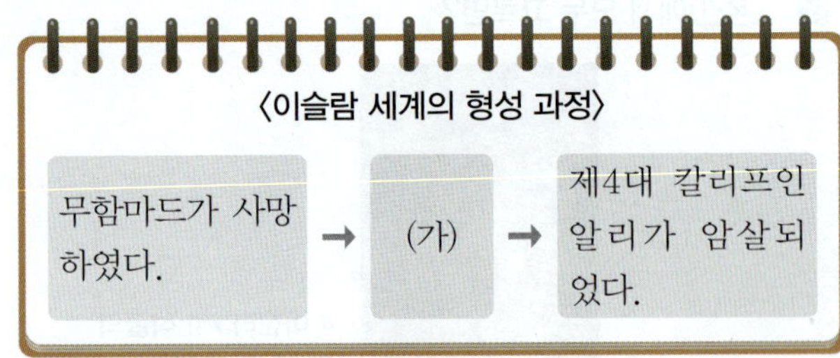

① 후우마이야 왕조가 세워졌다.
② 아바스 가문이 왕조를 세웠다.
③ 아랍인 중심의 정책을 폐지하였다.
④ 이슬람 세력이 사산 왕조 페르시아를 정복하였다.
⑤ 이슬람 세계는 수니파와 시아파로 나뉘어 종교적으로 대립하였다.

14 다음 (가), (나)에 대한 설명으로 옳은 것을 보기 에서 모두 고르면?

보기
ㄱ. (가): 수니파이다.
ㄴ. (가): 이슬람 세계의 소수파이다.
ㄷ. (나): 시아파이다.
ㄹ. (가), (나): 우마이야 가문의 칼리프 세습이 배경이 되어 대립하였다.

① ㄱ, ㄴ　　　② ㄱ, ㄷ　　　③ ㄴ, ㄷ
④ ㄴ, ㄹ　　　⑤ ㄷ, ㄹ

15 다음 (가) 나라에 대한 설명으로 가장 적절한 것은?

① 탈라스 전투에서 승리하였다.
② 아랍인 외의 이슬람교도를 차별하였다.
③ 선출된 칼리프가 이슬람 세계를 지배하였다.
④ 예루살렘을 점령하여 비잔티움 제국을 압박하였다.
⑤ 술탄의 칭호를 얻어 이슬람 세계를 실질적으로 지배하였다.

16 다음 설명에 해당하는 기록물로 옳은 것은?

- 이슬람교의 경전이다.
- 종교뿐만 아니라 일상생활의 규범이 되었다.

① 『베다』   ② 『쿠란』
③ 『마누 법전』   ④ 『마하바라타』
⑤ 『유스티니아누스 법전』

17 다음 (가)에 들어갈 내용으로 적절하지 않은 것은?

- 주제: 이슬람 세계의 문화와 과학 기술
- 모둠별 탐구 내용: _______________ (가)

① 모스크의 구조를 검색한다.
② 『아라비안나이트』의 내용을 알아본다.
③ 샤르트르 대성당의 건축 양식을 조사한다.
④ 숫자 '0(영)'의 개념 도입과 그 영향을 탐구한다.
⑤ 아스트롤라베, 지구본 등이 그려진 그림을 분석한다.

18 프랑크 왕국이 오랫동안 번성했던 까닭을 두 가지 서술하시오.

____

____

19 다음 글을 읽고 물음에 답하시오.

비잔티움 제국의 황제 (㉠)은/는 예수와 성모 등을 묘사한 성상을 파괴하라는 (㉡)을/를 발표하였다.

(1) ㉠, ㉡에 들어갈 말을 쓰시오.

㉠ _______________ ㉡ _______________

(2) ㉡을 발표한 이후 크리스트교 세계의 변화 모습을 서술하시오.

____

____

20 다음에서 설명하는 용어를 쓰시오.

- 정치적 지배자를 뜻한다.
- 셀주크 튀르크의 지배자가 아바스 왕조의 칼리프로부터 얻은 칭호이다.

____

실력 확인 문제 03 서아시아와 유럽의 교류와 갈등

1 서유럽 봉건 사회의 성립

봉건 사회 성립	프랑크 왕국 분열 이후 이슬람 세력과 노르만족 등 이민족의 잦은 침입 → 봉건 사회 성립
주종 관계	❶◻◻를 매개로 한 주군과 봉신의 주종 관계 성립
장원 제도	• 봉신은 주군에게 받은 봉토로 장원 운영 • ❷◻◻: 장원 주민의 대다수, 재산 소유 및 결혼 가능, 거주 이전의 자유 없음, 각종 세금 부과

2 크리스트교의 확산과 문화

확산	• 교회 개혁 운동: ❸◻◻◻ 수도원 중심으로 전개 • 교황권 강화: 성직자 임명권을 둘러싸고 ❹◻◻◻의 굴욕 발생 → 보름스 협약
문화	• 스콜라 철학: 토마스 아퀴나스의 ❺「◻◻◻◻」(스콜라 철학 집대성) • 대학 설립: 학문 발달에 기여 • 건축: 로마네스크 양식(11세기) → 고딕 양식(12세기) • 문학: 기사도 문학 유행(「롤랑의 노래」 등)

3 중세 유럽 세계의 변화

❻◻◻◻ 전쟁		• 배경: 셀주크 튀르크가 예루살렘 점령 → 로마 교황의 호소 • 전개: 제1차 십자군이 예루살렘 점령 → 제4차 십자군이 콘스탄티노폴리스 점령 → 성지 회복 실패
도시 성장		• 배경: 십자군 전쟁을 계기로 도시 성장 → ❼◻◻◻ 무역권 형성 • 한자 동맹: 북유럽 무역 주도 • 길드 조직, 도시민의 자치권 획득
장원의 해체		14세기 ❽◻◻◻의 유행 → 인구 감소, 노동력 부족 → 장원 해체
교황권 쇠퇴		• 배경: 십자군 전쟁 실패 → 교황과 봉건 영주 세력 약화, 상대적으로 왕권 강화 • ❾◻◻◻ ◻◻: 로마 교황청이 아비뇽으로 이동, 프랑스 왕의 통제를 받음 • 백년 전쟁과 장미 전쟁으로 영국과 프랑스가 중앙 집권 국가의 기반 마련
❿◻◻	이탈리아	• 인문주의 발달 • 레오나르도 다 빈치, 미켈란젤로 등
	알프스 이북	• 사회·교회 비판 • 「유토피아」, 「우신예찬」 등

[01-02] 다음 자료를 보고 물음에 답하시오.

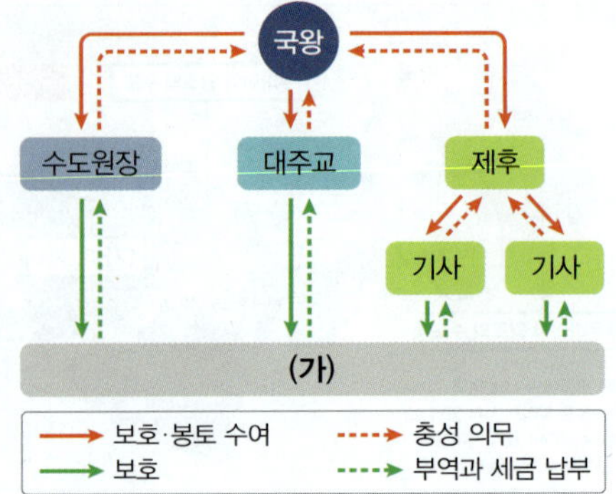

01 (가)에 들어갈 계층으로 옳은 것은?

하

① 영주   ② 기사   ③ 농노
④ 노예   ⑤ 성직자

02  (가) 계층에 대한 설명으로 옳은 것을 보기 에서 모두 고르면?

중

보기
ㄱ. 결혼하여 가정을 이룰 수 없었다.
ㄴ. 약간의 재산을 소유할 수 있었다.
ㄷ. 거주지를 자유롭게 옮길 수 있었다.
ㄹ. 영주의 땅을 경작하고 세금을 부담하였다.

① ㄱ, ㄴ   ② ㄱ, ㄷ   ③ ㄴ, ㄷ
④ ㄴ, ㄹ   ⑤ ㄷ, ㄹ

03 다음 선생님의 질문에 대한 학생의 대답으로 옳지 않은 것은?

중

① 세금 징수는 주군의 간섭을 받았습니다.
② 주군은 봉신에게 토지를 지급하였습니다.
③ 봉신은 영주로서 장원을 운영하였습니다.
④ 의무를 지키지 않으면 주종 관계의 계약은 파기되었습니다.
⑤ 주종 관계를 바탕으로 지방 분권적인 봉건 사회가 성립되었습니다.

04 중세 장원에서 볼 수 있는 모습으로 옳지 <u>않은</u> 것은?

① 농노에게 세금을 걷는 영주
② 영주의 땅을 경작하는 농노
③ 농노의 결혼식을 축복하는 성직자
④ 공동 방목지에서 가축을 키우는 목동
⑤ 재판을 담당하기 위해 왕이 파견한 관료

05 다음 밑줄 친 ㉠이 일어난 배경으로 옳지 <u>않은</u> 것은?

> 10세기경부터 클뤼니 수도원을 중심으로 ㉠ <u>교회를
> 개혁하려는 운동</u>이 일어났다.

① 교회가 세속화되었다.
② 성직자가 주종 관계에 포함되었다.
③ 성직 매매와 같은 부패가 나타났다.
④ 성직자 임명권을 교황이 차지하였다.
⑤ 성직자가 결혼을 하는 경우도 있었다.

06 다음 사건을 일어난 순서대로 바르게 나열한 것은?

> ㄱ. 보름스 협약이 체결되었다.
> ㄴ. 그레고리우스 7세가 성직 매매를 금지하였다.
> ㄷ. 하인리히 4세가 교황에게 굴복하는 사건이 일어났다.
> ㄹ. 클뤼니 수도원을 중심으로 교회 개혁 운동이 일어났다.

① ㄱ-ㄴ-ㄷ-ㄹ   ② ㄴ-ㄱ-ㄹ-ㄷ
③ ㄴ-ㄹ-ㄱ-ㄷ   ④ ㄷ-ㄹ-ㄱ-ㄴ
⑤ ㄹ-ㄴ-ㄷ-ㄱ

07 다음 그림과 관련된 사건에 대한 설명으로 옳은 것은?

◀ 교황과의 화해를 주선해 달라고
간청하는 하인리히 4세

① 왕권이 강화되었다.
② 교황의 권위가 떨어졌다.
③ 성직자 임명권을 황제가 차지하였다.
④ 로마 교황청이 아비뇽으로 옮겨졌다.
⑤ 성직자 임명권을 두고 교황과 황제가 대립하였다.

08 다음 건축물에 나타난 건축 양식에 대한 설명으로 옳은 것을 보기 에서 모두 고르면?

▲ 피사 대성당

> **보기**
> ㄱ. 원형의 아치가 특징이다.
> ㄴ. 비잔티움 양식이라고 불린다.
> ㄷ. 11세기 서유럽에서 유행하였다.
> ㄹ. 건축물 내부를 아라베스크 무늬로 장식하였다.

① ㄱ, ㄴ   ② ㄱ, ㄷ   ③ ㄴ, ㄷ
④ ㄴ, ㄹ   ⑤ ㄷ, ㄹ

09 다음은 어떤 학생이 작성한 수행 평가 답안지이다. 이 학생이 받게 될 점수로 옳은 것은?

문항	내용	답
※ 크리스트교 중심의 중세 서유럽 문화에 대한 설명이 맞으면 ○표, 틀리면 ×표 하시오(각 1점).		
1	신학은 학문의 중심이 되었다.	×
2	건축은 교회와 수도원을 중심으로 발전하였다.	○
3	신앙과 이성의 조화를 강조하는 스콜라 철학이 유행하였다.	○
4	『롤랑의 노래』, 『아서왕 이야기』 등의 기사도 문학이 유행하였다.	×

① 0점   ② 1점   ③ 2점
④ 3점   ⑤ 4점

10 다음 사건을 일어난 순서대로 바르게 나열한 것은?

> ㄱ. 교황이 성지 탈환을 호소하였다.
> ㄴ. 셀주크 튀르크가 예루살렘을 점령하였다.
> ㄷ. 십자군은 제1차 원정 때 예루살렘을 되찾았다.
> ㄹ. 제4차 십자군이 콘스탄티노폴리스를 점령하였다.

① ㄱ-ㄴ-ㄷ-ㄹ ② ㄴ-ㄱ-ㄷ-ㄹ
③ ㄴ-ㄹ-ㄱ-ㄷ ④ ㄷ-ㄴ-ㄱ-ㄹ
⑤ ㄹ-ㄱ-ㄷ-ㄴ

11 지도에 나타난 전쟁의 영향으로 옳은 것을 **보기**에서 모두 고르면?

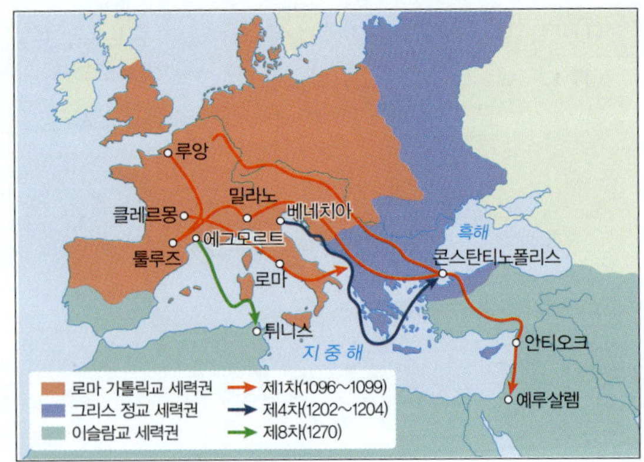

> **보기**
> ㄱ. 지중해 무역권이 형성되었다.
> ㄴ. 왕권이 상대적으로 약화되었다.
> ㄷ. 봉건 영주의 세력이 약화되었다.
> ㄹ. 비잔티움 제국과 이슬람 문화가 서유럽에 전해졌다.

① ㄱ, ㄴ ② ㄱ, ㄷ ③ ㄴ, ㄷ
④ ㄱ, ㄴ, ㄹ ⑤ ㄱ, ㄷ, ㄹ

12 다음 설명에 해당하는 말로 옳은 것은?

> • 상인과 수공업자의 동업 조합이다.
> • 공동의 이익과 안전을 도모하였다.
> • 생산과 교역을 통제하였다.

① 길드 ② 한자 동맹
③ 지중해 무역권 ④ 클뤼니 수도원
⑤ 롬바르드 동맹

13 다음 밑줄 친 '이 시기' 중세 유럽의 상황에 대한 설명으로 옳지 **않은** 것은?

이 시기에는 십자군 전쟁을 계기로 도시가 성장하였고, 상인과 수공업자는 동업 조합을 결성하여 도시의 운영에 참여하였다.

① 서로마 제국이 멸망하였다.
② 길드가 도시 운영에 참여하였다.
③ 지중해 연안의 항구 도시가 성장하였다.
④ 도시민들은 봉건 영주의 통제에서 벗어났다.
⑤ 영주는 노동력이나 현물 대신 화폐를 세금으로 받았다.

14 다음 (가)에 들어갈 내용으로 옳은 것을 **보기**에서 모두 고르면?

> 14세기 중엽 흑사병이 유행하면서 인구가 크게 줄었고 중세 유럽 세계에 많은 변화가 나타났다. 대표적인 변화로 ________(가)________

> **보기**
> ㄱ. 교황의 권위가 높아졌다.
> ㄴ. 농민의 처우가 개선되었다.
> ㄷ. 장원이 해체되기 시작하였다.
> ㄹ. 주종 관계를 바탕으로 봉건 사회가 성립되었다.

① ㄱ, ㄴ ② ㄱ, ㄷ ③ ㄴ, ㄷ
④ ㄴ, ㄹ ⑤ ㄷ, ㄹ

15 다음 (가)에 들어갈 내용으로 가장 적절한 것은?

> • 주제: 교황권 쇠퇴와 중앙 집권 국가 등장
> • 사례: ________(가)________

① 스콜라 철학이 유행하였다.
② 보름스 협약이 체결되었다.
③ 카노사의 굴욕이 일어났다.
④ 클뤼니 수도원을 중심으로 교회 개혁 운동이 일어났다.
⑤ 백년 전쟁에서 승리한 프랑스는 중앙 집권 국가로 성장하는 기반이 마련되었다.

16 이탈리아에서 르네상스가 시작된 배경으로 옳은 것을 보기에
서 모두 고르면?

> **보기**
> ㄱ. 지중해 무역으로 번영하였다.
> ㄴ. 고대 로마의 문화유산을 간직하였다.
> ㄷ. 교황의 영향으로 신 중심의 사고를 유지하였다.
> ㄹ. 비잔티움 제국의 멸망으로 많은 학자가 이주해 왔다.

① ㄱ, ㄴ ② ㄱ, ㄷ ③ ㄴ, ㄷ
④ ㄱ, ㄴ, ㄹ ⑤ ㄴ, ㄷ, ㄹ

17 다음 (가) 지역의 르네상스에 대한 설명으로 옳은 것은?

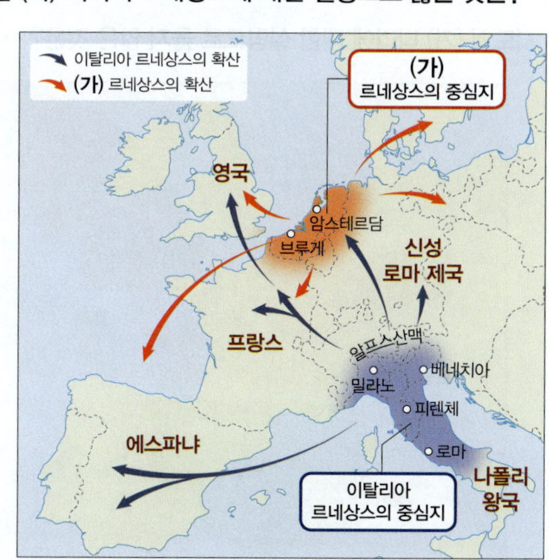

① 보카치오는 『데카메론』을 썼다.
② 페트라르카는 라틴어 고전을 연구하였다.
③ 레오나르도 다 빈치가 『모나리자』를 그렸다.
④ 미켈란젤로는 인체의 아름다움을 표현하였다.
⑤ 에라스뮈스가 『우신예찬』에서 교회와 성직자의 모순을
비판하였다.

18 다음 밑줄 친 '이곳'을 쓰시오.

> 10세기부터 시작된 서유럽 교회 개혁 운동은 <u>이곳</u>을
> 중심으로 전개되었다. 청빈, 정결, 자급자족을 위한 노
> 동 등 모범적인 신앙생활을 강조하였다.

19 다음 글을 읽고 물음에 답하시오.

> 봉신이 주군에게 받는 봉토는 자급자족하는 농촌 공
> 동체인 장원의 형태로 운영되었다. 장원 주민의 대다수
> 는 (㉠)였는데 이들은 자유로운 농민과 예속된 노
> 예의 특징을 모두 가지고 있었다.

(1) ㉠에 들어갈 계층을 쓰시오.

(2) ㉠ 계층과 고대 노예의 차이점을 두 가지 서술하시오.

20 다음 글을 통해 알 수 있는 알프스 이북 르네상스의 특징을 서
술하시오.

> 교황은 바로 나, 우신(어리석음의 신) 덕분에 우아한
> 생활을 하고 있다. 왜냐하면 연극이나 다름없는 화려한
> 교회 의식을 통해 축복이나 저주의 말을 하고 감시의 눈
> 만 번쩍이면, 충분히 그리스도에게 충성하였다고 생각
> 하기 때문이다.
> — 에라스뮈스, 『우신예찬』

실력 확인 문제　　01 유라시아 교역 및 문화 교류의 확대

1 북방 민족과 송의 성장

1 북방 민족의 성장

거란(요)	연운 16주 차지	· 고유 문자 사용
탕구트(서하)	비단길 무역 장악	· 이중 지배 체제 시행
여진(금)	화북 지방 차지	

2 송의 통일과 변천

정치	· 황제권 강화: 황제가 과거 시험 주관, 군사권 장악 · ❶□□주의: 문관 우대 ➡ 사대부 성장, 군사력 약화
경제	· 농업: 모내기법 보급, 상품 작물 재배 · 상공업: 동업 조합 조직(행, 작), 지폐 사용(교자, 회자) · 해상 교역: 항저우, 취안저우 등에 ❷□□□ 설치
문화	· 성리학 발전: 대의명분, 한족의 우월성 강조 · ❸□□ 문화 발달: 만담, 곡예, 가사, 소설 · 과학 기술 발달: 활판 인쇄술, 나침반, 화약

2 유라시아를 아우른 몽골 제국

1 몽골의 성장

칭기즈 칸	· 13세기 초 테무친이 몽골 통일 후 칭기즈 칸으로 추대됨 · 정복 활동: 인더스강 유역, 페르시아 진출 · 후대 칸: 금·아바스 왕조 정복, 동부 유럽까지 영역 확대
쿠빌라이 칸	· 남쪽으로 대월·미얀마·자와에 원정군 파견, 동쪽으로 고려 복속, 일본 원정 ➡ 유라시아에 걸친 대제국 건설 · 대도 천도, 국호를 ❹□으로 교체, 남송 멸망

2 원의 중국 지배

정치	· 통치 방식: 몽골인, 색목인, 한인, 남인으로 나누어 지배 　➡ ❺□□ 제일주의 · 쇠퇴: 홍건적의 난으로 원이 북쪽으로 밀려남
경제	육상·해상 교통 활발, 교초 널리 사용
문화	· 파스파 문자(몽골 문자)를 공식 문서에 사용 · 서민 문화: 구어체 소설 유행, 잡극 인기

3 유라시아·인도양 교역권과 동서 교류

유라시아·인도양 교역권	· 전국을 연결하는 도로망을 건설하고 ❻□□ 설치 · 항저우, 취안저우 등이 세계적 무역항으로 성장
동서 교류 확대	· ❼□□□ □□ ─ 『동방견문록』, 이븐바투타 ─ 『여행기』 · 이슬람 역법의 영향 ➡ ❽□□□ 제작 · 송대 발명품이 이슬람을 거쳐 유럽에 전파

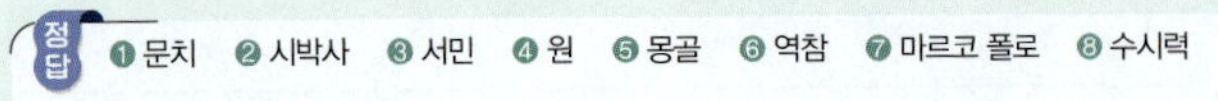

---

01 다음 ㉠~㉢에 들어갈 나라를 옳게 연결한 것은?
　중

> 10세기 초 부족을 통일한 (㉠)은/는 연운 16주를 장악하여 송과 대립하였다. 한편, 11세기에는 탕구트가 (㉡)을/를 세워 비단길 무역을 주도하였으며, 12세기에는 여진이 (㉢)을/를 건국하여 송의 수도 카이펑을 함락하고 화북을 차지하였다. 이에 송은 임안(항저우)으로 수도를 옮겼는데, 남송이라고 한다.

	㉠	㉡	㉢
①	금	서하	거란(요)
②	금	거란(요)	서하
③	서하	금	거란(요)
④	거란(요)	서하	금
⑤	거란(요)	금	서하

02 지도의 (가) 나라에 대한 설명으로 옳지 <u>않은</u> 것은?
　중

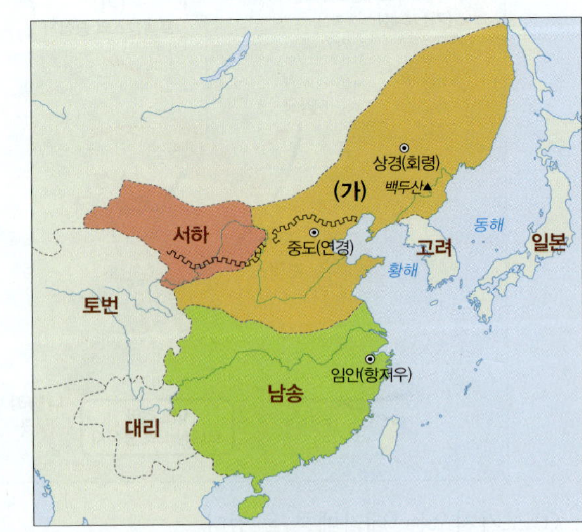

① 송의 수도 카이펑을 함락하였다.

② 고유 문자를 만들어 사용하였다.

③ 송과 연합하여 거란을 멸망시켰다.

④ 발해를 멸망시키고 연운 16주를 차지하였다.

⑤ 송으로부터 막대한 양의 비단과 은을 받았다.

03 다음 (가)에 들어갈 내용으로 가장 적절한 것은?

① 문치주의 정책을 펼쳤어요.
② 화북 지방을 차지하였어요.
③ 절도사의 권한을 약화시켰어요.
④ 자신들만의 문자를 만들어 사용하였어요.
⑤ 색목인을 우대하고 한인과 남인을 차별하였어요.

04 다음 ㉠, ㉡에 들어갈 말을 옳게 연결한 것은?

거란(요), 금은 유목민과 농경민으로 이루어진 나라를 효율적으로 통치하기 위해 이중 지배 체제를 시행하였다. 유목민은 고유의 (㉠)로 다스리고 한족은 중국식 제도인 (㉡)로 다스렸다.

	㉠	㉡		㉠	㉡
①	군현제	봉건제	②	군현제	부족제
③	봉건제	군현제	④	부족제	군현제
⑤	부족제	봉건제			

05 다음 정책을 시행한 인물에 대한 설명으로 옳지 <u>않은</u> 것은?

① 재상권을 분산하였다.
② 군인보다 문인 관료를 우대하였다.
③ 송을 세우고 5대 10국의 혼란을 수습하였다.
④ 중앙군을 황제 직속으로 두어 황제의 군사권을 강화하였다.
⑤ 절도사의 권한을 강화하였고, 지방관을 무관으로 임명하였다.

06 다음 ㉠에 들어갈 인물로 옳은 것은?

송은 지나친 문치주의 정책으로 군사력이 약해져 평화를 유지하고자 북방 민족에게 많은 양의 비단과 은을 주었고, 이 때문에 재정이 어려워졌다. 이에 (㉠)이/가 민생 안정과 부국강병을 목표로 개혁을 시도하였으나, 보수파 관료들의 반대로 실패하였다.

① 주희　　　　② 아구다　　　　③ 왕안석
④ 조광윤　　　　⑤ 테무친

07 사대부에 대한 설명으로 옳지 <u>않은</u> 것은?

① 성리학을 발전시켰다.
② 송대 사회 지배층이었다.
③ 변경 지역의 방어를 담당하였다.
④ 문치주의의 실시로 형성된 계층이다.
⑤ 과거 시험을 통해 중앙에 진출하였다.

08 다음 (가)에 대한 설명으로 옳은 것은?

① 천문대가 설치된 곳이다.
② 이슬람교 등 종교 사원이 있었다.
③ 여행자에게 숙식과 말을 제공하였다.
④ 상인들의 동업 조합을 설치한 곳이다.
⑤ 무역 업무와 관세 징수 등을 담당하였다.

09 송대에 볼 수 있는 모습으로 옳지 <u>않은</u> 것은?

① 모내기법으로 농사를 짓는 농민
② 시장에서 교자로 차를 사는 상인
③ 활판 인쇄술로 책을 만드는 기술자
④ 패자를 이용하여 말을 갈아타는 여행자
⑤ 전문 공연장에서 인형극을 즐기는 서민

10 송대 해상 교역이 활발했던 배경으로 옳지 <u>않은</u> 것은?

① 교초가 널리 사용되었다.
② 조선술과 지도 제작 기술이 발달하였다.
③ 북방 민족이 육지의 교역로를 장악하였다.
④ 무역 업무를 담당하는 시박사를 설치하였다.
⑤ 나침반을 이용한 원거리 항해가 가능하였다.

11 다음 인물에 대한 설명으로 옳은 것을 보기 에서 모두 고르면?

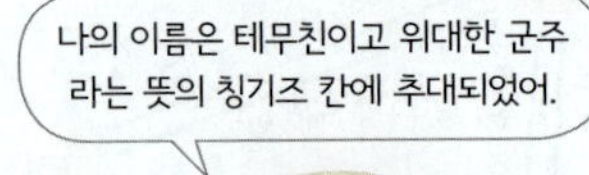

보기

ㄱ. 수도를 대도로 옮겼다.
ㄴ. 금의 지배를 받던 몽골을 통일하였다.
ㄷ. 고려를 복속시키고 일본까지 원정하였다.
ㄹ. 인더스강 유역과 페르시아까지 진출하였다.

① ㄱ, ㄴ   ② ㄱ, ㄷ   ③ ㄴ, ㄷ
④ ㄴ, ㄹ   ⑤ ㄷ, ㄹ

12 몽골 제국과 관련된 용어에 대한 설명으로 옳지 <u>않은</u> 것은?

① 교초: 몽골 제국에서 사용하던 지폐
② 울루스: 몽골 제국을 이루던 정치적 단위
③ 색목인: 몽골 제일주의로 차별받았던 한족
④ 파스파 문자: 공식 문서에 사용된 몽골 문자
⑤ 수시력: 이슬람 역법의 영향을 받아 제작된 달력

13 몽골이 대제국을 건설할 수 있었던 원동력으로 가장 적절한 것은?

① 말을 이용한 뛰어난 기동력과 전술
② 정복민에 대한 차별 없는 인재 등용
③ 문인 관료를 우대하는 문치주의 실시
④ 경제 발전을 토대로 성장한 서민 문화
⑤ 티베트 불교를 중심으로 한 사상의 통일

14 다음 자료에 대한 설명으로 옳은 것을 보기 에서 모두 고르면?

▲ 원의 인구 구성

보기

ㄱ. (가): 소수의 몽골인이다.
ㄴ. (나): 색목인이다.
ㄷ. (다): 관직 등용에 불이익을 받았다.
ㄹ. (라): 정보와 물자를 원에 제공하여 우대를 받았다.

① ㄱ, ㄴ   ② ㄱ, ㄷ   ③ ㄴ, ㄷ
④ ㄱ, ㄴ, ㄷ   ⑤ ㄴ, ㄷ, ㄹ

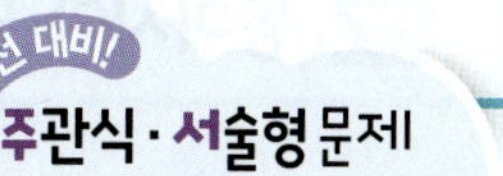

15 원이 쇠퇴하게 된 배경으로 옳은 것을 **보기** 에서 모두 고르면?

보기
ㄱ. 농민들이 황건적의 난을 일으켰다.
ㄴ. 교초의 남발로 경제가 혼란스러워졌다.
ㄷ. 지방에서 절도사 세력의 반란이 일어났다.
ㄹ. 쿠빌라이 칸이 죽은 후 칸 계승 분쟁이 일어났다.

① ㄱ, ㄴ ② ㄱ, ㄷ ③ ㄴ, ㄷ
④ ㄴ, ㄹ ⑤ ㄷ, ㄹ

16 다음 자료에 대한 설명으로 옳은 것은?

▲ 패자

① 은으로 만든 화폐이다.
② 선교사인 아담 샬이 제작하였다.
③ 말과 수레를 이용할 수 있는 통행증이다.
④ 원대에 남발되어 경제를 혼란스럽게 하였다.
⑤ 물건 거래 시 다량의 동전 대신 사용할 수 있었다.

17 다음 밑줄 친 '이 인물'로 옳은 것은?

이 인물은 이탈리아 출신의 상인으로 17년간 원에 머무르면서 몽골 제국을 경험하였다. 이후 유럽으로 돌아와 동양에 대해 보고 들은 것을 기록한 『동방견문록』을 출판하였다.

① 곽수경 ② 카르피니
③ 이븐바투타 ④ 마르코 폴로
⑤ 랍반 사우마

18 다음 밑줄 친 '문치주의'의 영향을 **두 가지** 서술하시오.

송을 건국한 조광윤은 군인보다 문인 관료를 우대하는 문치주의를 채택하였다.

____

____

19 다음 글을 읽고 물음에 답하시오.

송은 항저우, 취안저우 등 주요 항구에 세금과 무역을 담당하는 (㉠)을/를 설치하였다. 송대에는 대외적인 상황과 ㉡ 과학 기술의 발달로 육지보다는 바다를 통한 무역이 활발해졌다.

(1) ㉠에 들어갈 말을 쓰시오.

____

(2) 밑줄 친 ㉡의 구체적인 사례를 서술하시오.

____

____

20 다음 글을 읽고 물음에 답하시오.

이 인물은 모로코 출신의 여행가로, 아프리카·인도·중국 등을 여행하면서 보고 겪은 내용을 기록한 『여행기』를 출판하였다.

(1) 밑줄 친 '이 인물'을 쓰시오.

____

(2) 위 인물이 몽골 제국 시기에 장거리 여행이 가능하였던 배경을 **두 가지** 서술하시오.

____

____

 **실력 확인 문제** | **02 동아시아·인도 지역 질서의 변화**

1 명·청과 동아시아

1 명의 성립과 발전

홍무제	• 금릉(난징)을 수도로 명 건국, 재상제 폐지, 이갑제 시행 (향촌 통제), 토지 대장과 호적 대장 마련
	• 한족 전통 회복을 위해 ❶□□ 반포 ➡ 유교 이념 강조
영락제	베이징 천도, 자금성 건설, ❷□□의 항해
쇠퇴	북로남왜, 임진왜란 때 군대 파견으로 재정난 ➡ 이자성의 농민군에 멸망(1644)

2 청의 성립과 발전

건국과 발전	• ❸□□□□(태조): 여진을 통합하여 후금 건국
	• 홍타이지(태종): 청으로 국호를 바꾸고 중국 전역 지배
	• 강희제, 옹정제, 건륭제 시기 ➡ 전성기
	• 건륭제: 최대 영토 차지, 오늘날 중국 영토 대부분 확보
한족 지배 정책	• 회유책: ❹□□□□□ 실시, 『사고전서』 편찬
	• 강압책: 변발·호복 강요, 사상 통제

2 명·청의 경제와 사회 변화

경제	• 상품 작물 재배, 수공업 발달, 대상인 집단 성장
	• 대량의 은이 중국에 유입 ➡ 은을 화폐로 사용, 세금을 은으로 납부하는 세제 개혁 단행
사회	❺□□(사회 지배층)에게 특권 부여
문화	• 서민 문화 발달: 소설 유행, 경극 발달(청)
	• 사상: 명에서 양명학, 청에서 고증학 발전
대외 교류	선교사 마테오 리치(「곤여만국전도」 제작), 아담 샬(천문학과 역법 등 소개) 등이 활동

3 일본 막부 정치의 전개

| 무사 정권 수립과 전국 시대 | 일본 최초의 무사 정권인 가마쿠라 막부 성립 ➡ 원 침략 이후 무로마치 막부 성립 ➡ 전국 시대 ➡ 도요토미 히데요시가 통일 후 조선 침략(임진왜란) |
| 에도 막부 | 도쿠가와 이에야스가 에도(도쿄)에 수립, ❻□□□□□□ 제도로 다이묘 통제, ❼□□ 문화 발달(가부키, 우키요에), 난학 발달 |

4 인도의 이슬람 왕조, 무굴 제국

아크바르 황제	• 비이슬람교도에게 거두던 ❽□□□(인두세) 폐지
	• 종교의 다양성을 존중하는 정책 시행
아우랑제브 황제	남인도 정복(최대 영토 차지), 이슬람교 외 종교 탄압
인도·이슬람 문화	• 인도 고유문화와 이슬람 문화 융합
	• 타지마할, 시크교

 정답 ❶ 육유 ❷ 정화 ❸ 누르하치 ❹ 만한 병용제 ❺ 신사 ❻ 산킨코타이 ❼ 조닌 ❽ 지즈야

---

01 홍무제에 대한 설명으로 옳지 <u>않은</u> 것은?

① 행정권과 군사력을 황제에게 집중시켰다.
② 육유를 반포하여 유교 이념을 부활하였다.
③ 베이징에 자금성을 건설하고 수도를 옮겼다.
④ 유교 이념을 바탕으로 한족의 전통을 회복하려 하였다.
⑤ 이갑제를 시행하여 향촌에 대한 지배력을 강화하였다.

02 다음 사건을 일어난 순서대로 바르게 나열한 것은?

> ㄱ. 누르하치가 후금을 건국하였다.
> ㄴ. 이자성의 농민군이 베이징을 점령하였다.
> ㄷ. 임진왜란 때 명이 조선에 군대를 파견하였다.
> ㄹ. 정화의 함대가 아프리카 동부 해안에 진출하였다.

① ㄱ-ㄷ-ㄴ-ㄹ　　② ㄱ-ㄹ-ㄴ-ㄷ
③ ㄱ-ㄹ-ㄷ-ㄴ　　④ ㄹ-ㄱ-ㄷ-ㄴ
⑤ ㄹ-ㄷ-ㄱ-ㄴ

03 다음 정책을 시행한 나라에 대한 설명으로 옳은 것은?

> 중요한 관직에 만주족과 한족을 같은 수로 등용하는 만한 병용제를 실시하였다.

① 문인 관료를 우대하는 문치주의를 채택하였다.
② 색목인을 우대하고 한인과 남인을 차별하였다.
③ 임진왜란 때 조선에 군대를 파견하여 재정이 어려워졌다.
④ 『사고전서』 등 대규모 편찬 사업에 한족 학자들을 동원하였다.
⑤ 동남아시아와 아프리카 동부 해안까지 정화의 함대가 진출하였다.

04 다음 학생의 시험지에서 맞은 문제의 개수로 옳은 것은?

◎ 명·청대의 특징으로 맞으면 ○표, 틀리면 ×표 하시오.
(1) 대량의 은이 중국에서 유럽으로 흘러갔다. (○)
(2) 감자, 옥수수 등 아메리카의 작물이 보급되었다. (○)
(3) 세금을 은으로 납부하게 하는 세제 개혁을 하였다. (×)
(4) 쑤저우와 항저우 등이 상공업 대도시로 발전하였다. (×)

① 0개 　　② 1개 　　③ 2개
④ 3개 　　⑤ 4개

05 다음 ㉠, ㉡에 들어갈 말을 옳게 연결한 것은?

18세기 중엽 이후 청은 서양 국가와 제한적인 무역만을 허용하였다. 무역이 가능한 항구는 (㉠) 한 곳이었고, 서양 국가는 이곳에서 청 정부로부터 허가를 받아 외국과의 무역을 독점한 (㉡)을/를 통한 무역만 가능하였다.

	㉠	㉡
①	광저우	공행
②	광저우	행·작
③	광저우	시박사
④	상하이	공행
⑤	상하이	시박사

06 다음 (가)에 들어갈 내용으로 옳은 것은?

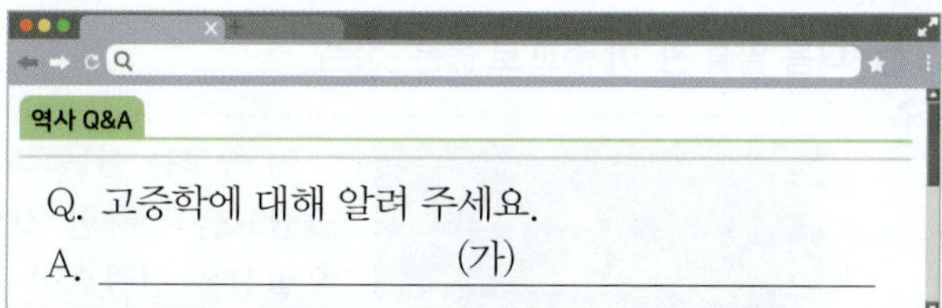

① 명대에 발달하였다.
② 왕양명이 제창하였다.
③ 지행합일을 강조하였다.
④ 경전을 실증적으로 연구하였다.
⑤ 인간이 본질적으로 평등하다고 주장하였다.

07 다음 지도에 대한 설명으로 옳은 것은?

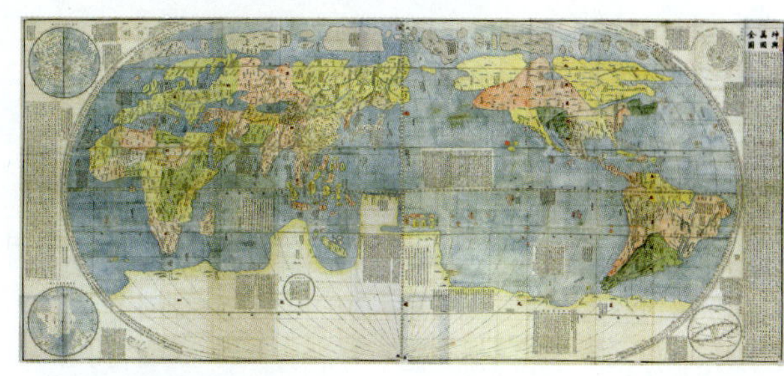

▲ 「곤여만국전도」

① 청대에 만들어졌다.
② 중국을 크게 그렸다.
③ 아담 샬이 제작하였다.
④ 중화사상을 바탕으로 제작되었다.
⑤ 중국인의 세계관에 큰 영향을 끼쳤다.

08 명·청대의 대외 교류에 대한 설명으로 옳지 <u>않은</u> 것은?

① 대량의 은이 중국으로 유입되었다.
② 청은 시박사를 통한 무역만 허용하였다.
③ 중국의 비단·차·도자기가 유럽에서 큰 인기를 끌었다.
④ 유럽의 크리스트교 선교사가 서양 학문을 소개하였다.
⑤ 마테오 리치가 서광계와 함께 『기하원본』을 번역하였다.

09 다음 (가) 시기에 있었던 일로 옳은 것은?

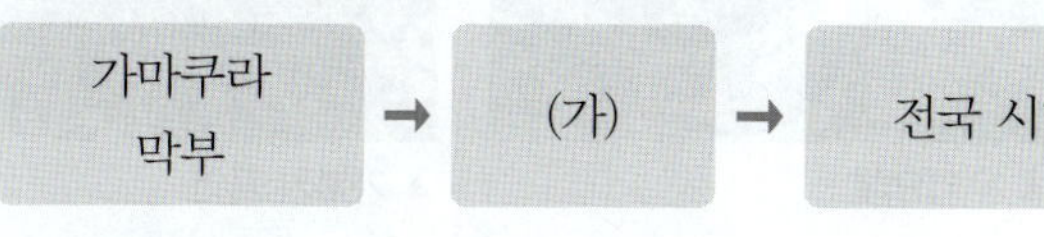

① 명과 조공·책봉 관계를 맺었다.
② 가부키와 우키요에가 유행하였다.
③ 유럽의 상인을 통해 조총이 도입되었다.
④ 네덜란드 상인과 나가사키에서 교역하였다.
⑤ 도쿠가와 이에야스가 새로운 막부를 열었다.

10 산킨코타이 제도에 대한 설명으로 옳지 <u>않은</u> 것은?

① 에도 막부 때 실시되었다.
② 막부의 통제력이 약화되었다.
③ 다이묘를 통제하기 위해 실시하였다.
④ 권력을 중앙으로 집중시키기 위해 실시하였다.
⑤ 다이묘의 가족들을 인질로 삼아 에도에 살게 하였다.

11 일본 무사 정권과 관련된 용어에 대한 설명으로 옳지 <u>않은</u> 것은?

① 쇼군: 막부 정권의 최고 지배자
② 조닌: 대도시를 중심으로 성장한 상공업자
③ 난학: 크리스트교 선교사를 통해 전래된 서양 문물
④ 다이묘: 무사 계급으로서 대규모 토지를 보유한 영주
⑤ 막부: 전쟁터에서 지휘관이 있던 본부를 뜻하다 무사 정권 자체를 의미하게 됨

12 다음 문화가 유행한 시대에 대한 설명으로 옳은 것은?

▲ 우키요에

▲ 가부키 공연

① 조닌 계층이 성장하였다.
② 크리스트교가 전래되었다.
③ 최초의 무사 정권이 성립하였다.
④ 일본 고유의 국풍 문화가 형성되었다.
⑤ 임진왜란을 일으켜 조선을 침략하였다.

13 다음 (가), (나)에 해당하는 무굴 제국의 황제를 옳게 연결한 것은?

(가) 무굴 제국의 영토를 넓혀 북인도에서 아프가니스탄에 이르는 대제국을 건설하고 이슬람교와 힌두교의 화합을 추구하였다.
(나) 인도 역사상 가장 넓은 영토를 차지하였으며 이슬람 제일주의를 내세워 각지에서 이교도의 반발이 일어났다.

	(가)	(나)
①	바부르	아우랑제브
②	아크바르	티무르
③	아크바르	아우랑제브
④	아우랑제브	샤자한
⑤	아우랑제브	아크바르

14 다음 ㉠에 공통으로 들어갈 인물에 대한 설명으로 옳은 것은?

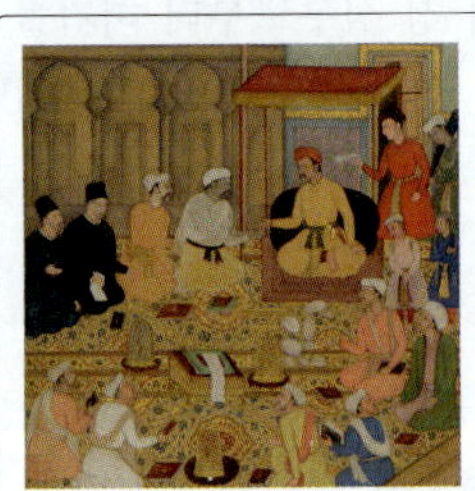

바부르의 손자인 (㉠) 황제는 힌두교도인 라지푸트족의 공주와 결혼하였으며, 비이슬람교도에게 부과하던 지즈야를 폐지하였다.

▲ 종교인과 토론하는 (㉠) 황제

① 타지마할을 건설하였다.
② 이슬람 제일주의를 내세웠다.
③ 델리 술탄 왕조를 무너뜨렸다.
④ 예니체리라 불리는 친위대를 두었다.
⑤ 북인도에서 아프가니스탄에 이르는 대제국을 건설하였다.

15 다음 밑줄 친 '이 종교'로 옳은 것은?

이 종교는 힌두교와 이슬람교를 절충한 것으로 유일신을 섬겼으며 카스제의 신분 차별을 반대하며 인간의 평등을 주장하였다.

▲ 황금 사원

① 불교　　② 시크교　　③ 유대교
④ 크리스트교　　⑤ 조로아스터교

16 다음 (가) 나라에 대한 설명으로 옳지 <u>않은</u> 것은?

① 우르두어를 널리 사용하였다.
② 인도 · 이슬람 문화가 크게 발전하였다.
③ 인도 대표의 건축물인 타지마할이 지어졌다.
④ 면직물이 유럽에까지 전해져 큰 인기를 끌었다.
⑤ 미술에서는 인도 고유의 굽타 양식이 탄생하였다.

17 다음 사건을 일어난 순서대로 바르게 나열한 것은?

ㄱ. 아크바르 황제가 지즈야를 폐지하였다.
ㄴ. 티무르의 후손 바부르가 무굴 제국을 세웠다.
ㄷ. 아우랑제브 황제가 이슬람 제일주의를 내세워 통치
   하였다.
ㄹ. 인도 북부 지방에 이슬람 왕조인 델리 술탄 왕조가
   이어졌다.

① ㄱ-ㄴ-ㄷ-ㄹ ② ㄴ-ㄷ-ㄱ-ㄹ
③ ㄷ-ㄴ-ㄱ-ㄹ ④ ㄹ-ㄱ-ㄴ-ㄷ
⑤ ㄹ-ㄴ-ㄱ-ㄷ

18 다음 밑줄 친 ㉠과 ㉡에 해당하는 사례를 각각 한 가지씩 서술하시오.

> 청은 소수의 만주족이 다수의 한족을 지배하기 위해
> ㉠ 회유책과 ㉡ 강압책을 함께 사용하였다.

19 다음 글을 읽고 물음에 답하시오.

> 12세기 말 일본 최초의 무사 정권인 (㉠)이/가 세
> 워졌다. ㉡ 쇼군의 등장으로 ㉢ 천황의 지위와 역할이
> 달라졌다.

(1) ㉠에 들어갈 말을 쓰시오.

(2) 무사 정권 시기 밑줄 친 ㉡과 ㉢의 지위와 역할을 서술하시오.

20 다음 밑줄 친 ㉠에 해당하는 사례를 비교하여 서술하시오.

> 무굴 제국의 아크바르 황제와 아우랑제브 황제는 무
> 굴 제국의 영토를 넓히고 전성기를 이끌었지만 ㉠ 종교
> 에 대해서는 상반된 정책을 펼쳤다.

실력확인문제  03 서아시아와 유럽 사회의 변화

1 세 대륙을 지배한 오스만 제국

성립	오스만 튀르크가 오스만 제국 건국, 술탄 칭호 사용
발전	• 메흐메트 2세: 비잔티움 제국 멸망, 콘스탄티노폴리스 천도 • 술레이만 1세: 전성기 ➡ 세 대륙에 걸친 대제국 건설 • 오스만 제국 술탄이 술탄·칼리프 칭호 획득
통치 정책	• ❶□□□□ 양성: 술탄의 친위 부대 • 관용 정책: 정복지 주민의 자치 공동체(❷□□□) 허용 ➡ 지즈야만 내면 종교 유지 가능
문화	• 동서 교역로 장악 ➡ 이스탄불이 동서 교역 중심지 • 이슬람·페르시아·비잔티움·튀르크 문화의 융합

2 세계적 교역망의 확립과 영향

배경	• 아시아 산물의 인기, 동방에 대한 호기심, 이탈리아·이슬람 상인의 지중해 무역 독점 • 지리학, 천문학, 항해술, 선박·지도 제작 기술 발달
전개	• 바스쿠 다 가마: 희망봉을 통한 인도 항로 개척 • ❸□□□□: 서인도 제도 도착 • 마젤란의 함대: 최초로 세계 일주 성공
결과	• 지중해에서 ❹□□□으로 무역 중심지 이동 • 유럽: 가격 혁명, 상업 혁명 발생 • 아메리카: 아스테카·잉카 문명 파괴 ➡ 식민지 건설 • 아프리카: 노예 무역으로 인구 감소 • ❺□을 매개로 한 세계적 교역망 형성

3 유럽의 재정·군사 국가

1 종교 개혁과 종교 전쟁

종교 개혁	• 루터: 독일에서 ❻□□개조 반박문 발표, 아우크스부르크 화의로 루터파 공인 • 칼뱅: ❼□□설, 베스트팔렌 조약으로 칼뱅파 공인 • 영국: 영국 국교회 성립
종교 전쟁	로마 가톨릭교회(구교)와 신교로 나뉘어 전쟁(30년 전쟁)

2 재정·군사 국가

성립	• 배경: 종교 전쟁 거치며 군사 경쟁 심화 • 특징: 관료제, 상비군, ❽□□□□ 정책
영국	• 상공업 발달, 중소 젠트리 성장(청교도, 의회 다수 차지) • 찰스 1세가 권리 청원 무시, 전제 정치 강화 ➡ 크롬웰이 이끈 ❾□□□ 혁명으로 공화정 수립 ➡ 전제 정치 부활 ➡ 의회가 메리와 윌리엄 공동 왕 추대(명예혁명) ➡ 권리 장전 승인, 입헌 군주제 토대 마련
프랑스	루이 14세가 왕권신수설 신봉, 베르사유 궁전 건립
문화	바로크 양식, 로코코 양식, 과학 혁명, 계몽사상

정답 ❶ 예니체리 ❷ 밀레트 ❸ 콜럼버스 ❹ 대서양 ❺ 은 ❻ 95 ❼ 예정 ❽ 중상주의 ❾ 청교도

01 다음 ㉠에 들어갈 도시로 옳은 것은?

하

> (㉠)은/는 비잔티움 제국의 수도로 견고한 성벽으로 둘러싸인 도시였다. 하지만 오스만 제국은 헝가리 기술자가 만든 대형 대포를 이용하여 50여 일 만에 성을 함락시키고, 수도로 삼았다.

① 로마 ② 델리
③ 카이로 ④ 바그다드
⑤ 콘스탄티노폴리스

02 다음 사건을 일어난 순서대로 바르게 나열한 것은?

중

> ㄱ. 메흐메트 2세가 비잔티움 제국을 정복하였다.
> ㄴ. 헝가리를 정복하고 오스트리아의 수도 빈을 공격하였다.
> ㄷ. 이집트를 정복하는 과정에서 칼리프의 칭호를 이어받았다.

① ㄱ－ㄴ－ㄷ ② ㄱ－ㄷ－ㄴ
③ ㄴ－ㄱ－ㄷ ④ ㄴ－ㄷ－ㄱ
⑤ ㄷ－ㄱ－ㄴ

03 오스만 제국에 대한 설명으로 옳지 <u>않은</u> 것은?

중

① 술탄·칼리프 칭호를 사용하였다.
② 술레이만 1세 때 전성기를 맞았다.
③ 티무르가 몽골 제국의 부흥을 내세우며 건국하였다.
④ 아시아, 유럽, 아프리카에 걸친 넓은 영토를 지배하였다.
⑤ 미술에서는 페르시아의 영향을 받은 세밀화가 유행하였다.

[04-06] 다음 지도를 보고 물음에 답하시오.

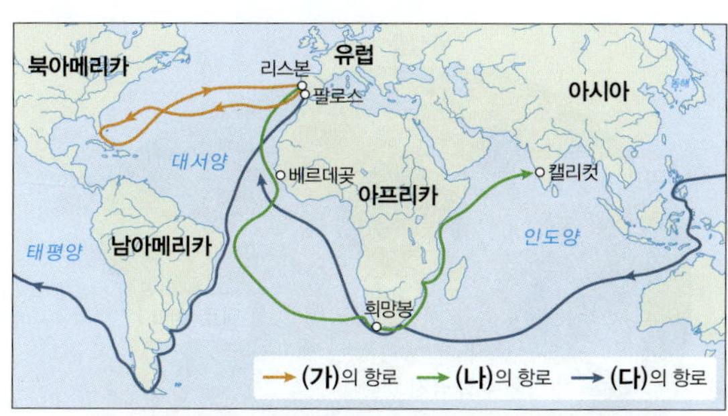

04 지도와 같은 항로가 개척된 배경으로 옳은 것을 보기에서 모두 고르면?

> **보기**
> ㄱ. 몽골 제국의 동서 무역로 정비
> ㄴ. 향신료 등 아시아 산물에 대한 높은 수요
> ㄷ. 포르투갈, 에스파냐의 국가적 차원의 지원
> ㄹ. 『동방견문록』 등으로 아시아에 대한 호기심 증가

① ㄱ, ㄴ　　　② ㄱ, ㄷ　　　③ ㄴ, ㄷ
④ ㄱ, ㄷ, ㄹ　　　⑤ ㄴ, ㄷ, ㄹ

05 지도의 (가)~(다)에 들어갈 인물을 바르게 나열한 것은?

	(가)	(나)	(다)
①	마젤란	콜럼버스	바스쿠 다 가마
②	마젤란	바스쿠 다 가마	콜럼버스
③	콜럼버스	마젤란	바스쿠 다 가마
④	콜럼버스	바스쿠 다 가마	마젤란
⑤	바스쿠 다 가마	콜럼버스	마젤란

빈출

06 지도와 같은 항로가 개척된 이후 유럽 사회의 변화 모습으로 옳지 않은 것은?

① 포르투갈과 에스파냐가 번영을 누렸다.
② 물가가 크게 오르는 가격 혁명이 일어났다.
③ 주식회사와 같은 근대적 기업이 등장하였다.
④ 교역의 중심지가 대서양에서 지중해로 이동하였다.
⑤ 아메리카에서 감자, 옥수수 등 새로운 작물이 들어왔다.

07 다음 밑줄 친 ㉠~㉤에 대한 설명으로 옳지 않은 것은?

> 유럽인의 신항로 개척 전에 아메리카에는 ㉠ 독자적 문명이 존재하였다. 하지만 ㉡ 코르테스와 피사로가 기존의 문명을 정복해 식민지로 삼았고, 뒤이어 ㉢ 다른 유럽 국가들도 아메리카 대륙에 식민지를 건설하였다. 유럽인들에 의해 가혹한 노동에 시달리던 아메리카 원주민은 ㉣ 전염병으로 그 수가 급격히 감소하였다. 유럽인들은 노동력 부족 문제를 해결하기 위해 ㉤ 노예를 끌고 왔다.

① ㉠: 아스테카 문명과 잉카 문명 등이었다.
② ㉡: 포르투갈 사람이었다.
③ ㉢: 영국, 프랑스가 대표적인 국가였다.
④ ㉣: 천연두와 홍역이 유럽에서 전파되었다.
⑤ ㉤: 주로 아프리카에서 대규모로 데려왔다.

08 다음 (가)에 들어갈 내용으로 옳은 것을 보기에서 모두 고르면?

> **탐구 보고서**
> • 탐구 주제: 종교 개혁
> • 내용: 16세기 유럽에서 부패한 성직자와 타락한 교회를 비판하며 종교를 개혁하려는 움직임이 나타남
> • 사례: _______________(가)_______________
> • 영향: 로마 가톨릭교회(구교)와 신교로 나뉘어 대립

> **보기**
> ㄱ. 칼뱅의 예정설 주장
> ㄴ. 클레르몽 공의회 소집
> ㄷ. 루터의 95개조 반박문 발표
> ㄹ. 클뤼니 수도원의 교회 개혁 운동

① ㄱ, ㄴ　　　② ㄱ, ㄷ　　　③ ㄴ, ㄷ
④ ㄴ, ㄹ　　　⑤ ㄷ, ㄹ

09 종교 개혁에 대한 설명으로 옳지 <u>않은</u> 것은?

① 알프스 이북 르네상스의 영향을 받았다.
② 칼뱅의 주장은 상공업자들의 호응을 얻었다.
③ 루터는 예정설을 주장하며 종교 개혁을 추진하였다.
④ 인쇄술의 발달로 루터의 주장이 독일 전역에 퍼졌다.
⑤ 루터가 95개조 반박문을 발표하여 교황의 면벌부 판매를 비판하였다.

10 30년 전쟁의 결과로 옳은 것은?

① 영국 국교회가 수립되었다.
② 헨리 8세가 교회의 수장이 되었다.
③ 아우크스부르크 화의가 개최되었다.
④ 칼뱅파가 공식적으로 인정받게 되었다.
⑤ 각 개인에게 종교의 자유가 부여되었다.

11 16~18세기 유럽의 재정·군사 국가에 대한 설명으로 옳지 <u>않은</u> 것은?

① 중농주의 정책을 펼쳤다.
② 식민지 획득에 적극적으로 나섰다.
③ 관세를 높여 수입을 줄이고자 하였다.
④ 언제든 동원할 수 있는 상비군이 있었다.
⑤ 군주의 명령을 효율적으로 시행하기 위한 관료제를 갖추었다.

[12-13] 다음 자료를 보고 물음에 답하시오.

12 자료에 나타난 경제 정책으로 옳은 것은?

① 중상주의　　② 자본주의　　③ 사회주의
④ 중농주의　　⑤ 제국주의

13 자료에 나타난 경제 정책에 대한 설명으로 옳지 <u>않은</u> 것은?

① 상공업을 보호하였다.
② 해외 식민지를 개척하였다.
③ 관세를 낮추고 수입을 늘렸다.
④ 프랑스의 콜베르가 추진한 정책이다.
⑤ 한정된 금은을 더 많이 보유하기 위한 정책이다.

14 다음 사건을 일어난 순서대로 바르게 나열한 것은?

ㄱ. 명예혁명	ㄴ. 청교도 혁명
ㄷ. 권리 장전 승인	ㄹ. 권리 청원 승인

① ㄱ-ㄴ-ㄷ-ㄹ　　② ㄱ-ㄹ-ㄴ-ㄷ
③ ㄴ-ㄹ-ㄷ-ㄱ　　④ ㄹ-ㄱ-ㄷ-ㄴ
⑤ ㄹ-ㄴ-ㄱ-ㄷ

15 다음 문서와 관련된 혁명에 대한 설명으로 옳은 것은?

> 제1조 국왕이 의회의 동의 없이 법의 효력을 정지하거나 법의 집행을 정지하는 것은 위법이다.
> 제4조 의회의 승인 없이 국왕을 위해 세금을 거두어들이는 행위는 위법이다.

① 왕정이 부활하였다.
② 크롬웰이 혁명을 이끌었다.
③ 혁명 이후 공화정이 수립되었다.
④ 찰스 1세의 전제 정치로 혁명이 일어났다.
⑤ 메리와 그의 남편 윌리엄이 공동 왕으로 추대되었다.

16 유럽 각국을 이끈 군주에 대한 설명으로 옳은 것은?

① 표트르 대제: '국가 제일의 심부름꾼'을 자처하였다.
② 프리드리히 2세: 상트페테르부르크를 수도로 삼았다.
③ 펠리페 2세: 무적함대를 만들어 해상권을 장악하였다.
④ 루이 14세: 서유럽의 문물과 제도를 적극적으로 수용하였다.
⑤ 엘리자베스 1세: 베르사유 궁전을 짓고 '태양왕'을 자처하였다.

17 다음 밑줄 친 ㉠~㉤ 중에서 옳지 <u>않은</u> 것은?

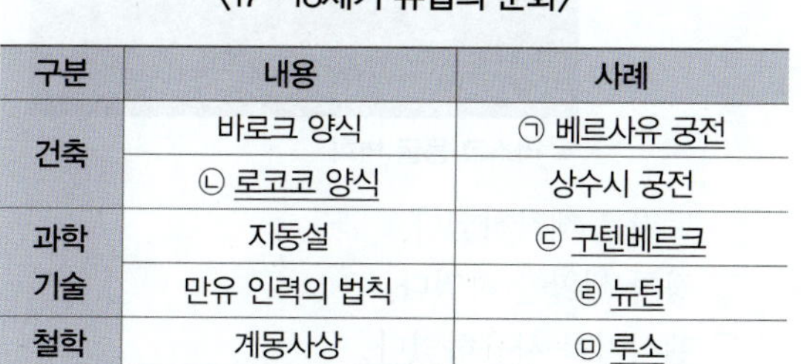

〈17~18세기 유럽의 문화〉

구분	내용	사례
건축	바로크 양식	㉠ 베르사유 궁전
	㉡ 로코코 양식	상수시 궁전
과학	지동설	㉢ 구텐베르크
기술	만유 인력의 법칙	㉣ 뉴턴
철학	계몽사상	㉤ 루소

① ㉠　　② ㉡　　③ ㉢　　④ ㉣　　⑤ ㉤

18 다음 글을 읽고 물음에 답하시오.

> （　㉠　）은/는 극명하게 평이 갈리는 역사적 인물이다. 그는 에스파냐의 지원을 받아 아메리카를 발견하여 위대한 탐험가라는 칭송을 받기도 하였지만 ㉡ 끔찍한 학살을 불러일으켰다는 비판도 받는다.

⑴ ㉠에 들어갈 인물을 쓰시오.

⑵ 밑줄 친 ㉡의 까닭과 관련된 역사적 사실을 서술하시오.

19 다음 글을 읽고 물음에 답하시오.

> 제20조 교황이 모든 벌을 면제한다고 선언한다면 그것은 진정한 의미에서의 모든 벌이 아니라, 단지 교황 자신이 내린 벌을 면제한다는 것뿐이다.
> − （　㉠　）, 95개조 반박문

⑴ ㉠에 들어갈 인물의 이름을 쓰시오.

⑵ ㉠이 95개조 반박문을 발표한 배경을 서술하시오.

20 다음 글을 읽고 물음에 답하시오.

> 16~18세기 유럽에 등장한 중앙 집권적인 재정·군사 국가는 수입을 줄이고 국내의 상공업을 보호·육성하여 수출을 늘리고자 하는 （　㉠　） 정책을 실시하였다. 이에 각국은 ㉡ 식민지 획득에 적극적으로 나섰다.

⑴ ㉠에 들어갈 정책을 쓰시오.

⑵ 재정·군사 국가가 ㉡에 나선 까닭을 두 가지 서술하시오.

01 다음 선생님의 질문에 대한 학생의 대답으로 가장 적절한 것은?

① 객관성을 강조하는 입장입니다.
② 역사가의 관점을 중요하게 생각합니다.
③ 역사가 랑케와 카가 주장한 내용입니다.
④ 역사적 사실 자체를 중요하게 생각합니다.
⑤ 역사가의 해석은 제외되어야 한다고 주장합니다.

02 다음 ㉠에 들어갈 용어로 가장 적절한 것은?

> (　㉠　)은/는 과거 인류가 남긴 기록으로 역사 연구에 필요한 자료이다. 이를 연구하여 과거에 일어난 사실을 밝히려는 사람을 역사가라고 한다.

① 사료　　② 사실　　③ 유물
④ 유적　　⑤ 실록

03 다음 밑줄 친 '이 단계'로 옳은 것은?

> 이 단계는 역사 서술의 절차 중 사료를 검증하는 과정을 말한다.

① 사료 수집　　② 사료 비판
③ 역사 서술　　④ 역사 해석
⑤ 역사 추론

04 역사를 학습하는 목적으로 옳은 것을 보기 에서 모두 고르면?

> **보기**
> ㄱ. 교훈을 얻을 수 있다.
> ㄴ. 포용적 태도를 갖출 수 있다.
> ㄷ. 역사적 탐구력을 기를 수 있다.
> ㄹ. 세계사의 우월함을 알 수 있다.

① ㄱ, ㄴ　　② ㄱ, ㄹ　　③ ㄴ, ㄷ
④ ㄱ, ㄴ, ㄷ　　⑤ ㄱ, ㄴ, ㄷ, ㄹ

05 다음 호모 에렉투스에 대한 설명으로 옳은 것을 보기 에서 모두 고르면?

> **보기**
> ㄱ. 불과 언어를 사용하였다.
> ㄴ. 완전한 직립 보행을 하였다.
> ㄷ. 시체 매장 풍습을 보유하였다.
> ㄹ. 오늘날 인류의 직접 조상이다.

① ㄱ, ㄴ　　② ㄱ, ㄷ　　③ ㄴ, ㄷ
④ ㄴ, ㄹ　　⑤ ㄷ, ㄹ

06 다음 벽화가 제작된 시대에 대한 설명으로 옳은 것은?

▲ 라스코 동굴 벽화

① 토기를 제작하였다.
② 정착 생활을 하였다.
③ 뗀석기를 사용하였다.
④ 농경과 목축이 시작되었다.
⑤ 실을 뽑아 옷을 만들어 입었다.

07 다음 (가), (나) 유물이 만들어진 시대에 대한 설명으로 옳은 것은?

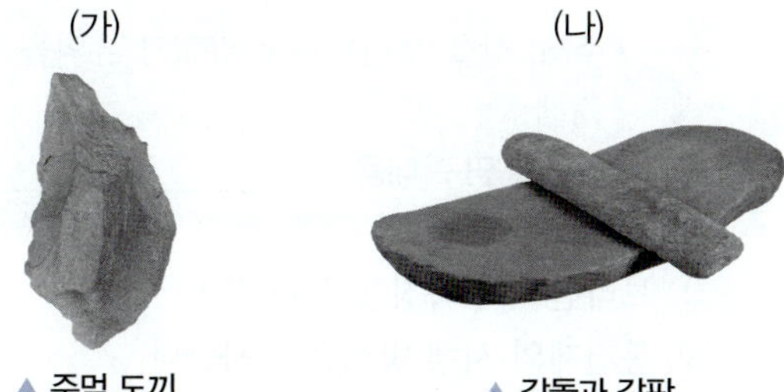

(가)　　　　　　　　　　(나)

▲ 주먹 도끼　　　　　　▲ 갈돌과 갈판

① (가): 토기를 사용하였다.
② (가): 실을 뽑아 옷을 지어 입었다.
③ (나): 농사를 짓기 시작하였다.
④ (나): 주로 동굴이나 막집에서 생활하였다.
⑤ (가), (나): 애니미즘과 토테미즘을 믿었다.

08 다음 (가)에 들어갈 사진으로 옳은 것은?

〈유물 카드〉

(가)

• 제작 시기: 구석기
• 특징: 다산과 풍요를 기원하며 만든 것으로 추정된다.

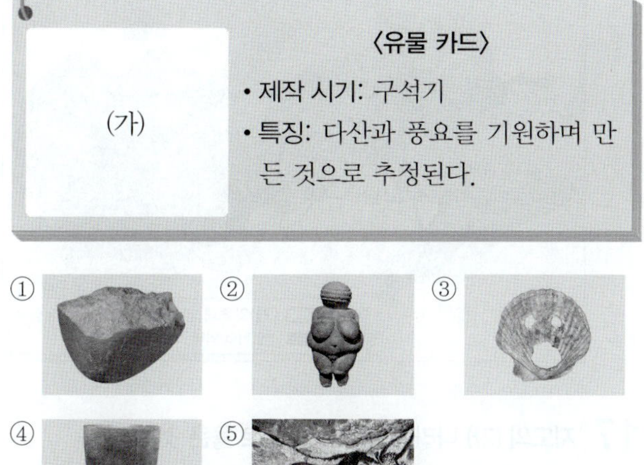

① ② ③ ④ ⑤

09 다음 밑줄 친 '신석기 혁명'에 대한 설명으로 옳은 것을 보기 에서 모두 고르면?

　신석기 혁명으로 인구가 크게 증가하고 여러 변화를 맞았다.

보기
ㄱ. 농사를 짓기 시작하였다.
ㄴ. 움집을 짓기 시작하였다.
ㄷ. 가축을 기르기 시작하였다.
ㄹ. 뗀석기를 사용하기 시작하였다.

① ㄱ, ㄴ　　　② ㄱ, ㄷ　　　③ ㄴ, ㄷ
④ ㄴ, ㄹ　　　⑤ ㄷ, ㄹ

10 다음 ㉠ 시대의 생활 모습으로 옳지 <u>않은</u> 것은?

▲ (㉠) 시대의 인류 모습

① 청동기를 사용하였다.
② 농경과 목축이 시작되었다.
③ 움집을 지어 정착 생활을 하였다.
④ 특정 동물이나 식물을 숭배하였다.
⑤ 식량 저장을 위해 토기를 사용하였다.

[11-12] 다음 지도를 보고 물음에 답하시오.

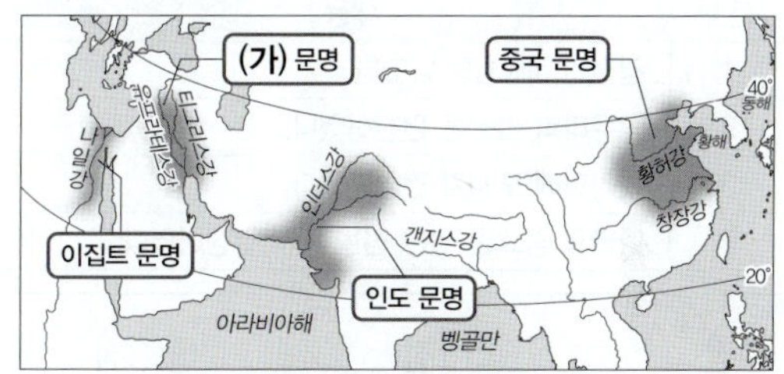

11 위 지도에 나타난 문명들의 지리적 공통점으로 옳은 것은?

① 큰 강 유역에서 발생하였다.
② 사방이 트인 평지에 형성되었다.
③ 방어에 이점이 있는 산맥을 끼고 있었다.
④ 바다와 사막으로 둘러싸인 지역에 있었다.
⑤ 작은 구릉지가 밀집된 지역에 형성되었다.

12 지도의 (가) 문명에 대한 설명으로 옳은 것은?

① 거대한 신전인 지구라트를 세웠다.
② 상형 문자를 파피루스에 기록하였다.
③ 왕인 파라오를 태양신의 아들로 숭배하였다.
④ 엄격한 신분 제도인 카스트제를 성립하였다.
⑤ 나라의 중요한 일을 점을 쳐 동물의 뼈에 기록하였다.

13 다음 (가), (나) 문화유산과 관련된 문명에 대한 설명으로 옳은 것은?

(가)   (나)

▲ 「사자의 서」   ▲ 모헨조다로 유적

① (가): 피라미드를 건설하였다.
② (가): 쐐기 문자를 사용하였다.
③ (나): 지구라트를 건설하였다.
④ (나): 폐쇄적인 지형에 위치하였다.
⑤ (가), (나): 브라만교가 성립하였다.

14 다음은 어떤 학생이 작성한 수행 평가 답안지이다. 이 학생이 받게 될 점수로 옳은 것은?

※ 중국 문명에 대한 설명이 맞으면 ○표, 틀리면 ×표 하시오(각 1점).

문항	내용	답
1	경전인 『베다』를 남겼다.	○
2	함무라비 법전을 편찬하였다.	○
3	하라파에 도시가 건설되었다.	○
4	나라의 중요한 일은 점을 쳐서 결정하였다.	×

① 0점   ② 1점   ③ 2점
④ 3점   ⑤ 4점

15 다음 문자를 만든 문명에 대한 설명으로 옳은 것은?

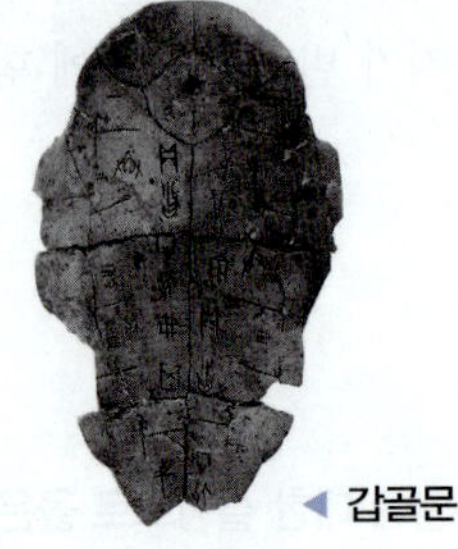

◀ 갑골문

① 진흙판에 쐐기 문자를 새겼다.
② 인더스강 유역에서 발달하였다.
③ 피라미드와 스핑크스를 조성하였다.
④ 지구라트를 세워 신에게 제사지냈다.
⑤ 청동으로 만든 제사용 도구를 사용하였다.

16 다음 (가)에 들어갈 내용으로 옳은 것은?

- 주제: 상을 무너뜨리고 황허강 유역을 차지한 ○의 정책
- 모둠별 탐구 내용: (가)

① 브라만교의 특징을 살펴본다.
② 봉건제의 시행 방식을 조사한다.
③ 카스트제가 성립된 배경을 검색한다.
④ 「사자의 서」에 담긴 종교관을 탐구한다.
⑤ 함무라비 법전을 통해 당시의 사회 모습을 알아본다.

[17-18] 다음 지도를 보고 물음에 답하시오.

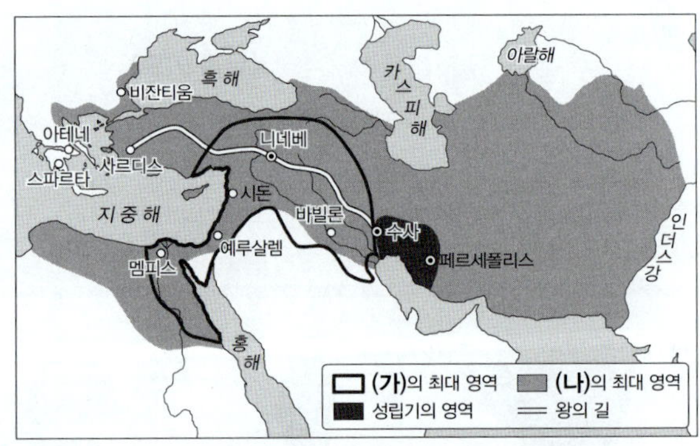

17 지도의 (가) 나라에 대한 설명으로 옳은 것은?

① 브라만교가 성립하였다.
② 관용 정책으로 정복지를 다스렸다.
③ 최초로 서아시아 지역을 통일하였다.
④ '왕의 길'이라는 도로망을 정비하였다.
⑤ 키루스 2세 때 왕조의 기틀을 마련하였다.

18 지도의 (나) 나라에서 볼 수 있는 모습으로 적절하지 않은 것은?

① 조로아스터교를 믿는 사람
② 페르세폴리스 궁전을 거닐고 있는 왕
③ '왕의 길'을 이용하여 왕의 명령을 전달하는 관리
④ '왕의 눈'이라 불리는 감찰관의 감시를 받는 총독
⑤ 정복지 주민을 강제로 이주시킬 것을 명령하는 왕

19 폴리스에 대한 설명으로 옳은 것을 보기 에서 모두 고르면?

> 보기
> ㄱ. 왕을 몰아내고 공화정을 세웠다.
> ㄴ. 4년마다 올림피아 제전을 열었다.
> ㄷ. 폴리스마다 다른 언어를 사용하였다.
> ㄹ. 폴리스는 정치적으로 독립되어 있었다.

① ㄱ, ㄴ ② ㄱ, ㄷ ③ ㄴ, ㄷ
④ ㄴ, ㄹ ⑤ ㄷ, ㄹ

20 다음 자료에 나타난 시기 아테네의 상황에 대한 설명으로 옳은 것을 보기 에서 모두 고르면?

> **〈페리클레스 시기 민주정〉**
>
> 우리 정치 제도에 입각한 통치는 소수보다는 다수에게 유리합니다. 이것이 우리 정치 제도가 민주정으로 불리는 이유입니다. …… 공무에 진출하는 것은 능력에 대한 평판에 달려 있지, 신분이 영향을 주는 것은 아닙니다. 또한 가난도 그런 길을 막지 않으니 만약 어떤 사람이 나라에 봉직할 수 있다면 그의 조건이 불확실하다고 해서 방해 받지 않습니다.
> – 투키디데스, 「역사」

> 보기
> ㄱ. 도편 추방제를 도입하였다.
> ㄴ. 여성 시민에게 참정권을 부여하였다.
> ㄷ. 성인 남성이 추첨으로 공직을 맡게 하였다.
> ㄹ. 가난한 시민도 정치에 참여할 수 있도록 수당을 지급하였다.

① ㄱ, ㄴ ② ㄱ, ㄹ ③ ㄴ, ㄷ
④ ㄴ, ㄹ ⑤ ㄷ, ㄹ

21 다음 ㉠, ㉡에 들어갈 용어를 옳게 연결한 것은?

> 로마에서는 상공업의 발달로 부유해진 평민들이 중장보병으로 전쟁에 참여하면서 참정권을 요구하였다. 그 결과 평민으로 구성된 의회인 (㉠)이/가 구성되고 평민 대표인 (㉡)을 선출하였다.

	㉠	㉡
①	평민회	집정관
②	평민회	호민관
③	원로원	집정관
④	원로원	호민관
⑤	집정관	원로원

22 다음 (가)에 들어갈 내용으로 가장 적절한 것은?

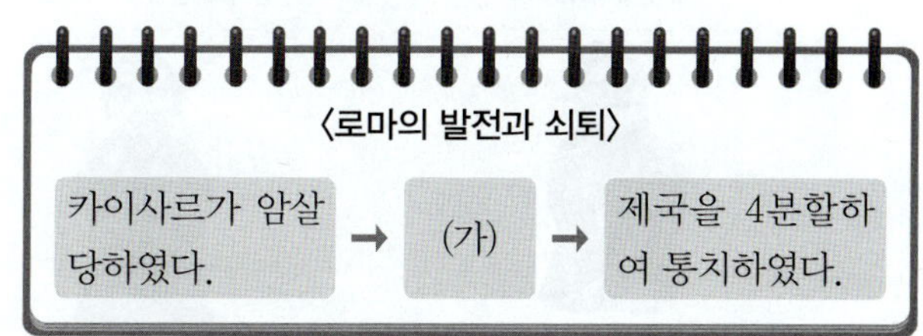

① 라티푼디움이 유행하였다.
② 수도를 비잔티움으로 옮겼다.
③ 실질적인 제정이 시작되었다.
④ 카르타고와의 전쟁에서 승리하였다.
⑤ 그라쿠스 형제가 개혁을 시도하였다.

23 다음 밑줄 친 '혼란한 시기'에 대한 설명으로 옳은 것을 보기 에서 모두 고르면?

> 기원전 8세기 초 주는 유목 민족의 침입으로 수도를 동쪽의 낙읍으로 옮겼다. 이후 주 왕실의 권위가 떨어지고 각 지역의 제후들이 서로 다투는 <u>혼란한 시기</u>가 이어졌다.

보기

ㄱ. 비단길이 개척되었다.
ㄴ. 제자백가가 등장하였다.
ㄷ. 호족이 향촌 사회를 지배하였다.
ㄹ. 철기 사용으로 사회·경제적 변화가 일어났다.

① ㄱ, ㄴ　　② ㄱ, ㄷ　　③ ㄴ, ㄷ
④ ㄴ, ㄹ　　⑤ ㄷ, ㄹ

24 다음 (가), (나) 사상에 대한 설명으로 옳은 것은?

(가)	(나)

① (가): 도가에 해당한다.
② (가): 자연의 순리에 따르는 삶을 추구하였다.
③ (나): 평화주의를 주장하였다.
④ (나): 진시황제가 통치의 기본 원리로 삼았다.
⑤ (가), (나): 차별 없는 사랑을 강조하였다.

25 다음 (가) 시기에 대한 설명으로 옳은 것은?

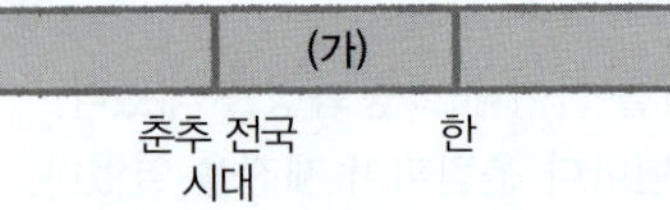

① 고조선을 멸망시켰다.
② 장건을 서역에 파견하였다.
③ 황제 칭호를 처음으로 사용하였다.
④ 유교를 통치 이념으로 채택하였다.
⑤ 소금과 철의 전매 제도가 시행되었다.

26 다음 ㉠에 들어갈 왕에 대한 설명으로 옳은 것을 보기 에서 모두 고르면?

> 즉위 후 8년이 되는 해에 나는 칼링가를 정복하였다. 15만 명이 추방되었고 10만 명이 죽임을 당하였다. 칼링가 정복된 후 나의 다르마 준수, 다르마 사랑, 다르마 전파는 더욱 열렬해졌다. 이것은 칼링가 정복에 대한 나의 후회 때문이다. 정복된 일이 없는 나라가 정복되면 사람들의 살육, 사망, 이주가 생겨난다. 나는 이것이 몹시 괴롭고 슬프다. …… 나의 아들들과 후손들은 무력을 통한 정복에 나서지 말아야 한다. ─(㉠)의 칙령

보기

ㄱ. 불교를 창시하였다.
ㄴ. 산치 대탑을 건립하였다.
ㄷ. 간다라 양식의 불상을 만들었다.
ㄹ. 마우리아 왕조의 전성기를 이끌었다.

① ㄱ, ㄴ　　② ㄱ, ㄷ　　③ ㄴ, ㄷ
④ ㄴ, ㄹ　　⑤ ㄷ, ㄹ

27 다음 유물을 만든 나라에 대한 설명으로 옳지 <u>않은</u> 것은?

◀ 카니슈카왕을
새긴 금화

① 쿠샨족이 건국하였다.
② 간다라 양식이 나타났다.
③ 대승 불교가 발달하였다.
④ 남부 일부를 제외한 인도 전역을 통일하였다.
⑤ 동서 교역로를 장악하고 중계 무역으로 번영을 누렸다.

28 다음 지도를 보고 물음에 답하시오.

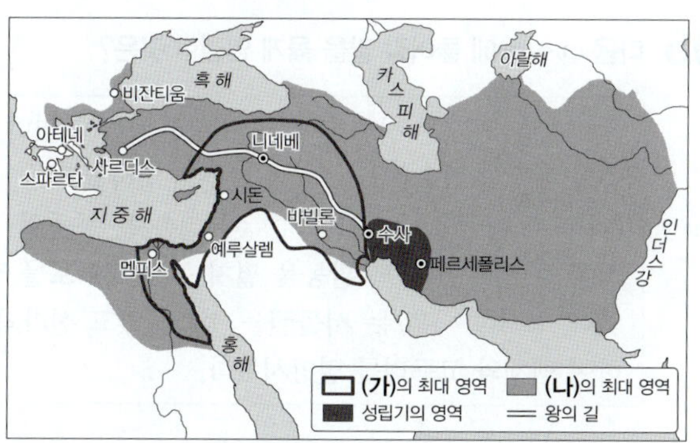

⑴ (가), (나)에 들어갈 나라를 쓰시오.

(가) ____________   (나) ____________

⑵ (가), (나)의 정복한 지역에 대한 통치 방식을 비교하여 서술하시오.

____

____

29 다음 ㉠에 들어갈 인물로 옳은 것은?

기원전 5세기경 아테네에서는 (㉠) 때 직접 민주 정치를 꽃피웠다. 성인 남성은 추첨으로 공직을 맡을 수 있었고, 가난한 시민도 정치에 참여할 수 있도록 수당을 지급하였다.

____

30 다음 글을 읽고 물음에 답하시오.

기원전 3세기 무렵 이탈리아반도를 통일한 로마는 지중해 해상권을 놓고 (㉠)과/와 전쟁을 벌였다.

⑴ ㉠에 들어갈 나라를 쓰시오.

____

⑵ 위 나라와의 전쟁 이후 로마의 변화 모습을 다음 **조건** 에 맞게 서술하시오.

조건

'대농장(라티푼디움)', '자영농', '재정', '군사력'을 포함할 것

____

____

31 다음 지도를 보고 물음에 답하시오.

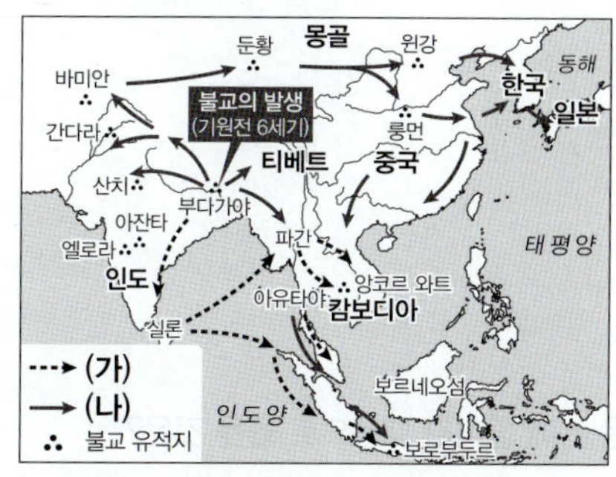

⑴ (가), (나)에 들어갈 불교 종파를 쓰시오.

(가) ____________   (나) ____________

⑵ (가), (나) 종파의 교리와 전파 지역을 비교하여 서술하시오.

____

____

01 다음 사건을 일어난 순서대로 바르게 나열한 것은?

> ㄱ. 위를 이은 진(晉)이 삼국을 통일하였다.
> ㄴ. 진이 강남으로 이주하여 동진을 세웠다.
> ㄷ. 선비족이 세운 북위가 화북을 통일하였다.
> ㄹ. 북방 민족인 5호가 화북 지방에 여러 나라를 세웠다.

① ㄱ-ㄴ-ㄷ-ㄹ ② ㄱ-ㄹ-ㄴ-ㄷ
③ ㄴ-ㄹ-ㄱ-ㄷ ④ ㄷ-ㄴ-ㄱ-ㄹ
⑤ ㄹ-ㄱ-ㄷ-ㄴ

02 다음 (가) 나라에 대한 설명으로 옳은 것을 보기 에서 모두 고르면?

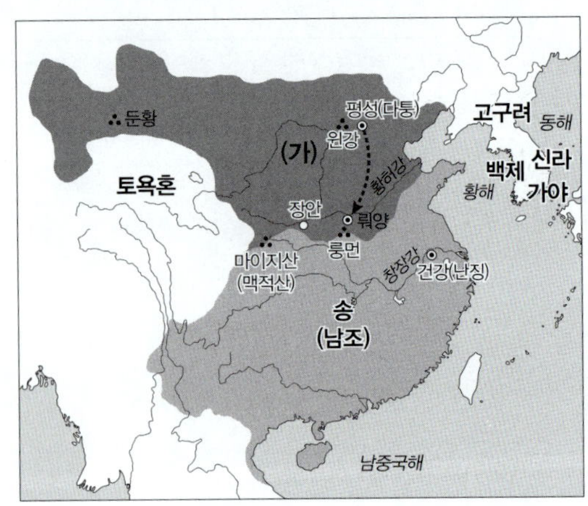

> **보기**
> ㄱ. 화북을 통일하였다.
> ㄴ. 한화 정책을 펼쳤다.
> ㄷ. 3성 6부를 운영하였다.
> ㄹ. 안사의 난 이후 쇠퇴하였다.

① ㄱ, ㄴ   ② ㄱ, ㄷ   ③ ㄴ, ㄷ
④ ㄴ, ㄹ   ⑤ ㄷ, ㄹ

03 다음 ㉠에 들어갈 내용으로 옳은 것은?

> (㉠)은/는 성인 남성에게 일정한 토지를 나누어 주어 농사를 짓게 하고, 그 대가로 각종 의무를 부과하는 제도이다.

① 과거제   ② 균전제
③ 양세법   ④ 9품중정제
⑤ 3성 6부제

04 다음 (가) 나라에 대한 설명으로 옳은 것은?

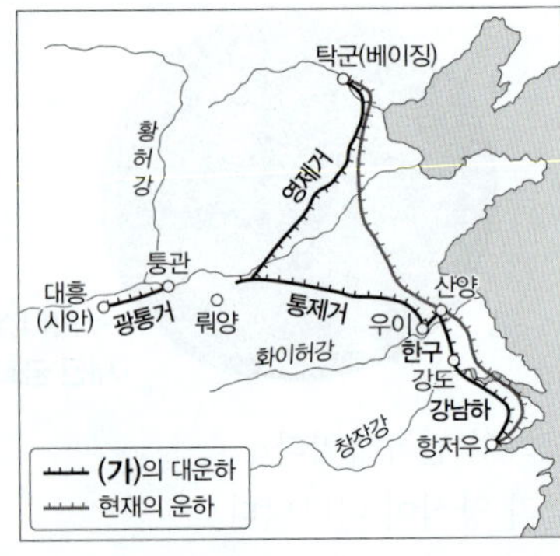

① 이연이 세운 나라이다.
② 청담 사상이 유행하였다.
③ 과거제를 처음으로 시행하였다.
④ 절도사 세력에 의해 멸망하였다.
⑤ 선비족의 성씨를 한족의 성씨로 바꾸게 하였다.

05 다음 ㉠~㉤에 들어갈 말을 옳게 연결한 것은?

> (㉠)은/는 장안을 수도로 당을 건국하였다. 당은 중앙 행정 조직으로 (㉡)을/를 운영하였고, (㉢) (이)라는 세금을 거두었다. (㉣)은/는 동돌궐을 복속하는 등 활발한 정복 활동을 펼쳐 동서 교역로를 장악하였다. (㉤)은/는 서돌궐을 정복하였고 신라와 연합하여 백제와 고구려를 멸망시켰다.

① ㉠: 양견
② ㉡: 3성 6부
③ ㉢: 부병제
④ ㉣: 당 고조
⑤ ㉤: 당 태종

06 다음 사건 이후 당의 모습으로 옳지 <u>않은</u> 것은?

> **〈속보〉 안사의 난이 일어나다**
>
> 8세기 중엽 절도사 안녹산과 그의 부하 사사명이 반란을 일으켰다.

① 농민층이 몰락하였다.
② 절도사의 권한이 강해졌다.
③ 황건적의 난을 계기로 쇠퇴하였다.
④ 황소의 난 등 농민 반란이 일어났다.
⑤ 중앙 정부의 지방 통제력이 약화되었다.

07 다음 (가)에 들어갈 내용으로 적절하지 <u>않은</u> 것은?

> • 주제: 당의 국제적 문화
> • 모둠별 탐구 내용: __________ (가) __________

① 「죽림칠현」에 담긴 사상을 파악한다.
② 장안에 세워진 외국 종교의 사원을 조사한다.
③ 비단길을 통한 동서 교류의 영향을 조사한다.
④ 당삼채에 묘사된 인물과 낙타의 모습을 분석한다.
⑤ 대진경교유행중국비와 관련된 종교의 교리와 역사를 탐구한다.

08 다음 (가)에 들어갈 내용으로 가장 적절한 것은?

> 조사 보고서
> • 연구 주제: __________ (가) __________
> • 조사 자료
> – 동아시아 국가들의 공통된 문화
> – 불교가 동아시아 학문과 예술에 끼친 영향
> – 율령이 동아시아의 통치 체제에 끼친 영향

① 국풍 문화의 발달
② 당의 문화적 특징
③ 당의 통치 조직 정비
④ 나라 시대의 문화적 특징
⑤ 동아시아 문화의 형성과 발전

09 다음 설명에 해당하는 시대로 옳은 것은?

> • 수도를 헤이안쿄로 옮겼다.
> • 귀족과 지방 세력이 대토지(장원) 소유를 확대하였다.
> • 견당사 파견을 중지하고, 국풍 문화가 발달하였다.

① 나라 시대   ② 전국 시대
③ 춘추 시대   ④ 헤이안 시대
⑤ 5호 16국 시대

10 다음 (가), (나) 시대에 대한 설명으로 옳은 것은?

① (가): 『일본서기』가 편찬되었다.
② (가): 다이카 개신을 단행하였다.
③ (나): 도다이사를 세웠다.
④ (나): '일본'이라는 국호를 처음으로 사용하였다.
⑤ (가), (나): 일본의 전통을 강조하는 독자적인 국풍 문화가 발달하였다.

11 다음 밑줄 친 ㉠~㉤ 중 옳지 <u>않은</u> 것은?

> 〈역사 필기 노트〉
> 사산 왕조 페르시아
> 1. 성립: ㉠ 아케메네스 왕조 페르시아의 부흥을 내걸고 건설
> 2. 정치: 지방에 ㉡ 총독을 보내 중앙 집권 체제 확립
> 3. 경제: 동서 교역의 요충지를 장악하여 ㉢ 중계 무역으로 번영
> 4. 문화: ㉣ 금속과 유리 공예 발달, ㉤ 힌두교를 국교로 삼음

① ㉠   ② ㉡   ③ ㉢   ④ ㉣   ⑤ ㉤

12 다음 법전을 정비한 나라에 대한 설명으로 옳지 <u>않은</u> 것은?

> 창조주는 모든 창조물을 보호하기 위해 그의 입, 팔, 다리에서 나온 자들에게 그 업을 정하였도다. 브라만에게는 『베다』를 배우고 가르치며, 제사 지내는 일을 정하였다. 크샤트리아에게는 사람들을 보호하고 다스릴 것을 정하였다.
> – 「마누 법전」

① 아후라 마즈다를 숭배하였다.
② 에프탈의 침략으로 쇠퇴하였다.
③ 산스크리트 문학이 발달하였다.
④ 찬드라굽타 2세 때 최대 영토를 확보하였다.
⑤ 동서 해상 무역을 독점하여 경제적 번영을 누렸다.

13 다음 지도를 통해 알 수 있는 내용으로 가장 적절한 것은?

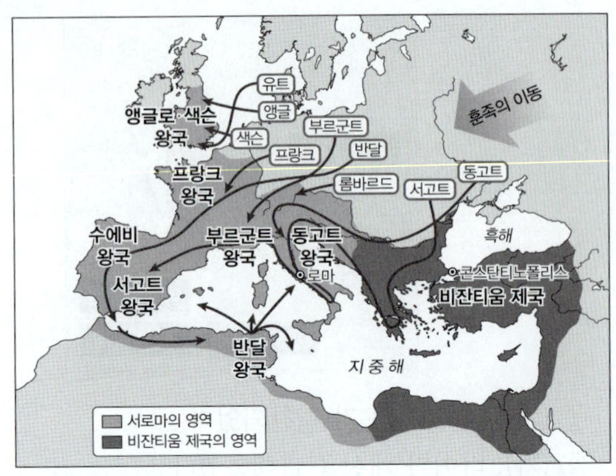

① 비잔티움 제국이 멸망하였다.
② 카롤루스 대제 사후 프랑크 왕국이 분열하였다.
③ 중세 서유럽에서는 로마 가톨릭교회가 성장하였다.
④ 비잔티움 제국의 문화가 슬라브족에게 영향을 끼쳤다.
⑤ 훈족의 압박으로 게르만족이 로마 제국의 영토로 이동하였다.

14 다음 밑줄 친 '이 인물'에 대한 설명으로 옳은 것을 보기 에서 모두 고르면?

> 이 인물은 프랑크 왕국의 왕으로 로마 교황으로부터 서로마 황제의 관을 받았다.

> 보기
> ㄱ. 성 소피아 성당을 조성하였다.
> ㄴ. 『유스티니아누스 법전』을 편찬하였다.
> ㄷ. 옛 서로마 제국의 영토 대부분을 차지하였다.
> ㄹ. 정복지에 교회를 세워 크리스트교를 전파하였다.

① ㄱ, ㄴ   ② ㄱ, ㄹ   ③ ㄴ, ㄷ
④ ㄴ, ㄹ   ⑤ ㄷ, ㄹ

15 다음 밑줄 친 ⊙의 영향으로 가장 적절한 것은?

> 비잔티움 제국의 황제인 레오 3세가 예수와 성모 등을 묘사한 ⊙ 성상을 파괴하라는 명령을 내렸다.

① 카노사의 굴욕이 일어났다.
② 보름스 협약이 체결되었다.
③ 키이우 공국이 그리스 정교를 수용하였다.
④ 클뤼니 수도원을 중심으로 교회 개혁 운동이 일어났다.
⑤ 크리스트교 세계가 로마 가톨릭교회와 그리스 정교로 분열되었다.

16 다음 (가)에 들어갈 건축물로 옳은 것은?

역사 탐구 계획서
• 주제: 비잔티움 양식을 대표하는 건축물
• 사례: _______________ (가) _______________

① 룽먼 석굴   ② 아잔타 석굴
③ 피사 대성당   ④ 샤르트르 대성당
⑤ 성 소피아 성당

[17-18] 다음 지도를 보고 물음에 답하시오.

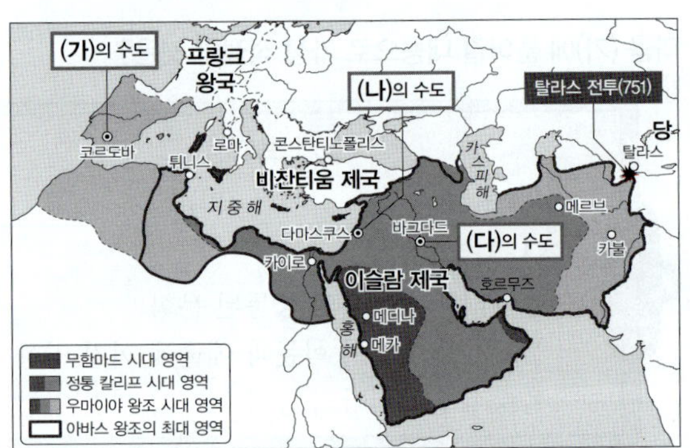

17 (가)~(다)에 들어갈 나라를 옳게 연결한 것은?

	(가)	(나)	(다)
①	아바스 왕조	우마이야 왕조	후우마이야 왕조
②	우마이야 왕조	아바스 왕조	후우마이야 왕조
③	우마이야 왕조	후우마이야 왕조	아바스 왕조
④	후우마이야 왕조	아바스 왕조	우마이야 왕조
⑤	후우마이야 왕조	우마이야 왕조	아바스 왕조

18 (다) 나라에 대한 설명으로 가장 적절한 것은?

① 칼리프를 선출하였다.
② 탈라스 전투에서 승리하였다.
③ 아랍인 우대 정책을 추진하였다.
④ 사산 왕조 페르시아를 정복하였다.
⑤ 술탄의 칭호를 얻어 이슬람 세계를 지배하였다.

19 다음 (가), (나)와 관련된 종교에 대한 설명으로 옳은 것은?

(가)   (나)

▲ 비슈누   ▲ 카바 신전

① (가): 무함마드가 정립하였다.
② (가): 『쿠란』을 경전으로 삼았다.
③ (나): 모스크를 아라베스크 무늬로 장식하였다.
④ (나): 브라만교를 바탕으로 불교와 다양한 민간 신앙이 융합되었다.
⑤ (가), (나): 유일신을 믿었다.

20 다음 자료에 대한 설명으로 옳은 것을 보기 에서 모두 고르면?

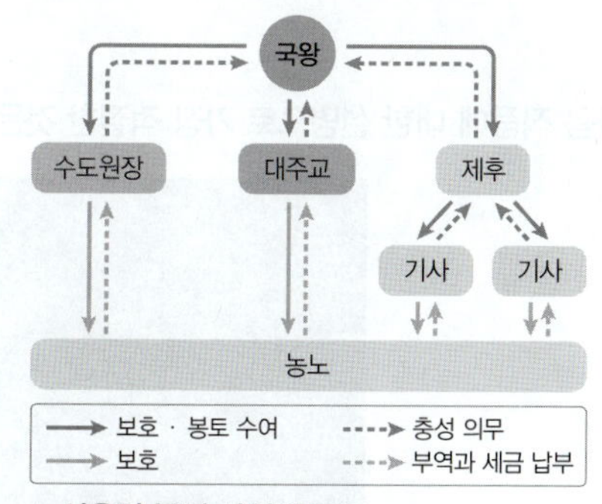

▲ 서유럽 봉건 사회의 구조

보기

ㄱ. 혈연관계를 바탕으로 형성되었다.
ㄴ. 농노는 영주와 주종 관계를 맺었다.
ㄷ. 기사는 봉토를 장원으로 운영하였다.
ㄹ. 제후와 기사 사이에 토지를 매개로 주종 관계가 형성되었다.

① ㄱ, ㄴ   ② ㄱ, ㄹ   ③ ㄴ, ㄷ
④ ㄴ, ㄹ   ⑤ ㄷ, ㄹ

21 다음 자료와 관련된 설명으로 옳지 <u>않은</u> 것은?

▲ 중세 장원의 모습

① 삼포제로 농사를 지었다.
② 장원 주민의 대다수는 농노였다.
③ 영주는 거주 이전의 자유가 없었다.
④ 장원의 운영은 주군의 간섭을 받지 않았다.
⑤ 농노는 영주의 땅을 경작하며 각종 세금을 부담하였다.

22 다음 (가)에 들어갈 내용으로 가장 적절한 것은?

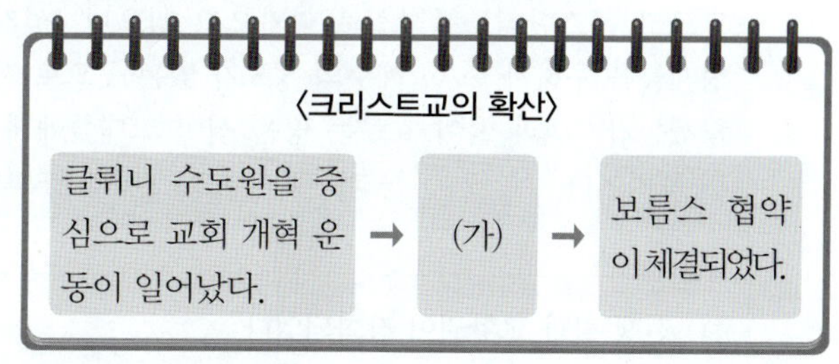

① 흑사병이 유행하였다.
② 아비뇽 유수가 일어났다.
③ 서로마 제국이 멸망하였다.
④ 교황이 하인리히 4세를 파문하였다.
⑤ 레오 3세가 성상 파괴령을 발표하였다.

23 다음 (가), (나) 건축물에 대한 설명으로 옳은 것은?

▲ 피사 대성당

▲ 샤르트르 대성당

① (가): 고딕 양식의 대표적인 건축물이다.
② (가): 유스티니아누스 황제 때 지어졌다.
③ (나): 로마네스크 양식으로 지어졌다.
④ (나): 뾰족한 탑과 스테인드글라스가 특징이다.
⑤ (가), (나): 건축물 내부를 아라베스크 무늬로 장식하였다.

24 다음 연설을 계기로 일어난 전쟁에 대한 설명으로 옳은 것을 보기 에서 모두 고르면?

> 크리스트교를 믿지 않는 튀르크인의 진출은 그칠 줄 모르고 콘스탄티노폴리스로 다가오고 있으니, 성지의 형제들을 구하자. …… 예수의 성묘가 있는 곳으로 가지 않겠는가? 젖과 꿀이 흐르는 땅은 신이 그대들에게 내린 토지이다.
> – 교황 우르바누스 2세, 클레르몽 공의회 연설

보기
ㄱ. 전쟁 결과 교황권이 강화되었다.
ㄴ. 제1차 원정 때 예루살렘을 점령하였다.
ㄷ. 전쟁 과정에서 지중해 무역이 활발해졌다.
ㄹ. 제4차 원정 때 콘스탄티노폴리스를 점령하였다.

① ㄱ, ㄴ   ② ㄱ, ㄹ   ③ ㄴ, ㄷ
④ ㄱ, ㄴ, ㄹ   ⑤ ㄴ, ㄷ, ㄹ

25 십자군 전쟁 이후 중세 유럽에서 볼 수 있는 모습으로 옳지 않은 것은?

① 길드를 결성한 도시의 상인들
② 영주에게 특허장을 받는 도시민
③ 베네치아에서 무역을 하는 상인
④ 농노에게 화폐로 세금을 받는 영주
⑤ 서로마 황제의 관을 받는 카롤루스 대제

26 다음 상황이 중세 유럽에 끼친 영향으로 가장 적절한 것은?

> 14세기 중엽 페스트균이 일으키는 급성 전염병인 흑사병이 유행하였다. 흑사병으로 당시 유럽 인구의 3분의 1이 줄어들었다.

① 노동력이 풍부해졌다.
② 장원이 해체되어 갔다.
③ 봉건 사회가 성립되었다.
④ 서로마 제국이 멸망하였다.
⑤ 기사와 영주의 세력이 강해졌다.

27 다음 작품에 대한 설명으로 가장 적절한 것은?

▲ 「모나리자」

① 신 중심의 사고를 표현하였다.
② 인물을 사실적으로 표현하였다.
③ 농민의 일상적인 모습을 표현하였다.
④ 교회와 성직자의 모순을 풍자하였다.
⑤ 수도원 중심 교회 개혁 운동의 정신을 담고 있다.

28 다음 (가), (나) 지역의 르네상스에 대한 설명으로 옳은 것은?

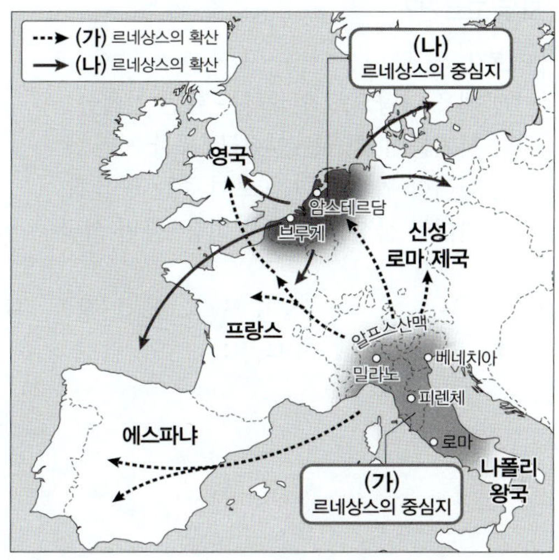

① (가): 지중해 무역의 번영을 바탕으로 르네상스가 시작되었다.
② (가): 토머스 모어는 『유토피아』를 통해 영국 사회의 현실을 비판하였다.
③ (나): 인문주의가 발달하였다.
④ (나): 미켈란젤로 등은 인체의 아름다움을 사실적으로 표현하였다.
⑤ (가), (나): 종교 개혁에 영향을 끼쳤다.

29 북위의 효문제가 펼친 한화 정책의 내용을 <u>두 가지</u> 서술하시오.

30 다음에서 설명하는 말을 쓰시오.

> 무함마드가 박해를 피해 622년에 메카에서 메디나로 이주한 일을 말한다. 이슬람교도들은 이를 이슬람력의 시작 연도로 삼는다.

31 다음 지도를 보고 물음에 답하시오.

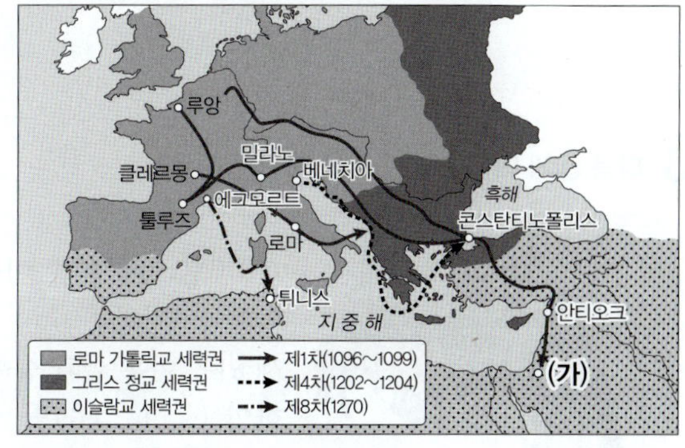

(1) (가)에 들어갈 도시의 이름을 쓰시오.

(2) 지도에 나타난 전쟁이 일어난 배경을 서술하시오.

01 다음 ㉠ 인물이 실시한 정책으로 옳은 것은?

> 당 멸망 이후 중국은 5대 10국으로 분열하여 대립하였다. (㉠)은/는 송을 세우고 5대 10국의 혼란을 수습하였다.

① 절도사의 권한을 강화하였다.
② 나라 이름을 원으로 정하였다.
③ 과거제 개혁으로 황제권을 강화하였다.
④ 유라시아를 아우르는 대제국을 건설하였다.
⑤ 색목인을 우대하여 재정과 행정 업무를 맡겼다.

02 다음 밑줄 친 ㉠~㉤ 중 옳지 않은 것은?

> 송은 평화를 유지하기 위해 ㉠ 거란과 서하에 막대한 양의 비단과 은을 제공하였다. 이에 송의 재정이 악화되자 ㉡ 왕안석이 부국강병을 위한 개혁을 시도하였고 ㉢ 개혁의 성공으로 송의 재정이 안정되었다. 하지만 송은 ㉣ 금의 공격을 받아 임안(항저우)으로 수도를 옮겼는데, 이를 ㉤ 남송이라 한다.

① ㉠　　② ㉡　　③ ㉢　　④ ㉣　　⑤ ㉤

03 다음 ㉠에 대한 설명으로 옳지 않은 것은?

> 916년 만리장성 이북에서 야율아보기가 (㉠)을/를 세웠다. 이후 금과 송이 연합하여 (㉠)을/를 공격하였고, 결국 멸망하였다.

▲ (㉠) 무사들의 모습

① 연운 16주를 차지하였다.
② 자신들만의 문자를 만들어 사용하였다.
③ 발해를 멸망시키고 고려를 공격하였다.
④ 우월한 군사력을 바탕으로 송을 압박하였다.
⑤ 한족을 정복하고 유목민의 부족제로 다스렸다.

04 송대 문화를 소개하는 소책자의 제목으로 옳은 것을 보기 에서 모두 고르면?

> **보기**
> ㄱ. 책을 다량으로 인쇄하는 활판 인쇄술
> ㄴ. 서민들이 즐기는 인형극, 동물 서커스
> ㄷ. 화려한 귀족 문화를 보여 주는 당삼채
> ㄹ. 거대한 불상을 조각한 윈강·룽먼 석굴

① ㄱ, ㄴ　　② ㄱ, ㄷ　　③ ㄴ, ㄷ
④ ㄴ, ㄹ　　⑤ ㄷ, ㄹ

05 쿠빌라이 칸에 대한 설명으로 옳은 것은?

① 자금성을 건설하였다.
② 대도로 수도를 옮겼다.
③ 나라 이름을 청으로 바꾸었다.
④ 자신이 직접 과거 시험을 주관하였다.
⑤ 육유를 반포하고 유교 이념을 바탕으로 나라를 다스렸다.

06 다음 자료에 대한 설명으로 옳은 것은?

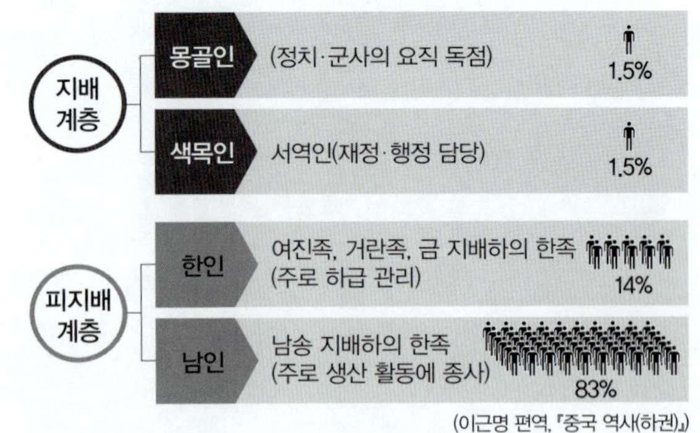

① 청대의 인구 구성을 나타낸 것이다.
② 몽골인이 주요 관직을 독차지하였다.
③ 원은 천호제로 한인과 남인을 통치하였다.
④ 남인은 원에 정보와 물자를 제공하여 우대를 받았다.
⑤ 한인과 색목인은 세금 부담이 컸으며 관직 등용에도 불이익을 받았다.

07 다음 (가)에 들어갈 학생의 대답으로 옳은 것을 보기 에서 모두 고르면?

보기
ㄱ. 귀족 문화가 발달하였어요.
ㄴ. 파스파 문자를 만들어 사용하였어요.
ㄷ. 구어체 희곡과 소설이 유행하였어요.
ㄹ. 경전을 실증적으로 연구하는 고증학이 발달하였어요.

① ㄱ, ㄴ   ② ㄱ, ㄷ   ③ ㄴ, ㄷ
④ ㄴ, ㄹ   ⑤ ㄷ, ㄹ

08 다음 (가)에 들어갈 인물로 옳은 것은?

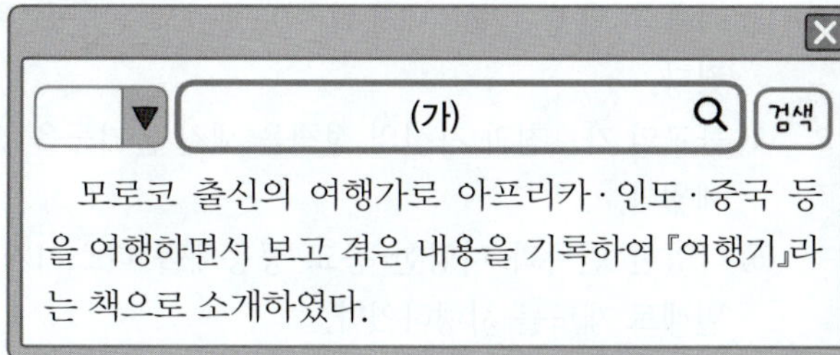

① 아담 샬   ② 이븐바투타
③ 마테오 리치   ④ 마르코 폴로
⑤ 바스쿠 다 가마

09 원이 쇠퇴하게 된 까닭으로 적절하지 <u>않은</u> 것은?

① 홍건적의 난이 일어났다.
② 교초를 남발하여 경제가 혼란스러워졌다.
③ 칸의 자리를 두고 계승 분쟁이 계속되었다.
④ 지배층의 사치와 자연재해로 재정이 악화되었다.
⑤ 적극적인 한화 정책으로 민족의 고유성을 잃었다.

10 다음 지도에 표시된 항해에 대한 설명으로 옳지 <u>않은</u> 것은?

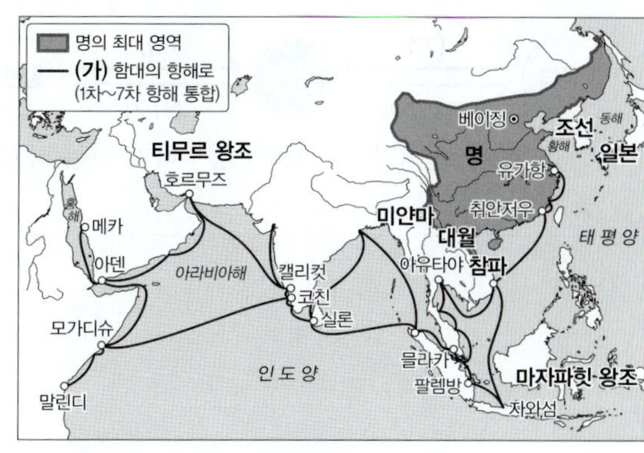

① (가)에 들어갈 인물은 정화이다.
② 영락제의 명령으로 항해가 시작되었다.
③ (가)의 함대는 아프리카 동부 해안까지 진출하였다.
④ (가)의 항해로 명은 국력을 과시하고 여러 나라와 조공 관계를 맺었다.
⑤ (가)의 함대가 정박한 곳을 식민지로 삼아 사탕수수, 담배 등을 재배하였다.

11 다음 밑줄 친 ㉠～㉢에 대한 설명으로 옳지 <u>않은</u> 것은?

㉠ 청은 소수의 ㉡ 이민족이 다수의 한족을 지배하기 위해 ㉢ 회유책과 ㉣ 강압책을 함께 사용하였다. 한편, ㉤ 몽골, 티베트, 신장 등의 지역은 다른 방식으로 지배하였다.

① ㉠: 홍타이지가 바꾼 국호이다.
② ㉡: 만주족으로 팔기군을 조직하여 강한 군사력을 가지고 있었다.
③ ㉢: 한족 학자들을 동원하여 『사고전서』를 편찬하였다.
④ ㉣: 한족에게 변발과 호복을 강요하였다.
⑤ ㉤: 이갑제를 실시하여 지배하였다.

12 명·청대의 주요 용어에 대한 설명으로 옳은 것은?

① 곤여만국전도: 아담 샬이 제작한 세계 지도
② 홍루몽: 명대 서민들 사이에 인기를 끈 소설
③ 고증학: 지행합일을 강조한 명대 발달한 학문
④ 양명학: 청대 사상 통제의 영향으로 발전한 학문
⑤ 공행: 청 정부로부터 허가를 받아 서양과의 무역을 독점한 상인 조합

13 다음 (가)에 공통으로 들어갈 단어로 옳은 것은?

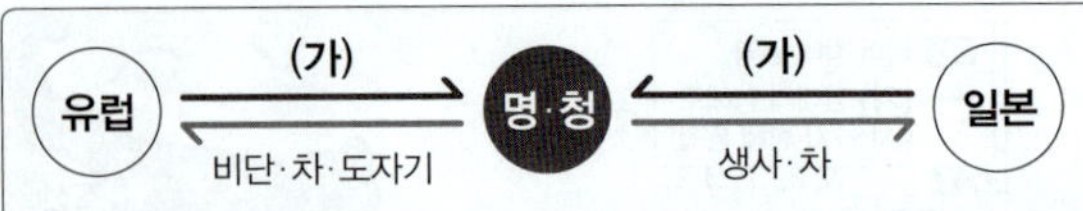

명·청에서는 (가)로 세금을 납부하게 하는 세제 개혁을 단행하였다.

① 쌀 　　② 금 　　③ 은
④ 동 　　⑤ 지폐

14 다음 청대 인물에 대한 설명으로 옳지 <u>않은</u> 것은?

① 강희제: 국내의 반청 세력을 진압하였다.
② 누르하치: 여진을 통합하고 후금을 세웠다.
③ 홍타이지: 조선을 침략하고 국호를 청으로 바꾸었다.
④ 옹정제: 러시아와 네르친스크 조약을 맺어 국경을 확정하였다.
⑤ 건륭제: 몽골, 신장, 티베트를 포함하여 최대 영토를 확보하였다.

15 다음 사건을 일어난 순서대로 바르게 나열한 것은?

ㄱ. 에도 막부 성립
ㄴ. 전국 시대 시작
ㄷ. 가마쿠라 막부 성립
ㄹ. 무로마치 막부 성립

① ㄱ-ㄴ-ㄷ-ㄹ　　② ㄴ-ㄹ-ㄱ-ㄷ
③ ㄷ-ㄱ-ㄹ-ㄴ　　④ ㄷ-ㄴ-ㄹ-ㄱ
⑤ ㄷ-ㄹ-ㄴ-ㄱ

16 일본의 막부 정치에 대한 설명으로 옳지 <u>않은</u> 것은?

① 쇼군이 최고 지배자로 군림하였다.
② 조닌은 지방의 행정권, 사법권, 징세권을 가졌다.
③ 천황은 의례를 담당하는 상징적 존재로서 유명무실하였다.
④ 쇼군과 무사는 토지에 대한 권리를 매개로 주종 관계를 맺었다.
⑤ 지휘관의 본부를 의미하던 막부는 점차 무사 정권 자체를 의미하게 되었다.

17 다음 밑줄 친 '나'에 대한 설명으로 옳은 것은?

① 바부르의 손자로 중앙 집권 체제를 확립하였다.
② 힌두교도인 라지푸트족의 공주와 결혼하여 동맹을 맺었다.
③ 이슬람 제일주의를 내세워 이도교들의 반발을 촉발시켰다.
④ 불교의 가르침과 자신의 정책을 새긴 돌기둥을 전국에 세웠다.
⑤ 다양한 민족과 다양한 종교 공동체를 다스리기 위해 밀레트 제도를 시행하였다.

18 다음 밑줄 친 ㉠~㉤ 중 옳지 <u>않은</u> 것은?

무굴 제국 시기 상공업이 발달하여 ㉠ 수도 델리 등 도시가 번성하였다. ㉡ 대표적인 수출품은 면직물로 유럽에서 큰 인기를 끌었다. 종교는 ㉢ 크리스트교와 불교를 절충한 시크교가 발전하였다. ㉣ 시크교는 유일신을 섬기고 인간의 평등을 주장하였다. 언어는 ㉤ 페르시아어에 힌디어, 아랍어가 혼합된 우르두어를 널리 사용하였다.

① ㉠　　② ㉡　　③ ㉢　　④ ㉣　　⑤ ㉤

19 다음 (가), (나) 인물을 옳게 연결한 것은?

> (가) 천 년의 요새라고 여겨지던 콘스탄티노폴리스를 50
>   여 일 만에 함락하고 비잔티움 제국을 멸망시켰다.
> (나) 헝가리를 정복하였으며, 유럽의 연합 함대를 무찔
>   러 지중해 해상권을 장악하며 오스만 제국의 전성
>   기를 이끌었다.

	(가)	(나)
①	예니체리	술레이만 1세
②	메흐메트 2세	예니체리
③	메흐메트 2세	술레이만 1세
④	술레이만 1세	예니체리
⑤	술레이만 1세	메흐메트 2세

20 다음 자료를 추론한 학생의 발표 내용으로 가장 적절한 것은?

밀레트는 같은 종교를 바탕으로 하는 자치 공동체이다. 오스만 제국은 밀레트에 폭넓은 자율권을 부여하였다.

◀ 유대교 '밀레트'의 모습

① 전쟁을 통해서 종교의 자유를 보장받는 조약을 맺고 있어.
② 종교적 탄압을 피해 몰래 숨어서 예배를 드리고 있는 모습이야.
③ 유대교를 오스만 제국의 국교로 삼는다는 선언문을 발표하고 있어.
④ 이슬람교, 크리스트교 등 다양한 종교를 바탕으로 유대교가 창시되었어.
⑤ 이슬람 국가의 지배를 받고 있지만 각 종교의 관습대로 의식을 치르고 있어.

21 다음 (가)에 들어갈 신항로 개척의 배경으로 옳지 <u>않은</u> 것은?

> 유럽에서는 ＿＿＿＿＿＿＿＿＿＿＿ (가)
> 이러한 상황에서 새로운 항로를 찾는 움직임이 활발하였다.

① 지리학, 천문학, 선박과 지도 제작 기술 등이 발달하였다.
② 항해에 나침반을 이용하면서 먼 거리 항해가 가능해졌다.
③ 『동방견문록』 등이 아시아에 대한 유럽인의 호기심을 자극하였다.
④ 이탈리아와 이슬람 상인이 아시아와의 대서양 무역을 독점하였다.
⑤ 향신료, 비단과 같은 아시아의 산물이 유럽에서 큰 인기를 끌었다.

22 다음 자료에 나타난 인구 변화의 배경으로 옳은 것을 보기 에서 모두 고르면?

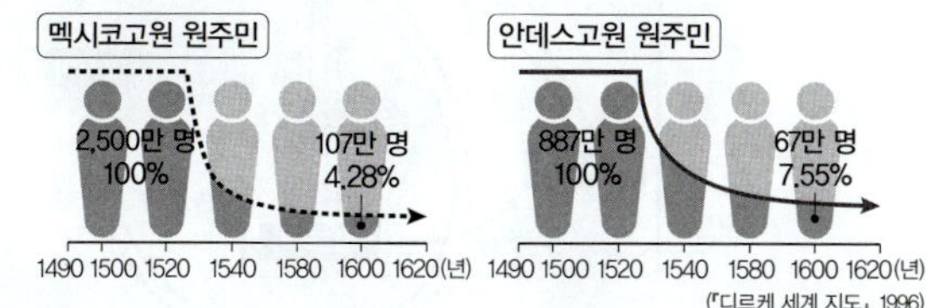

보기
ㄱ. 대규모 지진 등 천재지변이 일어났다.
ㄴ. 노예 무역으로 인구가 크게 감소하였다.
ㄷ. 대농장에 동원되어 가혹한 노동에 시달렸다.
ㄹ. 유럽에서 천연두, 홍역 등의 전염병이 전파되었다.

① ㄱ, ㄴ   ② ㄱ, ㄷ   ③ ㄱ, ㄹ
④ ㄴ, ㄷ   ⑤ ㄷ, ㄹ

23 다음 지도의 (가), (나) 문명에 대한 설명으로 옳은 것은?

① (가): 잉카 제국이다.
② (가): 안데스 산지에서 번영을 누렸다.
③ (가): '마추픽추'라 불리는 요새가 있었다.
④ (나): 멕시코고원 일대에서 발전하였다.
⑤ (가), (나): 에스파냐인이 정복하였다.

24 다음 지도를 활용한 탐구 주제로 옳지 <u>않은</u> 것은?

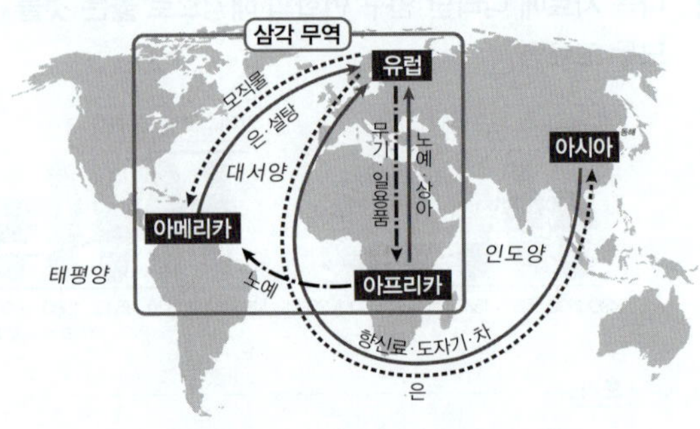

① 세계적 교역망은 어떻게 형성되었을까?
② 노예 무역이 이루어진 배경은 무엇일까?
③ 신항로 개척 이후 나타난 변화는 무엇일까?
④ 은이 세계 교역망 형성에 끼친 영향은 무엇일까?
⑤ 지중해가 무역의 중심지가 되면서 세계 무역에 끼친 영향은 무엇일까?

25 다음 주장을 한 인물에 대한 설명으로 옳은 것을 보기 에서 모두 고르면?

> 모든 사람은 동일한 상태로 창조된 것이 아니며, 어떤 사람에게는 영원한 삶이, 또 어떤 사람에게는 영원한 벌이 예정되어 있다.

보기
ㄱ. 상공업자들의 호응을 얻었다.
ㄴ. 95개조 반박문을 작성하였다.
ㄷ. 영국 국교회의 수장이 되었다.
ㄹ. 스위스에서 종교 개혁을 일으켰다.

① ㄱ, ㄴ　　② ㄱ, ㄹ　　③ ㄴ, ㄷ
④ ㄴ, ㄹ　　⑤ ㄷ, ㄹ

26 다음 인물과 관련된 재정·군사 국가의 특징으로 옳지 <u>않은</u> 것은?

▲ '태양왕' 루이 14세

① 중상주의 정책을 시행하였다.
② 왕권은 신에게 받은 것이라 주장하였다.
③ 왕의 명령을 실행하는 관료제를 두었다.
④ 언제든 동원할 수 있는 상비군을 갖추었다.
⑤ 의회와 협력하고 에스파냐의 무적함대를 격파하였다.

27 다음 문서 승인 이후의 결과로 옳은 것은?

제1조 국왕이 의회의 동의 없이 법의 효력을 정지하거나 법의 집행을 정지하는 것은 위법이다.
제4조 의회의 승인 없이 국왕을 위해 세금을 거두어들이는 행위는 위법이다.
제6조 의회의 동의 없이 평상시에 상비군을 징집하고 유지하는 것은 위법이다.

① 공화정 정부가 들어섰다.
② 왕권신수설이 신봉되었다.
③ 젠트리 세력이 몰락하였다.
④ 입헌 군주제의 토대를 마련하였다.
⑤ 분노한 시민들이 혁명을 일으켰다.

28 다음 자료를 보고 물음에 답하시오.

◀ 몽골 제국에서 사용한 (㉠)

(1) ㉠에 들어갈 말을 쓰시오.

(2) ㉠의 용도를 서술하시오.

29 다음 자료를 보고 물음에 답하시오.

▲ 에도로 향하는 다이묘의 행렬

(1) 자료와 관련된 에도 막부의 다이묘 정책을 쓰시오.

(2) 에도 막부가 위의 제도를 실시한 목적과 내용을 서술하시오.

30 다음 지도를 보고 물음에 답하시오.

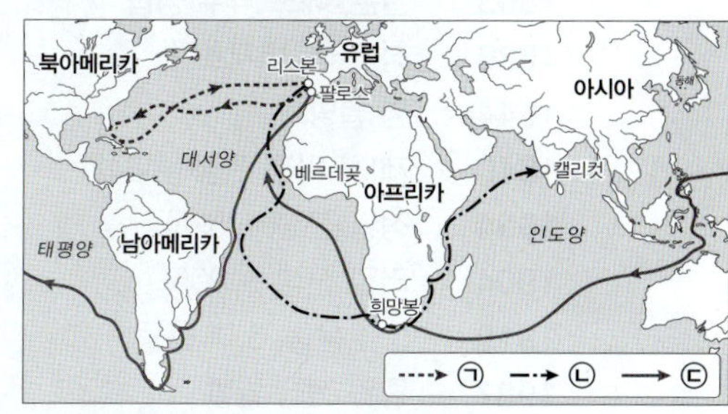

(1) ㉠~㉢에 들어갈 인물을 쓰시오.

㉠ ____________ ㉡ ____________ ㉢ ____________

(2) 신항로 개척 이후 유럽의 변화를 세 가지 서술하시오.

세계사 연표

	동아시아		인도·동남아시아
2500년경	중국 문명 시작	2500년경	인도 문명 시작
2333	고조선 건국	6세기경	석가모니, 불교 창시
770	춘추 전국 시대 시작	317	마우리아 왕조 성립
221	진(秦), 중국 통일		
202	한, 중국 통일		
57	신라 건국(『삼국사기』)		
304	5호 16국 시대	45	인도, 쿠샨 왕조 성립
589	수, 중국 통일	320	인도, 굽타 왕조 성립
618	당 건국		
645	일본, 다이카 개신		
794	일본, 헤이안 시대 시작		
916	거란(요) 건국		
918	고려 건국		
960	송 건국		
1115	여진, 금 건국	1206	델리 술탄 왕조 성립
1206	칭기즈 칸, 몽골 통일		
1271	원 건국		
1279	남송 멸망		
1336	일본, 무로마치 막부 성립		
1368	명 건국		
1392	조선 건국		
1405	명, 정화의 항해 시작		
1467	일본, 전국 시대 시작		
1592	임진왜란 발발	1526	무굴 제국 성립
1603	일본, 에도 막부 성립	1757	인도, 플라시 전투
1636	청 건국, 병자호란	1857	인도, 세포이의 항쟁(~1859)
1644	명 멸망	1877	영국령 인도 제국 수립
1840	제1차 아편 전쟁(~1842)	1892	호세 리살, 필리핀 민족 동맹 결성
1894	청일 전쟁(~1895)	1905	영국, 벵골 분할령 발표
1904	러일 전쟁(~1905)	1930	간디의 소금 행진
1919	3·1 운동, 5·4 운동	1945	베트남 민주 공화국 수립
1937	중일 전쟁 발발	1955	아시아·아프리카 회의(반둥 회의) 개최
1941	아시아·태평양 전쟁 발발	1967	동남아시아 국가 연합(ASEAN) 결성
1945	일본, 무조건 항복	1975	베트남 전쟁 종결
1949	중화 인민 공화국 수립		
1950	6·25 전쟁		
1989	중국, 톈안먼 사건		
2002	한일 월드컵 개최	2021	미얀마 민주화 운동
2011	동일본 대지진		

기원전 · 1000 · 1500 · 2000

서아시아·아프리카

3500년경	메소포타미아 문명 시작
3000년경	이집트 문명 시작
7세기경	아시리아, 서아시아 지역 대부분 통일
525	아케메네스 왕조 페르시아, 서아시아 통일
226	사산 왕조 페르시아 성립
622	헤지라(이슬람 기원 원년)
661	우마이야 왕조 성립
750	아바스 왕조 성립
751	아바스 왕조, 탈라스 전투에서 승리
1037	셀주크 튀르크 건국
1299	오스만 제국 건국
1370	티무르 왕조 성립
1453	오스만 제국, 콘스탄티노폴리스 점령
1501	사파비 왕조 성립
1839	오스만 제국, 탄지마트 선포
1898	파쇼다 사건
1908	오스만 제국, 청년 튀르크당 혁명
1923	튀르키예 공화국 수립
1955	아시아·아프리카 회의(반둥 회의) 개최
1960	아프리카 17개국 독립(아프리카의 해)
1962	알제리 독립
1980	이란·이라크 전쟁
2010	재스민 혁명

유럽·아메리카

8세기경	그리스, 폴리스 형성
753	로마 건국
492	그리스·페르시아 전쟁(~479)
334	알렉산드로스 동방 원정 시작
264	로마-카르타고 전쟁(~146)
27	로마, 제정 시작
313	로마, 크리스트교 공인
395	로마 제국, 동서로 분열
476	서로마 제국 멸망
529	비잔티움 제국, 『유스티니아누스 법전』 편찬
800	카롤루스 대제, 서로마 황제 대관
1077	카노사의 굴욕
1096	십자군 전쟁(~1270)
1309	아비뇽 유수(~1377)
1337	백년 전쟁(~1453)
1453	비잔티움 제국 멸망
1492	콜럼버스, 아메리카 항로 발견
1498	바스쿠 다 가마, 인도 항로 개척
1517	루터, 95개조 반박문 발표
1533	잉카 제국 멸망
1555	아우크스부르크 화의
1648	베스트팔렌 조약 체결
1776	미국, 독립 선언문 발표
1789	프랑스 혁명 시작
1871	독일 제국 성립
1914	제1차 세계 대전(~1918)
1917	러시아 혁명
1929	미국, 대공황 발생
1939	제2차 세계 대전(~1945)
1991	소련 해체, 독립 국가 연합(CIS) 출범
1993	유럽 연합(EU) 출범
2001	미국, 9·11 테러 발생
2003	미국, 이라크 침공
2022	러시아, 우크라이나 침공

출처

개념책

011쪽　알타미라 동굴 벽화　위키공용(Museo de Altamira y D. Rodriguez)
011쪽　빌렌도르프의 비너스　빈자연사박물관
011쪽　주먹 도끼　국립중앙박물관
011쪽　찍개　국립중앙박물관
011쪽　빗살무늬 토기　국립중앙박물관
011쪽　가락바퀴　국립청주박물관
011쪽　갈돌과 갈판　국립중앙박물관
011쪽　조개껍데기 가면　국립부산박물관
013쪽　(03번 문제)자치통감　국립중앙박물관
016쪽　지구라트　위키공용(Hardnfast)
016쪽　피라미드와 스핑크스　위키공용(Hamish2k~commonswiki)
016쪽　쐐기 문자　영국박물관
016쪽　함무라비 법전　위키공용(Mbzt)
017쪽　하라파 문자　파키스탄국립박물관
017쪽　모헨조다로 유적　위키공용(Saqib Qayyum)
017쪽　청동 제기　중국국가박물관
017쪽　갑골문　중국문자박물관
022쪽　날개 달린 황금 사자 뿔잔　이란국립박물관
022쪽　만국의 문　위키공용(Alborzagros)
023쪽　파르테논 신전　위키공용(Steve Swayne)
023쪽　라오콘 군상　바티칸미술관
024쪽　수도교　위키공용(Emanuele)
024쪽　콜로세움　위키공용(FeaturedPics)
030쪽　만리장성　위키공용(Craig Nagy)
030쪽　병마용　위키공용(xiquinhosilva)
032쪽　산치 대탑　위키공용(Dharma)
032쪽　아소카왕이 세운 돌기둥의 머리 부분　사르나트고고학박물관
032쪽　간다라 불상　인도국립박물관
042쪽　(12번 문제)공중목욕탕　위키공용(Diliff)
042쪽　(12번 문제)아피우스 가도　위키공용(LuisaV72)
046쪽　윈강 석굴의 대불　위키공용(Patrick20242023)
048쪽　당삼채　중국국가박물관
054쪽　샤푸르 1세　위키공용(Diego Delso)
054쪽　페르시아 은병　미호뮤지엄
054쪽　페르시아 원 무늬 병　영국박물관
054쪽　신라 고분 유리잔과 유리병　국립중앙박물관
055쪽　비슈누　영국박물관
055쪽　엘로라 석굴　위키공용(Y.Shishido)
055쪽　아잔타 석굴　위키공용(soman)
055쪽　앙코르 와트　위키공용(Jakub Hałun)
055쪽　보로부두르 사원　위키공용(Heaven's Army)

056쪽　성 소피아 성당　위키공용(Arild Vågen)
064쪽　쿠란　튀르키예이슬람미술관
066쪽　카바 신전　위키공용(Richard Mortel)
068쪽　샤르트르 대성당　위키공용(Honge)
068쪽　스테인드글라스　위키공용(PtrQs)
069쪽　성 베드로 대성당　위키공용(Alvesgaspar)
069쪽　피에타　성 베드로 대성당
076쪽　(05번 문제)도다이사　위키공용(Wiiii)
078쪽　(14번 문제)아라베스크 무늬　위키공용(Andrew Shiva)
083쪽　패자　메트로폴리탄미술관
086쪽　(13번 문제)천문대　위키공용(tak.wing)
086쪽　(13번 문제)청화 자기　이데미츠미술관
089쪽　마제은　국립미술사박물관
090쪽　타지마할　위키공용(Dhirad)
091쪽　(03번 문제)자금성　위키공용(Asadal)
093쪽　(12번 문제)경극　위키공용(smartneddy)
096쪽　술탄 아흐메트 사원　위키공용(Cem Topçu)
100쪽　(08번 문제)마추픽추　위키공용(Pedro Szekely)
108쪽　(14번 문제)시크교의 황금 사원　위키공용(Lovedeepsingh)
108쪽　(15번 문제)테오도시우스 성벽　위키공용(igdaddy1204)

문제책

07쪽　(06번 문제)상형 문자　블랑카르드이집트박물관
11쪽　(05번 문제)다리우스 1세　이란국립박물관
12쪽　(14번 문제)그라쿠스 형제　오르세미술관
17쪽　(19번 문제)쿠산 왕조의 금화　영국박물관
27쪽　(08번 문제)피사 대성당　위키공용(José Luiz Bernardes Ribeiro)

*중복으로 수록한 사진은 최초 1회만 출처를 표기하였습니다.

메모
메모

메모

메모

중학 **역사** ①-1

시험 대비 문제책

정답 및 해설

정답 및 해설

중학 역사 ①-1

개념 학습 정리책·02

시험 대비 문제책·26

개념 학습 정리책

I 역사 학습의 기초 ~ II 문명의 발생과 고대 세계의 형성

I 역사 학습의 기초
~ II - 01 선사 문화와 문명의 특징 ①

STEP 1 개념 확인　　　　　　　　　　　012쪽

01 ㉠ 사실 ㉡ 기록　**02** (1) 사료 (2) 사료 비판　**03** (1) ㉢ (2) ㉣
(3) ㉡ (4) ㉠　**04** (1) ㄴ (2) ㄴ (3) ㄴ (4) ㄱ　**05** (1) × (2) ○ (3) ×

STEP 2 대표 문제　　　　　　　　　　012~014쪽

01 ⑤　**02** ①　**03** ④　**04** ⑤　**05** ③　**06** ⑤　**07** ①　**08** ③
09 ②　**10** ②　**10-1** ①　**11** ④　**12** ⑤　**12-1** ③

01 제시된 자료는 이탈리아의 역사가인 크로체와 영국의 역사가인 카의 주장이다. 이들은 '기록으로서의 역사'를 강조하였다. '기록으로서의 역사'는 기록하는 사람의 생각이나 관점에 따라 역사 서술이 달라질 수 있다고 보는 입장이다.

알려 줄게! 역사의 의미

사실로서의 역사	• 과거에 일어난 사실 그 자체, 객관성 강조 • 대표 학자: 랑케
기록으로서의 역사	• 역사가가 연구하여 남긴 과거 사실에 대한 기록 • 기록한 사람의 관점과 생각이 반영, 주관성 강조 • 대표 학자: 크로체, 카

02 제시된 자료는 역사의 의미 중 '기록으로서의 역사'에 해당한다.

왜 틀렸지? ① 사실로서의 역사에 해당한다.

03 역사를 거울처럼 보고 이를 교훈 삼아 현재와 미래를 대비하라는 역사 학습의 목표를 확인할 수 있다.

04 사료는 과거 인류가 남긴 기록이나 흔적으로 기록, 유적, 유물이 이에 해당한다.

05 (가)는 역사 서술의 절차 중 사료 비판에 해당한다. 역사가는 교차 검증, 데이터 분석 등을 통해 수집한 사료를 검증한다.

06 인류는 오스트랄로피테쿠스 아파렌시스, 호모 에렉투스, 호모 네안데르탈렌시스, 호모 사피엔스 순으로 진화하였다.

07 (가)는 호모 에렉투스이다. 호모 에렉투스는 불과 언어를 사용하였고, 완전한 직립 보행을 하였다.

왜 틀렸지? ②, ⑤ 오스트랄로피테쿠스 아파렌시스, ③ 호모 네안데르탈렌시스, ④ 호모 사피엔스이다.

알려 줄게! 인류의 진화

오스트랄로피테쿠스 아파렌시스	• 약 400만 년 전 아프리카에 등장, 최초 인류 • 직립 보행, 간단한 도구 사용
호모 에렉투스	• 약 180만 년 전 등장 • 완전한 직립 보행, 불과 언어 사용
호모 네안데르탈렌시스	• 약 40만 년 전 등장 • 시체 매장 풍습 보유
호모 사피엔스	• 약 20만 년 전 등장, 오늘날 인류의 직접 조상 • 약 5만 년 전부터 전 세계에 걸쳐 번성

08 신석기 시대에 농경과 목축이 시작되면서 인류는 스스로 식량을 생산하게 되었고 인구가 크게 증가하는 등 큰 변화를 맞았다. 이를 신석기 혁명이라고 한다.

09 신석기 시대에는 농사를 짓고 가축을 길렀다.

왜 틀렸지? ㉠, ㉢은 구석기 시대, ㉣, ㉤은 청동기 시대에 대한 설명이다.

10 제시된 자료는 주먹 도끼로, 구석기 시대에 사용한 도구이다.

왜 틀렸지? ② 신석기 시대에 대한 설명이다.

10-1 ①은 찍개로, 구석기 시대에 사용한 도구이다.

왜 틀렸지? ②, ③, ④, ⑤ 신석기 시대에 사용한 도구이다.

11 제시된 자료는 라스코 동굴 벽화로, 구석기 시대에 제작되었다. 구석기 시대에는 강가에 막집을 짓고 살았다.

왜 틀렸지? ①, ③, ⑤ 청동기 시대, ② 신석기 시대에 대한 설명이다.

12 제시된 자료는 빌렌도르프의 비너스로, 구석기 시대 사람들이 다산과 풍요를 기원하며 만든 조각품으로 추정된다.

왜 틀렸지? ㄱ, ㄴ은 신석기 시대의 생활 모습에 해당한다.

12-1 빌렌도르프의 비너스는 구석기 시대에 다산과 풍요를 기원하며 만든 조각품이다.

01 사료

02 예시 답안 역사는 '사실로서의 역사'와 '기록으로서의 역사' 두 가지 의미를 가진다. '사실로서의 역사'는 과거에 일어난 일 그 자체로 객관성을 강조한다. '기록으로서의 역사'는 기록하는 사람의 생각이나 관점에 따라 남긴 기록을 말하며, 주관성을 지닌다.

채점 기준	
상	'사실로서의 역사'와 '기록으로서의 역사'를 모두 서술한 경우
중	위의 내용 중 한 가지만 서술한 경우
하	위의 내용을 서술하지 못한 경우

03 호모 사피엔스

04 (1) 신석기 혁명

(2) 예시 답안 신석기 시대에 인류는 농사와 목축을 통해 식량을 스스로 생산하게 되었다.

채점 기준	
상	신석기 시대에 인류가 식량을 직접 생산하였다는 점을 서술한 경우
하	위의 내용을 서술하지 못한 경우

05 (1) (가) 구석기 (나) 신석기

(2) 예시 답안 구석기 시대에는 돌을 깨뜨리거나 떼어 내 만든 뗀석기를 사용하였다. 신석기 시대에는 돌을 갈아서 만든 간석기를 사용하였다.

채점 기준	
상	뗀석기, 간석기의 제작 방식을 서술한 경우
중	위의 내용 중 한 가지만 서술한 경우
하	위의 내용을 서술하지 못한 경우

01 선사 문화와 문명의 특징 ②

01 (1) 청동기 (2) 문자   **02** (1) ㄱ (2) ㄹ (3) ㄷ (4) ㄴ   **03** ㉠ 개방적 ㉡ 내세적   **04** (1) 카스트제 (2) 상   **05** (1) ○ (2) ○ (3) ×

01 ④   **01-1** ④   **02** ④   **03** ②   **04** ①   **05** ⑤   **06** ⑤   **07** ②   **07-1** ⑤   **08** ①   **09** ⑤   **10** ⑤

01 (가) 이집트 문명, (나) 메소포타미아 문명, (다) 인도 문명, (라) 중국 문명이다.

왜 틀렸지? ④ 이집트 문명에 대한 설명으로, (가)에 해당한다.

01-1 문명이 형성되는 과정에서 나타난 공통된 특징으로는 큰 강 유역 거주, 청동기 사용, 계급 분화 촉진, 도시 국가 형성, 문자 사용 등이 있다.

왜 틀렸지? ④ 구석기, 신석기 시대에 대한 설명이다.

알려 줄게! **문명의 형성 조건**

큰 강 유역	• 땅이 비옥하여 농사가 잘되는 큰 강 유역에 인구가 모임 • 홍수를 막기 위해 관개 농업 시행
청동기 사용	청동기로 정복 전쟁을 벌여 주변 지역 통합
도시 국가 형성	전쟁 등으로 지역이 통합되면서 도시 국가 형성
계급 발생	• 농업 생산량 향상, 정복 활동 등으로 계급 분화 촉진 • 지배 계급: 정치와 제사 담당
문자 사용	제사 내용, 세금 징수, 교역 활동 기록을 위해 문자 사용

02 (가) 이집트 문명, (나) 메소포타미아 문명이다. 이집트 문명의 대표적인 건축물은 피라미드이고, 메소포타미아 문명의 대표적인 건축물은 신전인 지구라트이다.

03 ㉠은 메소포타미아이다.

왜 틀렸지? ①, ③, ④ 인도 문명, ⑤ 이집트 문명에 대한 설명이다.

04 제시된 자료는 함무라비 법전의 내용이다.

왜 틀렸지? ㄷ. 함무라비 법전의 조문은 돌기둥에 쐐기 문자로 새겨져 있다. ㄹ. 조문을 통해 계급과 화폐가 있었음을 알 수 있다.

05 (가)는 바빌로니아 왕국이다.

왜 틀렸지? ⑤ 이집트 문명에 대한 설명이다.

06 지도의 (가)는 아리아인의 이동을 나타낸다. 아리아인이 원주민을 정복하고 지배하는 과정에서 카스트제가 성립되었다.

07 제시된 자료는 카스트제이다.

왜 틀렸지? ② 수드라는 각종 노역에 종사하는 하층민이었다. 농업과 수공업에 종사하는 계층은 바이샤이다.

07-1 카스트제는 인도 문명과 관련 있다.

왜 틀렸지? ① 중국 문명, ②, ③ 메소포타미아 문명, ④ 이집트 문명에 대한 설명이다.

08 ㄷ은 이집트 문명, ㄹ은 인도 문명과 관련 있다.

09 (가)는 상, (나)는 주이다.

왜 틀렸지? ⑤ 인도 문명에 대한 설명이다.

알려 줄게! **중국 문명의 발전**

상	• 신권 정치 발달 • 국가의 중요한 일은 점을 쳐서 결정(갑골문)
주	• 창장강 유역까지 영역 확장 • 봉건제 시행

10 제시된 자료는 주의 봉건제이다.

왜 틀렸지? ㄴ. 이집트 문명에 대한 설명이다.

021쪽

STEP 3 주관식·서술형

01 문명

02 **예시 답안** 큰 강 유역에서 문명이 형성되었다.

채점 기준	
상	큰 강 유역에서 문명이 형성되었음을 서술한 경우
하	위의 내용을 서술하지 못한 경우

03 (1) 함무라비 법전, 바빌로니아 왕국

(2) **예시 답안** 신분에 따라 처벌을 달리하였다. 화폐(은)가 사용되었다.

채점 기준	
상	신분에 따라 처벌을 달리하였고, 화폐(은)가 사용되었음을 모두 서술한 경우
중	위의 내용 중 한 가지만 서술한 경우
하	위의 내용을 서술하지 못한 경우

04 (1) 아리아인

(2) **예시 답안** 엄격한 신분 제도인 카스트제가 성립하였다.

채점 기준	
상	카스트제의 성립을 서술한 경우
하	위의 내용을 서술하지 못한 경우

05 (1) 봉건제, 주

(2) **예시 답안** 주는 넓어진 영토를 효과적으로 다스리기 위해 봉건제를 실시하였다.

채점 기준	
상	주가 넓어진 영토를 효과적으로 다스리기 위해 시행하였음을 서술한 경우
하	위의 내용을 서술하지 못한 경우

| STEP 1 개념 확인 | 025쪽 |

01 (1) 아시리아 (2) 다리우스 1세 **02** (1) × (2) ○ (3) × **03** (1) ㄷ
(2) ㄱ (3) ㄴ **04** ㉠ 인간 중심적 ㉡ 에피쿠로스 학파
05 (1) 그라쿠스 형제 (2) 제정

| STEP 2 대표 문제 | 025~028쪽 |

01 ③ **02** ④ **02-1** ② **03** ③ **04** ② **05** ⑤ **06** ⑤ **07** ⑤
08 ③ **09** ⑤ **10** ⑤ **11** ③ **12** ③ **13** ⑤ **13-1** ⑤ **14** ②
15 ⑤ **16** ① **17** ① **18** ① **19** ⑤

01 제시된 자료는 키루스 2세의 원통에 새겨진 내용이다. 원통에는 아케메네스 왕조 페르시아의 관용 정책에 대한 내용이 담겨 있다.

왜 틀렸지? ①, ②, ④, ⑤ 다리우스 1세의 중앙 집권 강화 정책에 해당한다.

02 (가)는 아시리아, (나)는 아케메네스 왕조 페르시아이다. 아케메네스 왕조 페르시아는 다리우스 1세 때 전성기를 맞았다.

왜 틀렸지? ①, ② 아케메네스 왕조 페르시아, ③ 그리스, ⑤ 로마에 대한 설명이다.

02-1 (나)는 아케메네스 왕조 페르시아이다.

왜 틀렸지? ㄱ. 바빌로니아 왕국, ㄷ. 아시리아, ㄹ. 알렉산드로스 제국에 대한 설명이다.

03 제시된 자료는 아케메네스 왕조 페르시아의 유물이다.

왜 틀렸지? ①, ② 로마에 대한 설명이다. ④ 아케메네스 왕조 페르시아는 그리스·페르시아 전쟁에서 패배하였다. ⑤ 알렉산드로스 제국에 대한 설명이다.

04 그리스인은 동일한 언어를 사용하고 같은 신들을 믿어 동족의식이 강하였고, 4년마다 올림피아 제전을 열어 연대감을 강화하였다.

왜 틀렸지? ㄴ, ㄷ. 아테네에 대한 설명이다.

05 ㉠은 아테네, ㉡은 스파르타이다.

왜 틀렸지? ② 여성 시민에게는 참정권이 주어지지 않았다. ③, ④ 아테네에 대한 설명이다.

06 ㉠에 들어갈 인물은 클레이스테네스로, 참주의 출현을 막기 위해 도편 추방제를 시행하였다.

07 제시된 지도는 그리스·페르시아 전쟁과 관련 있다.

왜 틀렸지? ① 전쟁에서 그리스가 승리하였다. ② 전쟁 이후 아테네에서 직접 민주 정치가 꽃피웠다. ③ 아케메네스 왕조 페르시아가 세력을 넓히면서 그리스와 충돌하였다. ④ 전쟁 이후 폴리스들은 아테네를 중심으로 델로스 동맹을 맺었다.

08 그리스에서는 인간 중심적인 문화가 발전하였다.

왜 틀렸지? ③ 로마 문화에 대한 설명이다.

09 지도의 (가)는 알렉산드로스 제국이다.

왜 틀렸지? ① 마케도니아에서 발전하였다. ② 폴리스 중심의 공동체 의식에서 벗어났다. ③, ④ 로마에 대한 설명이다.

10 라오콘 군상은 헬레니즘 문화의 대표적인 조각이다.

알려 줄게! **그리스 문화와 헬레니즘 문화**

구분	그리스 문화	헬레니즘 문화
특징	합리적, 인간 중심적	세계 시민주의, 개인주의
철학	소피스트, 소크라테스, 플라톤, 아리스토텔레스	스토아 학파, 에피쿠로스 학파
예술	조화와 균형 강조, 파르테논 신전	사실적인 미를 중시, 라오콘 군상

11 평민들이 참정권을 요구하면서 평민회가 구성되고 평민 대표인 호민관을 선출하였다.

알려 줄게! **로마 공화정의 구조**

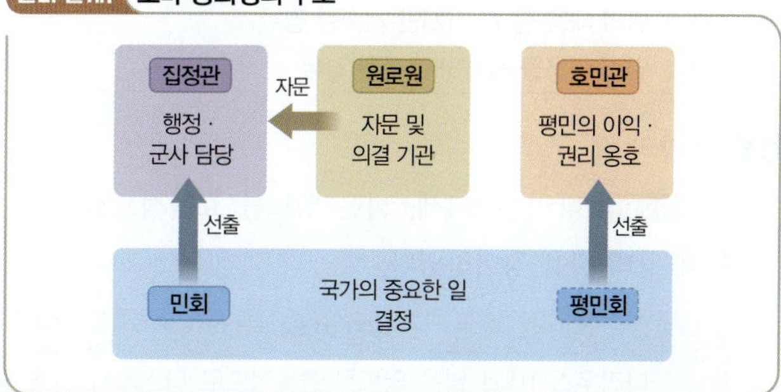

12 로마-카르타고 전쟁 이후 소수의 귀족이 넓은 토지를 차지하고 대농장(라티푼디움)을 경영하였다.

13 밑줄 친 '이 전쟁'은 로마-카르타고 전쟁이다.

왜 틀렸지? ①, ② 펠로폰네소스 전쟁에 대한 설명이다. ③, ④ 그리스·페르시아 전쟁에 대한 설명이다.

13-1 그라쿠스 형제는 자영농 육성을 위해 개혁을 추진하였으나 원로원 귀족의 반대로 실패하였다.

14 ①, ③, ⑤ 제정 수립 이후의 상황이다.

왜 틀렸지? ④ 호민관 선출 이전의 상황이다.

15 로마 최초의 황제는 옥타비아누스이다.

왜 틀렸지? ② 디오클레티아누스, ③ 테오도시우스, ④ 콘스탄티누스에 대한 설명이다.

16 제시된 유적은 로마의 콜로세움이다.

왜 틀렸지? ② 헬레니즘 문화에 대한 설명이다. ③, ④, ⑤ 그리스 문화에 대한 설명이다.

17 ① 그리스 문화에 대한 설명이다.

18 ⑤은 크리스트교이다.

왜 틀렸지? ②, ④, ⑤ 조로아스터교에 대한 설명이다. ③ 크리스트교는 유일신을 숭배하였다.

19 ㄱ. 크리스트교는 황제 숭배를 거부하였다. ㄴ. 크리스트교는 유일신을 숭배하였다.

STEP 3 주관식·서술형 029쪽

01 조로아스터교

02 도편 추방제

03 예시 답안 알렉산드로스는 정복한 지역 곳곳에 알렉산드리아라는 도시를 세워 그리스인을 이주시키고 그리스어를 공용어로 삼았다.

채점 기준	
상	알렉산드리아를 세워 그리스인을 이주시키고, 그리스어를 공용어로 삼았음을 모두 서술한 경우
중	위의 내용 중 한 가지만 서술한 경우
하	위의 내용을 서술하지 못한 경우

04 (1) 왕의 길

(2) 예시 답안 다리우스 1세, 넓은 영토를 효율적으로 다스리기 위해 왕의 길을 정비하였다.

채점 기준	
상	다리우스 1세와 넓은 영토를 효율적으로 다스리기 위해 왕의 길을 정비하였음을 서술한 경우
중	위의 내용 중 한 가지만 서술한 경우
하	위의 내용을 서술하지 못한 경우

05 (1) 그라쿠스 형제

(2) 예시 답안 정복 전쟁을 거치며 로마에서는 소수의 귀족이 넓은 토지를 차지하고 노예 노동을 이용하는 대농장(라티푼디움)을 경영하였다. 반면 자영농은 토지를 잃고 몰락하여 빈민이 되었고, 로마의 재정과 군사력이 약화되었다.

채점 기준	
상	소수의 귀족이 대농장(라티푼디움)을 경영했지만 자영농은 토지를 잃고 몰락하여 빈민이 되었고, 로마의 재정과 군사력이 약화되었음을 서술한 경우
중	위의 내용 중 한 가지만 서술한 경우
하	위의 내용을 서술하지 못한 경우

---

03 고대 동아시아·인도 세계의 형성

STEP 1 개념 확인 033쪽

01 (1) ㄱ (2) ㄷ (3) ㄹ (4) ㄴ **02** (1) 군현제 (2) 유교 (3) 황건적의 난
03 (1) ⓒ (2) ⓒ (3) ⓐ **04** ⓐ 마우리아 ⓑ 동아시아 **05** (1) × (2) ×

STEP 2 대표 문제 033~036쪽

01 ④ **02** ⑤ **03** ③ **04** ② **05** ② **06** ⑤ **07** ② **08** ②
09 ⑤ **10** ③ **10-1** ⑤ **11** ② **12** ① **13** ⑤ **14** ④ **15** ③
16 ① **17** ④ **17-1** ① **18** ③

01 제시된 자료와 관련된 시대는 춘추 전국 시대이다. 이 시대에는 철기를 사용하면서 사회, 경제적으로 큰 변화가 나타났다. 철제 농기구를 사용하고 소를 이용한 농경이 이루어지면서 농업 생산력이 향상되었다.

왜 틀렸지? ①, ⑤ 진에 대한 설명이다. ② 주에 대한 설명이다. ③ 한에 대한 설명이다.

02 춘추 전국 시대에는 철제 무기를 사용하면서 국가 간 전쟁이 잦아지고, 전쟁의 규모가 커졌다. 철제 농기구와 우경으로 농업 생산력이 크게 높아졌다.

왜 틀렸지? ㄱ. 상에 대한 설명이다. ㄴ. 춘추 전국 시대에는 주 왕실의 힘이 약해져 제후들이 독립하고 분열하였다.

03 덕과 예를 강조한 학파는 유가이다. 대표적 사상가로는 공자, 맹자가 있다.

왜 틀렸지? ① 묵가, ② 도가, ④, ⑤ 법가에 대한 설명이다.

알려 줄게! 제자백가

유가	• 주요 사상가: 공자, 맹자 • 인과 예를 강조한 도덕 정치 추진
법가	• 주요 사상가: 한비자 • 엄격한 법과 제도를 통한 사회 질서 확립 주장
묵가	• 주요 사상가: 묵자 • 차별 없는 사랑(겸애)과 평화주의 주장
도가	• 주요 사상가: 노자, 장자 • 자연의 순리에 따르는 삶 추구

04 (가)는 도가, (나)는 법가에 대한 설명이다.

05 (나)는 법가이다. 진은 법가 사상을 토대로 부국강병에 성공하여 중국을 최초로 통일하였다.

왜 틀렸지? ㄱ, ㄷ. 유가, ㄴ. 묵가에 대한 설명이다.

06 (가)는 진이다.

왜 틀렸지? ⑤ 한에 대한 설명이다.

07 ㉠은 진시황제이다. 진시황제는 '황제'라는 칭호를 처음으로 사용하였다.

왜 틀렸지? ① 유수(광무제), ③, ⑤ 한 무제, ④ 한 고조에 대한 설명이다.

08 진시황제는 분서갱유를 단행하여 사상을 탄압하였다.

왜 틀렸지? ㄱ, ㄴ, 한, ㄹ. 후한에 대한 설명이다.

09 진의 백성들은 법가 사상에 바탕을 둔 가혹한 통치와 만리장성 축조 등의 대규모 토목 공사에 반발하였다. 시황제 사후 전국 각지에서 농민 반란이 일어났고, 통일한 지 15년 만에 멸망하였다.

왜 틀렸지? ㄱ. 한대에 비단길이 개척되었다. ㄴ. 후한 시기에 일어난 농민 반란이다.

10 (가)는 장건의 이동 경로이다. 장건의 서역 파견을 계기로 비단길이 개척되어 동서 문화의 교류가 이루어졌다.

왜 틀렸지? ① 한 고조, ② 진시황제, ④ 한 무제의 정책이다. ⑤ 후한 시기의 일이다.

10-1 (가)와 관련된 왕은 한 무제이다. 한 무제는 태학을 설립하고 유학을 장려하였으며, 국가 재정을 확보하기 위해 소금과 철의 전매 제도를 시행하였다.

왜 틀렸지? ㄱ. 후한 시기의 일이다. ㄴ. 한 무제 때 군현제를 전국으로 확대하였다.

알려 줄게! 한 무제의 정책

통치 정책	군현제 전국 확대, 태학 설립, 유학 교육 장려
대외 정책	• 베트남 북부 점령, 고조선 멸망, 흉노 공격 • 흉노에 대항하고자 장건을 서역으로 파견
재정 확보	소금과 철의 전매 제도 실시

11 제시된 자료는 군현제에 대한 설명이다.

12 ㉠은 호족이다. 호족은 넓은 토지를 소유하고 농민을 지배하였다. 관리로 진출하여 정치를 이끌었다.

왜 틀렸지? ㄷ. 제후, ㄹ. 제자백가에 대한 설명이다.

13 한의 유방이 중국을 다시 통일하였다. 한 무제 사후 한의 국력이 쇠약해지자 왕망이 한을 무너뜨리고 신을 세웠다. 이후 유수(광무제)가 호족의 도움을 받아 한을 세웠다(후한). 후한 중기 이후 환관과 외척의 횡포로 사회가 혼란스러워지면서 황건적의 난을 비롯한 농민 봉기가 각지에서 일어났다.

14 ㉠은 불교이다.

왜 틀렸지? ㄱ. 유교에 대한 설명이다. ㄷ. 불교는 크샤트리아와 바이샤의 지지를 받았다.

15 (가)는 마우리아 왕조이다. 마우리아 왕조는 찬드라굽타 마우리아가 건국하였고, 아소카왕 때 남부 일부를 제외한 인도 전역을 통일하였다. 아소카왕의 불교 장려 정책으로 상좌부 불교가 유행하였다.

왜 틀렸지? ③ 쿠샨 왕조에 대한 설명이다.

알려 줄게! 아소카왕

영토 확장	남부 일부를 제외한 인도 전역 통일, 전성기
통치 정책	전국에 관리 파견, 도로와 관개 시설 정비
불교 장려	• 경전 정리, 불탑과 불교 사원 건립, 사절단 파견 • 상좌부 불교의 유행: 개인의 해탈을 강조, 동남아시아 각지로 전파

16 ㉠은 아소카왕이다.

왜 틀렸지? ① 한 고조에 대한 설명이다.

17 (가) 상좌부 불교, (나) 대승 불교이다. 상좌부 불교는 마우리아 왕조 시기에 발달하였다. 대승 불교는 쿠샨 왕조와 관련 있다. 쿠샨 왕조는 동서 교역로를 장악하고 중계 무역으로 번영을 누렸다.

왜 틀렸지? ①, ②, ⑤ 쿠샨 왕조, ③ 마우리아 왕조에 대한 설명이다.

17-1 (가)는 상좌부 불교이다. 개인의 해탈을 강조하였고, 동남아시아 각지로 전파되었다.

왜 틀렸지? ㄷ, ㄹ. 대승 불교에 대한 설명이다.

18 제시된 유물은 간다라 불상이다. 쿠샨 왕조 시기에 인도의 간다라 지방에서 헬레니즘 문화의 영향을 받아 간다라 양식이 나타났다.

왜 틀렸지? ③ 간다라 양식은 대승 불교와 함께 주변국에 전파되었다.

01 제자백가

02 『사기』

03 (1) (가) 진시황제 (나) 한 무제

(2) 예시답안 흉노의 공격에 방어하고 대항하기 위해서 정책을 실시하였다.

채점 기준	
상	흉노의 공격에 방어하고 대응하기 위해 정책을 실시하였음을 서술한 경우
하	위의 내용을 서술하지 못한 경우

04 (1) 불교

(2) 예시답안 브라만교의 신분 차별과 권위주의에 반대하고 자비와 평등을 강조하였다. 누구나 욕심을 버리고 바르게 수행하면 번뇌와 윤회의 속박에서 벗어나 해탈할 수 있다고 주장하였다.

채점 기준	
상	자비와 평등을 강조하였고, 누구나 바르게 수행하면 해탈할 수 있다고 주장하였음을 모두 서술한 경우
중	위의 내용 중 한 가지만 서술한 경우
하	위의 내용을 서술하지 못한 경우

05 (1) 간다라 양식

(2) 예시답안 알렉산드로스의 원정 이후 그리스인이 간다라 지방에 정착하면서 헬레니즘 문화의 영향을 받은 간다라 양식이 나타났다.

채점 기준	
상	그리스인이 간다라 지방에 정착하면서 헬레니즘 문화의 영향을 받아 간다라 양식이 나타났음을 서술한 경우
중	헬레니즘 문화의 영향을 받은 간다라 양식이 나타났다는 내용만 서술한 경우
하	위의 내용을 서술하지 못한 경우

---

❶ 그리스·페르시아　**❷** 로마-카르타고　**❸** 밀라노 칙령　**❹** 기록
❺ 봉건제　**❻** 다리우스 1세　**❼** 도편 추방제　**❽** 그라쿠스
❾ 제자백가　**❿** 간다라

01 ⑤	**02** ④	**03** ②	**04** ⑤	**05** ④	**06** ④	**07** ④
08 ⑤	**09** ③	**10** ④	**11** ③	**12** ④	**13** ③	**14** ③
15 ①	**16** ⑤	**17** ⑤	**18** ④	**19** 해설 참조	**20** ㉠ 평민회

㉡ 호민관　　**21** 해설 참조

01 밑줄 친 부분은 '기록으로서의 역사'에 해당한다. 기록으로서의 역사는 기록하는 사람의 생각이나 관점에 따라 역사 서술이 달라질 수 있다고 본다.

왜 틀렸지? ②, ③, ④ 사실로서의 역사에 해당한다.

02 ④ 오스트랄로피테쿠스 아파렌시스에 대한 설명이다.

03 ② 신석기 시대에는 간석기를 이용하여 농사를 지었다.

04 제시된 자료는 메소포타미아 문명과 관련 있다.

왜 틀렸지? ① 중국 문명, ②, ③, ④ 이집트 문명에 대한 설명이다.

알려 줄게! 메소포타미아 문명과 이집트 문명

구분	메소포타미아 문명	이집트 문명
지형	개방적	폐쇄적
문자	쐐기 문자	상형 문자
수학	60진법	10진법
건축물	지구라트	피라미드
종교관	현세적	내세적

05 (가)는 인도 문명과 관련 있다. (나)는 중국 문명과 관련 있다.

왜 틀렸지? ④ 바빌로니아 왕국에 대한 설명이다.

06 (가)는 아케메네스 왕조 페르시아이다.

왜 틀렸지? ㄹ. 아시리아에 대한 설명이다.

07 제시된 자료는 페리클레스의 연설로, 아테네와 관련 있다.

왜 틀렸지? ㄱ, ㄷ. 로마 공화정에 대한 설명이다.

08 ㉠은 소피스트, ㉡은 소크라테스이다.

왜 틀렸지? 스토아, 에피쿠로스 학파는 헬레니즘 시대에 발달한 철학이다. 호메로스는 그리스 시대 문학가로, 『일리아스』와 『오디세이아』를 집필하였다.

09 제시된 자료는 라오콘 군상으로, 헬레니즘 문화의 대표적인 유물이다.

왜 틀렸지? ①, ⑤ 로마, ② 그리스, ④ 아케메네스 왕조 페르시아에 대한 설명이다.

10 로마–카르타고 전쟁 이후 소수 귀족이 넓은 토지를 차지하고 대농장(라티푼디움)을 경영하였다.

왜 틀렸지? ①, ③, ⑤ 그라쿠스 형제의 개혁 이후 상황이다. ② 로마–카르타고 전쟁 이전의 상황이다.

11 콘스탄티누스 대제는 수도를 콘스탄티노폴리스(비잔티움)로 천도하며 제국의 부흥을 위해 노력하였다.

왜 틀렸지? ①, ⑤ 알렉산드로스, ② 디오클레티아누스, ④ 테오도시우스에 대한 설명이다.

12 제시된 자료는 로마 제국의 문화에 대한 설명이다.

왜 틀렸지? ④ 그리스의 건축물이다.

13 제시된 지도는 춘추 전국 시대를 나타낸다. 이 시기에는 철기를 사용하였고, 제자백가가 등장하였다.

왜 틀렸지? ㄴ. 한, ㄷ. 진에 대한 설명이다.

14 제시된 자료는 진시황제에 대한 설명이다.

왜 틀렸지? ①, ④, ⑤ 한 무제, ② 한 고조에 대한 설명이다.

알려 줄게! **시황제의 정책**

통치 정책	• '황제' 칭호를 처음으로 사용 • 군현제 실시, 도로 정비 • 화폐, 문자, 도량형 통일 • 법가 사상을 중심으로 사상 통일
대외 정책	• 흉노 공격, 베트남 북부 인근 지역까지 영토 확장 • 만리장성 축조

15 ㉠ 한 무제는 군현제를 전국으로 확대하였다.

16 밑줄 친 '나'는 마우리아 왕조의 아소카왕이다. 아소카왕은 도로와 관개 시설을 정비하고 불교를 장려하였다.

왜 틀렸지? ㄴ. 찬드라굽타 마우리아에 대한 설명이다.

17 제시된 자료는 쿠샨 왕조의 영역이다. 쿠샨 왕조는 동서 교역로를 장악하고 중계 무역으로 번영을 누렸다.

왜 틀렸지? ①, ②, ③ 마우리아 왕조에 대한 설명이다. ④ 쿠샨 왕조 성립 전인 기원전 6세기경에 고타마 싯다르타가 불교를 창시하였다.

18 ㉠ 상좌부 불교, ㉡ 대승 불교이다.

왜 틀렸지? ①, ② 대승 불교에 대한 설명이다. ③, ⑤ 상좌부 불교에 대한 설명이다.

19 (1) 이집트 문명

(2) **예시 답안** 이집트 문명은 사후 세계를 중시하는 내세적 문화를 가지고 있어 사후 세계의 안내서인 「사자의 서」를 제작하였다.

채점 기준	
상	사후 세계를 중시하는 내세적 문화의 영향으로 제작하였음을 서술한 경우
하	위의 내용을 서술하지 못한 경우

21 (1) 장건

(2) **예시 답안** 한 무제는 흉노에 대응하기 위해 군사 동맹을 맺고자 장건을 서역으로 파견하였다. 이를 계기로 비단길이 개척되어 동서 문화 교류가 활발해졌다.

채점 기준	
상	장건이 서역으로 이동한 배경과 영향을 모두 서술한 경우
중	위의 내용 중 한 가지만 서술한 경우
하	위의 내용을 서술하지 못한 경우

01 동아시아 문화의 형성

STEP 1 개념 확인 049쪽

01 (1) ○ (2) × (3) ○　**02** (1) ㉣ (2) ㉢ (3) ㉠ (4) ㉡　**03** ㉠ 3성 6부
㉡ 부병제　**04** (1) 국제적 (2) 동아시아 (3) 유교　**05** (1) ㄱ (2) ㄱ
(3) ㄷ (4) ㄴ

STEP 2 대표 문제 049~052쪽

01 ④　**01-1** ②　**02** ②　**03** ⑤　**04** ⑤　**05** ②　**06** ②　**07** ①
07-1 ⑤　**08** ①　**09** ⑤　**10** ②　**11** ③　**12** ④　**13** ⑤　**14** ①
15 ⑤　**16** ④　**17** ⑤

---

01 (가)는 5호 16국, (나)는 동진, (다)는 북위이다. 강남으로 이
주한 한족이 우수한 농업 기술을 이용하여 강남을 활발하게
개발하였다.

> **왜 틀렸지?** ① 북위, ② 동진, ③ 5호 16국, ⑤ 남조에 대한 설명이다.

01-1 (다)는 북위이다. 북위 효문제는 한족의 제도와 문물을 수
용하는 한화 정책을 펼치고, 균전제를 시행하였다.

> **왜 틀렸지?** ② 수나라 이후에 볼 수 있는 모습이다.

02 북위의 효문제가 실시한 한화 정책의 영향으로 한족과 북방
민족의 문화가 점차 어우러졌다.

> **왜 틀렸지?** ㄴ. 균전제에 대한 설명이다. ㄷ. 선비족의 성씨를 한족
의 성씨로 바꾸게 하였다.

03 북방 민족의 생활 문화가 한족에게 점차 퍼져 나갔다. 한족
사이에서 솔, 망토 등 북방 민족의 복장이 유행하였다. 북방
민족의 영향을 받아 의자, 침대 등을 사용하였고, 유제품을
만드는 방법이 전래되어 요구르트, 버터 등을 즐기게 되었다.

04 제시된 자료는 북조에서 조성된 윈강 석굴의 대불이다. 이 시
기에는 도교가 발달하였고 북조 왕실의 지원으로 대규모 석
굴 사원이 지어졌다.

> **왜 틀렸지?** ㄱ, ㄴ. 수에 대한 설명이다.

05 9품중정제의 시행으로 유력 호족이 중앙 관직을 독점하면서
문벌 귀족 사회가 형성되었다.

06 수 문제는 남북조로 분열되어 있던 중국을 다시 통일하였고,
조세 제도와 토지 제도를 정비하여 군사력과 재정을 강화하
였다.

07 제시된 자료는 수 대에 조성한 대운하이다. 수는 위진 남북조
시대를 통일하였고, 고구려 원정에 실패하였다.

> **왜 틀렸지?** ㄴ. 북위, ㄹ. 당에 대한 설명이다.

07-1 제시된 자료는 수 대에 조성한 대운하이다. 남북을 연결하
는 대운하를 건설하면서 물자 유통이 원활해졌다.

> **왜 틀렸지?** ① 수 양제 때 완성되었다. ② 수가 멸망하는 데 영향을
끼쳤다. ③ 만리장성에 대한 설명이다. ④ 화북과 강남을 연결하기
위해 대운하를 건설하였다.

08 (가)는 수, (나)는 당이다. 수에서는 대규모 토목 공사와 고구
려 원정 실패로 농민 반란이 발생하였다. 당은 수의 제도를
이어받아 율령 체제를 정비하고 중앙 행정 조직으로 3성 6부
를 운영하였다. 주변국과 조공·책봉 관계를 맺어 동아시아
질서를 형성하였다.

> **왜 틀렸지?** ① 당에 대한 설명이다.

09 제시된 자료는 당의 3성 6부이다. 당은 수의 제도를 이어받아
율령 체제를 정비하였다. 지방에는 주현을 두어 관리를 파견
하였고, 균전제를 실시하여 성인 남성에게 토지를 분배하였다.

> **왜 틀렸지?** ㄴ. 진(秦)에 대한 설명이다.

10 (가)는 균전제, (나)는 조용조이다. 균전제는 성인 남성에게
일정한 토지를 분배한 제도이다. 조용조는 토지를 지급한 대
가로 세금을 납부하는 제도이다.

> **왜 틀렸지?** 부병제는 농민이 농한기에 군사 훈련을 받고, 전쟁 시
병사로 복무하는 제도이다. 안사의 난 전후로 균전제가 무너지고 귀
족들의 대토지 소유가 확대되었고, 조용조는 1년에 2번 세금을 납부
하는 양세법으로 변화되었다.

11 당은 8세기 중엽에 일어난 안사의 난 이후로 중앙 정부의 지
방 통제력이 약화되었다. 이후 농민 반란인 황소의 난으로 더
욱 쇠퇴하여 결국 절도사 세력에 의해 멸망하였다.

12 제시된 자료는 당삼채와 대진경교유행중국비로, 당의 국제적
문화를 확인할 수 있는 유물이다.

13 당이 주변국과 활발하게 교류하면서 한대 이래 발달한 중국
문화가 주변국에 영향을 끼쳤다. 이 과정에서 한자, 율령, 불
교, 유교 등의 문화 요소를 공유하는 동아시아 문화가 형성되
었다.

14 만주와 한반도에는 최초의 국가 고조선이 건국되었다.

> **왜 틀렸지?** ② 한, ③ 신라, ④ 백제, ⑤ 발해이다.

15 야마토 정권이 여러 소국을 통일하였고, 645년에 다이카 개
신을 단행하였다. 이후 나라 시대에 도다이사가 세워졌고, 8
세기 말 헤이안쿄로 수도를 옮기면서 헤이안 시대가 시작되
었다.

16 (가)는 나라 시대, (나)는 헤이안 시대이다. 나라 시대에는 『고사기』 등의 역사서가 편찬되었고, 헤이안 시대에는 귀족과 지방 세력이 대토지 소유를 확대하였다.

왜 틀렸지? ㄱ. 헤이안 시대, ㄷ. 야마토 정권에 대한 설명이다.

17 제시된 자료는 헤이안 시대와 관련 있다. 헤이안 시대에는 국풍 문화가 발달하였다.

왜 틀렸지? ① 나라 시대, ②, ④ 야마토 정권, ③ 야요이 시대에 대한 설명이다.

알려 줄게! **일본 고대 국가의 형성**

야마토 정권	• 아스카 시대: 불교문화 발전 • 다이카 개신: 당의 율령을 수용하여 중앙 집권 체제 강화 • 7세기 말: 일본 국호, 천황 칭호 사용
나라 시대	• 헤이조쿄 건설 • 불교문화 발전 • 『일본서기』, 『고사기』 편찬
헤이안 시대	• 헤이안쿄 천도 • 국풍 문화 발달(가나 사용)

STEP **3** 주관식·서술형   053쪽

01 ㉠ 9품중정제 ㉡ 문벌 귀족

02 (1) 수 양제

(2) 예시 답안 화북 지방과 강남 지방을 연결하여 남북 간의 물자 유통을 원활하게 하기 위해 건설하였다.

채점 기준	
상	화북 지방과 강남 지방을 연결하여 남북 간의 물자 유통을 원활하게 하기 위해 건설하였음을 서술한 경우
중	물자 유통을 원활하게 하기 위해 건설하였다는 내용만 서술한 경우
하	위의 내용을 서술하지 못한 경우

03 율령

알려 줄게! **당의 통치 조직**

04 (1) ㉠ 균전제 ㉡ 부병제

(2) 예시 답안 나라의 재정과 군사력을 튼튼하게 하기 위해 실시하였다.

채점 기준	
상	나라의 재정과 군사력을 튼튼히 하기 위해 실시하였음을 서술한 경우
중	군사력을 튼튼히 하기 위해 실시하였다는 내용만 서술한 경우
하	위의 내용을 서술하지 못한 경우

05 (1) 한자, 율령, 유교, 불교

(2) 예시 답안 당이 주변국과 긴밀하게 교류하면서 당을 왕래하는 사람들이 많아져 한대 이래 발달한 중국 문화가 주변 나라에 영향을 끼쳤다. 이 과정에서 동아시아 문화가 형성되었다.

채점 기준	
상	동아시아 문화가 형성된 배경을 서술한 경우
하	위의 내용을 서술하지 못한 경우

01 (1) ㄹ (2) ㄷ (3) ㄱ (4) ㄴ   **02** (1) 사산 왕조 페르시아
(2) 조로아스터교   **03** (1) 비슈누 (2) 굽타   **04** (1) ㉢ (2) ㉡ (3) ㉠
05 (1) × (2) ○ (3) ○

01 ②   **02** ③   **03** ⑤   **04** ⑤   **05** ⑤   **06** ②   **07** ⑤   **07-1** ②
08 ⑤   **09** ⑤   **10** ⑤   **11** ④   **12** ②   **13** ⑤   **14** ③   **15** ⑤
16 ④   **16-1** ④   **17** ⑤

01 (가)는 사산 왕조 페르시아이다. 사산 왕조 페르시아는 비잔티움 제국과 대립하였다.

왜 틀렸지? ① 게르만족에 대한 설명이다. ③, ④, ⑤ 굽타 왕조에 대한 설명이다.

02 ㉠은 사산 왕조 페르시아이다. 사산 왕조 페르시아는 파르티아를 멸망시키고 메소포타미아 지역에서 인더스강 유역에 이르는 대제국을 건설하였다. 지방에 총독을 파견하였고, 동서 교역의 요충지를 차지하여 중계 무역으로 번영하였다.

왜 틀렸지? ③ 아케메네스 왕조 페르시아에 대한 설명이다.

03 밑줄 친 '종교'는 조로아스터교이다. 조로아스터교는 아후라 마즈다를 최고의 신으로 여기며, 선한 신의 상징인 불을 소중하게 여겨 배화교라고도 불린다. 사산 왕조 페르시아의 국교가 되었다.

왜 틀렸지? ⑤ 조로아스터교의 일부 교리는 크리스트교, 이슬람교에 영향을 주었다.

04 사산 왕조 페르시아의 금속 세공품, 유리 공예품 등은 비단길을 통해 동아시아 지역에 전해졌다.

05 (가)는 굽타 왕조이다. 굽타 왕조는 찬드라굽타 2세 때 최대 영토를 확보하였다.

왜 틀렸지? ① 마우리아 왕조, ② 비잔티움 제국, ③, ④ 사산 왕조 페르시아에 대한 설명이다.

06 굽타 왕조 시기에 브라만교를 바탕으로 불교와 다양한 민간 신앙이 융합되어 형성된 종교는 힌두교이다.

07 밑줄 친 '이 종교'는 힌두교이다. 힌두교는 토착적 성격이 강하여 사람들이 쉽게 수용하였다.

왜 틀렸지? ① 조로아스터교에 대한 설명이다. ② 비슈누 외에 시바, 브라흐마 등을 섬기는 다신교이다. ③ 굽타 왕조 시기에 형성되었다. ④ 카스트의 신분 차별을 인정하였다.

07-1 밑줄 친 '이 종교'는 힌두교로, 굽타 왕조 시기에 형성되었다. 굽타 왕조 때 굽타 양식과 산스크리트 문학이 발달하였다.

왜 틀렸지? ㄴ. 프랑크 왕국에 대한 설명이다. ㄹ. 비잔티움 제국에 대한 설명이다.

08 『마누 법전』에는 카스트에 따른 의무가 규정되어 있다. 이는 힌두교도의 일상생활에 큰 영향을 주었다.

09 ㉠은 굽타 양식이다. 굽타 양식은 간다라 양식과 인도 고유의 특색이 융합되어 나타났다. 엘로라 석굴 사원의 불상과 벽화에서도 굽타 양식을 볼 수 있다.

왜 틀렸지? ㄱ. 비잔티움 양식에 대한 설명이다. ㄴ. 굽타 왕조에서 유행하였다.

10 굽타 왕조 시기에 산스크리트 문학이 발달하였고, 수학과 천문학도 발달하였다.

왜 틀렸지? ⑤ 쿠샨 왕조 시기에 헬레니즘 문화의 영향을 받은 간다라 양식의 불상이 제작되었다.

11 ㉠은 캄보디아에 있는 앙코르 와트로, 힌두교 사원으로 건축되어 훗날 상좌부 불교 사원으로 사용되었다.

12 ㉠은 카롤루스 대제이다. 프랑크 왕국의 전성기를 이끈 그는 정복지에 교회를 세워 크리스트교를 전파하였고, 학교를 세워 학문과 예술 발전에 힘썼다.

왜 틀렸지? ② 유스티니아누스 황제에 대한 설명이다.

13 ㉠은 프랑크 왕국으로, 카롤루스 대제 시기에 서유럽 문화의 기틀이 마련되었다.

왜 틀렸지? ①, ④ 굽타 왕조와 관련 있다. ②, ③ 사산 왕조 페르시아와 관련 있다.

14 제시된 자료는 레오 3세의 성상 파괴령과 관련 있다. 성상 파괴령을 내린 이후 크리스트교 세계는 동서로 분열하였다.

15 비잔티움 제국은 그리스어를 공용어로 사용하였고, 키릴 문자 형성에 영향을 끼쳤다. 그리스 고전을 연구하고 보존하여 이후 이탈리아 르네상스에 영향을 끼쳤다. 건축에서는 거대한 돔이 특징이다.

왜 틀렸지? ⑤ 굽타 양식에 대한 설명이다.

16 제시된 자료는 비잔티움 양식을 대표하는 성 소피아 성당이다. 성 소피아 성당 내부는 화려한 모자이크 벽화로 장식되어 있다.

왜 틀렸지? ③ 유스티니아누스 황제 시기에 조성되었다.

16-1 제시된 자료는 비잔티움 양식을 대표하는 성 소피아 성당으로, 유스티니아누스 황제 때 조성되었다.

왜 틀렸지? ㄱ. 레오 3세, ㄷ. 카롤루스 대제에 대한 설명이다.

17 ① 비잔티움 제국의 문화는 슬라브족에게 영향을 끼쳤다. ② 슬라브족이 받아들인 비잔티움 제국의 문화는 동유럽 문화의 토대가 되었다. ③ 키이우 공국은 그리스 정교를 수용하였다. ④ 키이우 공국은 키릴 문자를 사용하였다.

01 조로아스터교

02 ㉠ 힌두교 ㉡ 마누 법전

03 예시 답안 굽타 왕조 시기에는 간다라 양식과 인도 고유의 특색이 융합된 굽타 양식이 나타났다. 굽타 양식은 인체의 윤곽을 그대로 드러냈고, 인도 고유의 특색이 짙다.

채점 기준	
상	미술 양식이 나타난 시기와 미술 양식의 명칭을 포함하여 특징을 서술한 경우
중	위의 조건 중 한 가지만 포함하여 서술한 경우
하	위의 내용을 서술하지 못한 경우

04 (1) 카롤루스 대제

(2) 예시 답안 카롤루스 대제가 정복한 지역에 교회를 세워 크리스트교를 전파하였다. 이에 로마 교황은 그를 서로마 황제로 인정하였다.

채점 기준	
상	카롤루스 대제가 정복지에 크리스트교를 전파하여 로마 교황이 그를 서로마 황제로 인정하였다는 내용을 서술한 경우
하	위의 내용을 서술하지 못한 경우

05 (1) 유스티니아누스 황제

(2) 예시 답안 유스티니아누스 황제는 『유스티니아누스 법전』을 편찬하고 성 소피아 성당을 건설하였다. 활발한 정복 활동으로 옛 서로마 제국 영토의 상당 부분을 회복하였다.

채점 기준	
상	유스티니아누스 황제의 업적을 두 가지 모두 서술한 경우
중	위의 내용 중 한 가지만 서술한 경우
하	위의 내용을 서술하지 못한 경우

02 유라시아의 정치·종교적 변동 ②

01 (1) 이슬람교 (2) 헤지라   **02** (1) ㄷ (2) ㄱ (3) ㄹ (4) ㄴ   **03** (1) 칼리프 (2) 바그다드   **04** (1) ○ (2) × (3) ○   **05** ㉠ 쿠란 ㉡ 모스크 ㉢ 아라비안나이트

01 ⑤   **02** ③   **03** ②   **04** ⑤   **04-1** ②   **05** ⑤   **06** ②   **07** ④   **08** ③   **09** ⑤   **10** ②   **11** ①   **11-1** ②

01 비잔티움 제국과 사산 왕조 페르시아의 대립으로 기존의 교역로 이용이 어려워지자 상인들이 아라비아반도를 지나는 새로운 교역로를 이용하였다. 이에 아라비아반도 서쪽의 메카, 메디나가 무역의 중심지로 발달하였다.

02 ㉠은 이슬람교이다. 이슬람교는 모든 인간의 평등을 주장하여 하층민의 호응을 얻었다.

왜 틀렸지? ① 우상 숭배를 반대하였다. ② 메카 귀족들의 탄압을 받았다. ④ 알라를 유일신으로 하는 종교이다. ⑤ 유대교와 크리스트교의 영향을 받아 이슬람교가 정립되었다.

03 밑줄 친 '시기'는 정통 칼리프 시대이다. 정통 칼리프 시대에는 시리아와 이집트에 진출하였고, 사산 왕조 페르시아를 정복하였다. 정복지의 비이슬람교도가 인두세를 내면 재산과 신앙의 자유를 인정하였고, 이슬람교로 개종하면 세금을 줄여 주었다.

왜 틀렸지? ② 우마이야 왕조에 대한 설명이다.

04 (가) 우마이야 왕조, (나) 아바스 왕조이다. 우마이야 왕조와 아바스 왕조는 칼리프의 지위를 세습하였다.

왜 틀렸지? ① 아바스 왕조, ② 무함마드 시기, ③ 셀주크 튀르크, ④ 우마이야 왕조에 대한 설명이다.

04-1 (나) 아바스 왕조이다. 아바스 왕조 시기에는 비아랍인을 중요 관직에 등용하였다.

왜 틀렸지? ①, ⑤ 무함마드 시기, ③ 정통 칼리프 시대에 대한 설명이다. ④ 제4대 칼리프인 알리가 암살된 후 우마이야 가문이 칼리프의 지위를 세습하였다.

05 제4대 칼리프인 알리가 암살된 이후 우마이야 가문이 칼리프의 지위를 세습하였다. 이 과정에서 이슬람 세계는 수니파와 시아파로 나뉘어 대립하였다.

06 무함마드는 메카 귀족의 탄압을 피해 자신을 따르는 세력과 메카에서 메디나로 이주하였다(헤지라). 제4대 칼리프인 알리가 암살된 후 우마이야 가문이 칼리프를 세습하는 과정에서 이슬람 세계가 수니파와 시아파로 분열되었다. 이후 우마이야 왕조는 아바스 가문이 세운 아바스 왕조에 의해 멸망하였다. 몰락한 우마이야 왕조의 일부 세력이 이베리아반도에 후우마이야 왕조를 세웠다.

07 (가)는 셀주크 튀르크이다. 셀주크 튀르크는 예루살렘을 점령하여 비잔티움 제국을 압박하였다.

왜 틀렸지? ① 우마이야 왕조, ② 아바스 왕조, ③ 정통 칼리프 시대, ⑤ 후우마이야 왕조에 대한 설명이다.

08 이슬람 상인들은 육로와 해로를 이용해 활발한 무역 활동을 하였다. 비단, 향신료 등을 주로 거래하였고 어음과 수표를 이용하였다. 이슬람 상인의 무역 활동으로 동서 문화 교류가 촉진되었다.

왜 틀렸지? ③ 이슬람 제국은 상업 활동을 긍정적으로 여겨 상인들을 지원하였다.

09 밑줄 친 '이 종교'는 이슬람교이다.

왜 틀렸지? ① 돼지고기 등을 금기시한다. ② 조로아스터교에 대한 설명이다. ③ 여성은 외출할 때 신체를 가리는 옷을 입는다. ④ 부자와 가난한 사람 모두 수입의 일정 부분을 공동체에 바친다.

10 제시된 자료는 모스크이다. 모스크는 돔과 뾰족한 탑이 특징이고, 내부에는 아라베스크 무늬가 장식되어 있다.

왜 틀렸지? ㄴ, ㄷ. 고딕 양식과 관련 있다.

11 이슬람 세계에서는 페르시아, 인도 등의 학문을 적극적으로 수용하여 천문학, 수학, 의학, 화학 등의 자연 과학이 발달하였다. 문학 작품으로는 아라비아, 인도, 페르시아, 이집트의 설화를 모은 『아라비안나이트』가 널리 읽혔다.

왜 틀렸지? ① 중세 서유럽에서 기사도 문학이 발달하였다.

11-1 이슬람 세계에서는 『쿠란』을 해석하는 과정에서 신학과 법학이 발달하였고, 이슬람교가 전파되면서 아랍어 교육을 위해 언어학이 발달하였다. 중세 유럽 대학에서는 이슬람의 의학 서적을 교재로 사용하기도 하였다. 이슬람의 자연 과학은 유럽의 근대 과학 발전에 영향을 끼쳤다.

왜 틀렸지? ② 굽타 왕조 시기에 산스크리트 문학이 발달하였다.

01 헤지라

02 **예시 답안** 비잔티움 제국과 사산 왕조 페르시아가 대립하면서 새로운 교역로가 발달하였고, 메카와 메디나가 무역의 중심지로 발달하였다. 이 과정에서 빈부 격차가 커졌고, 부족 간에 전쟁이 벌어지면서 사회적 갈등이 심화되었다.

채점 기준	
상	무함마드가 이슬람교를 정립한 배경을 조건에 맞춰 서술한 경우
중	무함마드가 이슬람교를 정립한 배경을 서술하였으나, 조건에 맞지 않게 서술한 경우
하	위의 내용을 서술하지 못한 경우

03 (1) (가) 우마이야 왕조 (나) 아바스 왕조
(2) **예시 답안** 우마이야 왕조는 지나친 아랍인 우대 정책으로 아랍인 외의 이슬람교도를 차별하여 비아랍인의 불만을 샀다. 아바스 왕조는 우마이야 왕조와 달리 아랍인 중심의 정책을 폐지하였다.

채점 기준	
상	우마이야 왕조의 비아랍인 통치 방식을 아바스 왕조의 통치 방식과 비교하여 서술한 경우
중	우마이야 왕조의 비아랍인 통치 방식만 서술한 경우
하	위의 내용을 서술하지 못한 경우

04 (1) 모스크
(2) **예시 답안** 모스크는 돔(둥근 지붕)과 미너렛(뾰족한 탑)이 특징이다. 내부는 아라베스크 무늬로 장식하였다.

채점 기준	
상	모스크의 특징을 두 가지 모두 서술한 경우
중	위의 내용 중 한 가지만 서술한 경우
하	위의 내용을 서술하지 못한 경우

05 (1) ㉠ 아라비아 숫자 ㉡ 화학
(2) **예시 답안** 이슬람의 자연 과학이 유럽에 전해져 유럽의 근대 과학이 발전하였다.

채점 기준	
상	이슬람의 자연 과학이 유럽의 근대 과학 발전에 영향을 끼쳤음을 서술한 경우
하	위의 내용을 서술하지 못한 경우

01 (1) ○ (2) × (3) × **02** (1) 카노사의 굴욕 (2) 고딕 양식
03 (1) 흑사병 (2) 셀주크 튀르크 (3) 지중해 무역권 **04** ⊙ 아비뇽 유수
ⓒ 백년 전쟁 ⓒ 장미 전쟁 **05** (1) ⊙, ⓒ (2) ⓒ, ⓒ

01 ① **02** ① **03** ④ **03-1** ⑤ **04** ⑤ **05** ② **05-1** ①
06 ② **07** ③ **08** ⑤ **09** ③ **10** ⑤ **11** ②

01 제시된 자료는 봉건 제도이다. 주군은 기사에게 토지를 주어 봉신으로 삼았고, 봉신은 장원에 대한 독자적 통치권을 행사하였다. 주군과 봉신 중 한쪽이 의무를 지키지 않으면 계약은 원칙적으로 파기되었다.

왜 틀렸지? ① 중세 서유럽의 봉건 제도는 토지를 매개로 한 주종 관계를 바탕으로 운영되었다.

02 중세에는 농업 기술이 발달하지 못하여 삼포제를 도입하여 농사를 지었다. 장원 주민의 대다수는 농노였다.

왜 틀렸지? ㄷ. 농노는 거주 이전의 자유가 없었다. ㄹ. 영주는 주군의 간섭 없이 장원을 운영할 수 있었다.

03 교황인 그레고리우스 7세는 세속 군주의 성직자 임명을 금지하였다. 그러나 신성 로마 제국의 황제인 하인리히 4세는 이러한 교황의 조치를 무시하였고, 교황이 황제를 파문하였다. 이에 황제가 교황에 굴복하는 사건이 일어났다(카노사의 굴욕).

03-1 교황인 그레고리우스 7세가 신성 로마 제국의 황제인 하인리히 4세를 파문하자, 황제가 교황에게 굴복하였다. 결국 교황과 황제의 대립은 교황이 성직자 임명권을 차지하는 것으로 일단락되었다.

04 ⊙은 고딕 양식이다. 샤르트르 대성당은 고딕 양식의 대표적인 건축물이다. 고딕 양식은 뾰족한 탑과 내부에 장식된 스테인드글라스가 특징이다.

왜 틀렸지? ①, ④ 모스크에 대한 설명이다. ②, ③ 비잔티움 양식에 대한 설명이다.

05 셀주크 튀르크가 예루살렘을 점령하고 비잔티움 제국을 압박하자, 로마 교황은 서유럽 각국의 왕과 제후에게 성지 회복을 호소하였다. 이에 십자군이 조직되면서 십자군 전쟁이 시작되었다(1096). 카노사의 굴욕(1077)과 보름스 협약(1122) 사이의 일이므로 (나)에 해당한다.

05-1 십자군은 제1차 원정 때 일시적으로 예루살렘을 탈환하였다. 그러나 제4차 십자군이 콘스탄티노폴리스를 점령하는 등 성지 회복이라는 본래의 목적에서 벗어나 세속적 이익을 추구하는 모습을 보였고, 결국 성지 회복에 실패하였다. 전쟁을 거치면서 지중해 무역권이 발달하였다.

왜 틀렸지? ① 전쟁 결과 교황의 권위가 떨어졌다.

06 십자군 전쟁 이후 유럽 북부의 도시들이 한자 동맹을 결성하였다. 상인과 수공업자는 동업 조합인 길드를 조직하였다. 도시민들은 봉건 영주의 통제에서 벗어나 자치권을 획득하기도 하였다.

왜 틀렸지? ② 지중해를 통한 원거리 무역이 활발해지면서 베네치아, 제노바 등 지중해 연안 도시들을 중심으로 지중해 무역권이 형성되었다.

07 영주가 농노에게 화폐를 세금으로 받고 14세기 중엽 흑사병의 유행으로 노동력이 부족해지면서 장원이 점차 해체되었다.

08 14세기 초에 로마 교황청이 아비뇽으로 옮겨져 프랑스 왕의 통제를 받은 사건은 교황의 권위가 떨어졌음을 보여 주는 대표적인 사례이다.

09 영국은 장미 전쟁을 계기로 귀족 세력이 약화되고 왕권이 강해지면서 중앙 집권 국가의 모습을 갖추었다.

10 이탈리아는 지중해 무역으로 부유해진 상인들이 예술가를 후원하였고, 고대 로마의 문화유산을 간직한 지역이었다. 비잔티움 제국 멸망 이후 많은 학자가 이탈리아로 이주해 오면서 고전 문화 연구가 활발해졌다. 이를 바탕으로 르네상스가 일어났다.

11 제시된 자료는 이탈리아 르네상스의 대표적인 작품이다. 르네상스 시기에 제작된 작품은 인체의 아름다움을 사실적으로 표현하였다.

알려 줄게! **이탈리아의 르네상스(14세기경)**

문학	페트라르카(라틴어 고전 연구, 서정시), 보카치오의 『데카메론』
미술	• 인체의 아름다움과 사물을 사실적으로 표현 • 레오나르도 다 빈치의 「모나리자」, 미켈란젤로의 「피에타」 등
건축	르네상스 양식 발달(성 베드로 대성당)

01 스콜라 철학

02 예시 답안 농노는 고대 노예와 달리 약간의 재산을 소유하고 결혼하여 가정을 이룰 수 있었다.

채점 기준	
상	농노가 고대 노예와 다른 점을 두 가지 모두 서술한 경우
중	위의 내용 중 한 가지만 서술한 경우
하	위의 내용을 서술하지 못한 경우

03 (1) 고딕 양식

(2) 예시 답안 샤르트르 대성당은 고딕 양식으로 지어졌다. 고딕 양식은 뾰족한 탑과 내부의 스테인드글라스가 특징이다.

채점 기준	
상	뾰족한 탑, 스테인드글라스를 서술한 경우
중	위의 내용 중 한 가지만 서술한 경우
하	위의 내용을 서술하지 못한 경우

04 (1) 카노사의 굴욕

(2) 예시 답안 교황과 황제가 성직자 임명권을 둘러싸고 대립하였다. 이에 교황이 신성 로마 제국의 황제인 하인리히 4세를 파문하였고, 결국 황제가 교황에게 굴복하였다. 이후 교황이 성직자 임명권을 차지하였고 교황권이 강화되었다.

채점 기준	
상	카노사의 굴욕의 배경과 결과를 모두 서술한 경우
중	위의 내용 중 한 가지만 서술한 경우
하	위의 내용을 서술하지 못한 경우

05 (1) 예루살렘

(2) 예시 답안 십자군 전쟁을 계기로 교황의 권위가 떨어지고 봉건 영주 세력이 약화되었다.

채점 기준	
상	십자군 전쟁이 교황, 영주에게 끼친 영향을 서술한 경우
중	위의 내용 중 한 가지만 서술한 경우
하	위의 내용을 서술하지 못한 경우

---

❶ 헤지라　❷ 탈라스 전투　❸ 카롤루스　❹ 안사의 난　❺ 굽타
❻ 유스티니아누스　❼ 아랍인　❽ 쿠란　❾ 십자군

01 ③	02 ②	03 ⑤	04 ①	05 ②	06 ⑤	07 ②
08 ②	09 ①	10 ③	11 ④	12 ①	13 ②	14 ②
15 ⑤	16 ②	17 ⑤	18 ⑤	19 ②	20 ③	
21 9품중정제	22 해설 참조	23 해설 참조				

01 ㉠은 북조이다. 북위의 효문제는 한화 정책을 펼쳤다.

왜 틀렸지? ①, ②, ④, ⑤ 남조에 대한 설명이다.

02 ㉠은 수이다. 수를 세운 양견(수 문제)은 남북조로 분열되어 있던 중국을 다시 통일하였다. 수 양제는 대운하를 건설하였고 고구려 원정에 실패하였다.

왜 틀렸지? ② 당 태종에 대한 설명이다.

03 (가)는 당이다. 당은 균전제를 실시하여 성인 남성에게 토지를 지급하였다.

왜 틀렸지? ① 진(秦), ② 북위, ③ 남조, ④ 위진 남북조 시대에 대한 설명이다.

04 제시된 유물은 당삼채로, 당대에 만들어졌다. 당에서는 국제적인 문화가 발전하였다. 당이 주변국과 활발하게 교류하면서 중국 문화가 주변 나라에 영향을 끼쳤다. 이 과정에서 동아시아 문화가 형성되었다.

알려 줄게! 당 문화의 형성과 전파

당이 주변국과 긴밀하게 교류하면서 당을 왕래하는 사람이 많아졌다. 이에 한대 이래 발달한 중국 문화가 주변국에 영향을 끼치면서 동아시아 문화가 형성되었다.

05 ㉠은 나라이다. 이 시기에는 『일본서기』 등의 역사서가 편찬되었다.

왜 틀렸지? ① 헤이안 시대, ③, ④ 야마토 정권, ⑤ 야요이 시대에 대한 설명이다.

06 사산 왕조 페르시아는 동서 교역의 요충지를 차지하여 중계 무역으로 번영을 누렸다.

왜 틀렸지? ①, ②, ④ 굽타 왕조, ③ 앙코르 왕조에 대한 설명이다.

07 밑줄 친 '이 종교'는 힌두교이다. 힌두교는 굽타 왕조의 지원을 받아 확산되었다.

왜 틀렸지? ①, ⑤ 이슬람교에 대한 설명이다. ③ 이슬람교, 크리스트교에 대한 설명이다. ④ 조로아스터교에 대한 설명이다.

08 (가)는 굽타 왕조이다.

왜 틀렸지? ② 조로아스터교에 대한 설명이다. 굽타 왕조 시기에는 힌두교가 확산되었다.

09 밑줄 친 '그대'는 프랑크 왕국을 다스린 카롤루스 대제이다. 프랑크 왕국은 게르만족이 세운 나라이다.

왜 틀렸지? ②, ③, ④, ⑤ 비잔티움 제국에 대한 설명이다.

10 ㉠은 유스티니아누스 황제이다. 유스티니아누스 황제는 『유스티니아누스 법전』을 편찬하여 로마법을 집대성하였다.

왜 틀렸지? ① 레오 3세에 대한 설명이다. ② 서로마 제국은 게르만족 출신 용병 대장에 의해 멸망하였다. ④ 신성 로마 제국의 하인리히 4세에 대한 설명이다. ⑤ 프랑크 왕국에 대한 설명이다.

11 제시된 자료는 성 소피아 성당이다. 성 소피아 성당은 화려한 모자이크 벽화가 특징이다.

왜 틀렸지? ① 유스티니아누스 황제 때 지어졌다. ③ 비잔티움 양식을 대표하는 건축물이다. ⑤ 고딕 양식의 특징이다.

12 제시된 자료와 관련된 종교는 이슬람교이다. 이슬람교는 우상 숭배를 금지한다.

왜 틀렸지? ②, ③, ⑤ 힌두교, ④ 조로아스터교에 대한 설명이다.

13 ㉠은 아바스 왕조이다. 아바스 왕조는 아랍인 우대 정책을 폐지하였다.

왜 틀렸지? ①, ③ 정통 칼리프 시대, ④ 사산 왕조 페르시아, ⑤ 셀주크 튀르크에 대한 설명이다.

14 제시된 자료와 관련된 종교는 이슬람교이다.

왜 틀렸지? ② 브라만교에 대한 설명이다.

알려 줄게! 이슬람 세계의 문화

건축	모스크 발달(아라베스크 무늬)
문학	『아라비안나이트』
자연 과학	지리학, 천문학, 화학, 수학(아라비아 숫자 완성), 의학 발달

15 ㉠은 봉신, ㉡은 주군이다.

왜 틀렸지? 주군과 봉신은 토지를 매개로 주종 관계를 맺었다. 어느 한쪽이 의무를 이행하지 않으면 계약이 파기되었다. 봉신은 영주로서 주군의 간섭을 받지 않고 자신의 장원에서 독자적 통치권을 행사하였다.

16 10세기경 클뤼니 수도원을 중심으로 교회 개혁 운동이 일어났다. 이후 교황이 황제를 파문하자 황제가 교황에게 굴복하는 사건이 일어났다(카노사의 굴욕). 보름스 협약이 체결되어 교황이 성직자 임명권을 차지하게 되었다. 십자군 전쟁 이후 로마 교황청이 아비뇽으로 옮겨져 프랑스 왕의 통제를 받았다(아비뇽 유수).

17 중세 서유럽의 문화는 크리스트교를 중심으로 발달하였고, 신학이 학문의 중심이 되었다.

왜 틀렸지? ⑤ 이슬람 세계는 중국의 제지법, 화약 제조술, 나침반 등을 유럽에 소개하였다.

알려 줄게! 크리스트교 문화의 확산

철학	스콜라 철학: 신앙과 이성의 조화, 토마스 아퀴나스의 『신학대전』
교육	교회, 수도원 중심 → 대학 설립
건축	고딕 양식 발달(샤르트르 대성당)

18 제시된 지도는 십자군 전쟁과 관련 있다. 전쟁을 계기로 상공업이 발달하고 도시가 성장하였다.

왜 틀렸지? ① 교황과 봉건 영주의 세력이 약화되면서 상대적으로 왕권이 강화되었다. ③, ④ 백년 전쟁에 대한 설명이다. 프랑스는 잔 다르크의 활약으로 전쟁에서 승리하였다.

19 흑사병의 유행으로 노동력이 부족해지고, 영주가 농노에게 노동력이나 현물 대신 화폐로 세금을 징수하면서 장원이 점차 해체되어 갔다.

20 제시된 자료는 이탈리아 르네상스의 대표적인 작품으로, 인체의 아름다움을 사실적으로 표현하였다.

22 **예시 답안** 크리스트교 세계가 교황을 중심으로 하는 로마 가톨릭교회와 비잔티움 제국의 황제를 중심으로 하는 그리스 정교로 나뉘었다.

채점 기준	
상	성상 파괴령이 크리스트교 세계에 끼친 영향을 서술한 경우
중	동서 교회가 분열되었다는 내용만 서술한 경우
하	위의 내용을 서술하지 못한 경우

23 (1) (가) 비잔티움 양식 (나) 고딕 양식

(2) **예시 답안** 비잔티움 양식은 거대한 돔과 내부의 화려한 모자이크가 특징이다. 고딕 양식은 뾰족한 탑과 내부의 스테인드글라스가 특징이다.

채점 기준	
상	비잔티움 양식과 고딕 양식의 특징을 서술한 경우
중	위의 내용 중 한 가지만 서술한 경우
하	위의 내용을 서술하지 못한 경우

알려 줄게! 비잔티움 양식과 고딕 양식

구분	비잔티움 양식	고딕 양식
특징	• 비잔티움 제국에서 발달 • 거대한 돔과 내부의 화려한 모자이크 벽화가 특징 • 대표 성당: 성 소피아 성당	• 중세 서유럽에서 발달 • 뾰족한 탑과 내부의 스테인드글라스가 특징 • 대표 성당: 샤르트르 대성당

IV 지역 세계의 교류와 변화

01 유라시아 교역 및 문화 교류의 확대

STEP 1 개념 확인 084쪽

01 (1) ㉢ (2) ㉤ (3) ㉠　**02** (1) × (2) ○ (3) ○　**03** (1) ㄴ (2) ㄹ (3) ㄱ (4) ㄷ　**04** (1) 역참 (2) 마르코 폴로　**05** ㉠ 활판 인쇄술 ㉤ 화약 ㉢ 나침반

STEP 2 대표 문제 084~086쪽

01 ④　**02** ④　**03** ⑤　**04** ③　**04-1** ⑤　**05** ④　**06** ②　**07** ④　**08** ③　**09** ②　**10** ②　**10-1** ⑤　**11** ④　**12** ①　**13** ⑤

01 (가)는 거란(요)이다. 거란은 화북으로 진출하여 연운 16주를 차지하였다.

왜 틀렸지? ②, ⑤ 서하, ③ 금에 대한 설명이다.

02 ㉠은 금이다. 금은 우월한 군사력으로 송을 압박하였다.

왜 틀렸지? ② 몽골에 멸망하였다. ③ 송, ⑤ 거란에 대한 설명이다.

알려 줄게! 11~12세기 동아시아 정세

03 거란, 서하, 금은 유목민과 농경민으로 이루어진 나라를 효율적으로 통치하기 위해 유목민은 고유의 부족제로 다스리고 한족은 중국식 제도인 군현제로 다스리는 이중 지배 체제를 시행하였다.

04 밑줄 친 '이 정책'은 문치주의이다. 송 태조는 재상의 권한을 축소하고 황제가 직접 시험을 주관하는 전시를 시행하는 등 과거제를 개혁하여 황제권을 강화하였다. 문치주의와 과거제 개혁으로 사대부 계층이 형성되었다.

왜 틀렸지? ③ 절도사의 권한을 약화하였다.

04-1 송은 지나친 문치주의로 군사력이 약화되어 북방 민족의 침입에 시달렸다.

05 ㉠은 성리학이다. 성리학은 사대부가 발전시켰고, 동아시아 여러 나라의 통치 이념으로 자리 잡았다.

왜 틀렸지? ㄴ. 명대에 발전한 양명학에 대한 설명이다.

06 ㉠은 송이다. 송대에는 강남을 중심으로 경제가 발전하였고, 모내기법이 보급되었다. 차, 사탕수수 등 상품 작물의 재배가 늘어났고, 수공업자의 동업 조합이 조직되었다.

왜 틀렸지? ② 원대 경제에 대한 설명이다.

07 (가)는 시박사이다.

왜 틀렸지? ① 몽골 제국 시기에 여행자에게 숙식과 말을 제공하던 곳이다. ②, ③ 송대 등장한 지폐이다. ⑤ 칭기즈 칸 사후 몽골 제국이 여러 개의 울루스로 나뉘었다.

알려 줄게! 송대 상업과 해상 교역

상업	• 각지에 시장과 도시 형성 • 상인과 수공업자는 행과 작 등 동업 조합 조직 • 대량의 동전 유통, 교자·회자 등 지폐 등장
해상 교역	• 항저우, 취안저우 등 국제 무역항 번성, 동아시아·인도양 교역권 성장 • 시박사 설치: 무역 업무와 관세 징수 담당

08 활판 인쇄술은 서적 편찬과 지식 보급에 기여하였고, 인쇄에 드는 비용과 시간이 크게 줄었다. 나침반의 발명으로 원거리 무역이 발달하였다. 송대 발명품은 유럽에 전파되어 유럽 사회의 발전에 영향을 주었다.

왜 틀렸지? ③ 화약에 대한 설명이다.

알려 줄게! 송의 발명품이 세계에 끼친 영향

활판 인쇄술	• 인쇄에 드는 비용과 시간 절감 • 서적 편찬과 지식 보급에 기여
화약	신형 무기 개발, 전투 방식 변화
나침반	항해 기술과 원거리 무역 발달에 영향

09 ㉠은 칭기즈 칸이다. 그는 우수한 기마병을 바탕으로 사회·군사 제도를 마련하였고, 인더스강 유역과 페르시아까지 진출하였다. 그가 사망한 후 몽골 제국이 여러 개의 울루스로 나뉘었다.

왜 틀렸지? ② 쿠빌라이 칸에 대한 설명이다.

10 ㉠은 원이다. 원은 남송을 멸망시켰고, 중국의 전통적인 관료제, 지방 행정 제도 등을 수용하였다. 몽골 제일주의를 내세워 독자적인 방식으로 통치하였고, 파스파 문자를 만들어 공식 문서에 사용하였다.

왜 틀렸지? ② 송에 대한 설명이다.

10-1 제시된 자료는 몽골 제일주의를 나타낸 것이다. 원은 넓은 영토와 다양한 민족을 통치하기 위해 몽골 제일주의를 내세워 통치하였다.

11 밑줄 친 '이 시기'는 원대이다.

왜 틀렸지? ④ 자금성은 명대에 건축되었다.

12 제시된 자료와 관련된 시기는 원대이다.

왜 틀렸지? ① 당삼채는 당대에 유행하였다.

13 천문대는 이슬람 자연 과학의 영향을 받아 만들어졌다. 청화 자기는 이슬람 세계에서 들어온 코발트로 만든 안료를 이용해 제작되었다.

STEP 3 주관식·서술형 087쪽

01 ㉠ 문치주의 ㉡ 과거제

02 사대부

03 (1) 활판 인쇄술

(2) **예시 답안** 인쇄에 드는 비용과 시간이 크게 줄면서 많은 양의 책을 빠르게 만들 수 있게 되어 서적 편찬과 지식 보급에 기여하였다.

채점 기준	
상	활판 인쇄술이 세계에 끼친 영향을 서술한 경우
하	위의 내용을 서술하지 못한 경우

04 (1) (가) 색목인 (나) 남인

(2) **예시 답안** 원은 몽골 제일주의를 내세워 몽골인을 최고 신분으로 하고 색목인은 우대하는 반면 한인과 남인은 차별하여 통치하였다.

채점 기준	
상	몽골 제일주의와 몽골인, 색목인, 한인, 남인을 대하는 방식을 서술한 경우
중	몽골 제일주의만 서술한 경우
하	위의 내용을 서술하지 못한 경우

05 (1) 역참

(2) **예시 답안** 몽골 제국은 효율적인 통치와 물자 운반을 위해 전국을 연결하는 도로망 곳곳에 역참을 설치하였다.

채점 기준	
상	역참을 설치한 목적을 서술한 경우
하	위의 내용을 서술하지 못한 경우

알려 줄게! 역참

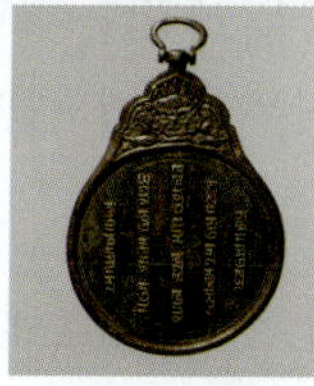

역참은 패자(통행증)를 지참한 여행자에게 숙식과 말을 제공하는 장소로, 몽골이 넓은 영토를 효율적으로 다스리고 동서 교류가 확대되는 데 기여하였다.

◀ 원의 패자

02 동아시아·인도 지역 질서의 변화

STEP 1 개념 확인 091쪽

01 (1) ○ (2) ○ (3) ○ **02** (1) ㄱ (2) ㄷ (3) ㄴ **03** (1) 신사
(2) 양명학 (3) 마테오 리치 **04** (1) ⓒ (2) ⓛ (3) ⊙ **05** (1) 바부르
(2) 아크바르 (3) 시크교

STEP 2 대표 문제 091~094쪽

01 ④ **02** ① **03** ③ **04** ④ **04-1** ② **05** ④ **06** ① **07** ④
08 ② **09** ① **10** ⑤ **11** ③ **12** ④ **13** ③ **14** ⑤ **15** ⑤
16 ④ **16-1** ⑤ **17** ① **18** ④ **19** ④

01 제시된 자료는 육유로, 명의 홍무제가 반포하였다. 홍무제는 재상제 폐지, 이갑제 시행, 토지 대장과 호적 대장 정리 등을 통해 황제권을 강화하였다. 또한 몽골 풍습을 금지하는 등 한족 전통을 회복하고자 하였다.

왜 틀렸지? ④ 영락제에 대한 설명이다.

알려 줄게! 육유

> 1. 부모에게 효도하라. 4. 자손을 잘 교육하라.
> 2. 웃어른을 공경하라. 5. 각자 생계에 힘쓰라.
> 3. 이웃과 화목하라. 6. 잘못을 저지르지 마라.
>
> 홍무제는 육유를 반포하여 유교 이념을 바탕으로 한족의 전통을 회복하고자 하였다.

02 홍무제는 이갑제를 실시하여 농촌 사회에 대한 지배력을 강화하였다.

03 ⊙은 영락제이다. 영락제는 베이징으로 수도를 옮기고 여러 차례 몽골 원정에 나섰다.

왜 틀렸지? ㄱ. 홍무제, ㄹ. 청의 강희제에 대한 설명이다.

04 명은 정화의 항해로 국력을 과시하였고, 조공·책봉 관계를 확대하였다.

04-1 정화의 항해는 영락제 때 시작되었고, 아프리카 동부 해안까지 진출하였다.

왜 틀렸지? ㄴ. 마젤란 함대, ㄹ. 신항로 개척에 대한 설명이다.

05 임진왜란 이후 명은 국가 재정이 어려워졌고, 국력이 쇠퇴하였다. 이를 틈타 여진족이 성장하여 후금을 세웠다. 한편 일본에서는 도요토미 히데요시 사후에도 막부가 수립되었다.

06 ⊙은 누르하치로, 여진을 통합하고 후금을 세웠다.

왜 틀렸지? ②, ③ 홍타이지(태종), ④ 강희제, ⑤ 옹정제에 대한 설명이다.

07 홍타이지가 국호를 '청'으로 바꾸었다. 이후 강희제가 반청 세력을 진압하였고, 옹정제가 새로운 화이사상을 제시하여 청의 통치를 정당화하였다. 건륭제는 활발한 정복 활동을 벌여 최대 영토를 차지하였다.

알려 줄게! 청의 전성기

강희제	반청 세력 진압, 러시아와 네르친스크 조약 체결
옹정제	강력한 황제 독재 체제 확립, 새로운 화이사상을 제시하여 청의 통치 정당화
건륭제	몽골, 신장, 티베트 등 오늘날 중국 영토 대부분 확보

08 청은 만한 병용제를 실시하고 한족 학자들을 동원하여 대규모 서적 편찬 사업을 추진하는 등 회유책을 펼쳤다. 반면 한족에게 변발과 호복을 강요하고 한족 중심의 화이사상을 탄압하는 등 강압책을 펼쳤다.

알려 줄게! 청의 회유책과 강압책

회유책	• 만한 병용제: 중요 관직에 만주족과 한족을 같은 수로 등용 • 서적 편찬: 한족 학자들을 대규모로 동원하여 『사고전서』 등 편찬
강압책	• 만주족의 풍습인 변발과 호복 강요 • 청 왕조를 비판하는 서적 출판 금지 • 한족 중심의 화이사상 탄압

09 명·청 시기에는 이모작이 확대되었고, 감자, 옥수수 등 아메리카 작물이 보급되었다. 뽕나무, 면화 등 상품 작물이 활발하게 재배되었고, 쌀 생산의 중심지가 창장강 중·상류 지역으로 이동하였다.

왜 틀렸지? ① 모내기법은 송대에 보급되기 시작하였다.

10 제시된 지도는 세계의 은이 중국으로 유입되는 과정을 보여 준다. 명·청 시기에 화폐로 은을 널리 사용하면서 세금을 은으로 납부하는 세제 개혁이 이루어졌다.

알려 줄게! 마제은

명·청의 주요 수출품을 유럽 상인들이 은으로 물품 대금을 지급하면서 명·청대에는 은을 말굽 모양으로 만든 고액 화폐를 사용하였다.

11 ⊙은 고증학이다. 고증학은 경전의 실증적 연구에 주목하였다.

왜 틀렸지? ①, ②, ④, ⑤ 양명학에 대한 설명이다.

12 제시된 자료는 경극이고, ㉠은 청이다. 청대에는 『홍루몽』 등의 소설이 널리 읽혔다.

> **왜 틀렸지?** ① 명, ②, ③ 송에 대한 설명이다. ⑤ 당 시기에 대한 설명이다.

13 제시된 자료는 명대에 제작된 「곤여만국전도」이다. 명대에는 이모작이 확대되었고, 『농정전서』 등의 실용 서적이 편찬되었다. 중국에 유럽의 크리스트교 선교사가 방문하였고, 유럽 상인들은 은으로 물품 대금을 지불하였다.

> **왜 틀렸지?** ③ 교자는 송대에 사용한 지폐이다.

알려 줄게! 마테오 리치

마테오 리치는 「곤여만국전도」를 제작하고 『천주실의』를 저술하였으며, 서광계와 유클리드의 『기하원본』을 번역하였다.

◀ 마테오 리치와 서광계

14 가마쿠라 막부는 일본 최초의 무사 정권이다. 무로마치 막부 시기에 감합 무역을 실시하였고, 쇼군의 승계를 둘러싼 내분으로 쇠퇴하였다.

> **왜 틀렸지?** ⑤ 전국 시대를 통일한 도요토미 히데요시가 조선을 침략하였다(임진왜란).

15 제시된 자료는 가마쿠라 막부의 봉건 구조를 나타낸 것이다. 쇼군과 무사는 토지를 매개로 주종 관계를 맺었다. 쇼군이 실질적 지배권을 행사하였고, 천황은 이념상 최고 지배자로 존재하였다.

16 우키요에와 가부키는 에도 막부 시대에 발달하였다. 이 시기에는 막번 체제를 수립하였고, 산킨코타이 제도가 실시되었다. 네덜란드 상인을 통해 들어온 서양의 학문과 기술을 토대로 난학이 발달하였다.

> **왜 틀렸지?** ④ 가마쿠라 막부에 대한 설명이다.

16-1 에도 막부 시기에 경제가 발전하면서 대도시를 중심으로 경제력을 갖춘 상공업자인 조닌 계층이 성장하였다. 이들의 경제적 지원을 바탕으로 조닌 문화라 불리는 서민 문화가 발달하였다.

17 (가)는 아크바르 황제이다. 그는 중앙 집권 체제를 확립하고 북인도에서 아프가니스탄에 이르는 대제국을 건설하였다. 비이슬람교도에게 부과하던 인두세를 폐지하는 등 이슬람교뿐만 아니라 다른 종교도 존중하는 관용 정책을 펼쳤다.

> **왜 틀렸지?** ① 바부르에 대한 설명이다.

18 제시된 자료는 타지마할이다. 타지마할에 나타난 돔형 지붕, 뾰족한 아치, 『쿠란』 구절이 이슬람 양식이다.

19 제시된 자료는 타지마할이며, 무굴 제국 시기에 세워졌다.

> **왜 틀렸지?** ④ 청에 대한 설명이다.

01 **예시 답안** 육유를 반포하였다. 몽골 풍습을 금지하였다. 과거제와 학교 교육을 정비하였다.

채점 기준	
상	홍무제가 한족의 전통을 회복하기 위해 펼친 정책 두 가지를 모두 서술한 경우
중	위의 내용 중 한 가지만 서술한 경우
하	위의 내용을 서술하지 못한 경우

02 영락제

03 (1) ㉠ 만한 병용제 ㉡ 변발

(2) **예시 답안** 소수의 만주족이 다수의 한족을 지배하기 위해 회유책과 강압책을 함께 펼쳤다.

채점 기준	
상	소수의 만주족이 다수의 한족을 지배하기 위해 회유책과 강압책을 펼쳤음을 서술한 경우
하	위의 내용을 서술하지 못한 경우

04 (1) 산킨코타이 제도

(2) **예시 답안** 에도 막부는 다이묘를 통제하기 위해 산킨코타이 제도를 시행하였다.

채점 기준	
상	에도 막부가 다이묘 통제를 위해 산킨코타이 제도를 시행하였음을 서술한 경우
하	위의 내용을 서술하지 못한 경우

05 (1) 아크바르

(2) **예시 답안** 이슬람교뿐만 아니라 다른 종교도 존중하는 관용 정책을 펼쳐 번영을 누렸다.

채점 기준	
상	다른 종교를 존중하는 관용 정책을 펼쳐 번영을 누렸음을 서술한 경우
하	위의 내용을 서술하지 못한 경우

STEP 1 개념 확인 099쪽

01 (1) 술레이만 1세 (2) 예니체리 **02** ㉠ 콜럼버스
㉡ 바스쿠 다 가마 ㉢ 마젤란 **03** (1) ○ (2) × (3) ○ **04** (1) 삼각
(2) 재정·군사 (3) 입헌 군주제 **05** (1) ㄴ (2) ㄹ (3) ㄷ (4) ㄱ

STEP 2 대표 문제 099~102쪽

01 ③ **02** ③ **03** ① **04** ③ **05** ⑤ **05-1** ④ **06** ④ **07** ⑤
08 ① **09** ③ **10** ① **11** ② **12** ⑤ **13** ② **14** ③ **15** ③
16 ④ **17** ⑤ **18** ④ **18-1** ① **19** ①

01 (가)는 오스만 제국이다. 오스만 제국은 술탄·칼리프의 칭호를 사용하였다.

왜 틀렸지? ①, ② 사파비 왕조, ④ 티무르 왕조, ⑤ 포르투갈과 에스파냐에 대한 설명이다.

알려 줄게! 티무르 왕조와 사파비 왕조

티무르 왕조	• 티무르가 몽골 제국의 부흥을 내세우며 건국 • 동서 교역로에 위치하여 중계 무역으로 번영
사파비 왕조	• 페르시아 제국의 부활을 내세우며 건국 • '샤' 왕호 사용, 시아파 이슬람교를 국교로 지정

02 술레이만 1세는 헝가리를 정복하고 오스트리아의 빈을 공격하였다. 유럽 연합 함대를 무찔러 지중해 해상권을 장악하였다.

03 ㉠은 술탄이다. 오스만 제국은 넓은 영토를 술탄이 직접 통치하는 지역과 총독을 통해 간접 지배하는 지역으로 나누어 효율적으로 다스렸다.

알려 줄게! 오스만 제국의 발전

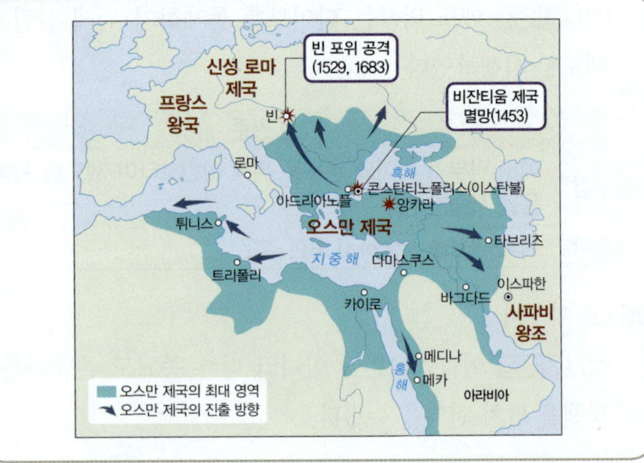

04 제시된 자료는 '술탄 아흐메트 사원'으로 오스만 제국의 동서 문화 융합을 상징하는 건축물이다.

왜 틀렸지? ③ 17~18세기 유럽 문화에 대한 설명이다.

05 (가)는 콜럼버스, (나)는 바스쿠 다 가마, (다)는 마젤란이다. 콜럼버스는 오늘날의 서인도 제도에 도착하였다. 바스쿠 다 가마는 희망봉을 거쳐 인도로 가는 항로를 개척하였다.

왜 틀렸지? ⑤ 바스쿠 다 가마는 포르투갈의 지원을 받았다.

05-1 아시아의 산물이 유럽에서 인기를 끌었고, 동방에 대한 유럽인의 호기심이 높아졌다. 항해에 나침반을 이용하면서 원거리 무역이 가능해졌다.

왜 틀렸지? ㄴ. 지중해 중심의 무역이 발달하여 무역에서 소외되었던 나라들이 신항로 개척에 나섰다.

06 신항로 개척 이후 아메리카의 새로운 작물이 유럽에 들어왔다. 유럽, 아메리카, 아프리카를 잇는 삼각 무역이 발전하였고 아메리카의 금과 은이 대량으로 유통되면서 물가가 크게 올랐다. 어음, 보험과 같은 금융 제도가 갖추어졌다.

왜 틀렸지? ④ 지중해 무역을 주도했던 이탈리아 도시 국가들과 오스만 제국이 쇠퇴하였다.

07 제시된 자료는 삼각 무역을 나타낸 것이다. 신항로 개척 이후 유럽, 아메리카, 아프리카를 잇는 삼각 무역이 발달하였다.

왜 틀렸지? ⑤ 신항로 개척 이후 무역의 중심지가 지중해에서 대서양으로 이동하였다.

알려 줄게! 대서양 중심의 삼각 무역

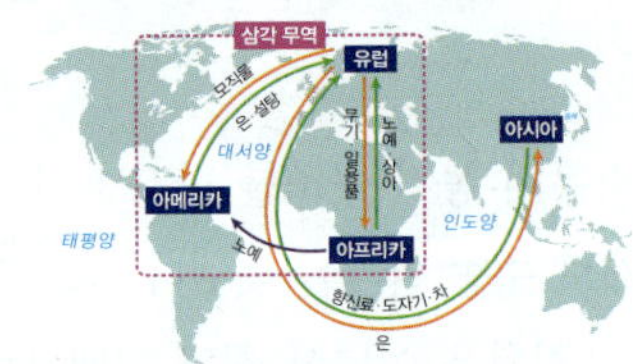

아메리카 농장에 노동력이 필요해지자 유럽 상인이 총, 면포 등을 아프리카인 노예와 교환한 후 아메리카에 그들을 팔았다.

08 ㉠은 잉카 제국으로, 요새인 마추픽추와 계단식 밭을 만들었다.

왜 틀렸지? ③, ⑤ 아스테카 제국에 대한 설명이다. ④ 에스파냐인의 침략으로 멸망하였다.

09 제시된 자료는 아메리카 원주민의 인구 감소를 보여 준다. 신항로 개척 이후 유럽인에 의해 아메리카 원주민은 광산과 농장에서 가혹한 노동에 시달렸고, 유럽에서 전파된 전염병에 노출되어 인구 수가 급격히 감소하였다.

10 아메리카의 인구 감소로 노동력이 부족해지자 유럽인들은 아프리카 원주민을 노예로 동원하였다.

11 아프리카는 노예 무역으로 인구가 감소하고 남녀 성 비율의 균형이 깨졌으며 부족 간 갈등이 심화되었다.

12 제시된 자료는 루터가 발표한 95개조 반박문으로, 교황 레오 10세의 면벌부 판매와 교회의 부패를 비판하고자 발표하였다.

왜 틀렸지? ①, ②, ③, ④ 95개조 반박문 발표 이후에 일어난 사건이다.

13 제시된 자료는 칼뱅의 예정설이다. 칼뱅의 주장은 상공업자들의 호응을 얻었으며, 유럽 자본주의의 발달에 영향을 주었다.

왜 틀렸지? ⑤ 루터파에 대한 설명이다.

14 밑줄 친 '조약'은 베스트팔렌 조약으로, 칼뱅파를 공식적으로 인정하였다.

왜 틀렸지? ㄹ. 권리 장전과 관련 있다.

15 ㉠은 재정·군사 국가이다. 재정·군사 국가는 상비군을 갖추고 관료제를 운영하였다. 중상주의 정책을 펼쳐 국내의 상공업을 보호·육성하였고, 상공 시민 계층의 재정적 지원을 받았다.

왜 틀렸지? ③ 국왕은 상공 시민 계층의 상공업 활동을 적극적으로 지원하였다.

16 재정·군사 국가는 중상주의 정책을 펼쳐 관세 장벽을 높이고 국내의 상공업을 보호하였다. 넓은 시장과 원료 공급지를 확보하기 위해 식민지 개척에 적극적으로 나섰다.

왜 틀렸지? ㄴ. 완성품 수출을 장려하였다.

17 엘리자베스 1세는 동인도 회사를 세우고 해외 시장을 적극적으로 개척하였다.

왜 틀렸지? ① 에스파냐의 펠리페 2세, ② 영국의 찰스 1세, ③, ④ 프랑스의 루이 14세에 대한 설명이다.

알려 줄게! **유럽 각국을 이끈 군주들**

엘리자베스 1세 (영국)	에스파냐의 무적함대를 격파하며 해상권 장악, 상공업 육성, 동인도 회사 설립
루이 14세 (프랑스)	왕권신수설 신봉, 베르사유 궁전 건축, '태양왕' 자처, 콜베르를 등용하여 중상주의 정책 실시
펠리페 2세 (에스파냐)	이슬람 세력 격퇴, 무적함대를 만들어 해상권 장악
표트르 대제 (러시아)	서유럽의 문물과 제도 수용, 상트페테르부르크로 천도
프리드리히 2세 (프로이센)	'국가 제일의 심부름꾼' 자처, 상수시 궁전 건축

18 제시된 자료는 명예혁명과 관련 있다. 명예혁명 이후 메리와 윌리엄은 의회가 제정한 권리 장전을 승인하여 입헌 군주제의 토대를 마련하였다.

18-1 찰스 1세를 처형하고 공화정을 수립한 청교도 혁명을 주도했던 크롬웰은 독재 정치를 실시하였고, 결국 크롬웰이 죽은 후 왕정이 부활하여 찰스 2세가 왕위에 올랐다.

왜 틀렸지? ②, ③, ④ (가) 시기에 일어난 일이다. ⑤ (나) 시기에 일어난 일이다.

19 ㉠은 프랑스의 루이 14세이다. 루이 14세는 스스로 '태양왕'이라 부르며 왕권신수설을 강조하였으며, 중상주의 정책을 실시하였다. 무리한 군사 활동 등으로 재정난을 초래하였다.

왜 틀렸지? ① 엘리자베스 1세에 대한 설명이다.

01 (1) 예니체리

02 **예시 답안** 아시아의 산물이 유럽에서 큰 인기를 끌었다. 『동방견문록』 등으로 아시아에 대한 유럽인의 호기심이 커졌다. 지중해 무역에서 소외되었던 국가들이 아시아와 직접 교역하기 위해 새로운 항로를 찾아 나섰다. 지리학, 천문학, 선박과 지도 제작 기술의 발달과 나침반 사용 등으로 먼 거리 항해가 가능해졌다.

채점 기준	
상	신항로 개척이 일어난 배경 세 가지를 모두 서술한 경우
중	위의 내용 중 두 가지만 서술한 경우
하	위의 내용 중 한 가지만 서술한 경우

03 (1) (가) 유럽 (나) 아메리카 (다) 아프리카

(2) **예시 답안** 아프리카는 노예 무역으로 인구가 줄고 성비 불균형과 부족 간 갈등이 심해졌다.

채점 기준	
상	삼각 무역이 아프리카에 끼친 영향 두 가지를 모두 서술한 경우
중	위의 내용 중 한 가지만 서술한 경우
하	위의 내용을 서술하지 못한 경우

04 (1) 칼뱅

(2) **예시 답안** 베스트팔렌 조약이 체결되면서 칼뱅파가 공식적으로 인정받게 되었다.

채점 기준	
상	베스트팔렌 조약이 체결되면서 칼뱅파가 공식적으로 인정받았음을 서술한 경우
하	위의 내용을 서술하지 못한 경우

05 (1) 권리 장전

(2) **예시 답안** 영국에서는 입헌 군주제의 토대가 마련되었다.

채점 기준	
상	입헌 군주제의 토대를 마련하였음을 서술한 경우
하	위의 내용을 서술하지 못한 경우

❶ 원　❷ 잉카 제국　❸ 베스트팔렌　❹ 문치주의　❺ 역참
❻ 곤여만국전도　❼ 산킨코타이　❽ 예니체리　❾ 95개조 반박문
❿ 명예혁명

01 ②　02 ④　03 ③　04 ⑤　05 ②　06 ⑤　07 ⑤
08 ③　09 ④　10 ④　11 ④　12 ④　13 ①　14 ③
15 ③　16 ②　17 ②　18 ④　19 ①　20 ④
21 조닌 문화　　22 해설 참조　　23 해설 참조

01 ㉠은 거란(요), ㉡은 여진(금)이다. 거란은 화북으로 진출하여 연운 16주를 차지하였다.

왜 틀렸지? ④, ⑤ 몽골 제국에 대한 설명이다.

알려 줄게! **북방 민족의 성장**

거란(요)	발해 멸망시킴, 연운 16주 차지하여 중국 화북 진출, 송과 대립, 고려 공격
서하	비단길을 통한 무역 장악
여진(금)	송의 수도 카이펑 함락, 화북 차지
공통점	• 우월한 군사력을 바탕으로 송 압박 • 고유 문자 제정 등 고유문화를 지키기 위해 노력 • 이중 지배 체제(유목민–고유의 부족제, 한족–군현제)

02 ㉠은 송 태조이다. 태조는 문치주의를 채택하여 군인보다 문인 관료를 우대하고, 과거제를 개혁하여 황제권을 강화하였다.

왜 틀렸지? ①, ② 명의 홍무제에 대한 설명이다. ③ 후금의 누르하치에 대한 설명이다. ⑤ 원의 쿠빌라이 칸에 대한 설명이다.

03 송대에는 모내기법이 보급되었고, 상인과 수공업자는 동업 조합을 조직하였다. 상업과 도시의 성장을 배경으로 서민 문화가 발달하였다.

왜 틀렸지? 양명학은 명대에 발전하였다.

알려 줄게! **「청명상하도」**

인구 100만 명이 넘는 대도시였던 송의 수도 카이펑에는 음식점, 찻집, 상점 등이 즐비하였다.

04 ㉠은 원이다. 원은 남송을 멸망시켰다. 원대에는 목화 재배가 확대되었고, 잡극이 크게 유행하였으며 다양한 종교가 공존하였다.

왜 틀렸지? ⑤ 송에 대한 설명이다.

05 밑줄 친 '이 인물'은 마르코 폴로이다. 그는 『동방견문록』을 출판하였다.

왜 틀렸지? ①, ④ 곽수경, ③ 마테오 리치, ⑤ 아담 샬에 대한 설명이다.

06 제시된 자료는 자금성으로, 이를 건설한 인물은 명의 영락제이다. 영락제는 정화를 해외로 파견하였다.

왜 틀렸지? ①, ②, ③, ④ 홍무제에 대한 설명이다.

알려 줄게! **정화의 항해**

영락제 때 정화의 항해를 시작하여 여러 나라와 조공 관계를 체결하는 등 명의 국력을 과시하였다.

07 명의 영락제 때 정화의 항해로 아프리카 동부 해안까지 진출하였다. 명은 임진왜란 때 조선에 원군을 파견하였다. 이후 재정난으로 무리하게 세금을 거두자 이자성이 농민군을 이끌고 반란을 일으켰다. 명이 멸망한 후 청이 베이징을 점령하여 수도로 삼았다.

08 (가)는 청이다.

왜 틀렸지? ③ 명에 대한 설명이다.

09 ㉠은 명·청이다. 이 시기에는 서민 문화가 발달하였고, 은으로 세금을 납부하였다. 농업 생산력의 향상으로 인구가 증가하였다.

왜 틀렸지? ㄴ. 원대에 교초를 널리 사용하였다.

알려 줄게! **명·청대의 인구 증가**

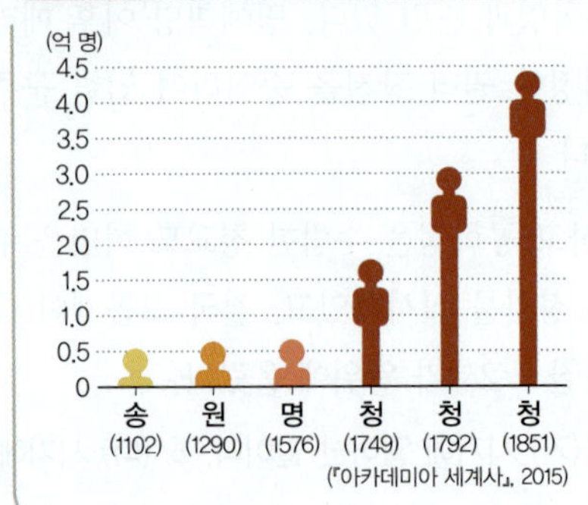

명·청대에는 농업의 발달로 인구가 증가하였다. 특히 청대에는 인두세가 폐지되어 호적에 이름을 올리는 사람이 많아지면서 인구가 폭발적으로 늘었다.

10 명·청대에 유럽의 크리스트교 선교사가 서양의 수학, 천문학, 지리학 등을 소개하였다. 마테오 리치는 「곤여만국전도」를 만들어 중국인의 세계관에 영향을 끼쳤다. 아담 샬은 천문학과 역법, 대포 제작 기술 등을 청에 소개하였다.

마테오 리치가 명의 지식인들과 함께 만든 세계 지도로, 자신들이 세계의 중심이라고 믿었던 중국인들에게 큰 충격을 주었다.

11 일본 최초의 무사 정권은 가마쿠라 막부이다.

왜 틀렸지? ①, ③ 무로마치 막부, ② 에도 막부, ⑤ 전국 시대에 대한 설명이다.

12 ㉠은 에도 막부이다. 에도 막부 시기에 막번 체제가 수립되었고, 산킨코타이 제도를 시행하여 다이묘를 통제하였다. 조선과는 통신사와 왜관을 통해 교류하였고, 조닌 문화가 발달하여 가무극인 가부키가 유행하였다.

왜 틀렸지? ④ 가마쿠라 막부에 대한 설명이다.

13 무굴 제국의 아크바르 황제는 다른 종교도 존중하는 관용 정책을 펼쳤다.

왜 틀렸지? ②, ⑤ 아우랑제브, ③ 샤자한, ④ 바부르에 대한 설명이다.

14 시크교는 무굴 제국 시기에 발달하였다. 무굴 제국 시기에 면직물은 대표적인 수출품이었다. 인도·이슬람 문화가 발전하였고, 우르두어를 널리 사용하였으며 무굴 회화가 유행하였다.

왜 틀렸지? ③ 오스만 제국에 해당한다.

15 ㉠은 오스만 제국이다. 오스만 제국은 술레이만 1세 때 전성기를 맞이하였다.

왜 틀렸지? ①, ④, ⑤ 사파비 왕조, ② 티무르 왕조에 대한 설명이다.

16 ㉠은 신항로 개척이다. 신항로 개척으로 삼각 무역이 발달하였다. 유럽에서는 가격 혁명이 일어났고 감자, 옥수수, 담배 등 새로운 작물이 들어왔다. 신항로 개척 이후 유럽인이 아메리카에 몰려들면서 아메리카 토착 문명이 파괴되었다.

왜 틀렸지? ② 무역의 중심지가 지중해에서 대서양으로 바뀌면서 대서양 연안의 국가들이 번영을 누렸다.

17 (가)는 아스테카 제국, (나)는 잉카 제국이다. 아스테카 제국은 거대한 피라미드 신전을 지었고, 잉카 제국은 마추픽추를 건설하였다.

왜 틀렸지? ㄴ. 잉카 제국에 대한 설명이다. ㄹ. 잉카 제국은 에스파냐의 피사로에 의해 정복되었다.

18 루터는 95개조 반박문을 발표하여 로마 가톨릭교회의 면벌부 판매를 비판하였다.

제20조 교황이 모든 벌을 면제한다고 선언한다면 그것은 진정한 의미에서의 모든 벌이 아니라, 단지 교황 자신이 내린 벌을 면제한다는 것뿐이다.
제36조 진실로 회개한 크리스트교도는 면벌부가 없어도 벌이나 죄에서 완전히 해방된다.

루터는 인간이 오직 신앙에 의해서만 구원된다고 주장하였고, 제후들의 보호와 지원을 받았다.

19 크롬웰이 이끄는 의회파의 주도로 청교도 혁명이 일어나 공화정이 수립되었다.

20 16~18세기 유럽에서는 재정·군사 국가가 등장하였다. 재정·군사 국가에서는 상비군을 양성하였고, 관료제를 시행하였으며 중상주의 정책을 실시하였다.

배경	16~18세기 유럽에서 종교 전쟁을 거치며 군사 경쟁 심화
특징	• 관료제와 상비군 운영: 군주의 명령 효율적 시행 • 중상주의 정책: 관세를 높여 수입을 줄이고 국내 상공업을 보호·육성하는 경제 정책

22 (1) 무굴 제국

(2) **예시 답안** 인도 고유문화와 이슬람 문화가 융합된 인도·이슬람 문화가 발전하였다.

채점 기준	
상	인도 고유문화와 이슬람 문화가 융합된 인도·이슬람 문화가 발전하였음을 서술한 경우
하	위의 내용을 서술하지 못한 경우

23 **예시 답안** 관료제를 운영하였다. 상비군을 양성하였다. 중상주의 정책을 시행하였다.

채점 기준	
상	재정·군사 국가의 특징 두 가지를 모두 서술한 경우
중	위의 내용 중 한 가지만 서술한 경우
하	위의 내용을 서술하지 못한 경우

Ⅰ 역사 학습의 기초 ～ Ⅱ 문명의 발생과 고대 세계의 형성

Ⅰ 역사 학습의 기초
～ Ⅱ - 01 선사 문화와 문명의 특징 ①

실력 확인 문제　　　　　　02~05쪽

01 ①	02 ③	03 ④	04 ①	05 ④	06 ②	07 ①	08 ②
09 ②	10 ③	11 ④	12 ④	13 ⑤	14 ⑤	15 ④	16 ①
17 ⑤	18 ④	19 사료	20 해설 참조	21 해설 참조			

01 (가)는 역사가 랑케가 주장한 사실로서의 역사이다. (나)는 역사가 카가 주장한 기록으로서의 역사이다. 랑케는 역사적 사실 자체를 중요하게 여겨 역사가의 판단을 개입시켜서는 안 된다고 주장하였다.

02 제시된 자료는 콜럼버스에 대한 상이한 입장을 보여 준다. 이는 기록으로서의 역사를 의미한다.
　왜 틀렸지? ③ 사실로서의 역사에 대한 설명이다.

03 기록으로서의 역사는 기록하는 사람의 생각이나 관점에 따라 역사 서술이 달라질 수 있기 때문에 주관성을 지닌다.
　왜 틀렸지? ①, ②, ③, ⑤ 사실로서의 역사에 대한 설명이다.

04 사실로서의 역사는 과거에 일어난 일 그 자체로, 객관성을 강조한다.
　왜 틀렸지? ㄷ, ㄹ. 기록으로서의 역사에 해당한다.

05 역사 학습을 통해 삶의 지혜와 교훈을 얻을 수 있고, 역사적 판단력과 탐구력을 기를 수 있다. 부끄러운 역사를 반성하고 더 나은 미래를 준비할 수 있다.

06 한국사 학습을 통해 우리 문화의 우수성을 이해할 수 있다.

07 유적은 역사적 사건이 벌어진 장소, 건축물, 고분 등 과거 사람들이 남긴 흔적을 의미한다.
　왜 틀렸지? ②, ③, ⑤ 유물, ④ 기록에 해당한다.

08 ㉠에 들어갈 내용은 사료 비판이다.

09 역사 서술은 사료 수집 → 사료 비판 → 역사 추론 및 해석 → 역사 서술의 절차를 거친다.

10 ㉠은 직립 보행이다. 오스트랄로피테쿠스 아파렌시스는 직립 보행을 하면서 자유로워진 두 손으로 간단한 도구를 만들어 사용하였다.

11 (가)는 처음으로 직립 보행을 한 오스트랄로피테쿠스 아파렌시스이다.
　왜 틀렸지? ②, ③ 호모 에렉투스, ⑤ 호모 사피엔스에 대한 설명이다.

12 제시된 유물은 찍개로, 구석기 시대의 도구이다.
　왜 틀렸지? ④ 신석기 시대에 대한 설명이다.

13 제시된 유물은 구석기 시대의 조각품인 빌렌도르프의 비너스이다.
　왜 틀렸지? ⑤ 움집은 신석기 시대의 주거지였다.

14 제시된 자료는 구석기 시대의 생활 모습이다. 구석기 시대에는 찍개, 주먹 도끼와 같은 뗀석기를 사용하였다.
　왜 틀렸지? ①, ②, ③, ④ 신석기 시대에 대한 설명이다.

알려 줄게! **구석기 시대와 신석기 시대**

구분	구석기	신석기
도구	뗀석기	간석기, 토기
경제	사냥, 채집	농경과 목축 시작(신석기 혁명)
주거	이동 생활(바위 그늘, 동굴, 막집)	정착 생활(움집)
문화	• 동굴 벽화 제작 • 조각상 제작 • 시체 매장 풍습, 장례 의식 보유	• 원시 신앙(애니미즘, 토테미즘) • 동물의 뼈, 조개껍데기 등으로 장신구 제작

15 신석기 시대에 농경과 목축을 하면서 인류는 스스로 식량을 생산하게 되었고 인구가 크게 증가하였다. 이를 신석기 혁명이라고 한다.

16 신석기 시대에는 갈돌과 갈판 등 간석기를 사용하였다. 자연물에 영혼이 있다고 믿었으며, 특정 동물이나 식물을 숭배하기도 하였다.
　왜 틀렸지? ㄷ, ㄹ. 구석기 시대에 대한 설명이다.

17 제시된 자료는 신석기 시대의 주거 생활 변화와 관련 있다. 신석기 시대에는 농경과 목축이 시작되면서 한곳에 정착하여 생활하였고, 움집을 지어 주거지를 마련하였다.

18 (가)는 주먹 도끼로 구석기 시대의 도구이다. (나)는 갈돌과 갈판으로 신석기 시대의 도구이다.
　왜 틀렸지? ①, ②, ⑤ 신석기 시대, ③ 구석기 시대에 대한 설명이다.

20 예시답안 사실로서의 역사와 기록으로서의 역사이다. 사실로서의 역사는 객관성을 강조하고, 기록으로서의 역사는 주관성을 강조한다.

채점 기준	
상	사실로서의 역사, 기록으로서의 역사를 모두 서술한 경우
중	위의 내용 중 한 가지만 서술한 경우
하	위의 내용을 서술하지 못한 경우

21 (1) 간석기

(2) 예시답안 구석기 시대에는 채집과 사냥을 통해 식량을 획득하였다. 그러나 신석기 시대에는 농경과 목축이 시작되면서 스스로 식량을 생산하게 되었고, 인구가 크게 증가하는 등 커다란 변화가 있었다.

채점 기준	
상	구석기 시대와 비교하여 신석기 시대 식량 획득 방식을 서술한 경우
중	신석기 시대의 식량 획득 방식만 서술한 경우
하	위의 내용을 서술하지 못한 경우

01 선사 문화와 문명의 특징 ②

01 ⑤	**02** ②	**03** ④	**04** ④	**05** ④	**06** ③	**07** ④	**08** ①
09 ④	**10** ⑤	**11** ③	**12** ②	**13** ②	**14** ①	**15** ⑤	**16** ③
17 ④	**18** 해설 참조		**19** 카스트제		**20** 해설 참조		

01 문명은 큰 강 유역에서 발생하였고, 일부 도시는 청동기로 전쟁을 벌였다. 이 과정에서 계급이 발생하였고, 지배자는 문자를 사용하였다.

02 문명의 형성 과정에서 문자를 만들어 사용하기 시작하였고, 청동기를 사용하였다.

03 메소포타미아 문명은 유프라테스강, 티그리스강 유역에서 발생하였고, 이집트 문명은 나일강 유역에서 발생하였다.

왜 틀렸지? ㄱ. 중국 문명은 황허강 유역에서 발생하였다. ㄷ. 인도 문명은 인더스강 유역에서 발생하였다.

04 (가)는 메소포타미아 문명, (나)는 중국 문명이다.

05 (가) 문명은 메소포타미아 문명이다.

왜 틀렸지? ㄹ. 이집트 문명에 대한 설명이다.

06 메소포타미아 문명을 일으킨 수메르인은 쐐기 문자를 사용하였다.

왜 틀렸지? ① 갑골문은 중국 문명과 관련 있다. ② 상형 문자는 이집트 문명과 관련 있다. ④ 청동 제기는 중국 문명과 관련 있다. ⑤ 하라파 문자는 인도 문명과 관련 있다.

07 제시된 자료는 길가메시 서사시로 메소포타미아 문명과 관련 있다.

왜 틀렸지? ④ 인도 문명에 대한 설명이다.

08 제시된 자료는 함무라비 법전으로, 바빌로니아 왕국의 함무라비왕이 편찬하였다. 법전을 통해 당시 화폐를 사용하였고, 신분에 따라 처벌을 달리하였음을 알 수 있다.

09 제시된 설명은 이집트 문명과 관련된 것이다.

10 (가)는 「사자의 서」이다.

왜 틀렸지? ① 메소포타미아 문명의 지구라트이다. ② 이집트 문명의 피라미드이다. ③ 메소포타미아 문명의 쐐기 문자이다. ④ 상의 청동 제기이다.

11 (가)는 바빌로니아 왕국이다. 바빌로니아 왕국의 함무라비왕이 메소포타미아 지역을 통일하고 함무라비 법전을 편찬하여 통치 질서를 확립하였다.

왜 틀렸지? ① 중국 문명(상), ②, ⑤ 이집트 문명, ④ 인도 문명에 대한 설명이다.

12 우르와 라가시는 메소포타미아 문명의 도시 국가이다.

왜 틀렸지? 인도 문명은 계획도시인 하라파와 모헨조다로를 건설하였다.

13 기원전 1500년경 아리아인이 인더스강 유역으로 이동하였고, 이후 갠지스강 유역까지 진출하였다. 이들은 철제 농기구를 사용하여 농업을 발전시켰다. 이들이 원주민을 정복하고 지배하는 과정에서 카스트제가 성립하였다.

왜 틀렸지? ㄱ, ㄷ, ㄹ. 아리아인이 인더스강 유역으로 이동하기 전의 상황이다.

14 제시된 자료는 카스트제이다. 카스트제는 아리아인이 인더스강 유역으로 이동한 이후 원주민을 정복하고 지배하는 과정에서 성립하였다.

왜 틀렸지? ① 크샤트리아에 대한 설명이다. 바이샤는 주로 농업, 수공업, 상업에 종사하였다.

15 (가)는 상, (나)는 주이다.

왜 틀렸지? ⑤ 상과 주는 청동기를 사용하였다.

16 (가)는 메소포타미아 문명의 쐐기 문자, (나)는 상의 갑골문이다.

왜 틀렸지? ③ 헤브라이인은 기원전 11세기경 이스라엘 왕국을 세웠다.

17 밑줄 친 '이 제도'는 봉건제로, 주가 실시하였다.

왜 틀렸지? ① 이집트 문명, ②, ⑤ 인도 문명, ③ 메소포타미아 문명에 대한 설명이다.

18 (1) 이집트 문명

(2) **예시 답안** 주변국의 침입을 거의 받지 않아 통일 왕국을 오랫동안 유지할 수 있었다.

채점 기준	
상	주변국의 침입이 없어 통일 왕국을 유지하였음을 서술한 경우
중	통일 왕국 유지만 서술한 경우
하	위의 내용을 서술하지 못한 경우

20 (1) 봉건제

(2) **예시 답안** 왕이 수도와 주변 지역을 직접 통치하고, 왕의 친척이나 공신을 제후로 삼아 지방을 다스렸다. 혈연 의식을 바탕으로 운영되었다. 제후는 왕이 주관하는 제사에 참여하고 공물을 바쳤으며, 군사를 제공하였다.

채점 기준	
상	봉건제의 특징을 두 가지 모두 서술한 경우
중	위의 내용 중 한 가지만 서술한 경우
하	위의 내용을 서술하지 못한 경우

02 고대 서아시아·지중해 세계의 형성

01 ⑤	02 ④	03 ⑤	04 ⑤	05 ③	06 ②	07 ④	08 ②
09 ③	10 ①	11 ②	12 ⑤	13 ②	14 ⑤	15 ⑤	16 ③
17 ⑤	18 해설 참조	19 아우구스투스	20 해설 참조				

01 아시리아는 피정복민을 가혹하게 통치하였고, 결국 정복지 주민의 반란으로 멸망하였다.

02 (가) 아시리아, (나) 아케메네스 왕조 페르시아이다.

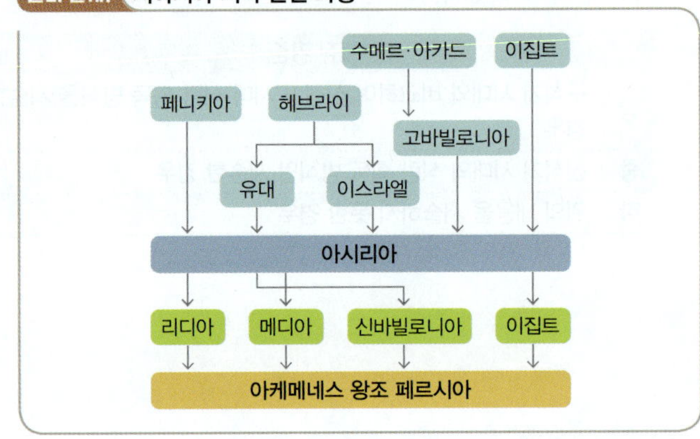

03 (나) 아케메네스 왕조 페르시아이다. 아케메네스 왕조 페르시아의 다리우스 1세는 전국을 20여 개의 속주로 나누었고, '왕의 길'이라는 도로를 정비하였다.

왜 틀렸지? ㄱ. 아테네. ㄴ. 아시리아에 대한 설명이다.

04 제시된 설명은 아케메네스 왕조 페르시아에 대한 것이다.

05 제시된 자료의 인물은 아케메네스 왕조 페르시아의 다리우스 1세이다. 아케메네스 왕조 페르시아는 알렉산드로스에게 멸망하였다.

왜 틀렸지? ③ 알렉산드로스 제국에 대한 설명이다.

06 (가) 아시리아, (나) 아케메네스 왕조 페르시아이다.

왜 틀렸지? ㄴ. 아케메네스 왕조 페르시아는 그리스·페르시아 전쟁에서 패배한 이후 쇠퇴하였다. ㄷ. 그리스의 아테네에 대한 설명이다.

07 그리스의 폴리스는 정치적으로 독립되어 있었다. 동일한 언어를 사용하고 같은 신들을 믿어 동족 의식이 강하였고, 4년마다 올림피아 제전을 열어 연대감을 강화하였다.

08 아테네에서는 5세기 중엽 페리클레스 때 민회 중심의 직접 민주 정치가 발전하였다.

09 아테네는 기원전 6세기경 재산에 따른 참정권을 부여하였다. 이후 클레이스테네스는 참주의 출현을 막기 위한 목적으로 도편 추방제를 실시하였다. 기원전 5세기경 페리클레스 때 민회 중심의 직접 민주 정치가 꽃을 피웠다.

알려 줄게! **아테네 민주 정치의 발전**

솔론	재산 정도에 따라 일부 평민에게 참정권 부여
클레이스테네스	도편 추방제 도입
페리클레스	직접 민주 정치 실현, 성인 남성 시민이 추첨으로 공직을 맡음, 수당 지급

10 제시된 자료는 아테네의 도편 추방제이다. 아테네는 그리스·페르시아 전쟁 이후 주변 폴리스와 델로스 동맹을 맺어 번영을 누렸다.

왜 틀렸지? ②, ④ 로마에 대한 설명이다. ③ 스파르타를 중심으로 한 펠로폰네소스 동맹에 대한 설명이다. ⑤ 알렉산드로스 제국에 대한 설명이다.

11 호메로스는 그리스 문학을 대표한다. 소크라테스와 소피스트는 그리스의 철학가이다. 헤로도토스는 그리스의 역사가이다.

12 (가)는 알렉산드로스 제국이다.

왜 틀렸지? ③ 서로마 제국에 대한 설명이다.

13 제시된 문화유산은 헬레니즘 문화의 대표적인 조각상인 라오콘 군상이다. 헬레니즘 문화는 세계 시민주의적 성격을 보였다. 헬레니즘 시대에는 스토아 학파가 등장하였다.

왜 틀렸지? ㄴ, ㄹ. 로마의 문화에 대한 설명이다.

14 로마-카르타고 전쟁 이후 정복 전쟁을 거치며 로마에서는 소수의 귀족이 대농장(라티푼디움)을 경영하였고, 자영농들이 토지를 잃고 빈민으로 몰락하였다. 이에 그라쿠스 형제는 개혁을 시도하였다.

15 로마는 카르타고와의 전쟁에서 승리하였다. 전쟁 이후 귀족이 대농장을 경영하고 자영농이 몰락하자 그라쿠스 형제가 개혁을 시도하였다. 그 뒤 권력을 잡은 카이사르가 공화정을 지지하는 세력에게 암살당하였다. 카이사르 사후 권력을 장악한 아우구스투스 때부터 로마에서 실질적인 제정이 시작되었다.

16 제시된 자료는 로마의 문화를 나타낸다.

왜 틀렸지? ③ 파르테논 신전은 그리스의 대표적인 건축이다.

17 밑줄 친 '이 종교'는 크리스트교이다. 크리스트교는 보편적인 사랑과 평등을 강조하였고, 로마의 전통적인 신들과 황제 숭배를 거부해 박해를 받았다. 이후 크리스트교는 콘스탄티누스 대제 때 밀라노 칙령으로 공인되었다.

왜 틀렸지? ㄱ. 조로아스터교에 대한 설명이다.

18 (1) 헬레니즘 문화

(2) **예시 답안** 헬레니즘 문화는 폴리스 중심의 공동체 의식에서 벗어나 세계는 하나이기에 모든 시민이 평등하다는 세계 시민주의적인 성격을 보였다. 또한 공동체보다 개인의 행복을 중시하는 개인주의적 경향도 나타났다.

채점 기준	
상	헬레니즘 문화의 세계 시민주의, 개인주의적 경향을 서술한 경우
중	위의 내용 중 한 가지만 서술한 경우
하	위의 내용을 서술하지 못한 경우

20 (1) 크리스트교

(2) **예시 답안** 유일신을 숭배하는 크리스트교도들이 로마의 전통적 신들과 황제 숭배를 거부하여 박해를 받았다.

채점 기준	
상	로마의 전통적인 신들과 황제에 대한 숭배를 거부하였음을 서술한 경우
중	위의 내용 중 한 가지만 서술한 경우
하	위의 내용을 서술하지 못한 경우

03 고대 동아시아·인도 세계의 형성

실력 확인 문제

01 ②	02 ⑤	03 ②	04 ④	05 ⑤	06 ③	07 ⑤	08 ③
09 ④	10 ①	11 ⑤	12 ①	13 ⑤	14 ⑤	15 ②	16 ⑤
17 ②	18 해설 참조	19 해설 참조	20 간다라 양식				

01 제시된 지도는 춘추 전국 시대와 관련 있다. 춘추 전국 시대에는 제자백가가 등장하였다.

왜 틀렸지? ①, ④ 한, ③, ⑤ 진에 대한 설명이다.

02 (가)에 해당하는 제자백가는 유가이다.

03 밑줄 친 '이 인물'은 진시황제이다. 진시황제는 '황제' 칭호를 처음으로 사용하였고, 군현제를 실시하였다.

왜 틀렸지? ㄴ, ㄹ. 한 무제에 대한 설명이다.

04 제시된 자료는 진에 대한 내용이다.

왜 틀렸지? ④ 한 무제 때 장건을 서역으로 파견하였다.

05 (가)는 한이다. 한 고조는 군현제와 봉건제를 절충한 군국제를 시행하였다. 잦은 대외 원정으로 국가 재정이 어려워지자 한 무제는 소금과 철의 전매 제도를 실시하여 재정 문제를 해결하려고 하였다. 외척이었던 왕망은 한을 무너뜨리고 신을 세웠다. 이후 성립한 후한에서는 황건적의 난이 일어났다.

06 (가)는 한이다.

왜 틀렸지? ③ 주가 수도를 동쪽의 낙읍으로 옮기면서 춘추 전국 시대가 시작되었다.

07 제시된 자료는 유교를 통치 이념으로 채택하는 내용으로, 한 무제와 관련 있다. 한 무제는 베트남 북부를 점령하였다.

왜 틀렸지? ①, ③, ④ 진에 대한 설명이다. ② 춘추 전국 시대에 대한 설명이다.

08 제시된 자료는 소금과 철의 전매 제도이다. 이 제도는 한 무제가 잦은 대외 원정으로 국가 재정이 어려워지자 재정 문제를 해결하기 위해 시행하였다.

09 한대에는 훈고학이 발달하였고, 후한의 채륜이 제지술을 개량하였으며 사마천이 『사기』를 편찬하였다.

왜 틀렸지? ㄴ. 한비자는 춘추 전국 시대에 활동한 법가 사상가이다.

10 밑줄 친 '이 종교'는 불교이다.

왜 틀렸지? ① 제자백가 중 유가에 대한 설명이다.

11 제시된 자료는 산치 대탑으로, 마우리아 왕조의 아소카왕이 세웠다.

왜 틀렸지? ⑤ 쿠샨 왕조에 대한 설명이다.

12 (가)는 아소카왕이 세운 돌기둥의 머리 부분이다.

왜 틀렸지? ② 간다라 불상이다. ③ 헬레니즘 시대에 제작된 라오콘 군상이다. ④ 아케메네스 왕조 페르시아의 날개 달린 황금 사자 뿔 잔이다. ⑤ 상의 청동 제기이다.

13 쿠샨 왕조의 전성기를 이끈 인물은 카니슈카왕이다.

14 (가) 마우리아 왕조, (나) 쿠샨 왕조이다.

왜 틀렸지? ⑤ 쿠샨 왕조 시기에 간다라 양식이 나타났다.

15 (나)는 쿠샨 왕조이다. 쿠샨 왕조 시기에 대승 불교가 발전하였다.

왜 틀렸지? ①, ④, ⑤ 마우리아 왕조에 대한 설명이다. ③ 고타마 싯다르타는 기원전 6세기경에 불교를 창시하였다.

16 (가) 상좌부 불교, (나) 대승 불교이다.

왜 틀렸지? 상좌부 불교는 동남아시아에, 대승 불교는 동아시아에 전파되었다.

17 밑줄 친 '이 양식'은 간다라 양식이다. 헬레니즘 문화의 영향을 받아 나타난 양식으로, 간다라 지방에서 시작되었다.

왜 틀렸지? ㄱ. 간다라 양식은 쿠샨 왕조 때 나타났다.

18 (1) 시황제
(2) **예시 답안** 나라마다 달랐던 문자를 통일하여 지방에서도 황제(국가)의 명령을 쉽게 전달함으로써 중앙 집권 체제를 강화하고자 하였다.

채점 기준	
상	황제의 명령을 쉽게 전달, 중앙 집권 체제 강화를 서술한 경우
중	중앙 집권 체제 강화만 서술한 경우
하	위의 내용을 서술하지 못한 경우

19 (1) 카니슈카왕
(2) **예시 답안** 간다라 지방을 중심으로 중앙아시아와 북부 인도를 차지하였다. 불교 포교에 힘써 곳곳에 거대한 사원과 탑을 세우고 불경 연구를 장려하였다.

채점 기준	
상	카니슈카왕의 업적을 두 가지 모두 서술한 경우
중	위의 내용 중 한 가지만 서술한 경우
하	위의 내용을 서술하지 못한 경우

Ⅲ 세계 종교의 확산과 지역 문화의 발전

01 동아시아 문화의 형성

실력 확인 문제 18~21쪽

01 ①	02 ④	03 ⑤	04 ③	05 ②	06 ③	07 ①	08 ③
09 ④	10 ⑤	11 ⑤	12 ①	13 ③	14 ③	15 ⑤	16 ③
17 ②	18 한화 정책	19 해설 참조	20 해설 참조				

01 제시된 자료는 위진 남북조의 변천 과정이다. (가) 위, (나) 진, (다) 북위이다.

02 북위의 효문제는 한족의 언어와 의복을 사용하고, 선비족의 성씨를 한족의 성씨로 바꾸는 한화 정책을 실시하였다.

왜 틀렸지? ①, ②, ③, ⑤ 수에 대한 설명이다.

03 ㉠은 5호 16국이다.

04 제시된 자료는 9품중정제를 설명하고 있다. 9품중정제가 시행되면서 유력 호족이 중앙 관직을 독점하여 문벌 귀족 사회가 형성되었다.

05 ㄴ, ㄹ. 북조의 문화적 특징이다.

06 (가)는 수, (나)는 당이다. 당은 신라와 연합하여 고구려를 멸망시켰다.

왜 틀렸지? ①, ② 당, ④ 수, ⑤ 동진에 대한 설명이다.

07 (나)는 당이다. 당은 율령 체제에 기초해 과거제, 조용조, 3성 6부제, 부병제, 균전제 등을 실시하였다.

08 (가)는 당이다.

왜 틀렸지? ① 후한, ②, ④ 수, ⑤ 북위에 대한 설명이다.

09 당은 균전제, 조용조, 부병제를 정비하여 나라의 재정과 군사력을 튼튼히 하였다.

10 제시된 자료는 당의 수도인 장안의 구조이다. 당은 대외 교류를 바탕으로 국제적인 문화가 발전하였다.

왜 틀렸지? ⑤ 위진 남북조 시대에 대한 설명이다.

11 동아시아 문화에는 불교, 유교, 율령, 한자 등의 문화 요소가 포함된다.

12 당삼채 속 낙타와 인물을 통해 당의 국제적 문화를 알 수 있다.

13 만주와 한반도에 최초의 국가인 고조선이 건국되었다. 고구려, 백제, 신라가 중국 문물을 수용해 중앙 집권 국가로 발전하였다. 이후 신라가 당과 연합해 고구려를 멸망시켰고 고구려 유민이 발해를 건국하면서 남북국의 형세가 되었다.

14 7세기 말에 '일본'이라는 국호를 사용하기 시작하였다.

왜 틀렸지? ① 야마토 정권에 대한 설명으로 (나) 시기에 해당한다. ② 야요이 시대에 대한 설명으로 (가) 시기에 해당한다. ④ 헤이안 시대에 대한 설명으로 (마) 시기에 해당한다. ⑤ 다이카 개신에 대한 설명이다.

15 일본 고유 문자인 가나가 사용된 것은 헤이안 시대부터이다.

16 ㉠은 나라이다. 나라 시대에는 당의 장안성을 본떠 헤이조쿄를 건설하였다.

왜 틀렸지? ①, ② 헤이안 시대에 대한 설명이다. ④, ⑤ 야마토 정권에 대한 설명이다.

17 가나 문자는 헤이안 시대부터 사용하기 시작하였다.

왜 틀렸지? ② 나라 시대에 대한 설명이다.

19 (1) 위진 남북조 시대

(2) **예시 답안** 남조에서는 귀족 중심의 화려하고 자유분방한 문화가 발달하였다. 북조에서는 유목 민족의 강건하고 소박한 기풍이 더해진 문화가 발달하였다.

채점 기준	
상	남조와 북조의 문화적 특징을 비교하여 서술한 경우
중	남조와 북조의 문화적 특징 중 한 가지만 서술한 경우
하	위의 내용을 서술하지 못한 경우

20 **예시 답안** 화북과 강남을 연결하여 강남의 풍부한 물자를 화북으로 쉽게 운반하기 위해서 대운하를 건설하였다.

채점 기준	
상	화북과 강남을 연결, 강남의 물자를 화북으로 운반 등 대운하 건설 목적을 구체적으로 서술한 경우
중	위의 내용 중 한 가지만 서술한 경우
하	위의 내용을 서술하지 못한 경우

실력 확인 문제
22~25쪽

01 ⑤	02 ③	03 ①	04 ②	05 ⑤	06 ⑤	07 ②	08 ①
09 ⑤	10 ②	11 ②	12 ⑤	13 ④	14 ④	15 ①	16 ②
17 ③	18 해설 참조	19 해설 참조	20 술탄				

01 (가)는 사산 왕조 페르시아이다.

02 (가)는 사산 왕조 페르시아이다. 사산 왕조 페르시아는 페르시아 제국의 부흥을 내걸고 건설되었고, 조로아스터교를 국교로 삼았다.

왜 틀렸지? ㄱ. 아케메네스 왕조 페르시아, ㄹ. 서로마 제국에 대한 설명이다.

03 제시된 자료와 관련된 나라는 굽타 왕조이다.

04 제시된 자료는 굽타 왕조와 관련 있다. 굽타 왕조 시기에는 굽타 양식이 나타났고, 산스크리트 문학이 발달하였다.

왜 틀렸지? ㄴ. 인도 문명, ㄹ. 마우리아 왕조에 대한 설명이다.

05 힌두교는 자신의 카스트에 따른 성실한 의무 수행을 강조하였다.

왜 틀렸지? ①, ④ 불교, ②, ③ 조로아스터교에 대한 설명이다.

06 밑줄 친 '이 인물'은 카롤루스 대제이다. 카롤루스 대제는 정복지에 교회를 세워 크리스트교를 전파하였다.

왜 틀렸지? ①, ④ 유스티니아누스 황제, ② 게르만족 출신 용병 대장, ③ 레오 3세에 대한 설명이다.

07 (가)는 프랑크 왕국, (나)는 비잔티움 제국이다.

08 비잔티움 제국에서는 거대한 돔과 화려한 모자이크 벽화를 특징으로 하는 비잔티움 양식이 발달하였고, 그리스어를 공용어로 사용하였다.

왜 틀렸지? ㄷ. 서로마 제국, ㄹ. 중세 서유럽에 대한 설명이다.

09 밑줄 친 '나'는 유스티니아누스 황제이다. 그는 옛 서로마 제국 영토의 상당 부분을 회복하였다.

왜 틀렸지? ① 토마스 아퀴나스, ③ 하인리히 4세, ④ 우르바누스 2세에 대한 설명이다.

10 성 소피아 성당은 비잔티움 양식의 대표적인 건축물로, 거대한 돔과 화려한 모자이크 벽화가 특징이다.

왜 틀렸지? ㄴ. 이슬람 사원인 모스크의 특징이다. ㄹ. 고딕 양식의 특징이다.

알려 줄게! 모스크의 구조

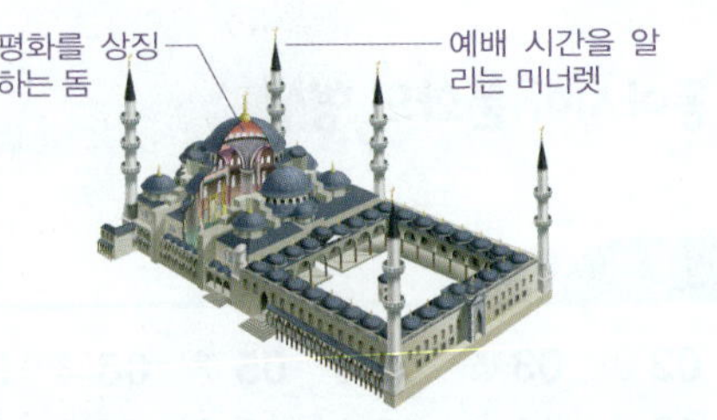

이슬람교에서는 우상 숭배를 금지하였기 때문에 기하학적 무늬, 문자, 덩굴무늬 등을 이용한 아라베스크 무늬로 모스크를 장식하였다.

11 밑줄 친 '이 종교'는 이슬람교이다. 헤지라는 무함마드가 메카에서 메디나로 이주한 일을 말하며, 이슬람교도들은 이슬람력의 시작 연도로 삼았다.

왜 틀렸지? ① 브라만교, ③ 힌두교, ④, ⑤ 조로아스터교에 대한 설명이다.

12 무함마드가 아라비아반도의 대부분을 통일하였다. 무함마드가 사망한 후에는 정통 칼리프 시대가 시작되었다. 이후 우마이야 가문이 칼리프의 지위를 세습하였고, 아바스 가문이 우마이야 왕조를 무너뜨리고 아바스 왕조를 세웠다.

13 무함마드 사망 이후 정통 칼리프 시대가 시작되었다. 이 시기에는 이슬람 세력이 사산 왕조 페르시아를 정복하였다.

왜 틀렸지? ①, ②, ③, ⑤ 제4대 칼리프인 알리가 암살된 이후에 일어난 사건이다.

알려 줄게! 이슬람 제국의 발전

무함마드 시기	• 이슬람교 정립 • 헤지라 → 메카 재입성 → 아라비아반도 통일
정통 칼리프 시대	• 칼리프 선출 • 시리아, 이집트, 사산 왕조 페르시아 정복 • 이슬람교 개종 시 세금 감면
우마이야 왕조	• 수도 다마스쿠스 • 칼리프 지위 세습, 시아파와 수니파로 분열되는 계기 • 아랍인 우대 정책: 비아랍인의 불만 심화
아바스 왕조	• 수도 바그다드 번영 • 탈라스 전투 승리 • 아랍인 중심 정책 폐지

14 제시된 자료는 (가) 시아파와 (나) 수니파의 대립을 보여 준다. 제4대 칼리프인 알리가 암살된 후 우마이야 가문이 칼리프의 지위를 세습하면서 이슬람 세계는 수니파와 시아파로 나뉘어 대립하였다.

구분	시아파	수니파
주장	무함마드의 혈통인 알리의 후손만이 칼리프가 될 수 있다고 주장	능력과 자질을 갖추면 누구나 칼리프가 될 수 있다고 주장
특징	이슬람 소수파	이슬람 다수파

15 (가)는 아바스 왕조이다. 아바스 왕조는 바그다드를 수도로 삼았고, 당과 벌인 탈라스 전투에서 승리하였다.

왜 틀렸지? ② 우마이야 왕조, ③ 정통 칼리프 시대, ④, ⑤ 셀주크 튀르크에 대한 설명이다.

16 제시된 자료에서 설명하는 기록물은 『쿠란』이다.

17 ③ 12세기경 중세 서유럽에서 유행한 고딕 양식에 대한 것으로, 크리스트교와 관련 있다.

18 **예시 답안** 게르만족이 세운 여러 나라 가운데 이동 거리가 짧았고, 크리스트교를 수용하여 로마 교회의 지지를 받아 오랫동안 번성하였다.

채점 기준	
상	프랑크 왕국이 오래 번성한 까닭을 두 가지 모두 서술한 경우
중	위의 내용 중 한 가지만 서술한 경우
하	위의 내용을 서술하지 못한 경우

19 (1) ㉠ 레오 3세 ㉡ 성상 파괴령

(2) **예시 답안** 레오 3세가 성상 파괴령을 내린 이후 크리스트교 세계는 교황을 중심으로 하는 로마 가톨릭교회와 비잔티움 제국의 황제를 중심으로 하는 그리스 정교로 나뉘었다.

채점 기준	
상	로마 가톨릭교회와 그리스 정교로 나뉘었음을 서술한 경우
중	크리스트교 세계가 분열되었음을 서술한 경우
하	위의 내용을 서술하지 못한 경우

03 서아시아와 유럽의 교류와 갈등

실력 확인 문제 26~29쪽

01 ③	02 ④	03 ①	04 ⑤	05 ④	06 ⑤	07 ⑤	08 ②
09 ③	10 ②	11 ⑤	12 ①	13 ①	14 ③	15 ⑤	16 ④
17 ⑤	18 클뤼니 수도원		19 해설 참조		20 해설 참조		

01 (가)는 농노이다.

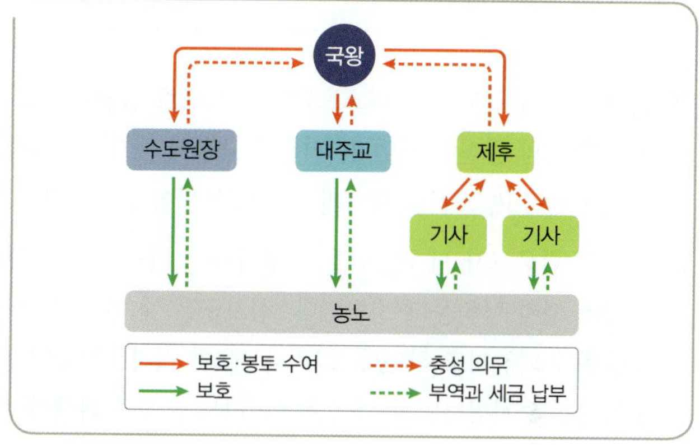

02 농노는 약간의 재산을 소유하고, 영주의 땅을 경작하며 세금을 부담하였다.

왜 틀렸지? ㄱ, ㄷ. 농노는 결혼하여 가정을 이룰 수 있었고, 거주지를 자유롭게 이동할 수 없었다.

03 봉신은 자신의 봉토 안에서 주군의 간섭 없이 재판을 진행하고, 세금을 징수하는 등 독자적인 통치권을 행사하였다.

04 ⑤ 영주는 주군인 왕의 간섭을 받지 않고 장원 안에서 독자적인 통치권을 행사하였다.

05 교회가 세속화되면서 성직 매매와 같은 부패가 일어나자 10세기경부터 클뤼니 수도원을 중심으로 교회를 개혁하려는 운동이 일어났다.

왜 틀렸지? ④ 성직자 임명권을 왕이나 제후가 행사하였다.

06 교회가 세속화되자 10세기경 클뤼니 수도원을 중심으로 교회 개혁 운동이 일어났다. 11세기 후반 그레고리우스 7세는 성직 매매와 성직자의 혼인을 금지하였다. 이후 하인리히 4세가 교황에게 굴복한 사건인 카노사의 굴욕이 일어났다. 황제와 교황의 대립은 교황이 성직자 임명권을 차지하는 것으로 일단락되었다(보름스 협약).

07 제시된 자료는 카노사의 굴욕과 관련된 것이다. 카노사의 굴욕은 신성 로마 제국의 황제인 하인리히 4세와 교황이 성직자 임명권을 두고 대립하다 결국 황제가 교황에게 굴복한 사건이다.

08 제시된 건축물은 피사 대성당으로, 로마네스크 양식으로 지어졌다. 로마네스크 양식은 11세기 서유럽에서 유행한 건축 양식으로, 원형의 아치가 특징이다.

 로마네스크 양식과 고딕 양식

구분	로마네스크 양식	고딕 양식
유행 시기	11세기	12세기
특징	원형의 아치	뾰족한 탑, 스테인드글라스
대표 성당	피사 대성당	샤르트르 대성당

09 중세 서유럽 문화는 크리스트교를 중심으로 발달하였고, 신학은 학문의 중심이 되었다. 건축은 교회와 수도원을 중심으로 발달하였고, 스콜라 철학과 기사도 문학이 유행하였다.

10 셀주크 튀르크가 예루살렘을 점령하자 로마 교황이 서유럽 각국에 성지 탈환을 호소하였다. 십자군은 제1차 원정 때 예루살렘을 되찾기도 하였다. 그러나 제4차 십자군이 콘스탄티노폴리스를 점령하면서 성지 회복이라는 본래 목적에서 벗어났다.

11 제시된 자료는 십자군 전쟁의 전개를 보여 준다. 이 전쟁의 영향으로 지중해 무역권이 형성되었고 봉건 영주 세력과 교황의 권위가 약화되었다. 반면 상대적으로 왕권은 강화되었다.

12 제시된 자료에서 설명하는 것은 길드이다.

13 ① 서로마 제국은 476년에 게르만족 출신 용병 대장에 의해 멸망하였다.

14 흑사병이 유행하면서 인구가 크게 줄어 노동력이 부족해졌다. 이에 영주들은 농민의 처우를 개선하기도 하였다. 이러한 상황에서 장원이 해체되어 갔다.

15 십자군 전쟁 이후 교황의 권위가 떨어지고 상대적으로 왕권이 강화되었다. 백년 전쟁에서 승리한 프랑스는 중앙 집권 국가로 성장하는 기반이 마련되었다.

16 이탈리아는 지중해 무역으로 번영하였고, 고대 로마의 문화유산을 간직하고 있었다. 여기에 비잔티움 제국 멸망 이후 많은 학자가 이주하여 고전 문화 연구가 활발히 이루어졌다. 이를 토대로 르네상스가 발전하였다.

 ㄷ. 르네상스는 신 중심의 사고에서 벗어나 그리스·로마의 고전 문화를 되살려 인간 중심의 새로운 문화를 만들려는 시도이다.

17 (가)는 알프스 이북이다. 알프스 이북의 르네상스는 사회와 교회의 문제점을 비판하는 경향이 강하였다.

 ①, ②, ③, ④ 이탈리아 르네상스에 대한 설명이다.

 이탈리아와 알프스 이북 르네상스

구분	이탈리아 르네상스	알프스 이북 르네상스
지역	이탈리아 지역	알프스 이북 지역
특징	인문주의 발달	사회, 교회 비판적

19 (1) 농노

(2) **예시 답안** 농노는 고대 노예와 달리 약간의 재산을 소유하고 결혼하여 가정을 이룰 수 있었다.

채점 기준	
상	농노와 고대 노예의 차이점을 두 가지 모두 서술한 경우
중	위의 내용 중 한 가지만 서술한 경우
하	위의 내용을 서술하지 못한 경우

20 **예시 답안** 알프스 이북 르네상스는 사회와 교회의 문제점을 비판하는 경향이 강하였다.

채점 기준	
상	사회와 교회의 문제점을 비판하는 경향이 강하였음을 서술한 경우
중	교회의 문제점을 비판하였다는 내용만 서술한 경우
하	위의 내용을 서술하지 못한 경우

01 유라시아 교역 및 문화 교류의 확대

실력 확인 문제　　30~33쪽

01 ④	**02** ④	**03** ④	**04** ④	**05** ⑤	**06** ③	**07** ③	**08** ⑤
09 ④	**10** ①	**11** ④	**12** ③	**13** ①	**14** ④	**15** ④	**16** ③
17 ④	**18** 해설 참조	**19** 해설 참조	**20** 해설 참조

01 연운 16주는 연주와 운주 등 만리장성 이남의 농경 지대인 16개 주를 말한다.

왜 틀렸지? 연운 16주를 장악한 나라는 거란(요), 탕구트가 세운 나라는 서하, 여진이 세운 나라는 금이다.

02 (가)는 여진이 세운 금이다.

왜 틀렸지? ④ 거란에 대한 설명이다. 거란은 발해를 멸망시키고 나라 이름을 요로 고쳤다.

03 북방 민족은 스스로 황제라 칭하고 자신들만의 문자를 만들어 사용하며 고유문화를 지키기 위해 노력하였다.

04 이중 지배 체제는 거란(요), 금이 유목민은 고유의 부족제로 다스리고 한족은 중국식 제도인 군현제(주현제)로 다스린 것을 말한다.

05 과거제를 개혁한 인물은 송을 세운 태조(조광윤)이다. 송 태조는 중앙 집권 체제를 갖추고자 절도사의 권한을 빼앗고 문인을 우대하는 문치주의를 내세우고, 황제가 직접 과거 시험을 주관하는 전시를 도입하였다.

06 송대에 부국강병을 위한 개혁을 시도하였으나 보수파의 반대로 실패한 인물은 왕안석이다.

왜 틀렸지? ① 주희는 성리학을 집대성한 인물, ② 아구다는 여진을 통일하여 금을 세운 인물, ④ 조광윤은 송을 세운 인물, ⑤ 테무친은 몽골을 통일한 인물이다.

07 문치주의의 실시로 송대에 유교적 소양을 갖춘 사대부 계층이 형성되었다. 이들은 과거를 거쳐 문인 관료가 되면서 새로운 사회 지배층으로 성장하였다.

왜 틀렸지? ③ 절도사에 대한 설명이다.

알려 줄게! **송의 문치주의**

내용	황제가 군사권 장악, 군인보다 문인 관료 우대
정책	재상권 분산, 전시 시행 등 과거제 개혁
영향	• 황제권 강화, 사대부 계층 형성 • 지나친 문치주의로 군사력 약화. 북방 민족에 막대한 양의 비단과 은 제공

08 지도의 (가)는 시박사이다. 송대에 해상 무역이 발달하자 시박사를 설치하여 무역 업무와 관세 징수 등을 담당하게 하였다.

09 송대에는 모내기법이 보급되었고, 상업이 활성화되면서 교자, 회자 등의 지폐를 사용하였다. 상업과 도시의 성장으로 서민 문화가 발달하여 대도시에 전문 공연장이 설치되어 서민 오락이 공연되었다. 이 시기에는 활판 인쇄술, 화약, 나침반이 발명되었다.

왜 틀렸지? ④ 패자는 역참을 이용할 수 있는 통행증으로 원대에 이용되었다.

10 송대에는 경제 발전과 과학 기술의 발달로 해상 교역이 활발해졌다.

왜 틀렸지? ① 몽골 제국과 관련된 설명이다.

11 13세기 초 테무친은 금의 지배를 받던 몽골을 통일한 후 칭기즈 칸으로 추대되었다.

왜 틀렸지? ㄱ, ㄷ. 칭기즈 칸의 손자인 쿠빌라이 칸의 업적이다.

12 색목인은 주로 중앙아시아인과 서아시아인을 이르던 말로 원대 재정과 행정을 담당하는 지배 계층이다.

13 몽골은 말을 이용한 뛰어난 기동력과 전술로 대제국을 건설할 수 있었다. 피정복민을 차별하여 몽골 제일주의를 실시하였으며, 여러 종교에 관용적인 태도를 보였다.

알려 줄게! **몽골 제국의 성립**

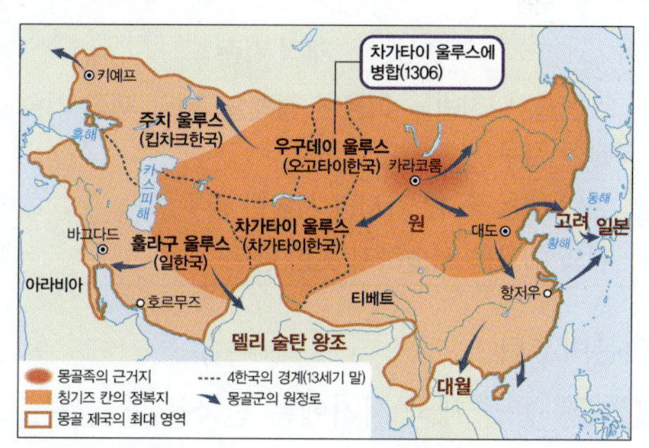

몽골은 뛰어난 기동력, 우수한 전투력, 이슬람 상인을 통한 정보 획득으로 단기간에 대제국을 형성할 수 있었다.

14 (가) 몽골인, (나) 색목인, (다) 한인, (라) 남인이다.

왜 틀렸지? ㄹ. 정보와 물자를 원에 제공하여 우대를 받은 계층은 색목인이다.

15 ㄱ. 황건적의 난은 후한 말기에 발생하였다. ㄷ. 당 말기에 절도사 세력의 힘이 강해져 안사의 난 등 반란이 일어났다.

16 패자는 역참에서 사용한 일종의 통행증으로 이를 제시하면 말과 수레 등을 이용할 수 있었다.

왜 틀렸지? ④, ⑤ 원대의 지폐인 교초에 대한 설명이다.

17 밑줄 친 '이 인물'은 마르코 폴로이다. 몽골 제국 시기 교통로가 정비되며 동서 교류가 활발하였다.

왜 틀렸지? ① 수시력을 만들었다. ② 크리스트교 선교사로 칸에게 교황의 편지를 전하고자 몽골 제국을 방문하였다. ③『여행기』를 출판하였다. ⑤ 몽골 제국 출신의 네스토리우스교 수도사였다.

알려 줄게! 몽골 제국 시기 동서 교류

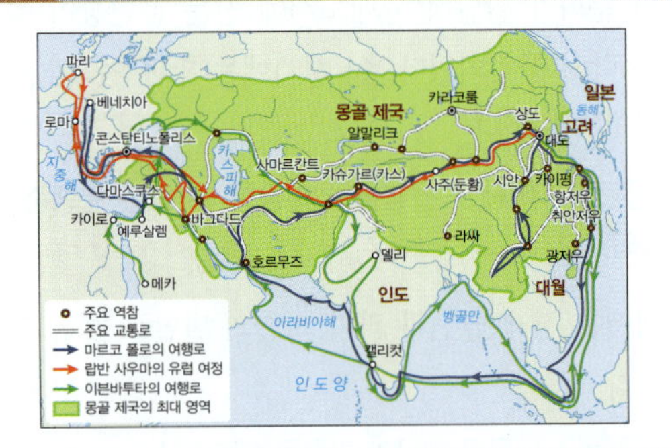

18 **예시 답안** 문치주의로 절도사의 권한을 약화하고 황제권을 강화하였다. 사대부 계층이 성장하였다. 군사력이 약화되어 북방 민족의 침입이 잦았다.

채점 기준	
상	문치주의의 영향을 두 가지 모두 서술한 경우
중	위의 내용 중 한 가지만 서술한 경우
하	위의 내용을 서술하지 못한 경우

19 (1) 시박사

(2) **예시 답안** 조선술과 나침반을 이용한 항해술, 지도 제작 기술의 발달로 원거리 항해가 가능해졌다.

채점 기준	
상	조선술, 나침반을 이용한 항해술, 지도 제작 기술의 발달을 서술한 경우
중	위의 내용 중 한 가지만 서술한 경우
하	위의 내용을 서술하지 못한 경우

20 (1) 이븐바투타

(2) **예시 답안** 몽골 제국 시기에는 전국을 연결하는 도로망을 만들고 역참을 설치하였다. 초원길, 비단길, 바닷길이 연결되어 유라시아·인도양 교역권이 형성되었다.

채점 기준	
상	전국을 연결하는 도로망 정비, 역참 설치, 유라시아·인도양 교역권 형성 중 두 가지를 서술한 경우
중	위의 내용 중 한 가지만 서술한 경우
하	위의 내용을 서술하지 못한 경우

02 동아시아·인도 지역 질서의 변화

실력 확인 문제 34~37쪽

01 ③	02 ⑤	03 ④	04 ②	05 ①	06 ④	07 ⑤	08 ②
09 ①	10 ②	11 ③	12 ①	13 ③	14 ⑤	15 ②	16 ⑤
17 ⑤	18 해설 참조	19 해설 참조	20 해설 참조				

01 홍무제는 난징을 수도로 명을 건국하였다.

왜 틀렸지? ③ 베이징에 자금성을 건설하고 수도를 옮긴 것은 영락제 때 있었던 일이다.

알려 줄게! 명의 발전

홍무제	• 난징을 수도로 명 건국 • 이갑제 시행, 육유 반포
영락제	• 자금성 건설, 베이징 천도 • 대외 팽창 정책 추진 • 정화의 항해로 명의 국력 과시

02 영락제 때 정화의 함대가 아프리카 동부 해안에 진출하였다. 명 중기 이후 임진왜란이 일어나자 명이 조선에 군대를 파견하였다. 명의 국력이 약해지자 누르하치(청 태조)가 후금을 건국하였다. 후금의 침입으로 엄청난 군비를 지출한 명이 무리하게 세금을 거두자 전국에서 농민 봉기가 발발하였다. 결국 이자성의 농민군이 베이징을 점령하면서 명이 멸망하였다.

03 자료는 청에서 실시한 만한 병용제에 대한 설명이다. 청은 소수의 만주족이 다수의 한족을 지배하기 위해 회유책과 강압책을 함께 썼다.

왜 틀렸지? ① 송, ② 원, ③, ⑤ 명 시기의 일이다.

알려 줄게! 청의 중국 지배

회유책	• 중요 관직에 만주족과 한족을 같은 수로 등용 • 한족 학자들을 대규모로 동원하여 서적 편찬
강압책	• 만주족의 풍습인 변발과 호복 강요 • 청 왕조를 비판하는 서적 출판 금지 • 한족 중심의 화이사상 탄압

04 (2), (3), (4)는 명·청대의 특징에 해당한다.

왜 틀렸지? (1) 대량의 은은 유럽에서 중국으로 흘러갔다.

05 ㉠에 들어갈 무역항은 광저우이다. ㉡에 들어갈 말은 공행이다.

왜 틀렸지? 시박사는 송대 설치한 해상 무역 담당 관청이고, 행과 작은 송대 조직된 동업 조합이다.

06 고증학은 경전을 실증적으로 연구하는 학문이다.

〈왜 틀렸지?〉 ①, ②, ③, ⑤ 양명학에 대한 설명이다.

07 「곤여만국전도」는 명대에 중국에 온 크리스트교 선교사인 마테오 리치가 만든 세계 지도로, 자신들이 세계의 중심이라 믿었던 중국인들에게 큰 충격을 주었다.

08 명·청대에는 대량의 은이 중국으로 유입되었고, 중국의 비단·차·도자기가 유럽에서 큰 인기를 끌었다. 명대에 크리스트교 선교사들이 중국을 방문하여 서양 학문을 소개하였는데, 마테오 리치가 서광계와 함께 유클리드의 『기하원본』을 번역하였다.

〈왜 틀렸지?〉 ② 청은 건국 초부터 해상 무역을 통제하였고, 18세기 중반 이후 공행을 통한 무역만 허용하였다.

09 (가)는 무로마치 막부 시기이다. 무로마치 막부는 명과 조공·책봉 관계를 회복하고 무역을 실시하였다.

〈왜 틀렸지?〉 ②, ④, ⑤ 에도 막부, ③ 전국 시대에 대한 설명이다.

10 에도 막부에서 시행한 산킨코타이 제도는 지방 다이묘들의 가족을 에도에 머무르게 하면서 인질로 삼고, 다이묘들을 주기적으로 영지와 에도를 왕복하게 한 제도이다. 그 결과 다이묘들의 힘이 약화되었다.

〈알려 줄게!〉 **에도로 향하는 다이묘 행렬**

에도 막부는 다이묘를 통제하기 위해 그들을 일정 기간 에도에 머무르게 하고, 그 가족들도 에도에 인질로 두게 하는 산킨코타이 제도를 시행하였다.

11 난학은 에도 막부 시기에 네덜란드 상인을 통해 들어온 서양 학문과 기술을 바탕으로 발달한 학문이다.

12 우키요에와 가부키는 에도 막부 때 발달한 조닌 문화의 사례이다.

〈왜 틀렸지?〉 ② 전국 시대, ③ 가마쿠라 막부, ④ 헤이안 시대, ⑤ 전국 시대를 통일한 도요토미 히데요시가 권력을 잡은 시기에 대한 설명이다.

13 (가)는 아크바르 황제, (나)는 아우랑제브 황제에 대한 설명이다.

〈왜 틀렸지?〉 티무르는 칭기즈 칸의 후계자임을 자처하여 중앙아시아 지역에 티무르 제국을 건설한 인물로 티무르의 후손 바부르가 무굴 제국을 세웠다. 샤자한은 타지마할을 세웠다.

14 ㉠에 해당하는 인물은 아크바르로, 이슬람교뿐만 아니라 다른 종교도 존중하는 관용 정책을 펼쳤다.

〈왜 틀렸지?〉 ① 샤자한, ② 아우랑제브, ③ 바부르, ④ 오스만 제국에 대한 설명이다.

15 '이 종교'는 시크교로, 황금 사원은 시크교의 대표적인 종교 유적이다. 시크교는 카스트제의 신분 차별을 반대하고 인간의 평등을 주장하여 무굴 제국 시기에 펀자브 지역을 중심으로 발전하였다.

16 (가)는 무굴 제국이다. 무굴 제국에서는 인도 고유문화와 이슬람 문화가 융합된 인도·이슬람 문화가 크게 발전하였다.

〈왜 틀렸지?〉 ⑤ 굽타 왕조에 대한 설명이다.

〈알려 줄게!〉 **타지마할**

이슬람 양식의 돔형 지붕, 아치 등과 인도 양식의 연꽃 문양 등이 조화를 이루도록 만들었다.

17 굽타 왕조 이후 델리 술탄 왕조가 들어섰다. 이후 바부르가 델리 술탄 왕조를 무너뜨리고 무굴 제국을 건국하였다. 바부르의 손자인 아크바르 황제는 지즈야를 폐지하는 등 종교 관용 정책을 펼쳤다. 17세기 후반 아우랑제브 황제는 이슬람 제일주의를 내세워 통치하였다.

〈알려 줄게!〉 **무굴 제국의 발전**

바부르	무굴 제국 건국
아크바르	• 북인도에서 아프가니스탄에 이르는 대제국 건설 • 비이슬람교도를 존중하는 관용 정책
샤자한	타지마할 건립
아우랑제브	• 남인도 정복, 인도 역사상 가장 넓은 영토 차지 • 이슬람 제일주의 정책

18 〈예시 답안〉 ㉠: 중요한 관직에 만주족과 한족을 함께 등용하였다. 『사고전서』와 같은 대규모 편찬 사업에 한족 지식인들을 참여시켰다.

㉡: 한족에게 만주족의 풍습인 변발과 호복을 강요하였다. 청 왕조를 비판하는 서적 출판을 금지하였다. 한족 중심의 화이 사상을 탄압하였다.

채점 기준	
상	회유책과 강압책의 사례를 모두 서술한 경우
중	위의 내용 중 한 가지만 서술한 경우
하	위의 내용을 서술하지 못한 경우

19 (1) 가마쿠라 막부

(2) 예시 답안 쇼군은 최고 지배자로서 군림하였으며, 천황은 의례를 담당하는 상징적인 존재가 되었다.

채점 기준	
상	쇼군과 천황의 지위와 역할을 모두 서술한 경우
중	위의 내용 중 한 가지만 서술한 경우
하	위의 내용을 서술하지 못한 경우

20 예시 답안 아크바르 황제는 관용 정책을 펼쳐 비이슬람교도에게 부과하던 인두세인 지즈야를 폐지하고 힌두교도도 군인과 관료로 등용하였다. 아우랑제브 황제는 이슬람 제일주의를 내세워 지즈야를 다시 거두고, 힌두교 사원을 파괴하는 등 이슬람교가 아닌 다른 종교를 탄압하여 제국 내 비이슬람교도의 불만을 샀다.

채점 기준	
상	두 황제의 종교와 관련된 정책을 비교하여 옳게 서술한 경우
중	위의 내용 중 한 가지만 서술한 경우
하	위의 내용을 서술하지 못한 경우

03 서아시아와 유럽 사회의 변화

실력 확인 문제 38~41쪽

01 ⑤ 02 ② 03 ③ 04 ⑤ 05 ④ 06 ④ 07 ② 08 ②
09 ③ 10 ④ 11 ① 12 ① 13 ③ 14 ⑤ 15 ⑤ 16 ③
17 ③ 18 해설 참조 19 해설 참조 20 해설 참조

01 오스만 제국은 메흐메트 2세 때 비잔티움 제국을 정복하고 콘스탄티노폴리스를 수도로 삼았다(1453). 이후 콘스탄티노폴리스는 이스탄불로도 불렸다.

02 메흐메트 2세가 비잔티움 제국을 정복하였다(1453). 16세기경 오스만 제국이 정복 활동으로 영토를 확장하는 과정에서 술탄은 칼리프의 칭호까지 이어받았다. 이후 술레이만 1세는 헝가리를 정복하고 오스트리아의 빈을 공격하면서 전성기를 맞았다.

03 오스만 제국의 술탄은 이집트를 정복하는 과정에서 아바스 왕조의 후손으로부터 칼리프의 칭호를 이어받았다. 이를 술탄·칼리프 제도라고 한다.

왜 틀렸지? ③ 티무르 제국에 대한 설명이다.

04 제시된 지도는 신항로 개척과 관련 있다. 향신료, 비단과 같은 아시아 산물이 유럽에서 큰 인기를 끌었고, 『동방견문록』 등은 아시아에 대한 유럽인의 호기심을 자극하였다. 이 무렵 지중해 무역에서 소외되었던 포르투갈, 에스파냐 등이 아시아와 직접 교역하기 위해 새로운 항로를 찾아 나서면서 신항로 개척이 이루어졌다.

05 (가) 콜럼버스, (나) 바스쿠 다 가마, (다) 마젤란 일행의 항해로이다.

06 신항로 개척 이후 교역의 중심지가 지중해에서 대서양으로 이동하였다.

07 코르테스와 피사로는 에스파냐 사람이었다.

08 교황이 면벌부를 판매하자 독일의 성직자 루터가 95개조 반박문을 발표하여 큰 지지를 받았다. 스위스에서는 칼뱅이 인간의 구원이 미리 예정되어 있다는 예정설을 주장하며 종교 개혁에 나섰다.

알려 줄게! **루터의 95개조 반박문**

> 제20조 교황이 모든 벌을 면제한다고 선언한다면 그것은 진정한 의미에서의 모든 벌이 아니라, 단지 교황 자신이 내린 벌을 면제한다는 것뿐이다.
> 제36조 진실로 회개한 크리스트교도는 면벌부가 없어도 벌이나 죄에서 완전히 해방된다.

09 16세기 알프스 이북에서는 성직자의 타락과 교회의 부패에 대한 비판이 거세지며 종교 개혁의 움직임이 나타났다.

왜 틀렸지? ③ 예정설을 주장한 것은 칼뱅이다.

알려 줄게! **종교 개혁의 확산**

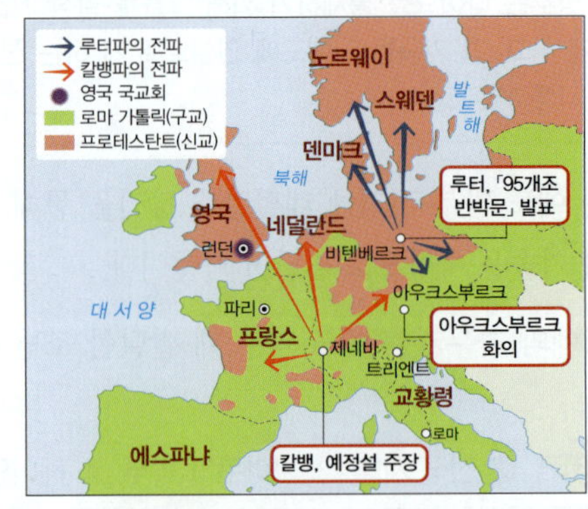

종교 개혁이 확산되며 로마 가톨릭교회(구교)와 신교의 대립이 일어나 종교 전쟁으로 번졌다.

10 30년 전쟁의 결과 베스트팔렌 조약을 통해 칼뱅파도 공식적으로 인정받게 되면서 제후가 로마 가톨릭, 루터파, 칼뱅파 등을 선택하는 것이 허용되었다.

11 재정·군사 국가에서는 관료제와 상비군을 유지하는 데 드는 막대한 비용을 조세와 상공 시민 계층의 지원으로 해결하였다.

왜 틀렸지? ① 재정·군사 국가는 중상주의 정책을 펼쳤다.

12 그림은 한정된 금은을 더 많이 보유하고자 수입을 제한하고 수출을 늘려 그 차액만큼 금은을 남기는 정책을 시행한 중상주의를 표현한 것이다. 재정·군사 국가는 더 넓은 시장과 원료 공급지를 확보하기 위해 식민지를 개척하였다.

13 중상주의 정책은 관세를 높여 수입을 줄이고 국내의 상공업을 보호하고 육성하는 정책이다. 더 넓은 시장과 원료 공급지를 확보하기 위해 식민지 획득에 적극적으로 나섰다.

14 찰스 1세가 권리 청원에서 승인한 의회의 권리를 무시하고 청교도를 탄압하자 청교도 혁명이 일어나 공화정이 세워졌다. 하지만 크롬웰 사후 다시 왕정이 부활하여 찰스 2세가 즉위하였다. 찰스 2세의 뒤를 이은 제임스 2세가 다시 전제 정치를 강화하려 하자 명예혁명이 발생하여 새로 왕으로 추대된 메리와 윌리엄이 권리 장전을 승인함으로써 영국에서 입헌 군주제의 토대가 마련되었다.

15 제시된 자료는 권리 장전으로 이와 관련된 혁명은 명예혁명이다. 제임스 2세의 전제 정치 강화로 의회는 제임스 2세를 몰아내고 메리와 윌리엄을 공동 왕으로 추대하였다.

왜 틀렸지? ① 크롬웰이 죽은 이후 왕정이 부활하였다. ②, ③, ④ 청교도 혁명에 대한 설명이다.

16 ① 프리드리히 2세, ②, ④ 표트르 대제, ⑤ 루이 14세에 대한 설명이다.

17 구텐베르크는 활판 인쇄술을 발명하여 학문의 발달과 지식의 보급에 크게 이바지하였다.

알려 줄게! **17~18세기 유럽의 문화**

예술	• 바로크 양식: 화려하고 웅장(베르사유 궁전) • 로코코 양식: 우아하고 섬세(상수시 궁전)
과학	• 코페르니쿠스, 갈릴레이 등이 지동설 주장 • 구텐베르크가 활판 인쇄술 발명 • 과학 혁명: 뉴턴의 만유인력의 법칙 등 과학 발전
철학	인간의 이성에 의한 진보를 믿는 계몽사상 발전

18 (1) 콜럼버스

(2) 예시 답안 에스파냐의 코르테스와 피사로가 아메리카의 아스테카, 잉카 문명을 파괴하였으며, 이후 유럽에서 천연두, 홍역 등 전염병이 전파되어 많은 아메리카 원주민이 목숨을 잃었다.

채점 기준	
상	코르테스, 피사로, 천연두, 홍역 등의 내용을 포함하여 서술한 경우
중	위의 내용 중 한 가지만 서술한 경우
하	위의 내용을 서술하지 못한 경우

알려 줄게! **아메리카 원주민의 인구 변화**

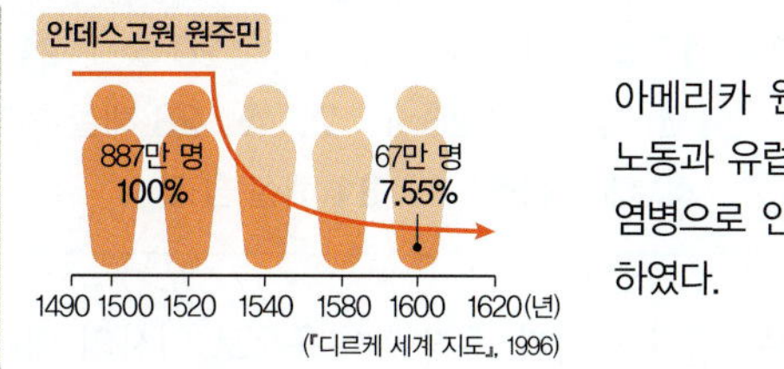

아메리카 원주민은 가혹한 노동과 유럽에서 전파된 전염병으로 인구가 크게 감소하였다.

19 (1) 루터

(2) 예시 답안 교황 레오 10세가 성 베드로 성당의 증축 비용 마련을 위해 면벌부를 판매하였다.

채점 기준	
상	교황 레오 10세의 면벌부 판매를 서술한 경우
중	교회가 부패했다는 내용만 서술한 경우
하	위의 내용을 서술하지 못한 경우

20 (1) 중상주의

(2) 예시 답안 식민지는 상품을 파는 시장이자, 원료 공급지였다.

채점 기준	
상	상품을 파는 시장, 원료 공급지 등 식민지가 갖는 의미를 두 가지 모두 서술한 경우
중	위의 내용 중 한 가지만 서술한 경우
하	위의 내용을 서술하지 못한 경우

Ⅰ 역사 학습의 기초 ~ Ⅱ 문명의 발생과 고대 세계의 형성

시험 빈출 문제　　　　　42~47쪽

01 ②	02 ①	03 ②	04 ④	05 ①	06 ③	07 ③
08 ②	09 ②	10 ①	11 ①	12 ①	13 ①	14 ①
15 ⑤	16 ②	17 ③	18 ⑤	19 ④	20 ⑤	21 ②
22 ③	23 ④	24 ④	25 ③	26 ④	27 ④	28 해설 참조
29 페리클레스		30 해설 참조		31 해설 참조		

01 제시된 자료는 역사가 카가 주장한 내용으로 역사의 의미 중 기록으로서의 역사를 의미한다.

왜 틀렸지? ①, ④, ⑤ 사실로서의 역사에 대한 설명이다. ③ 랑케는 사실로서의 역사를 강조하였다.

02 ㉠에 들어갈 말은 사료이다.

03 밑줄 친 '이 단계'는 사료 비판에 해당한다.

04 역사 학습을 통해 교훈을 얻을 수 있고, 포용적 태도를 갖출 수 있다. 역사적 탐구력과 판단력을 기를 수 있다.

05 호모 에렉투스는 불과 언어를 사용하였고, 완전한 직립 보행을 하였다.

왜 틀렸지? ㄷ. 호모 네안데르탈렌시스, ㄹ. 호모 사피엔스에 대한 설명이다.

06 제시된 자료는 라스코 동굴 벽화로 구석기 시대에 제작되었다. 구석기 시대에는 뗀석기를 사용하였다.

왜 틀렸지? ①, ②, ④, ⑤ 신석기 시대에 대한 설명이다.

07 (가)는 주먹 도끼로 구석기 시대의 대표 유물이다. (나)는 갈돌과 갈판으로 신석기 시대의 대표 유물이다.

왜 틀렸지? ①, ②, ⑤ 신석기 시대, ④ 구석기 시대에 대한 설명이다.

08 (가)에 들어갈 사진은 빌렌도르프의 비너스이다.

왜 틀렸지? ① 찍개, ③ 조개껍데기 가면, ④ 빗살무늬 토기, ⑤ 라스코 동굴 벽화이다.

09 신석기 혁명은 농경과 목축의 시작으로 일어난 변화를 말한다.

10 ㉠은 신석기이다.

왜 틀렸지? ① 청동기 시대에 대한 설명이다.

11 문명은 큰 강 유역에서 발생하였다.

12 (가)는 메소포타미아 문명이다. 수메르인은 지구라트를 세워 제사를 지냈다.

왜 틀렸지? ②, ③ 이집트 문명, ④ 인도 문명, ⑤ 중국 문명에 대한 설명이다.

13 (가)는 이집트 문명이고 (나)는 인도 문명이다.

왜 틀렸지? ②, ③ 메소포타미아 문명, ④ 이집트 문명, ⑤ 인도 문명에 대한 설명이다.

14 중국 문명에서 상은 나라의 중요한 일을 점을 쳐서 결정하였고, 이를 기록으로 남겼다. 경전인 『베다』를 남긴 것은 인도 문명이다. 함무라비 법전을 편찬한 것은 메소포타미아 문명의 바빌로니아 왕국이다. 하라파에 도시를 건설한 것은 인도 문명이다.

15 제시된 자료는 갑골문으로 중국 문명과 관련 있다. 중국 문명에서는 청동으로 만든 제사용 도구를 사용하였다.

왜 틀렸지? ①, ④ 메소포타미아 문명, ② 인도 문명, ③ 이집트 문명에 대한 설명이다.

16 제시된 자료는 주에 대한 내용이다. 주는 넓어진 영토를 효과적으로 다스리기 위해 봉건제를 시행하였다.

왜 틀렸지? ①, ③ 인도 문명, ④ 이집트 문명, ⑤ 메소포타미아 문명에 대한 설명이다.

17 (가)는 아시리아이다. 아시리아는 최초로 서아시아 지역을 통일하였다.

왜 틀렸지? ① 인도 문명, ②, ④, ⑤ 아케메네스 왕조 페르시아에 대한 설명이다.

18 (나)는 아케메네스 왕조 페르시아이다.

왜 틀렸지? ⑤ 아시리아에서 볼 수 있는 모습이다.

알려 줄게! 다리우스 1세의 정책

지방 통치	• 전국을 20여 개의 속주로 나누고 총독 파견 • 감찰관('왕의 귀', '왕의 눈')을 파견해 총독 감시
도로 정비	• '왕의 길' 정비 • 도로 곳곳에 역참 설치

19 ㄱ. 로마에 대한 설명이다. ㄷ. 폴리스는 동일한 언어를 사용하였다.

20 제시된 자료는 페리클레스의 연설이다. 페리클레스 때 성인 남성이 추첨으로 공직을 맡을 수 있게 하였다. 가난한 시민도 정치에 참여할 수 있도록 수당을 지급해 민회 중심의 직접 민주 정치를 꽃피웠다.

왜 틀렸지? ㄱ. 클레이스테네스 때 도입되었다. ㄴ. 여성 시민에게는 참정권이 주어지지 않았다.

21 ㉠은 평민회이고 ㉡은 호민관이다.

22 카이사르 암살 이후 옥타비아누스가 원로원으로부터 아우구스투스의 칭호를 받고 실질적인 제정이 시작되었다.

왜 틀렸지? ①, ④, ⑤ 카이사르 암살 이전의 상황이다. ② 제국을 4분할하여 통치한 이후의 상황이다.

23 밑줄 친 '혼란한 시기'는 춘추 전국 시대이다. 춘추 전국 시대에는 철기가 사용되었고, 제자백가가 등장하였다.

왜 틀렸지? ㄱ, ㄷ. 한에 대한 설명이다.

24 (가)는 유가이고, (나)는 법가이다.

왜 틀렸지? ② 도가, ③, ⑤ 묵가에 대한 설명이다.

25 (가) 시기에 진시황제는 황제 칭호를 처음으로 사용하였다.

왜 틀렸지? ①, ②, ④, ⑤ 한에 대한 설명이다.

26 ㉠은 마우리아 왕조의 아소카왕이다. 아소카왕은 산치 대탑을 건립하였고, 마우리아 왕조의 전성기를 이끌었다.

왜 틀렸지? ㄱ. 고타마 싯다르타(석가모니), ㄷ. 쿠샨 왕조에 대한 설명이다.

27 제시된 자료는 쿠샨 왕조의 금화이다.

왜 틀렸지? ④ 마우리아 왕조의 아소카왕은 남부 일부를 제외한 인도 전역을 통일하였다.

28 (1) (가) 아시리아 (나) 아케메네스 왕조 페르시아

(2) **예시 답안** 아시리아는 정복지 주민을 강제로 이주시키고 무거운 세금을 부과하는 등 정복한 지역을 가혹하게 통치하였다. 아케메네스 왕조 페르시아는 정복지 주민이 지배에 복종하고 세금을 바치면 그들의 문화를 존중하는 관용 정책을 펼쳤다.

채점 기준	
상	아시리아와 아케메네스 왕조 페르시아의 정복한 지역에 대한 통치 방식을 비교하여 서술한 경우
중	위의 내용 중 한 가지만 서술한 경우
하	위의 내용을 서술하지 못한 경우

30 (1) 카르타고

(2) **예시 답안** 소수의 귀족이 넓은 토지를 차지하고 노예 노동을 이용하는 대농장(라티푼디움)을 경영하였다. 반면 자영농은 토지를 잃고 몰락하여 빈민이 되었고, 로마의 재정과 군사력이 약화되었다.

채점 기준	
상	로마-카르타고 전쟁 이후 로마의 변화 모습을 조건에 맞게 구체적으로 서술한 경우
중	로마-카르타고 전쟁 이후 로마의 변화 모습을 서술하였으나 조건에 맞지 않게 서술한 경우
하	위의 내용을 서술하지 못한 경우

31 (1) (가) 상좌부 불교 (나) 대승 불교

(2) **예시 답안** 상좌부 불교는 개인의 해탈을 강조하고 동남아시아에 전파된 반면 대승 불교는 중생의 구제를 강조하고 동아시아에 전파되었다.

채점 기준	
상	상좌부 불교와 대승 불교의 교리, 전파 지역을 비교하여 서술한 경우
중	상좌부 불교와 대승 불교의 교리, 전파 지역 중 한 가지만 비교하여 서술한 경우
하	위의 내용을 서술하지 못한 경우

알려 줄게! 상좌부 불교와 대승 불교

구분	상좌부 불교	대승 불교
발달 시기	마우리아 왕조	쿠샨 왕조
강조점	수행을 통한 개인의 해탈	많은 사람의 구제
전파 지역	동남아시아	동아시아

Ⅲ 세계 종교의 확산과 지역 문화의 발전

01 위를 이은 진(晉)이 삼국을 통일하였다. 진의 혼란을 틈타 북방 민족인 5호가 화북 지방에 여러 나라를 세우면서 5호 16국 시대가 시작되었다. 북방 민족에 밀려난 진은 강남으로 이주하여 동진을 세웠다. 이후 선비족이 세운 북위가 화북을 통일하였다.

알려 줄게! 위진 남북조의 변천

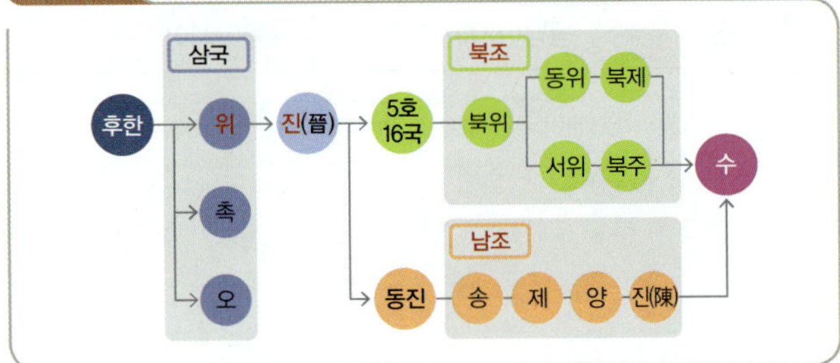

02 (가)는 북위이다. 선비족이 세운 북위는 화북 지방을 통일하였다. 북위의 효문제는 한화 정책을 실시하여 한족 문화를 적극적으로 받아들였다.

왜 틀렸지? ㄷ, ㄹ. 당에 대한 설명이다.

03 ㉠은 균전제이다.

04 (가)는 수이다. 수 문제는 과거제를 처음으로 시행하였다.

왜 틀렸지? ①, ④ 당에 대한 설명이다. ② 남조에 대한 설명이다. ⑤ 북위에 대한 설명이다.

05 당은 중앙 행정 조직으로 3성 6부를 운영하였다.

왜 틀렸지? ① 이연(당 고조)이 장안을 수도로 당을 건국하였다. ③ 조용조라는 세금을 거두었다. ④ 당 태종은 동돌궐을 복속하는 등 활발한 정복 활동을 펼쳐 동서 교역로를 장악하였다. ⑤ 당 고종은 서돌궐을 정복하였고 신라와 연합하여 백제와 고구려를 멸망시켰다.

06 당은 안사의 난 이후 급격히 쇠퇴하였다. 절도사의 권한이 강해지고 중앙 정부의 지방 통제력이 약화되었으며, 농민층이 몰락하였다. 이후 농민 반란인 황소의 난으로 더욱 쇠퇴하였다. 결국 당은 절도사 세력에 의해 멸망하였다.

왜 틀렸지? ③ 후한 때 일어난 일이다.

07 당대에는 비단길을 통한 동서 교류가 활발하여 국제적 문화가 발달하였다. 당삼채, 대진경교유행중국비, 장안에 세워진 외국 종교의 사원은 당의 국제적 문화를 보여 준다.

왜 틀렸지? ① 「죽림칠현」에 담긴 청담 사상은 위진 남북조 시대에 유행하였다.

08 한자, 율령, 유교, 불교 등의 문화 요소를 공유하는 동아시아 문화가 형성되었다.

09 제시된 자료와 관련된 시대는 헤이안 시대이다.

10 (가)는 나라 시대, (나)는 헤이안 시대이다. 나라 시대에 『일본서기』가 편찬되었다.

왜 틀렸지? ②, ④ 야마토 정권에 대한 설명이다. ③ 나라 시대에 대한 설명이다. ⑤ 헤이안 시대에 대한 설명이다.

11 사산 왕조 페르시아는 아케메네스 왕조 페르시아의 부흥을 내걸고 건설되었다. 지방에 총독을 보내 중앙 집권 체제를 확립하였고, 중계 무역으로 번영을 누렸다. 금속과 유리 공예가 발달하였다.

왜 틀렸지? ⑤ 조로아스터교를 국교로 삼았다.

12 제시된 법전을 정비한 나라는 굽타 왕조이다.

왜 틀렸지? ① 조로아스터교에 대한 설명이다.

13 제시된 자료는 훈족의 압박으로 게르만족이 로마 제국의 영토로 이동한 것을 보여 준다.

14 밑줄 친 '이 인물'은 카롤루스 대제이다. 카롤루스 대제는 옛 서로마 제국의 영토 대부분을 차지하였고, 정복지에 교회를 세워 크리스트교를 전파하였다.

왜 틀렸지? ㄱ, ㄴ. 비잔티움 제국의 유스티니아누스 황제에 대한 설명이다.

15 레오 3세의 성상 파괴령을 계기로 크리스트교 세계는 로마 가톨릭교회와 그리스 정교로 분열되었다.

16 (가)는 성 소피아 성당이다. 성 소피아 성당은 비잔티움 양식을 대표하는 건축물이다.

17 (가) 후우마이야 왕조, (나) 우마이야 왕조, (다) 아바스 왕조이다.

18 (다)는 아바스 왕조이다. 아바스 왕조는 당과 벌인 탈라스 전투에서 승리하였다.

왜 틀렸지? ①, ④ 정통 칼리프 시대, ③ 우마이야 왕조, ⑤ 셀주크 튀르크에 대한 설명이다.

19 (가)는 힌두교, (나)는 이슬람교와 관련 있다. 이슬람교의 사원인 모스크 내부에는 아라베스크 무늬가 장식되어 있다.

왜 틀렸지? ①, ②, ⑤ 이슬람교에 대한 설명이다. ④ 힌두교에 대한 설명이다.

20 토지를 매개로 한 주군과 봉신의 주종 관계를 바탕으로 지방 분권적인 봉건 사회가 성립되었다.

 ㄱ. 중국의 봉건제에 대한 설명이다. ㄴ. 농노는 주종 관계에 포함되지 않았다.

21 봉신이 주군에게 받은 봉토는 장원의 형태로 운영되었다. 봉신은 주군의 간섭 없이 장원을 운영하였다. 장원 주민의 대다수는 농노였고, 그들은 영주의 땅을 경작하며 각종 세금을 부담하였다. 중세에는 농업 기술이 발달하지 못하여 삼포제로 농사를 지었다.

 ③ 농노는 거주 이전의 자유가 없었다.

22 (가) 시기에는 카노사의 굴욕이 일어났다. 교황 그레고리우스 7세가 성직 매매와 성직자의 혼인을 금지하고, 세속 군주의 성직자 임명도 금지하자 신성 로마 제국의 황제인 하인리히 4세가 이를 무시하였다. 이에 교황이 황제를 파문하자 황제가 교황에게 굴복하게 되는데 이를 카노사의 굴욕이라고 한다.

23 (가)는 로마네스크 양식, (나)는 고딕 양식으로 지어진 대표적인 건축물이다. 고딕 양식은 뾰족한 탑과 내부의 스테인드글라스가 특징이다.

24 우르바누스 2세는 클레르몽 공의회에서 예루살렘을 되찾자고 서유럽 각국에 호소하였다. 이를 계기로 십자군 전쟁이 일어났다. 제1차 원정 때 십자군이 예루살렘을 점령하기도 하였으나, 제4차 원정 때 콘스탄티노폴리스를 점령하는 등 본래 목적에서 벗어나는 모습을 보였다. 전쟁 과정에서 지중해 무역이 활발해졌다.

 ㄱ. 전쟁 결과 교황권이 약화되었다.

25 십자군 전쟁 과정에서 지중해 무역이 활발해지면서 베네치아 등 이탈리아 항구 도시를 중심으로 지중해 무역권이 형성되었다. 상인과 수공업자들은 길드를 결성하여 공동의 이익과 안전을 도모하였다. 도시민들은 봉건 영주의 통제에서 벗어나 자치권을 얻게 되었다.

 ⑤ 십자군 전쟁 이전의 모습이다.

26 흑사병의 유행으로 인구가 감소하고 노동력이 부족해지면서 농노를 기반으로 하는 장원이 해체되어 갔다.

27 제시된 자료는 르네상스 시기에 그려진 레오나르도 다 빈치의 「모나리자」이다. 이 작품은 원근법을 이용하여 인물을 사실적으로 묘사하였다.

28 (가) 이탈리아, (나) 알프스 이북 지역이다. 지중해 무역의 번영을 바탕으로 이탈리아에서 르네상스가 시작되었다.

 ②, ⑤ 알프스 이북 르네상스의 특징이다. ③, ④ 이탈리아 르네상스의 특징이다.

29 한족의 언어와 의복을 사용하고, 선비족의 성씨를 한족의 성씨로 바꾸게 하였다. 한족과의 결혼을 장려하였다.

채점 기준	
상	한화 정책의 내용을 두 가지 모두 서술한 경우
중	위의 내용 중 한 가지만 서술한 경우
하	위의 내용을 서술하지 못한 경우

31 (1) 예루살렘

(2) 셀주크 튀르크가 크리스트교의 성지인 예루살렘을 점령하고 비잔티움 제국을 위협하자, 비잔티움 제국의 황제는 로마 교황에게 도움을 요청하였다. 이에 로마 교황은 서유럽 각국에 예루살렘을 되찾자고 호소하여 십자군 전쟁이 시작되었다.

채점 기준	
상	셀주크 튀르크의 예루살렘 점령, 비잔티움 황제의 도움 요청, 로마 교황의 예루살렘 회복 호소 등 십자군 전쟁이 일어난 배경을 구체적으로 서술한 경우
중	셀주크 튀르크의 예루살렘 점령만 서술한 경우
하	위의 내용을 서술하지 못한 경우

IV 지역 세계의 교류와 변화

01 ㉠에 들어갈 인물은 조광윤(태조)이다. 그는 절도사 권한을 억제하였으며 재상권을 분산하고 황제권을 강화하였다.

02 문치주의 정책으로 군사력이 약해진 송은 평화를 유지하고자 북방 민족에게 많은 양의 비단과 은을 주어 재정이 어려워졌다. 이에 왕안석이 부국강병과 민생 안정을 목표로 개혁을 시도하였으나 보수파의 반대로 실패하였다.

03 ㉠은 거란(요)이다. 거란은 유목민은 고유의 부족제로 다스리고 한족은 중국식 제도인 군현제(주현제)로 다스렸다.

04 송대에 활판 인쇄술이 발명되어 서적의 편찬이 활발해졌다. 또한 서민 문화가 발달하여 만담, 곡예, 인형극, 동물 서커스 등 서민 오락이 공연되었다.

왜 틀렸지? ㄷ. 당삼채는 당대에 만들어졌다. ㄹ. 북조 왕실의 지원으로 윈강·룽먼 석굴이 조성되었다.

05 쿠빌라이 칸은 칭기즈 칸의 손자로, 수도를 대도로 옮기고 나라 이름을 원으로 바꾸었다. 원이 남송을 멸망시킴으로써 처음으로 북방 민족이 중국 전역을 지배하게 되었다.

왜 틀렸지? ① 명의 영락제, ③ 청의 홍타이지, ④ 송 태조, ⑤ 명의 홍무제에 대한 설명이다.

06 자료는 원대의 인구 구성을 나타낸 것이다. 몽골인은 최고 신분으로 관직을 독차지하였다.

왜 틀렸지? ③ 원은 관료제와 주현제를 받아들여 통치에 활용하였다. ④ 색목인에 대한 설명이다. ⑤ 한인과 남인에 대한 설명이다.

07 원대에는 잡극과 구어체 희곡 등 서민 문화가 발전하였다.

왜 틀렸지? ㄱ. 당대에는 귀족 문화가 발달하였다. ㄹ. 청대에 고증학이 발달하였다.

08 (가)는 이븐바투타이다. 원대에는 교통로가 정비되어 동서를 왕래하는 사람도 늘어났다. 이븐바투타 외에도 마르코 폴로, 카르피니 등이 중국을 다녀갔다.

09 원은 전통문화를 지키기 위해 파스파 문자(몽골 문자)를 만들어 공식 문서에 사용하였다.

왜 틀렸지? ⑤ 한화 정책은 북위의 효문제가 시행한 정책이다.

10 지도는 명대 정화의 항해를 나타낸 것이다. 영락제의 명령으로 항해에 나선 정화의 함대는 동남아시아, 인도, 아프리카까지 도달하였다. 이 항해로 명은 여러 나라의 조공을 받게 되었고, 진귀한 보물도 얻었다.

왜 틀렸지? ⑤ 신항로 개척 이후 유럽 사람들은 아메리카 대륙에서 대농장을 경영하여 사탕수수, 담배 등을 재배하였다.

11 ⑤ 이갑제는 명대에 향촌에 대한 지배력을 높이기 위해 실시한 것이다.

왜 틀렸지? 몽골, 티베트, 신장은 토착 지배자를 통해 간접적으로 지배하였다.

12 청은 서양 국가와는 광저우의 공행을 통한 제한적 무역만을 허용하였다.

왜 틀렸지? ① 마테오 리치가 명대에 제작하였다. ② 청대 유행한 소설이다. ③ 양명학, ④ 고증학에 대한 설명이다.

13 유럽 상인들이 은으로 물품 대금을 지불하면서 대량의 은이 중국으로 들어왔다. 이를 바탕으로 명·청에서는 화폐로 은을 널리 사용하였다.

14 청이 러시아와 네르친스크 조약을 맺은 것은 강희제 때의 일이다.

15 일본 최초의 무사 정권인 가마쿠라 막부가 여몽 연합군의 공격을 막아 낸 후 쇠퇴하자 무로마치 막부가 등장하였다. 무로마치 막부 말기 대규모 토지를 보유한 다이묘들이 득세하며 전국 시대가 시작되었다. 전국 시대의 혼란을 수습한 도요토미 히데요시가 임진왜란 중 사망하자 도쿠가와 이에야스가 에도 막부 시대를 열었다.

16 조닌은 에도 막부 시기에 대도시를 중심으로 성장한 상공업자를 의미한다.

왜 틀렸지? ② 다이묘에 대한 설명이다.

17 밑줄 친 '나'는 아우랑제브 황제이다.

왜 틀렸지? ①, ② 무굴 제국의 아크바르 황제에 대한 설명이다. ④ 마우리아 왕조의 아소카왕, ⑤ 오스만 제국에 대한 설명이다.

18 시크교는 힌두교와 이슬람교를 절충한 종교이다.

19 콘스탄티노폴리스를 함락시켜 비잔티움 제국을 멸망시킨 사람은 메흐메트 2세이다.

왜 틀렸지? 오스만 제국의 전성기를 이끈 사람은 술레이만 1세이며 예니체리는 술탄의 친위 부대였다.

20 오스만 제국은 이교도에게 이슬람교를 강요하지 않고 정해진 인두세(지즈야)만 내면 공동체인 밀레트를 이루어 각 민족의 종교와 관습을 유지하게 하였다.

21 이탈리아와 이슬람 상인이 지중해 무역을 독점하자 에스파냐와 포르투갈 등 당시 지중해 무역에 소외된 국가들은 아시아와 직접 교역하고자 새로운 항로를 찾아 나섰다.

알려 줄게! **신항로 개척**

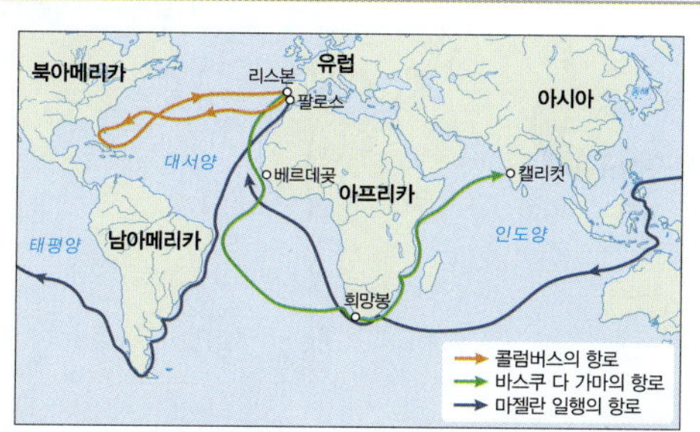

지중해 무역에서 소외되었던 포르투갈과 에스파냐는 신항로 개척에 적극적이었다.

22 아스테카 문명과 잉카 문명은 에스파냐의 침략으로 파괴되었다. 이후 유럽인은 아메리카 원주민을 대농장에 동원하였고, 아메리카 원주민들은 가혹한 노동에 시달렸다. 유럽에서 전파된 천연두와 홍역으로 많은 아메리카 원주민이 목숨을 잃었다.

왜 **틀렸지?** ㄴ. 아메리카의 인구 감소로 노동력이 부족해지자 유럽인은 노예 무역을 통해 아프리카인을 아메리카로 끌고 왔다. 이로 인해 아프리카의 인구가 감소하였다.

23 (가)는 아스테카 제국, (나)는 잉카 제국이다. 에스파냐의 코르테스와 피사로는 병력을 이끌고 각각 아스테카 제국과 잉카 제국을 정복하였다.

왜 **틀렸지?** ②, ③ 잉카 제국에 대한 설명이다. ④ 아스테카 제국에 대한 설명이다.

알려 줄게! **아스테카 제국과 잉카 제국**

구분	아스테카 제국	잉카 제국
위치	멕시코고원	안데스 산맥
특징	• 그림 문자와 달력 사용 • 피라미드 건설	• 수도 쿠스코 • 계단식 밭 • 마추픽추 건설
멸망	에스파냐의 코르테스가 정복	에스파냐의 피사로가 정복

24 제시된 자료는 신항로 개척 이후 형성된 대서양 중심의 삼각 무역과 세계적 교역망이 형성되었음을 보여 주는 지도이다.

왜 **틀렸지?** ⑤ 신항로 개척 이후 무역의 중심지가 지중해에서 대서양으로 바뀌었다.

25 제시된 자료는 칼뱅의 예정설이다.

왜 **틀렸지?** ㄴ. 루터에 대한 설명이다. ㄷ. 영국 국교회의 수장이 된 헨리 8세에 대한 설명이다.

알려 줄게! **종교 개혁**

구분	내용
루터	• 95개조 반박문을 통해 교황 레오 10세의 면벌부 판매를 비판 • 아우크스부르크 화의에서 루터파 인정
칼뱅	• 예정설을 주장하며 종교 개혁 전개 • 베스트팔렌 조약에서 칼뱅파 인정
헨리 8세	영국 국교회 수립

26 자료의 인물은 프랑스 루이 14세이다. 유럽에서 등장한 재정·군사 국가는 관료제와 상비군을 갖추었고, 중상주의 정책을 실시하였다.

왜 **틀렸지?** ⑤ 영국 엘리자베스 1세에 해당한다.

27 자료의 문서는 명예혁명으로 승인된 권리 장전으로 입헌 군주제의 토대를 마련하였다.

28 (1) 패자

(2) 예시 답안 역참에서 패자를 제시하면 말과 수레 등을 이용할 수 있었다.

채점 기준	
상	말이나 수레 등을 이용할 수 있었다고 서술한 경우
중	통행증이라고만 서술한 경우
하	위의 내용을 서술하지 못한 경우

29 (1) 산킨코타이 제도

(2) 예시 답안 에도 막부는 다이묘를 통제하기 위해 다이묘의 가족들을 에도에 인질로 삼아 살게 하였고 다이묘가 영지와 에도를 오가게 하였다.

채점 기준	
상	산킨코타이 제도의 목적과 내용을 모두 서술한 경우
중	위의 내용 중 한 가지만 서술한 경우
하	위의 내용을 서술하지 못한 경우

30 (1) ㉠ 콜럼버스 ㉡ 바스쿠 다 가마 ㉢ 마젤란

(2) 예시 답안 아메리카의 금과 은이 대량으로 들어와 유통되면서 물가가 크게 오르는 가격 혁명이 일어났다. 상공업과 금융업, 제조업 등이 크게 발달하는 상업 혁명이 일어났다. 감자, 옥수수 등 아메리카의 새로운 작물이 유럽에 전해졌다. 무역의 중심지가 지중해에서 대서양으로 바뀌면서 포르투갈, 에스파냐, 영국 등 대서양 연안의 국가가 번영을 누렸다.

채점 기준	
상	신항로 개척 이후 유럽의 변화를 세 가지 모두 서술한 경우
중	신항로 개척 이후 유럽의 변화를 두 가지만 서술한 경우
하	신항로 개척 이후 유럽의 변화를 한 가지만 서술한 경우

백지도

백지도를 활용하여 학습한 내용을 정리해 보세요.

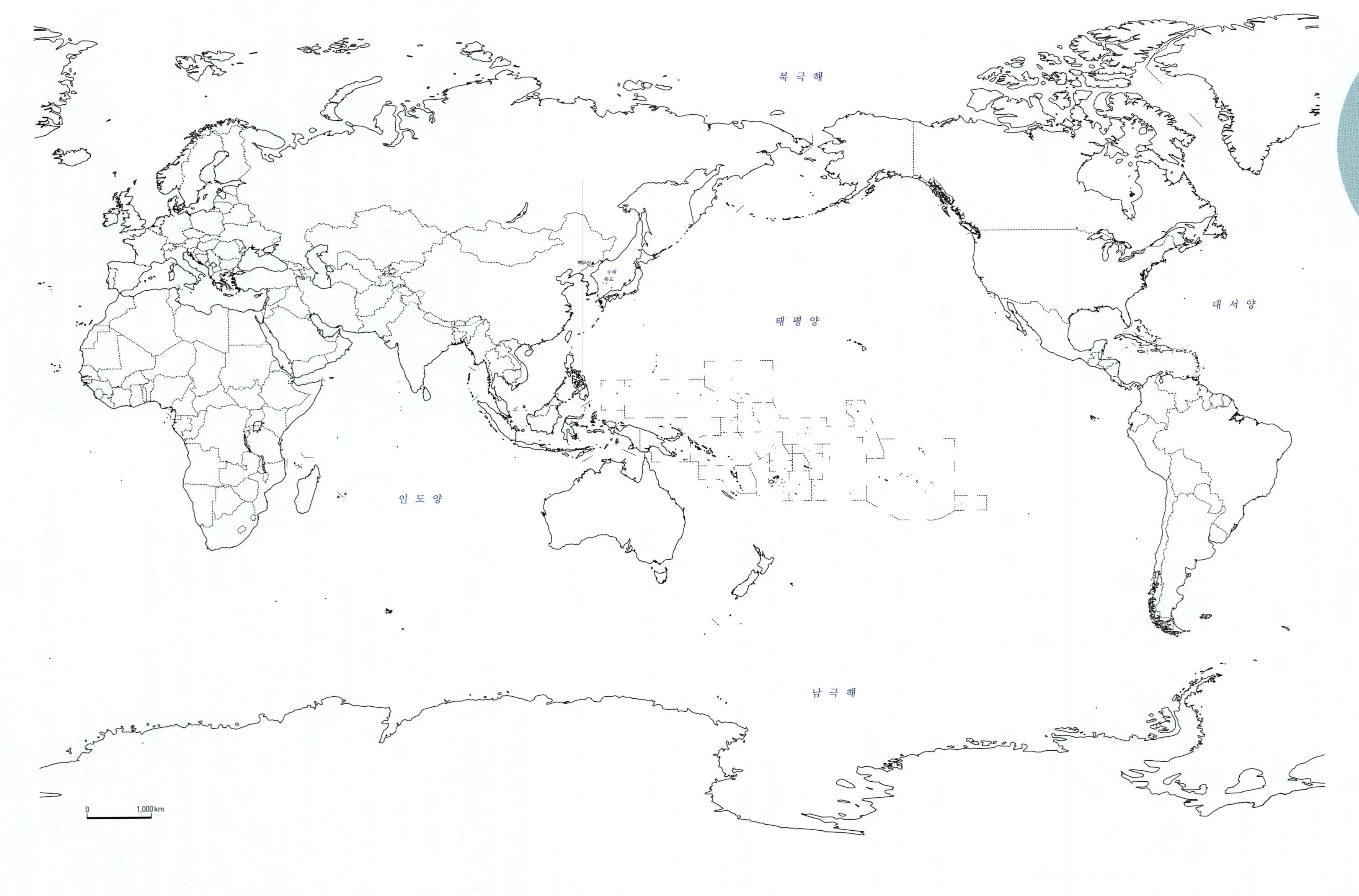

백지도

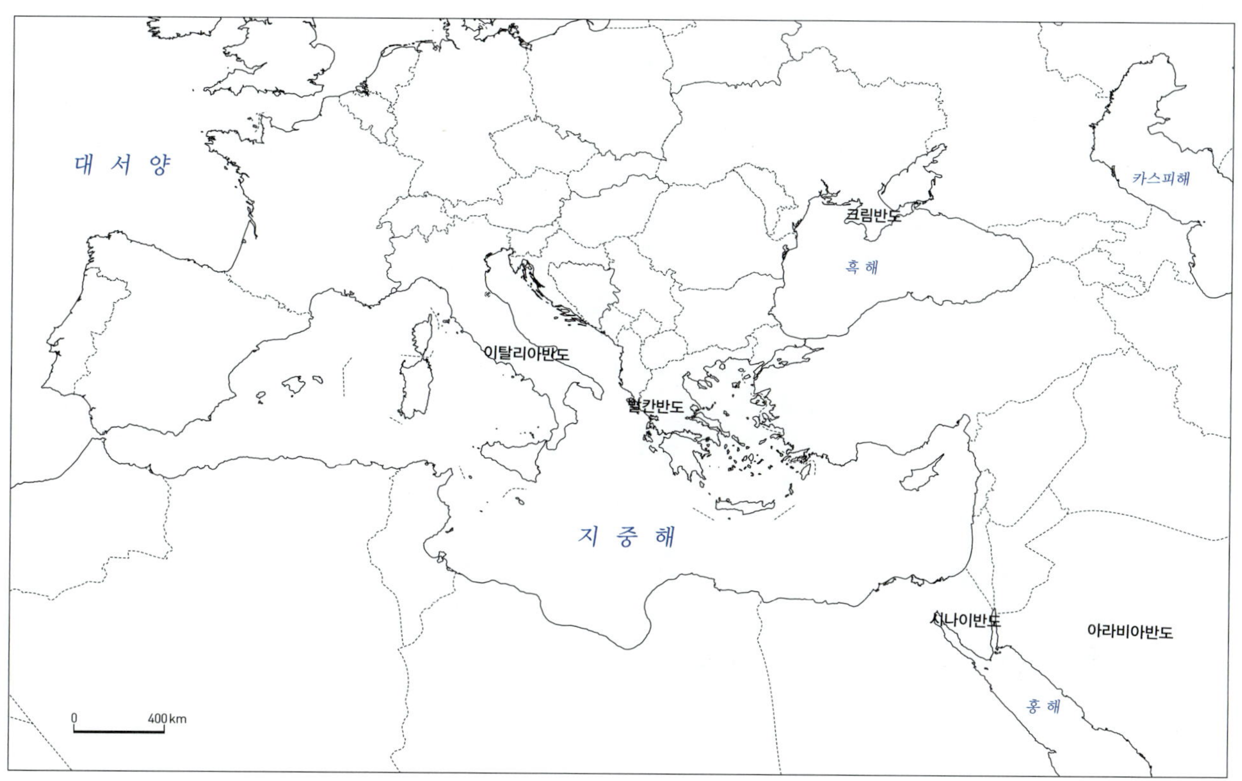

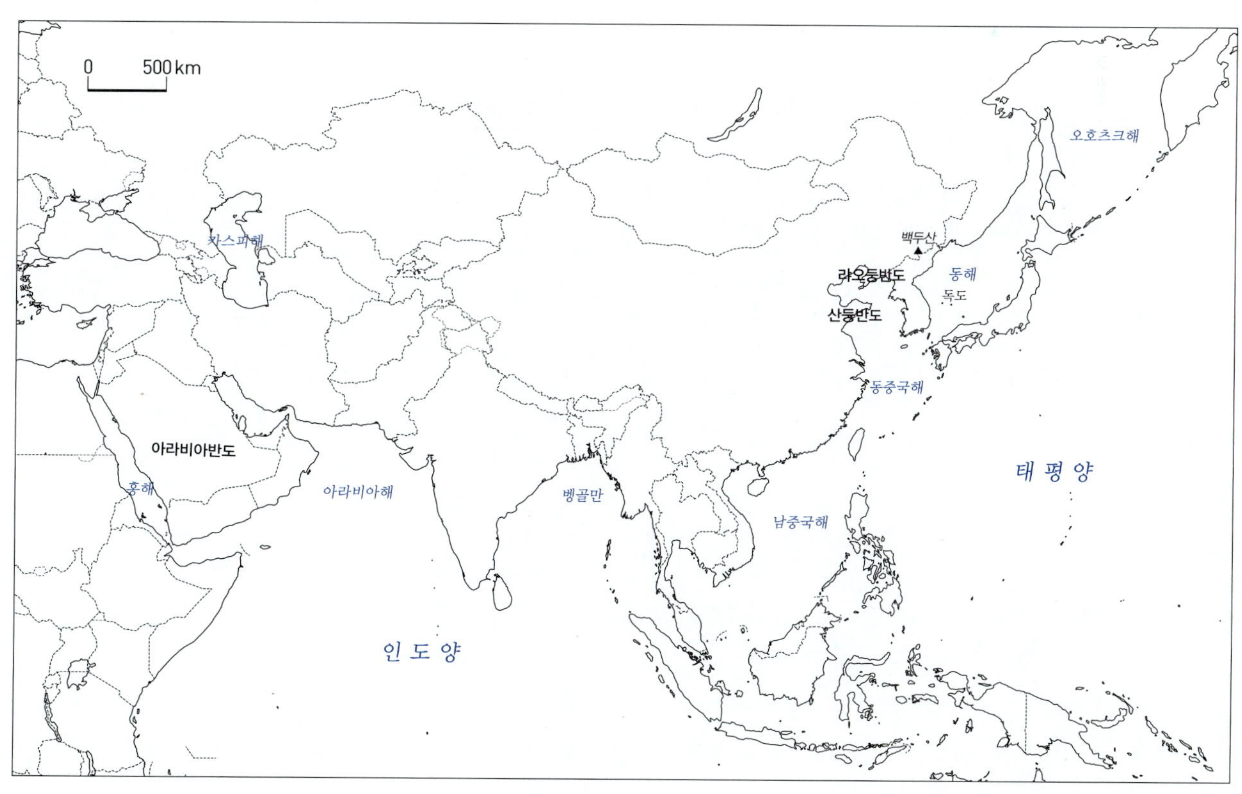

대서양
카스피해
크림반도
흑해
이탈리아반도
발칸반도
지중해
시나이반도
아라비아반도
홍해
0   400 km

0   500 km
오호츠크해
카스피해
백두산
랴오둥반도
동해
독도
산둥반도
동중국해
아라비아반도
태평양
홍해
아라비아해
벵골만
남중국해
인도양

메모

메모

중학 **역사** ① -1